Alexander Lowen · Angst vor dem Leben

Alexander Lowen

Angst vor dem Leben

Über den Ursprung seelischen Leidens und den Weg zu einem reicheren Dasein

Kösel-Verlag München

Übersetzung aus dem Amerikanischen: Gudrun Theusner-Stampa, München.
Die Originalausgabe erschien unter dem Titel »Fear of Life« bei MacMillan Publishing Co., New York.

CIP-Kurztitelaufnahme der Deutschen Bibliothek

Lowen, Alexander:
Angst vor dem Leben: Über d. Ursprung seel. Leidens u. d. Weg zu e. reicheren Dasein / Alexander Lowen. [Übers. aus d. Amerikan.: Gudrun Theusner-Stampa]. – München: Kösel, 1981.
Einheitssacht.: Fear of life ⟨dt.⟩
ISBN 3-466-34047-0

ISBN 3-466-34047-0

Gesamtherstellung: Kösel, Kempten.
Umschlag: Graupner & Partner, München.

Rofreta L. Walker
in Liebe gewidmet.
Ich habe Deinen Stern
vor meinen Wagen gespannt.

Inhalt

Einführung

Man definiert die Neurose gewöhnlich nicht als Lebensangst, aber sie ist eine Angst vor dem Leben. Der neurotische Mensch hat Angst davor, sein Herz der Liebe zu öffnen; er fürchtet sich davor, seine Arme nach etwas oder jemandem auszustrecken oder nach etwas oder jemandem zu schlagen – er hat Angst, ganz er selbst zu sein. Wir können diese Ängste psychologisch erklären. Wenn man sein Herz der Liebe öffnet, wird man verletzlich; wenn man nach etwas verlangt, läuft man Gefahr, abgewiesen zu werden; schlägt man zu, droht einem Vernichtung. Aber dieses Problem hat noch eine weitere Dimension. Mehr Leben oder Gefühl als das Gewohnte ist erschreckend, denn es droht, das Ich zu überwältigen, seine Grenzen zu überfluten und seine Identität zu untergraben. Lebendiger zu sein und mehr Gefühl zu haben, ist unheimlich. Ich habe einmal mit einem jungen Mann gearbeitet, dessen Körper sehr wenig lebendig war. Er war angespannt und zusammengezogen; seine Augen waren trüb, seine Hautfarbe war fahl, seine Atmung flach. Als er begann, tiefer zu atmen und einige therapeutische Übungen zu machen, wurde sein Körper lebendiger. Seine Augen hellten sich auf, seine Haut rötete sich; er empfand in manchen Teilen seines Körpers ein Kribbeln, und seine Beine begannen zu vibrieren. Aber dann sagte er zu mir: »Mann, das ist zuviel Leben. Das kann ich nicht aushalten.«

Ich glaube, in gewissem Maß sind wir alle in derselben Lage wie dieser junge Mann. Wir möchten lebendiger sein und mehr spüren, aber wir haben Angst davor. Unsere Angst vor dem Leben ist an der Art zu erkennen, wie wir ständig etwas tun müssen, um nicht zu fühlen, wie wir ständig weglaufen, um uns nicht uns selber stellen zu müssen, wie wir uns mit Alkohol oder Medikamenten aufputschen, um unser Da-Sein nicht zu

spüren. Da wir uns vor dem Leben fürchten, wollen wir es steuern oder beherrschen. Wir halten es für schlecht oder gefährlich, uns von unseren Gemütsbewegungen hinreißen zu lassen. Wir bewundern Menschen, die »kühl bleiben«, die ohne Gefühl handeln. Unser Held ist James Bond, der Geheimagent 007. In unserer Kultur liegt die Betonung auf Tat und Leistung. Der heutige Mensch fühlt sich verpflichtet, erfolgreich zu sein – er ist nicht verpflichtet, ein Mensch zu sein. Er wird mit Recht zur »Generation der Tat« gezählt, deren Wahlspruch lautet: »Tu mehr, aber fühle weniger.« Diese Haltung kennzeichnet auch einen großen Teil der heutigen Sexualität: mehr Aktion, aber weniger Leidenschaft.
Ungeachtet dessen, wie gut wir unsere Rolle spielen, sind wir als Menschen Versager. Ich glaube, daß die meisten von uns dieses Versagen in sich spüren. Wir ahnen den Schmerz, die Qual und die Verzweiflung, die sich unter der Oberfläche verbergen. Aber wir sind entschlossen, unsere Schwächen zu überwinden, uns über unsere Befürchtungen hinwegzusetzen und unsere Ängste zu bewältigen. Darum sind Bücher mit Anleitungen zur Selbsthilfe populär. Leider müssen diese Bemühungen fehlschlagen. Ein Mensch zu sein, ist nicht etwas, das man machen kann. Es ist keine »Leistung«. Es mag erfordern, daß wir in unserer wahnwitzigen Geschäftigkeit innehalten, daß wir uns Zeit nehmen, um zu atmen und zu fühlen. Dabei werden wir vielleicht unseren Schmerz empfinden, aber wenn wir den Mut haben, ihn anzunehmen, werden wir auch Lust verspüren. Wenn wir uns unserer inneren Leere stellen, werden wir Erfüllung finden. Wenn wir durch unsere Verzweiflung hindurchgehen, werden wir die Freude entdekken. Bei diesem therapeutischen Unterfangen werden wir vielleicht Hilfe brauchen.
Ist es das Schicksal des Menschen von heute, neurotisch zu sein, sich vor dem Leben zu fürchten? Meine Antwort lautet »ja«, wenn wir den Menschen von heute als Angehörigen einer Kultur definieren, deren höchste Wertmaßstäbe Macht und Fortschritt sind. Da diese Maßstäbe die westliche Kultur im 20.

Jahrhundert kennzeichnen, folgt daraus, daß jeder neurotisch ist, der in dieser Kultur aufwächst.

Der Neurotiker steht im Widerstreit mit sich selber. Ein Teil seines Wesens versucht, einen anderen Teil zu überwinden. Sein Ich versucht, den Körper zu beherrschen; sein Verstand möchte die Gefühle meistern; sein Wille möchte die Befürchtungen und Ängste überwinden. Zwar ist dieser Widerstreit zum großen Teil unbewußt, aber er bewirkt eine Erschöpfung der Energie des Menschen und bringt ihn um seinen Seelenfrieden. Neurose ist innerer Widerstreit. Der neurotische Charakter nimmt viele Formen an, aber zu all diesen Formen gehört ein Kampf im Inneren des Individuums zwischen dem, was es ist, und dem, was es nach seiner Ansicht sein sollte. Jeder Neurotiker ist in diesen Kampf verwickelt.

Wie entsteht ein solcher Zustand des inneren Konflikts? Warum ist es das Los des Menschen von heute, unter diesen Konflikten zu leiden? Im Einzelfall entsteht die Neurose im Zusammenhang einer Familiensituation. Aber diese spiegelt nur die kulturelle Situation wider, da die Familie allen Kräften der Gesellschaft ausgesetzt ist, zu der sie gehört. Um die Existenzbedingungen des heutigen Menschen zu verstehen und um sein Schicksal zu erkennen, müssen wir untersuchen, aus welchen Quellen die Konflikte in einer Kultur stammen.

Manche dieser Konflikte in unserer Kultur sind uns vertraut. Wir reden z.B. vom Frieden und bereiten uns auf den Krieg vor. Wir befürworten den Naturschutz, aber um wirtschaftlicher Gewinne willen beuten wir die natürlichen Rohstoffquellen der Erde rücksichtslos aus. Wir sind den Zielen der Macht und des Fortschritts verpflichtet, aber wir wollen dennoch Lust, Seelenfrieden und Stabilität. Wir machen uns nicht klar, daß Macht und Lust einander entgegengesetzte Werte sind, und daß die erste die zweite häufig ausschließt. Macht führt unweigerlich zum Machtkampf; dieser läßt oft Feindschaft zwischen Vater und Sohn oder zwischen Brüdern entbrennen. Macht ist in einer Gemeinschaft eine zersetzende Kraft. Fortschritt bedeutet eine fortwährende Aktivität, um das Alte in etwas Neues zu verwandeln, wobei man von der Ansicht ausgeht, das Neue sei dem Alten immer überlegen. Das mag zwar in manchen technischen Bereichen zutreffen, aber dieser Glaube ist gefährlich. In erweiterter Bedeutung besagt er, daß der Sohn dem Vater überlegen ist, oder daß die Tradition lediglich der tote Ballast der Vergangenheit ist. Es gibt Kulturen, in denen andere Werte den Vorrang haben, wo die Achtung vor der Vergangenheit und vor der Überlieferung wichtiger ist als der Wunsch nach Veränderung. In diesen Kulturen wird der Konflikt auf ein Mindestmaß herabgesetzt, und Neurosen sind selten.

Die Eltern haben als Repräsentanten der Kultur die Verantwortung dafür, ihren Kindern die Wertvorstellungen der jeweiligen Kultur einzupflanzen. Sie fordern von den Kindern Einstellungen und Verhaltensweisen, die dazu dienen sollen, die Kinder in die gesellschaftliche und kulturelle Schablone einzufügen. Einerseits widersetzt sich das Kind diesen Forderungen, weil sie einer Domestizierung seiner animalischen Natur gleichkommen. Es muß »gezähmt« werden, damit es ein Teil des Systems wird. Andererseits möchte das Kind diese Forderungen erfüllen, um sich die Liebe und Anerkennung seiner Eltern zu erhalten. Das Ergebnis hängt von der Art der Forderungen und von der Weise ab, wie sie durchgesetzt werden. Mit Liebe und Verständnis kann man einem Kind die Gebräuche und Gewohnheiten einer Kultur beibringen, ohne es zu »brechen«. Leider wird durch die Anpassung des Kindes an die Kultur in den meisten Fällen doch sein »Wille« gebrochen; dadurch wird es neurotisch und fürchtet sich vor dem Leben.

Das Zentralproblem beim Vorgang der kulturellen Anpassung ist die Beherrschung der Sexualität. Es gibt keine Kultur, die dem sexuellen Verhalten nicht gewisse Beschränkungen auferlegt. Diese Beschränkung scheint nötig zu sein, um das Entstehen von Zwietracht innerhalb einer Gemeinschaft zu verhindern. Die Menschen sind eifersüchtige Geschöpfe und neigen zu Gewalttaten. Selbst in den primitivsten Gesellschaften ist das Ehebündnis unverletzlich. Aber Konflikte, die aus solchen Beschränkungen entstehen, liegen außerhalb der Persönlichkeit. In der westlichen Kultur war es üblich, den Menschen Schuldgefühle in bezug auf sexuelle Gefühle und sexuelle Handlungen wie z. B. Masturbation einzuflößen, die den Frieden der Gemeinschaft in keiner Weise gefährden. Wenn Gefühle mit Schuld oder Scham verknüpft werden, wird der Konflikt ins eigene Innere verlegt und erzeugt einen neurotischen Charakter.

Der Inzest ist in allen menschlichen Gesellschaften tabu, aber die sexuellen Gefühle eines Kindes für den gegengeschlechtlichen Elternteil sind nur in modernen Gesellschaften verwerflich. Man meint, solche Gefühle seien eine Gefahr für das ausschließliche Recht eines Elternteils auf die sexuelle Zuneigung des Partners. Der Elternteil, der das gleiche Geschlecht hat wie das Kind, sieht in dem Kind einen Rivalen. Obwohl gar kein Inzest vorkommt, wird das Kind veranlaßt, wegen dieses höchst natürlichen Gefühls und Verlangens Schuldgefühle zu empfinden.

Als Freud die Ursachen der emotionalen Probleme seiner Patienten durch die Analyse erforschte, fand er heraus, daß sie in allen Fällen mit der infantilen oder kindlichen Sexualität zu tun hatten, insbesondere mit sexuellen Gefühlen für den gegengeschlechtlichen Elternteil. Er stellte auch fest, daß mit diesen inzestuösen Gefühlen Todeswünsche gegenüber dem gleichgeschlechtlichen Elternteil verbunden waren. Er sah die Parallele zur Ödipuslegende und bezeichnete die Situation des Kindes als ödipal. Er glaubte, wenn ein Junge seine sexuellen Gefühle für die Mutter nicht unterdrückte, würde er das Schicksal des Ödipus erleiden; er würde den Vater töten und die Mutter heiraten. Um dieses Los zu verhüten, wird dem Kind die Kastration angedroht, wenn es nicht sein sexuelles Verlangen und seine feindseligen Gefühle unterdrückt.

Die Analyse brachte auch ans Licht, daß nicht nur diese Gefühle unterdrückt wurden, sondern auch die ödipale Situation selbst; d. h. der Erwachsene hatte keine Erinnerung an das

Dreiecksverhältnis, an dem er im Alter von drei bis sechs Jahren beteiligt gewesen war. Meine eigene klinische Erfahrung bestätigt diese Beobachtung. Wenige Patienten können sich an irgendwelche sexuellen Gefühle für Vater oder Mutter erinnern. Freud glaubte ferner, diese Verdrängung sei notwendig, damit der Mensch als Erwachsener ein normales Sexualleben entwickeln könnte. Er war der Ansicht, die Verdrängung mache es möglich, das frühkindliche sexuelle Verlangen vom Vater oder von der Mutter auf einen gleichaltrigen Menschen zu übertragen; sonst würde der Betreffende auf den Elternteil fixiert bleiben. Für Freud war also die Verdrängung die Lösungsmöglichkeit der ödipalen Situation, und sie gestattete dem Kind, durch eine Latenzperiode bis zum normalen Erwachsensein fortzuschreiten. Wenn die Verdrängung unvollständig war, wurde der Mensch zum Neurotiker.

Nach Freud kommt der neurotische Charakter einer Unfähigkeit gleich, sich der kulturbedingten Lage anzupassen. Er erkannte, daß die Zivilisation dem Individuum die volle Triebbefriedigung versagt, aber er glaubte, diese Versagung sei für den kulturellen Fortschritt nötig. Tatsächlich fand er sich mit der Vorstellung ab, es sei das Los des Menschen der Neuzeit, unglücklich zu sein. Dieses Los ging die Psychoanalyse nichts an; sie beschränkte sich darauf, einem Menschen zu helfen, innerhalb des kulturellen Systems angemessen zu funktionieren. Eine Neurose wurde als ein Symptom (Phobie, fixe Idee, Zwangsvorstellung, Melancholie usw.) angesehen, das dieses Funktionieren störte.

Wilhelm Reich war anderer Ansicht. Er hatte zwar bei Freud studiert und gehörte der Wiener Psychoanalytischen Gesellschaft an, aber er erkannte, daß das Fehlen eines behindernden Symptoms noch kein Kriterium für emotionale Gesundheit war. Bei der Arbeit mit neurotischen Patienten stellte er fest, daß sich das Symptom aus einer neurotischen Charakterstruktur entwickelte, und sich nur dann vollständig beseitigen ließ, wenn es gelang, die Charakterstruktur des Betreffenden zu verändern. Für Reich ging es nicht darum, ob der Mensch in der

Kultur angemessen funktionierte, sondern darum, ob er sich der Sexualität und der Arbeit vollständig hingeben konnte. Diese Fähigkeit ermöglichte es dem Menschen, in seinem Leben volle Befriedigung zu erfahren. Der Mensch war in dem Maß neurotisch, in dem ihm diese Fähigkeit fehlte.

Bei seiner therapeutischen Arbeit stellte Reich die Sexualität als Schlüssel zum Verständnis des Charakters in den Mittelpunkt. Bei jedem Neurotiker bestand irgendeine Störung der Orgasmusreaktion. Er konnte sich den unwillkürlichen lustvollen Zuckungen des Orgasmus nicht völlig hingeben. Er fürchtete sich vor dem überwältigenden Gefühl des totalen Orgasmus. Der Neurotiker war in gewissem Maß orgastisch impotent. Wenn der Mensch infolge der Therapie diese Fähigkeit gewann, wurde er emotional gesund. An welchen neurotischen Störungen er auch leiden mochte – sie verschwanden. Außerdem dauerte sein Freisein von der Neurose so lange, wie er seine orgastische Potenz behielt.

Reich erkannte den Zusammenhang zwischen orgastischer Impotenz und dem ödipalen Problem. Er behauptete, die Neurose habe ihre Wurzeln in der patriarchalischen autoritären Familie, in der die Sexualität unterdrückt wird. Er wollte sich nicht damit abfinden, daß der Mensch unerbittlich an ein unglückliches Schicksal gefesselt sein sollte. Er glaubte, ein Gesellschaftssystem, das den Menschen die volle Befriedigung ihrer Triebbedürfnisse versage, sei krank und müsse verändert werden. In seinen frühen Jahren als Psychoanalytiker trat Reich auch für gesellschaftliche Veränderungen ein, aber in seinen späteren Jahren kam er zu dem Schluß, neurotische Menschen könnten eine neurotische Gesellschaft nicht verändern.

Ich bin von Reichs Denkweise stark beeinflußt worden. Von 1940 bis 1953 war er mein Lehrer, von 1942 bis 1945 mein Analytiker. Ich bin Psychotherapeut geworden, weil ich überzeugt war, sein Zugang zu menschlichen Problemen stelle sowohl theoretisch (Charakteranalyse) als auch technisch (Vegetotherapie) einen wichtigen Fortschritt in der Behandlung des neurotischen Charakters dar. Die Charakteranalyse war Reichs großartiger Beitrag zur psychoanalytischen Theorie. Für Reich war der neurotische Charakter der Bereich, in dem sich das neurotische Symptom entwickelte. Er glaubte daher, die Analyse sollte, um eine wesentliche Besserung zu bewirken, ihr Augenmerk nicht auf das Symptom, sondern auf den Charakter richten. Die Vegetotherapie bedeutete den Durchbruch des therapeutischen Prozesses in den Bereich des Körpers. Reich erkannte, daß sich die Neurose sowohl in einer Störung vegetativer Funktionen als auch in psychischen Konflikten manifestierte. Die Atmung, die Motilität und die unwillkürlichen lustvollen Bewegungen des Orgasmus waren beim neurotischen Menschen durch chronische Muskelverspannungen merklich eingeschränkt. Er bezeichnete diese Verspannungen als einen Prozeß der Panzerung, der auf körperlicher Ebene den Charakter widerspiegelt. Er stellte fest, die Körperhaltung eines Menschen sei funktionell identisch mit seiner psychischen Haltung. Das Werk Reichs ist die Grundlage für meine Entwicklung der bioenergetischen Analyse, durch die Reichs Vorstellungen in mehreren wichtigen Hinsichten erweitert worden sind.

Erstens ermöglicht die bioenergetische Analyse ein systematisches Verstehen der Charakterstruktur auf psychischer und somatischer Ebene. Dieses Verständnis befähigt einen, die Charakterprobleme und die emotionalen Probleme des Patienten vom Ausdruck seines Körpers abzulesen. Es gibt einem auch die Möglichkeit, sich die Vorgeschichte des Patienten vorzustellen, da sich seine Lebenserfahrungen als Struktur seinem Körper eingeprägt haben[1].

Die aus diesem Ablesen des Körperausdrucks gewonnenen Informationen werden in den analytischen Prozeß integriert.

[1] Wir verweisen den Leser auf: Alexander Lowen, *Physical Dynamics of Character Structure,* New York 1958. (Taschenbuchausgabe, *The Language of the Body,* New York 1971.) Dt.: *Körperausdruck und Persönlichkeit.* Grundlagen und Praxis der Bioenergetik. München, 1981. Dort findet er eine vollständigere Darstellung dieses Konzepts.

Zweitens ermöglicht die bioenergetische Analyse durch ihr Konzept von der »Erdung« (grounding) ein tiefergehendes Verstehen der Energieprozesse im Körper und ihrer Einwirkung auf die Persönlichkeit. Mit »Erdung« bezeichnen wir die energetische Verbindung zwischen den Füßen eines Menschen und der Erde oder dem Boden. Sie zeigt, wieviel Energie oder Empfindung der Betreffende in den unteren Teil seines Körpers eindringen läßt. Sie deutet an, welche Beziehung der Mensch zu dem Boden hat, auf dem er steht. Ist er gut »geerdet« oder schwebt er in der Luft? Haben seine Füße einen guten Stand? Welche »Stellung« nimmt er ein? Das Gefühl der Sicherheit und der Selbständigkeit des Menschen hängt aufs engste mit der Funktion seiner Beine und Füße zusammen. Diese Gefühle haben einen starken Einfluß auf seine Sexualität.

Drittens verwendet man in der bioenergetischen Analyse viele aktive Körpertechniken und Körperübungen, um dem Patienten zu helfen, seine Stellung zu stärken, seine Energie zu vermehren, seine Selbstwahrnehmung zu erweitern und zu vertiefen und seinen Selbstausdruck zu fördern. Bei der bioenergetischen Analyse wird die Körperarbeit mit dem analytischen Prozeß koordiniert; dadurch wird diese Art der Therapie zu einer kombinierten Methode des Zugangs über Leib und Seele zu emotionalen Problemen.

Ich habe über dreißig Jahre lang als Therapeut praktisch gearbeitet, um Patienten zu helfen, ein gewisses Maß an Freude und Glück in ihrem Leben zu gewinnen. Dieses Bestreben hat eine fortwährende Bemühung erfordert, den neurotischen Charakter des heutigen Menschen sowohl von der kulturellen als auch von der individuellen Seite her zu verstehen. Ich habe mich auf das Individuum konzentriert – und tue es noch –, wie es sich müht, Sinn und Befriedigung in seinem Leben zu finden; anders ausgedrückt: wie es gegen sein Schicksal ankämpft. Der Hintergrund dieses Kampfes ist jedoch die kulturelle Situation. Ohne eine Kenntnis des kulturellen Prozesses können wir die Reichweite des Problems nicht erfassen.

Der kulturelle Prozeß, der die heutige Gesellschaft und den heutigen Menschen hat entstehen lassen, war die Entwicklung des Ich. Diese Entwicklung ist mit dem Erwerb von Wissen und dem Gewinnen der Macht über die Natur verknüpft. Der Mensch ist ein Teil der Natur wie jedes andere Tier und ihren Gesetzen ganz und gar unterworfen; er steht aber auch über der Natur, wirkt auf sie ein und beherrscht sie. Er tut dasselbe mit seiner eigenen Natur; ein Teil seiner Persönlichkeit, das Ich, wendet sich gegen den animalischen Teil, den Körper. Der Gegensatz zwischen Ich und Körper erzeugt eine dynamische Spannung, die die Weiterentwicklung der Kultur fördert, aber er enthält auch ein zerstörerisches Potential. Das läßt sich am besten durch den Vergleich mit Pfeil und Bogen verdeutlichen. Je mehr man den Bogen spannt, desto weiter fliegt der Pfeil. Wenn man aber den Bogen überspannt, zerbricht er. Wenn das Ich und der Körper so weit auseinanderstreben, daß sie keinen Kontakt mehr miteinander haben, ist ein psychotischer Zusammenbruch die Folge. Ich glaube, wir haben in unserer Kultur diesen Gefahrenpunkt erreicht. Psychotische Zusammenbrüche sind recht weit verbreitet, aber noch verbreiteter ist die Furcht vor dem Zusammenbruch, sowohl im persönlichen als auch im gesellschaftlichen Bereich.
Was ist das Los des heutigen Menschen, angesichts seiner Kultur und des Charakters, den sie hervorbringt? Wenn die Geschichte von Ödipus als Prophezeiung dienen kann, heißt es, daß wir den Erfolg und die Macht, nach denen wir streben, zwar erringen, aber nur, um dann zu erleben, daß die eigene Welt aus den Fugen gerät. Wenn wir den Erfolg am materiellen Besitz messen, wie man es in den Industrieländern tut, und die Macht an der Fähigkeit, zu *machen* und sich zu *bewegen* (Maschinen und Energie), haben die meisten Menschen in der westlichen Welt sowohl Erfolg als auch Macht. Der Zusammenbruch ihrer Welt besteht in der Verarmung ihres Innen- oder Gefühlslebens. Da sie sich dem Erfolg und der Macht verschrieben haben, haben sie sonst nicht viel, wofür sie leben könnten. Und wie Ödipus wandern sie ruhelos auf der Erde

umher als Entwurzelte, die nirgends Frieden finden können. Jeder fühlt sich in gewissem Maß seinem Mitmenschen entfremdet, und jeder trägt ein tiefes Schuldgefühl in sich, das er nicht versteht. Dies ist die existentielle Bedingtheit des Menschen von heute.

Die Herausforderung besteht für ihn darin, die gegensätzlichen Aspekte seiner Persönlichkeit miteinander zu versöhnen. Auf der Körperebene ist er ein Tier, auf der Ich-Ebene ein »Möchtegern-Gott«. Das Los des Tieres ist der Tod, den das Ich in seinem Streben nach Gottähnlichkeit vermeiden möchte. Aber während der Mensch versucht, sich diesem Los zu entziehen, erschafft er sich ein noch schlimmeres, nämlich das Los, in der Angst vor dem Leben zu leben.

Das menschliche Leben ist voller Widersprüche. Es ist ein Zeichen der Weisheit, diese Widersprüche zu erkennen und anzunehmen. Zwar mag es wie ein Widerspruch erscheinen, wenn man sagt, das Annehmen des eigenen Schicksals führe zur Veränderung eben dieses Schicksals, aber es ist wahr. Wenn man aufhört, gegen das Schicksal anzukämpfen, verliert man seine Neurose (den inneren Konflikt) und findet Seelenfrieden. Die Folge ist eine andere Einstellung (keine Angst vor dem Leben), die sich in einem anderen Charakter ausdrückt und mit einem anderen Schicksal verbunden ist. Ein solcher Mensch hat den Mut, zu leben und zu sterben, und er kennt die Erfüllung des Lebens. So geht die Geschichte von Ödipus zu Ende, die Geschichte der Gestalt, deren Name das ausschlaggebende Problem in der Persönlichkeit des heutigen Menschen bezeichnet.

1 Der neurotische Charakter

Das ödipale Problem

Man sagt, der Mensch lerne aus der Erfahrung, und im allgemeinen trifft es auch zu. Erfahrung ist der beste und vielleicht der einzige wirkliche Lehrer. Aber die Regel scheint nicht zu gelten, wenn etwas in den Bereich der Neurose eines Menschen fällt. Der Mensch lernt hier nicht aus der Erfahrung, sondern er wiederholt dasselbe selbstzerstörerische Verhalten immer aufs neue. Da ist z. B. der Mensch, der immer wieder in die Lage kommt, anderen zu helfen. Er reagiert bereitwillig, wenn jemand ihn um Hilfe bittet. Hinterher fühlt er sich mißbraucht und ist verstimmt, weil er glaubt, derjenige, dem er geholfen hat, habe seine Hilfe gar nicht zu schätzen gewußt. Er wendet sich von dem ehemaligen Freund ab und beschließt, nun nicht mehr so leicht verfügbar zu sein und das nächste Mal genauer hinzusehen, ob seine Hilfe wirklich nötig ist. Wenn er jedoch spürt, daß jemand in Schwierigkeiten ist, bietet er wieder seine Dienste an, oft bevor man um sie bittet, und er glaubt, diesmal werde das Ergebnis anders sein. Aber es passiert wieder dasselbe. Er lernt nichts dazu, denn sein Helfen ist zwanghafter Art. Er wird durch Kräfte zum Helfen getrieben, die er nicht in der Gewalt hat.

Nehmen wir den Fall der Frau, die in ihren Beziehungen zu Männern eine bemutternde Rolle spielt. Diese Einstellung macht den Mann zum Kind und beraubt die Frau daher der sexuellen Erfüllung. Sie beendet vielleicht die Beziehung mit dem Gefühl, mißbraucht und betrogen worden zu sein, und schiebt die Schuld für das Scheitern der Beziehung auf die Unreife und Schwäche des Mannes. Sie sagt, das nächste Mal werde sie sich jemanden aussuchen, der auf eigenen Beinen stehen kann und nicht bemuttert zu werden braucht. Aber beim nächsten Mal wird es wieder genauso. Ein seltsames Verhängnis scheint sie gerade in die Lage hineinzudrängen, die sie zu vermeiden sucht. Durch unbekannte Kräfte in ihrer Persönlichkeit wird sie getrieben, ihre Männer zu bemuttern.

Man kann ein derartiges Verhalten wegen des unbewußten Konflikts, der ihm zugrundeliegt, als neurotisch ansehen. Beim Mann ist es so, daß ein Teil seiner Persönlichkeit helfen möchte, ein anderer aber nicht. Wenn er hilft, ist er verstimmt, wenn er nicht hilft, hat er Schuldgefühle. Dies ist eine typische neurotische Falle, aus der man nur herausfinden kann, wenn man den Schritten nachgeht, die hineingeführt haben. Hinter dem Verhalten der Frau steht ein ähnlicher unbewußter Konflikt, und zwar der Widerstreit zwischen ihrem Verlangen nach einer gesunden und befriedigenden Sexualbeziehung zu einem Mann und ihrer Angst vor einer solchen Beziehung. Das Bemuttern des Mannes ist die Art, wie sie versucht, ihre Sexualangst zu überwinden, denn es erlaubt ihr, ihre Angst, sich einem Mann hinzugeben, zu leugnen. Dadurch, daß sie die Mutter spielt, verschafft sie sich das Gefühl, gebraucht zu werden und überlegen zu sein.

Ein weiteres Beispiel: Einer Frau fiel es sehr schwer, eine Beziehung zu einem Mann herzustellen. Wenn ihr jemand begegnete, von dem sie sich angezogen fühlte, wurde sie überaus kritisch. Sie sah all seine Fehler und Schwächen und lehnte ihn ab. Da kein Mensch vollkommen ist, konnte sie wegen ihrer Reaktionen keine Beziehung eingehen. Sie sagt zwar, sie hätte sehr gern eine Beziehung, aber sie scheint unfähig, dieses Verhaltensmuster zu ändern, selbst nachdem man sie auf es hingewiesen hat. Man kann unschwer erkennen, daß ihre übermäßig kritische Haltung eine Abwehr der gefürchteten Gefahr ist, selber abgelehnt zu werden. Sie schützt sich, indem sie als erste den Mann ablehnt. Es hilft ihr aber auch nicht viel, dies zu wissen. Sie hat ihre neurotische Reaktion nicht in der Hand.

Um ihr helfen zu können, müssen wir wissen, was für Kräfte in ihrer Persönlichkeit ihr dieses Verhalten vorschreiben. Es tritt nur ein, wenn ihr jemand begegnet, von dem sie sich angezogen fühlt. Bei anderen tritt das Problem nicht auf, sie kann freundlich und entspannt bleiben. Da sich die Schwierigkeit nur entwickelt, wenn sie etwas für einen Mann empfindet, können wir annehmen, daß sie mit dem Gefühl des Verlangens oder der Sehnsucht zu tun hat. Sie kann dieses Gefühl nicht aushalten, es ist zu schmerzhaft; also zieht sie sich aus der Situation zurück. Auch hier müssen wir herausbekommen, was dieser Frau in der Kindheit geschehen ist und dieses Problem hervorgebracht hat. Durch die Analyse werden wir entdecken, daß ein Elternteil sie als Kind abgelehnt hat, was für sie ein so überwältigender Schmerz war, daß sie ihn eingesperrt hat, um weiterleben zu können. Sie hat ihr Herz verschlossen, um ihr Herzweh nicht zu spüren, und jetzt wagt sie nicht, es zu öffnen. Lieben bedeutet, das Herz aufzutun, und sie fürchtet sich davor, weil soviel Schmerz in ihm steckt. In ihrem Fall liegt der neurotische Konflikt zwischen dem Wunsch nach Liebe und der Angst davor.

Neurotisch wird ein solcher Konflikt dadurch, daß der Betreffende sein negatives Element verdrängt. Der hilfsbereite Mann verdrängt also seine Verstimmung darüber, daß man ihn um Hilfe bittet; die bemutternde Frau leugnet ihre Angst vor der Sexualität, und die übermäßig Kritische leugnet ihre Liebesunfähigkeit. Der Neurotiker versucht, da er sich seinem Schmerz und der durch ihn entfachten Wut nicht stellen kann, seine Befürchtungen, Ängste, Feindseligkeiten und seine Wut zu überwinden. Ein Teil von ihm versucht, sich über einen anderen zu erheben; dadurch wird die Einheit seines Wesens gespalten und seine Integrität zerstört. Der Neurotiker bemüht sich, den Sieg über sich selber davonzutragen; das muß ihm natürlich mißlingen. Der Mißerfolg scheint die Unterwerfung unter ein unannehmbares Schicksal zu bedeuten, aber er bedeutet in Wirklichkeit das Annehmen des eigenen Selbst, das eine Veränderung möglich macht. Die meisten Menschen in der westlichen Kultur sind in dem Maß neurotisch, in dem sie sich bemühen, anders zu sein, als sie sind. Da dies ein Kampf ist, den

man nicht gewinnen kann, müssen alle scheitern, die sich auf diesen Kampf einlassen. Seltsamerweise werden wir durch das Annehmen unseres Scheiterns frei von der Neurose.
Ein typisches Beispiel ist der Mann, der wiederholt auf den Rat anderer hin sein Geld schlecht angelegt und dadurch Verluste erlitten hat. Er fällt immer wieder auf das Versprechen herein, rasch und einfach finanzielle Gewinne machen zu können. Er hatte schon genug schlechte Erfahrungen gemacht, um zu wissen, daß die Aussicht trügerisch war, aber er kann der Verlockung nicht widerstehen. Er handelt unter einem Zwang, der mächtiger ist als sein rationales Urteilsvermögen. Es kann ein Zwang zum Verlieren sein, denn es gibt Menschen, die zu Verlierern bestimmt zu sein scheinen. Aber ein solches Schicksal läßt sich ändern, wenn das Wesen des Zwangs und sein Ursprung durch Analyse sorgfältig erforscht werden.
Das klassische Beispiel ist die Frau, die, nachdem sie sich von ihrem ersten Mann hat scheiden lassen, weil er Alkoholiker war, und nachdem sie beschlossen hat, ihre zweite Ehe werde anders sein, unversehens entdeckt, daß ihr neuer Mann ebenfalls ein starker Trinker ist. Sie hat es zwar vor der Ehe nicht gewußt, aber sie war auch blind gegenüber vielen Anhaltspunkten für diese Neigung. Durch Analyse kann man nachweisen, daß sie sich von Männern, die trinken, angezogen fühlt, daß sie sich aber abgestoßen fühlt, wenn das Trinken unmäßig wird. Wie der Mann im vorigen Beispiel, ist sie sich ihrer tieferen Gefühle und Motivationen nicht bewußt. Dieser Mangel ist typisch für einen neurotischen Charakter.
Mit dem Ausdruck *neurotischer Charakter* bezeichnen wir ein Verhaltensmuster, das auf innerem Widerstreit beruht und eine Angst vor dem Leben, vor der Sexualität und vor dem Sein darstellt. In ihm schlägt sich die frühe Lebenserfahrung des Betreffenden nieder, denn er ist aufgrund dieser Erfahrungen entwickelt worden. Die für die Entwicklung des neurotischen Charakters ausschlaggebendste Erfahrung ist die ödipale. Diese entscheidende Erfahrung macht der Mensch im Alter von drei bis sechs Jahren, wenn sich die ödipale Situation

entwickelt, nämlich das sexuelle Interesse des Kindes am gegengeschlechtlichen Elternteil und die daraus entstehende Rivalität gegenüber dem gleichgeschlechtlichen Elternteil. Beide Eltern spielen in dieser Dreieckssituation, in der sich das Kind gefangen fühlt, eine aktive Rolle. Das Kind entwickelt in einer Situation, die für sein Verständnis eine Gefahr für Leben und gesunden Verstand darstellt, als einzige mögliche Lösung einen neurotischen Charakter. Man kann nicht sagen, ob die Gefahr so real ist, wie das Kind glaubt. Kein Kind in dieser Lage kann es sich leisten, seine Ansicht auf die Probe zu stellen. Es muß einen Kompromiß schließen, indem es seine Leidenschaft zügelt und seine Sexualität unterdrückt. Ich möchte diesen Vorgang durch die folgenden Fälle veranschaulichen.

Margaret suchte bei mir Rat, weil sie depressiv war und das Gefühl hatte, ihr Leben sei leer. Sie war eine attraktive Frau Mitte dreißig und von Beruf Krankenschwester. Sie hatte nicht geheiratet, obwohl sie viele Beziehungen zu Männern gehabt hatte. Keine davon hatte sich für sie als befriedigend erwiesen. Vor Jahren war ihre Depression so schlimm gewesen, daß sie dem Selbstmord nah war. Ihre Selbstmordneigungen hatten durch psychoanalytische Behandlung abgenommen, aber ihre Neigung zu Depressionen bestand weiter. Sie hatte jedoch niemals aufgehört, zu arbeiten. Sie arbeitete schwer und war in ihrem Beruf hochangesehen.

Der hervorstechendste Ausdruck ihres Körpers war seine Leblosigkeit. Wenn sie nicht sprach oder sich bewegte, hätte man sie für eine Wachsfigur halten können. Ihre Augen waren matt, ihre Stimme eintönig. Von Zeit zu Zeit jedoch pflegten ihre Augen, während sie mich ansah, aufzuleuchten, und ihr Gesicht wurde lebendig. Es dauerte nie länger als ein paar Minuten, aber es war eine verblüffende Verwandlung. Wenn es geschah, war ich dessen gewahr, daß sie mich mit Gefühl ansah. Gewöhnlich wirkte sie geistesabwesend und bemerkte mich nur, um mir ihre Gedanken mitzuteilen. Während wir miteinander arbeiteten, wurde mir klar, daß ihre Leblosigkeit ziemlich tief ging. Wenn sie die Augen weit öffnete, sahen sie fast hohl aus. Ihre Atmung war sehr flach, ihre Bewegungen waren nie lebhaft.

Die therapeutische Aufgabe bestand darin, Margaret zu helfen, zu entdecken, warum das Licht in ihren Augen erloschen war. Warum konnte sie das »Glühen des Lämpchens« nicht aufrechterhalten? Wovor hatte sie unbewußt Angst? Margarets Unlebendigkeit war die Folge von Selbstverneinung und einer selbstzerstörerischen Haltung. Bei den meisten Neurotikern ist diese Haltung unbewußt. Margaret war sich jedoch darüber klar, daß sie selbstzerstörerisch war. Sie sagte: »Ich versuche immer, meinen Körper zu töten, indem ich nicht richtig esse, nicht genug schlafe, mir Sorgen um mein Image mache und mich wie rasend in die Arbeit stürze. Ich bin nie für mich selber ›da‹, ich kann es mir nicht gut gehen lassen, ich sorge nicht für mich.«

Als ich Margaret fragte, wie und warum sich diese Haltung entwickelt habe, antwortete sie: »Meine Mutter hat mich buchstäblich kaputt gemacht, und zwar so oft, daß ich mich mit ihr identifiziert hab!« Margaret hatte mir schon früher erzählt, ihre Mutter habe sie regelmäßig geschlagen. Sie beschrieb ihre Mutter als eine Hypochonderin, die den ganzen Tag auf der Couch lag, las und sich beklagte. Ihre Mutter war jedoch wirklich krank. Sie war Diabetikerin, aber Margaret sagte, sie sei auch selbstzerstörerisch, und zwar insofern, als sie die Verantwortung für ihr eigenes Leben nicht übernehme. Sie starb in den Fünfzigern an einer Herzstörung. »Aber mein Vater« sagte Margaret, »war ebenso selbstzerstörerisch; er arbeitete zwanzig Stunden am Tag und nahm sich nie Zeit fürs Vergnügen. Er war Christus, der Märtyrer. Er starb in den Vierzigern an einem Herzanfall.«

Sie fügte hinzu: »Mein Vater war eine Last für mich. Ich meinte, ich müßte ihn retten. Ich mußte immer an ihn denken. Er hat mich sehr traurig und unglücklich gemacht. Ich konnte nie an ihn herankommen. Ich erinnere mich, wie ich ihn ansah, wenn er Herzbeschwerden hatte, und er sah so bemitleidenswert aus. Es war in Wirklichkeit noch schlimmer: Es war der

Ausdruck des Leidens. Er war ein Leidender. Ich muß Leuten helfen.«

Wir können weder Margaret noch ihr Problem verstehen, ohne uns ein Bild von der Familiensituation zu machen, in der sie aufgewachsen war. Die wichtigsten Elemente dieses Bildes sind die Persönlichkeiten der Eltern. Sie beeinflussen das Kind mehr dadurch, wer sie sind, als durch das, was sie tun. Kinder sind sehr sensibel und erfassen die Stimmungen, Gefühle und unbewußten Einstellungen ihrer Eltern gewissermaßen durch Osmose. Das galt für Margaret besonders, da sie ein Einzelkind war. Der Einfluß ihrer Eltern war nicht durch die Anwesenheit anderer Kinder gemildert. Man sehe sich das Folgende an.

»Meine Mutter sagte, in der Liebe sei mein Vater grob. Mir ist klar, daß ich mir Männer aussuche, die ihm in ihrem Leiden und in der rauhen Intensität ihrer sexuellen Bedürfnisse irgendwie ähnlich sind. Ich erkenne das Leiden bei diesen Männern erst, wenn sie es mir später um die Ohren hauen. Dann merke ich, daß ich sie versorge, ihnen helfe, und daß ich nichts davon habe. Das ist die eine Art, wie ich mich selber kaputt mache. Aber ich weiß nicht, ob ich jemanden gernhaben könnte, der nicht leidet. Mein Herz würde sich so jemandem nicht öffnen. Der letzte Mann, mit dem ich zu tun hatte, machte einen Selbstmordversuch. Die Reihe der Männer, denen ich helfen mußte, ist lang. Es scheint, als sei sonst nichts da, wenn ich nicht diese neurotische Sache machen kann.«

Was für eine Beziehung hatte Margaret eigentlich zu ihrem Vater? Sie sagt, ihre Mutter habe ihr erzählt, bis zum Alter von vier oder fünf Jahren sei sie ihrem Vater sehr nah gewesen. Sie kann sich an diese Nähe überhaupt nicht erinnern, und sie weiß auch nicht, warum sie ein Ende fand. Sie erinnert sich nur daran, daß ihr Vater unerreichbar war. Sie fühlte sich ihm im Herzen nah, aber es gab keinen Kontakt zwischen ihnen. »Es war wie in einem Traum. Ich lebe immer noch in diesem Traum. Ich nehme auf dieser Grundlage Beziehungen zu Männern auf. Ich baue mir ungeheure Phantasien darüber auf, wie das Leben mit ihnen sein würde, nur um nach einigen Verabredungen mit ihnen zu entdecken, daß sie meine Träume unmöglich wahr werden lassen könnten.«

Aus dem eben Gesagten wird klar, daß Margaret bei ihren Kontakten mit Männern nach derselben Art von Beziehung sucht, die sie zu ihrem Vater hatte, bevor sie fünf Jahre alt war. Es war eine Suche nach dem verlorenen Paradies. Sie versuchte, ihren Garten Eden zu finden. Sie fragte mich: »Warum wollen sich die Männer an der Bar immer an mich ankuscheln? Ich muß irgendwas ausstrahlen.« Ihre Verhaltensweise und ihr Ausdruck wiesen darauf hin, daß auch sie eine Leidende war. Genauso, wie sie sich von denen angezogen fühlt, die leiden, fühlen sie sich von ihr angezogen. Jeder hofft, der andere könnte sein Leiden lindern, aber jeder bringt dem anderen nur Leid ein. Keiner hat Freude zu bieten.

Aus dem oben Gesagten wird klar, daß Margaret etwa mit fünf Jahren einen schweren Verlust erlitten hat, als die liebevolle Beziehung zu ihrem Vater zu Ende war. Die Depressionsneigung wird durch einen solchen Verlust bedingt[1].

Zweifellos hatte es schon früher in der Beziehung zu ihrer Mutter einen Liebesverlust gegeben, aber dieser frühe Verlust war durch die Wärme ihres Kontakts zum Vater gemildert worden. Als der abbrach, war Margaret verloren. Sie überlebte durch eine große Willensanstrengung, was sich heute in der grimmigen und entschlossenen Haltung ihres Unterkiefers manifestiert. Aber Erinnerungen an die Zeit, als sie sich in der Wärme der Liebe ihres Vaters sonnte, spiegeln sich immer noch im vorübergehenden Aufleuchten ihrer Augen und ihres Gesichts.

Welches Ereignis hat die Zerstörung der liebevollen Beziehung zwischen ihr und ihrem Vater verursacht? Warum hatte diese Zerstörung eine so verheerende Wirkung auf ihre Persönlichkeit? Margaret hatte keine Erinnerung an diese Zeit. Sie war vollständig verdrängt. Sie hat jedoch viele Jahre Psychoanalyse hinter sich und kennt das ödipale Problem. Als wir dieses

[1] Siehe mein Buch *Depression,* München, 1978. Dort findet sich eine ausführliche Besprechung von Ursachen und Behandlung der Depression.

Thema besprachen, sagte sie: »Ich kann mich nicht an irgendwelche sexuellen Gefühle für meinen Vater erinnern, aber während meiner Analyse hab' ich einmal geträumt, ich schliefe mit ihm. Da ich schon seit einiger Zeit in Analyse war, hatte ich das Gefühl, ich könnte sowas träumen, ohne zu denken, ich müsse verrückt sein. Aber in dem Traum hatte ich das Gefühl, nicht loslassen zu können. Ich konnte es nicht wirklich genießen.«

Margaret genießt die Sexualität auch heute noch nicht. Sie benützt sie, um Kontakt und Nähe zu bekommen. Sie kann ihren sexuellen Gefühlen nicht nachgeben, weil sie fürchtet, sie würden sie überwältigen und sie verrückt machen. Ich werde diesen Aspekt der Sexualangst in einem späteren Kapitel eingehender untersuchen. Hier möchte ich zeigen, welche Beziehung zwischen dem neurotischen Charakter und dem ödipalen Problem besteht.

Was ging wirklich in ihrer Familie vor sich? Wie war die Beziehung zwischen ihren Eltern? Margaret sagte: »Ich hatte als Kind oft die Phantasie, meine Eltern seien einander sehr nah, und ich sei die Außenstehende. Ich fühlte mich isoliert. Als ich dann älter wurde, erkannte ich, daß meine Mutter allein war, und mein Vater auch. Mir wurde klar, daß sie von ihm sprach wie von einem Fremden.« Margaret erinnerte sich doch an eine Szene, bei der ihr Vater versuchte, die Mutter aus dem Fenster zu werfen, aber sie wußte nicht, warum. Wir können es erraten. Wie so viele andere Ehen hatte die Beziehung ihrer Eltern in der Hochstimmung romantischer Liebe begonnen, aber in der bitteren der Frustration geendet. Das ist der Boden, auf dem sich das ödipale Problem entwickelt. Der frustrierte Elternteil wendet sich gewöhnlich dem andersgeschlechtlichen Kind zu und sucht bei ihm Mitgefühl und Zuneigung.

Die Gefühle zwischen Margaret und ihrem Vater gingen sehr tief. Trotz der Schranke zwischen ihnen stand er ihrem Herzen nah und sie dem seinen. Margaret sagte, man habe ihr erzählt, er habe geweint, wenn sie in der Schule oder in der Kirche Auszeichnungen bekam. Warum wurde jeder Ausdruck dieser

Gefühle zurückgehalten? Es gibt nur eine Antwort. Sie waren bei beiden sexuell geworden. Die Inzestgefahr erschien real. Der Vater mußte sich von jeglichem Kontakt mit dem Mädchen zurückziehen, und das Kind mußte veranlaßt werden, seine Sexualität zu unterdrücken, da sie für den Vater bedrohlich war. Das sexuelle Verlangen des Kindes nach dem Vater ist ein Ausdruck seiner natürlichen Lebendigkeit. Das Kind ist unschuldig, bis die Eltern ihre sexuellen Schuldgefühle auf es projizieren. Margaret war die Böse, weil ihre Sexualität lebendig und frei war. Sie mußte ihr mit Prügeln ausgetrieben werden, was ihre Mutter auch buchstäblich tat – mit einer Reitpeitsche, mit der ihr Vater gewöhnlich Pferde trainierte. Sie wurde gezwungen, ihren Körper zu verleugnen und ihre Energie in die Arbeit für die Schule zu stecken. Der Vater beschützte sie nicht, weil er zu viele Schuldgefühle hatte, um einzugreifen. Der Wille des Mädchens wurde wirksam gebrochen, so, wie man ein wildes, freies Pferd zähmt, damit der Mensch es reiten kann. Seit Evas Zeiten sieht man das weibliche Wesen als die Versucherin an. Dieses Vorurteil spiegelt die mit zweierlei Maß messende Moral wider, die für die patriarchalische Kultur charakteristisch ist. In der Vergangenheit hielt es die westliche Gesellschaft für nötig, die Sexualität der Frau stärker zu unterdrücken als die des Mannes. Jetzt können wir verstehen, warum Margaret ihren neurotischen Charakter entwickelte. Sie durfte nicht auf sexueller Ebene eine Beziehung zu ihrem Vater aufnehmen, und dieses Tabu verwurzelte sich in ihrer Persönlichkeit und erstreckte sich auf alle Männer. Sie kann das Kind sein, das in den Arm genommen werden will, oder sie kann die verständnisvolle und mitfühlende Helferin sein, die versucht, das Leiden eines Mannes zu lindern. Da keine dieser Möglichkeiten ihr Bedürfnis nach einer sexuellen Beziehung erfüllt (das mehr ist, als nur »Sex zu haben«), wird sie depressiv. Ich glaube nicht, daß sie ihre Neigung zu Depressionen überwinden kann, bevor sie ihre Sexualität zurückgewinnt. Als sie ihre Sexualität verlor, hat sie auch ihr Leben verloren. Sexuell zu sein, heißt lebendig sein,

und Lebendigsein ist Sexuellsein. In späteren Kapiteln werde ich zeigen, was dazugehört, dieses Problem durchzuarbeiten.
Margarets Fall ist nicht einzigartig. Er mag sich durch die Heftigkeit der Prügel, die sie bekam, vom Durchschnitt unterscheiden, durch das Ausmaß, in dem die Sexualität in dieser Familie unterdrückt wurde, und auch durch die besondere Form, die ihr neurotischer Charakter annahm. Aber ihr Fall ist typisch für das, was in heutigen Familien vor sich geht, nämlich für die inzestuösen Gefühle zwischen Eltern und Kindern, die Rivalitäten, die Eifersüchteleien und die Gefahren für das Kind. Er ist auch typisch für die Art, wie das ödipale Problem den neurotischen Charakter des Individuums formt.
Hier ist ein anderer Fall, der viele Ähnlichkeiten mit Margarets Fall aufweist, obwohl es sich um einen Mann handelt.
Robert war ein höchst erfolgreicher Architekt, der mich aufsuchte, weil er depressiv war. Seine Depression ging auf das Scheitern seiner Ehe zurück. Als ich ihn fragte, weshalb seine Ehe gescheitert sei, sagte er, seine Frau habe sich beklagt, es gebe keine Kommunikation zwischen ihnen, er ziehe sich vor dem Kontakt zurück, und er sei sexuell passiv. Er gab zu, daß ihre Klagen berechtigt seien. Er erkannte, daß es ihm sehr schwer fiel, Gefühle zum Ausdruck zu bringen. Er war früher schon einige Jahre in psychoanalytischer Behandlung gewesen. Sie hatte ihm ein wenig geholfen, aber seine emotionale Reaktionsbereitschaft war immer noch sehr schwach.
Robert war ein gut aussehender Mann Ende vierzig. Er hatte einen gut gebauten, gut proportionierten Körper und regelmäßige Gesichtszüge. Wenn ich ihn ansah, lächelte er zu rasch. Ich spürte, daß der Augenkontakt ihn verlegen machte. Bei näherem Hinsehen bemerkte ich, daß seine Augen lauernd und ohne Gefühl waren. Das Auffallendste an seinem Körper war jedoch seine Angespanntheit und Rigidität. Ohne Kleider sah er aus wie eine griechische Statue. Wenn er bekleidet war, konnte man ihn für eine wandelnde Schaufensterpuppe halten. Er war so beherrscht, daß sein Körper nicht lebendig aussah.
Was war in Roberts Kindheit geschehen, das seine emotionale

Abgestorbenheit erklären konnte? Wie Margaret war er ein Einzelkind. Seine Mutter war jedoch vernarrt in ihn, als er klein war. Obwohl seine Eltern nicht reich waren, bekam er sehr teure Kleidung, die immer sauber gehalten wurde. Er sagte, auf Bildern könne man sehen, daß er ein entzückender kleiner Junge gewesen sei. Seine schlimmste Unart war, sich schmutzig zu machen. Er wurde sofort gewaschen und in andere Kleider gesteckt. Er wurde niemals geschlagen. Die Bestrafung für jede Art von Übertretung nahm die Form von Beschämung und Liebesentzug an.
Robert berichtete, er habe als Junge die Phantasie gehabt, er sei nicht das Kind seiner Eltern. Er sagte, in Wirklichkeit hätten sie lieber ein Mädchen haben wollen. Er stellte sich vor, eines Tages würden ihn seine richtigen Eltern entdecken. Dieses Gefühl, nicht dazuzugehören, entsteht, wenn es an Kontakt zwischen Eltern und Kind fehlt. In diesem Fall hatten auch die Eltern das Gefühl, Robert gehöre nicht zu ihnen. Sie sagten, er sei anders als sie. Robert erklärte sein Gefühl damit, seine Mutter und sein Vater seien sich so nah gewesen, daß er sich als Außenstehender gefühlt habe. »Ich hatte das Gefühl, ich bummerte an die Tür und sagte ›Laßt mich herein‹. Ein andermal glaubte ich, ich würde weglaufen und meine richtige Familie finden.« Man erinnert sich vielleicht, daß Margaret ein ähnliches Gefühl hatte, eine Außenstehende zu sein und nicht zu ihrer Familie zu gehören. Sie entdeckte später, daß die scheinbare Nähe ihrer Eltern mehr Fassade als Wirklichkeit war. Wie war die Situation in Roberts Elternhaus?
Robert beschrieb seine Mutter als eine Amazone, die wilde Pferde noch mit der Peitsche antrieb. Obwohl sie nicht hübsch war, eine Brille trug und sich in Gesellschaft unbehaglich fühlte, hatte sie eine glänzende Partie gemacht. Sein Vater, sagte Robert, sei gut aussehend, charmant und sehr umschwärmt gewesen. Er war ein Sieger, ein Mann, der Erfolg haben mußte. Robert erkannte, daß seine Mutter ehrgeizig war. Er sagte: »Sie versuchte, eine Aura von Raffinesse um sich zu verbreiten. Ihre Eltern waren Farmer gewesen. Sie wollte

zeigen, daß sie die beste Frau für meinen Vater war, daß ihre Verbindung die vollkommene Ehe war.«
Sie versuchte auch den Eindruck zu erwecken, sie sei eine perfekte Mutter. Um diesen Eindruck vollständig zu machen, mußte Robert das perfekte Kind sein, was er auch versuchte. Aber perfekte Kinder sind nicht real, das heißt, nicht lebendig. Wirkliche Kinder machen sich schmutzig und machen Unordnung. Um sich die Liebe seiner Mutter zu erhalten, mußte Robert ein Bild, eine Statue oder eine Schaufensterpuppe werden. Und aus dem gleichen Grund war auch der Vater nicht real. Wer kann für eine perfekte Frau ein wirklicher Mann sein? Robert kann sich nicht erinnern, daß seine Eltern jemals gestritten hätten. Selbst als Kind spürte Robert schon, daß die Familiensituation einen Anschein der Unwirklichkeit hatte. In dem Maß, in dem er sich lebendig fühlte, konnte er nicht ihr Kind sein. Er konnte nur dazugehören, indem er selbst unwirklich war.
Es wäre falsch zu glauben, in dieser Familie habe es keine Leidenschaften gegeben. Robert sprach nie über das Sexualleben seiner Eltern, aber sie müssen eins gehabt haben. Er erwähnte niemals irgendwelche sexuellen Gefühle, die er vielleicht als Kind gehabt haben mag, aber er muß welche gehabt haben. Er hatte alle Erinnerungen an seine frühe Kindheit verdrängt. Diese Verdrängung ging Hand in Hand mit der Leblosigkeit seines Körpers. Was er mir an Informationen lieferte, war meistens aus zweiter Hand. Wir haben jedoch einige Beweise für das Bestehen einer ödipalen Situation. Robert sagte, als Junge habe er die Phantasie gehabt, seine Mutter für sich zu gewinnen und seinen Vater entscheidend zu besiegen. In seiner Phantasie zog seine Mutter ihn dem Vater vor. Ein weiteres wichtiges Beweisstück ist die Tatsache, daß Robert seinen Vater wirklich überflügelte. Er sagte: »Ich hab' meinen Vater so sehr übertroffen, daß ich mich dafür schäme.« In Wirklichkeit erwies sich sein Vater nämlich niemals als Sieger. Robert war derjenige, der den großen Sieg in der Welt davontrug und die ehrgeizigen Wünsche seiner Mutter erfüllte.

Für diesen Sieg war jedoch ein Preis zu bezahlen. Dieser Preis war der Verlust seiner orgastischen Potenz, nämlich der Fähigkeit zur vollständigen körperlichen Hingabe beim Geschlechtsakt. Roberts Sexualität war auf sein Geschlechtsorgan beschränkt; der übrige Körper nahm an der Erregung und an der Entladung nicht teil. Seine Unfähigkeit, sich seinem sexuellen Gefühl ganz hinzugeben, beruhte auf der Rigidität und Angespanntheit seines Körpers, die ebenfalls für seine emotionale Leblosigkeit verantwortlich waren. Ob die emotionale Leblosigkeit eine Folge seiner Angst vor der Sexualität war oder ob seine orgastische Impotenz von seiner emotionalen Leblosigkeit herrührte, brauchen wir nicht zu erörtern. Das Problem mußte auf beiden Ebenen, der sexuellen und der emotionalen, gleichzeitig bearbeitet werden. Auf einer tieferen Ebene stellten beide eine Angst vor dem Leben dar.
Robert jedoch hatte keine Ahnung von irgendeiner Angst vor der Sexualität oder vor dem Leben. Im Zustand der emotionalen Leblosigkeit wird die Angst, die eine Emotion wie jede andere ist, ebenfalls unterdrückt. Das macht das Problem sehr schwierig, denn der einzige Anhaltspunkt, den man hat, ist das Fehlen von Gefühl. Robert konnte sich z. B. nicht an irgendwelche sexuellen Gefühle für seine Mutter erinnern. Er konnte sich solche Gefühle nicht vorstellen, denn er fand seine Mutter sexuell unattraktiv. Er konnte sich nicht erinnern, sie jemals nackt gesehen zu haben, und auch nicht, auf ihren Körper neugierig gewesen zu sein. Er weiß aber noch, daß er eines Abends beschloß, an der Schlafzimmertür seiner Eltern zu horchen; er wurde jedoch bald entdeckt und in sein Zimmer geschickt. Für ihn war dieser Vorfall nicht mit sexueller Neugier verbunden. Offenbar war seine Neugier schon sehr früh unterdrückt worden. Als er drei Jahre alt war, hatte er Gelegenheit, zu sehen, wie ein kleines Mädchen gebadet wurde, aber er wurde ausgeschimpft, weil er zugesehen hatte. Wir können nicht deshalb, weil Robert sich nicht erinnert, annehmen, er habe als Kind keine sexuellen Gefühle gehabt. Da derlei Gefühle normal sind, muß man annehmen, daß sie

stark unterdrückt wurden und die Erinnerung an sie verdrängt worden ist. Diese Annahme wird bekräftigt durch die Schwere der Muskelverspannung und der körperlichen Rigidität, die beide Mittel der Unterdrückung sind. Bei der Besprechung dieses Themas bemerkte Robert, das Abschalten von Gefühlen sei eine Maßnahme, deren er sich häufig bediene, wenn ihm jemand weh tue. Er schalte jedes Gefühl für den Betreffenden ab und »schneide« ihn, als sei er nicht vorhanden. Er sagte, dies sei eine Taktik, die seine Mutter ihm gegenüber angewandt habe, und er habe sie wiederum ihr gegenüber angewandt. Ich sehe es so, daß zwischen Mutter und Sohn ein Machtkampf im Gang war, bei dem Verführung und Ablehnung die Steuerungsmechanismen waren. Seine Mutter war vernarrt in ihn, zog ihn, wie er sagte, wie den »kleinen Lord« an, aber immer, wenn er nicht tat, was sie wollte, »ließ sie ihn fallen«. Er tat, was sie von ihm forderte, aber er lehnte sie auch sexuell ab.

Roberts Problem hat noch eine andere Seite. Seine körperliche Rigidität muß als Zeichen dafür gedeutet werden, daß er »starr vor Schreck« war. Ich habe lange genug mit ihm gearbeitet, um zu wissen, daß es zutraf. Aber er fühlte es nicht. Trotzdem war es nötig, herauszubekommen, vor wem er sich fürchtete und warum.

Robert sagt, er sei wie der »kleine Lord« aufgezogen worden. Ich sah ihn als einen Prinzen. Seine Mutter spielte die Rolle der Königin. Die Situation würde erfordern, daß sein Vater der König wäre, aber diese Rolle füllte er nicht aus. Statt selbst an der Spitze zu stehen, schob er seinen Sohn in diese Stellung. Der Junge sollte vollbringen, was er nicht konnte. Der Prinz sollte seinen Platz einnehmen und König werden. Aber so sehr der Vater auch wünschen mochte, der Sohn solle es weiter bringen als er, es war nur natürlich, daß er auch Groll und Wut darüber empfand, daß er entthront und degradiert wurde. Wenn zwei Männchen sich um dasselbe Weibchen bewerben, kann der Kampf tödlich ausgehen. Aber ein Sohn ist dem Vater nicht gewachsen, und er fürchtet sich davor, ihn wirklich herauszufordern. Er muß klein beigeben, seine Niederlage eingestehen und sein sexuelles Verlangen nach der Mutter aufgeben. Er findet sich mit der psychischen Kastration ab und beseitigt sich dadurch selbst als Konkurrent und Gefahr für seinen Vater.

Die ödipale Situation ist nun gelöst. Der Junge kann erwachsen werden und die Welt erobern, aber im sexuellen Bereich bleibt er weiterhin ein Junge. Robert war sich darüber klar, daß er sich auf einer Ebene seiner Persönlichkeit immer noch unreif, nicht ganz als Mann fühlte. Emotional war er ein Prinz geblieben.

In einem späteren Kapitel werde ich die Behandlung des ödipalen Problems besprechen. Zunächst müssen wir das Problem als kulturelles Phänomen und als Ergebnis der Familiendynamik verstehen. Im nächsten Abschnitt wollen wir uns die Ödipuslegende eingehender ansehen, um herauszufinden, wie eng diese Fälle dem Mythos parallel laufen.

Die Ödipuslegende

Ödipus war ein Prinz, der Sohn des Königs Laïos von Theben. Als er geboren wurde, befragte sein Vater das delphische Orakel über die Zukunft seines Sohnes. Da ihm gesagt wurde, wenn der Junge erwachsen sei, werde er seinen Vater töten und seine Mutter heiraten, ließ Laïos das Kind an einen Pfahl gebunden auf dem Feld aussetzen, wo es erfrieren sollte. Ödipus wurde von einem Hirten gerettet, der Mitleid mit ihm hatte und ihn nach Korinth brachte, wo ihn der König Polybus adoptierte und ihn als seinen eigenen Sohn aufzog. Weil sein Fuß von der Fesselung an den Stab entzündet war, gab man ihm den Namen Ödipus, was »Schwellfuß« bedeutet.

Als Ödipus zum Mann herangewachsen war, befragte auch er das Orakel von Delphi, um etwas über sein Los zu erfahren. Ihm wurde gesagt, er werde seinen Vater töten und seine Mutter heiraten. Da er Polybus für seinen Vater hielt, beschloß

Ödipus, dem vom Orakel vorausgesagten Schicksal dadurch zu entgehen, daß er Korinth verließ und woanders sein Glück suchte. Auf dem Weg nach Böotien wurde er von einem Reisenden angesprochen, der ihm befahl, ihm den Weg freizumachen. Es entstand ein Streit, und Ödipus schlug den Mann mit seinem Stab und tötete ihn. Ohne zu wissen, wer sein Opfer war, setzte Ödipus seinen Weg nach Theben fort. Als er ankam, erfuhr er, daß die Stadt von der Sphinx terrorisiert wurde, einem seltsamen Ungeheuer mit dem Gesicht einer Frau, dem Körper eines Löwen und den Flügeln eines Vogels. Die Sphinx gab jedem Reisenden, den sie fing, ein Rätsel auf. Wer die richtige Antwort nicht wußte, wurde verschlungen.
Kreon, der seit dem Tod seines Bruders Laïos die Stadt regierte, hatte die Krone und die Hand der verwitweten Königin Jokaste demjenigen versprochen, der die Stadt von den Heimsuchungen des Ungeheuers befreien würde. Ödipus nahm die Herausforderung an und stellte sich der Sphinx. Auf die Frage: »Welches Tier geht am Morgen auf vier Beinen, am Mittag auf zweien und am Abend auf dreien?« antwortete Ödipus: »Der Mensch«. Als Kleinkind krabbelt er auf allen Vieren, als reifer Mann geht er auf zwei Beinen, und am Abend des Lebens geht er am Stock. Als die Sphinx diese Antwort hörte, warf sie sich ins Meer und ertrank. Ödipus kehrte nach Theben zurück, heiratete die Königin und regierte die Stadt mehr als zwanzig Jahre lang. Ihrer Ehe entsprangen zwei Söhne, Eteokles und Polyneikes, und zwei Töchter, Antigone und Ismene. Die Herrschaft des Ödipus in Theben war vom Glück begünstigt, und er wurde als gerechter und hingebungsvoller Herrscher geehrt.
In der griechischen Mythologie ist das Leben des Helden oft mit irgendeinem Unglück verbunden. Zum Beispiel kamen sowohl Herakles, der große Besieger von Ungeheuern, als auch Theseus, der den Minotaurus erschlug, tragisch ums Leben. Unter anderen wurde Erichthonius, der als König von Athen die Verehrung der Athene und den Gebrauch des Silbers einführte, durch einen Donnerkeil des Zeus getötet. Die

Großtat des Helden, die von dem einen Gott unterstützt wird, mißfällt einem anderen. Seine übermenschliche Heldentat läßt ihn gottähnlich erscheinen. Die Götter sind bekanntlich eifersüchtig. Der Held muß einen Preis für seine Hybris bezahlen, da er schließlich sterblich ist.

Ödipus wird wegen seiner Überwindung der Sphinx als Held angesehen. Die Erinnyen, wie man die Schicksalsgöttinnen nannte, lagen auf der Lauer. Eine schreckliche Pest suchte die Stadt Theben heim. Es gab Dürre und Hungersnot. Als man das Orakel von Delphi befragte, sagte es, die Plagen würden nicht eher aufhören, als bis man den Mörder des Laïos entdecken und ihn aus der Stadt jagen würde. Ödipus gelobte, er werde den Schuldigen finden. Zu seiner Überraschung brachten seine Nachforschungen ans Licht, daß er der Schuldige war. Er hatte seinen Vater auf der Straße nach Theben getötet und, ohne es zu wissen, seine Mutter geheiratet.

Von Scham überwältigt, erhängte sich Jokaste. Ödipus blendete sich selbst. Dann verließ er Theben in Begleitung seiner getreuen Tochter Antigone und wurde zum Wanderer. Nach vielen Jahren fand er eine letzte Zuflucht in der Stadt Kolonos bei Athen. Dort verschwand er, versöhnt mit seinem Schicksal und von seinen Verbrechen gereinigt, auf geheimnisvolle Weise von der Erde. Es wird zu verstehen gegeben, daß er an den Sitz der Götter entrückt wurde, wie es einem griechischen Helden geziemt. Kolonos, das dem Ödipus eine letzte Freistatt geboten hatte, wurde ein heiliger Ort.

Die Legende erzählt das Ende dieser unglücklichen Familie. Die beiden Söhne des Ödipus waren übereingekommen, sich in der Regierung des Königreichs abzuwechseln. Als aber die Zeit kam, daß Eteokles seinem Bruder die Macht überlassen sollte, weigerte er sich. Polyneikes sammelte ein Heer von Ägäern und belagerte Theben. Im Verlauf der Schlacht töteten die Brüder einander gegenseitig. Kreon, der nun Regent der Stadt wurde, bestimmte, Polyneikes sollte als Verräter behandelt und nicht begraben werden. Antigone widersetzte sich dem Erlaß aus Liebe zu ihrem Bruder und bestattete ihn in Ehren. Für

diesen Ungehorsam wurde sie dazu verurteilt, lebendig begraben zu werden. Ihre Schwester Ismene teilte ihr Los.
Im Rückblick auf die Fälle von Margaret und Robert können wir sehen, daß ihr Leben der Ödipusgeschichte nicht parallel lief. Keiner von ihnen machte sich der Verbrechen des Inzests und des Elternmords schuldig, obwohl beide als Kinder in einer ödipalen Situation waren. Wie sie das Schicksal des Ödipus vermieden, erklärt uns Sigmund Freud, der als erster die Wichtigkeit der ödipalen Situation und die Bedeutung der Ödipusgeschichte für den heutigen Menschen erkannte. Im nächsten Abschnitt wollen wir die psychoanalytische Anschauung von der Entwicklung des Ödipuskomplexes untersuchen.

Der Ödipuskomplex

Freud wurde von der Ödipusgeschichte angezogen, weil er glaubte, die beiden Verbrechen des Ödipus, die Tötung des Vaters und die Heirat mit der Mutter fielen »mit den beiden Urwünschen des Kindes (zusammen), deren ungenügende Verdrängung oder deren Wiedererweckung den Kern vielleicht aller Psychoneurosen bildet«.[2]
Dieser Kern wurde unter der Bezeichnung »Ödipuskomplex« bekannt. Schon früher hatte Freud geschrieben: »Uns allen vielleicht war es beschieden, die erste sexuelle Regung auf die Mutter, den ersten Haß und gewalttätigen Wunsch gegen den Vater zu richten; unsere Träume überzeugen uns davon«[3]. Wenn dies so wäre, wäre das Schicksal des Ödipus das gemeinsame Schicksal aller Menschen. Freud erkannte diese Möglichkeit, denn er sagte: »Sein Schicksal ergreift uns nur darum, weil es auch das unsrige hätte werden können, weil das Orakel vor unserer Geburt denselben Fluch über uns verhängt hat wie über ihn«[4].

[2] Sigmund Freud: *Totem und Tabu*, G. W. IX, S. 160.
[3] und [4] Sigmund Freud: *Die Traumdeutung* in G. W. II/III, S. 269.

Nach den Vorstellungen der Psychoanalyse machen alle Kinder etwa im Alter von drei bis sieben Jahren eine ödipale Periode durch. Während dieser Zeit müssen sie mit Gefühlen des sexuellen Angezogenseins vom gegengeschlechtlichen Elternteil, mit Eifersucht, Angst und Feindseligkeit gegenüber dem gleichgeschlechtlichen Elternteil fertigwerden. Zu dem Komplex gehören auch mit diesen Gefühlen verbundene, verschieden starke Schuldgefühle. Otto Fenichel sagt: »Bei beiden Geschlechtern kann man den Ödipuskomplex als den Höhepunkt der infantilen Sexualität ansehen, als die erogene Entwicklung von der Oralerotik über die Analerotik hin zur Genitalität«[5].
Für unsere Untersuchung ist es wichtig zu verstehen, was mit »infantiler Sexualität« gemeint ist, und wie sie sich von der »erwachsenen« unterscheidet. Der Ausdruck »infantile Sexualität« bezieht sich tatsächlich auf alle Manifestationen der Sexualität von der Geburt an bis etwa zum Alter von sechs Jahren. Die erotische Lust, die einem Baby das Saugen an der Brust oder das Daumenlutschen verschafft, wird als etwas betrachtet, das sexueller Natur ist. Im Alter zwischen Drei und Fünf konzentriert sich die kindliche Sexualität auf das Genitale. Im fünften Lebensjahr, auf der Höhe der Entwicklung der kindlichen Sexualität, erreicht diese Konzentration nach Freud ein Ausmaß, das fast dem gleichkommt, welches in der Reife erreicht wird. Der Unterschied zwischen kindlicher und erwachsener Sexualität liegt darin, daß der ersteren die Elemente der Penetration und der Ejakulation, die Fortpflanzungsaspekte der Sexualität, fehlen. Die Sexualität der Kindheit ist daher ein Oberflächenphänomen. Freud bezeichnet sie als nicht genital, sondern phallisch. Diese Unterscheidung ist gültig, wenn wir uns klarmachen, daß »phallisch« nicht Entladung bedeutet, sondern vielmehr ein Ansteigen der Erregung. Die Sexualität des Erwachsenen ist durch ihre Betonung der Entladung gekennzeichnet. Die mit der kindlichen Sexualität

[5] Otto Fenichel: *The Psychoanalytic Theory of Neurosis, New York, 1945, S. 91.*

verbundenen Gefühle sind jedoch von denen, die mit der erwachsenen Form zusammenhängen, kaum zu unterscheiden. Obwohl man den Ödipuskomplex in unserer Kultur als eine normale Entwicklung ansieht, die alle Kinder durchmachen, heißt das nicht, daß sie biologisch determiniert ist. Wir müssen zwischen zwei unterschiedlichen Phänomenen unterscheiden. Das eine ist die vorläufige Blüte der Sexualität, die zu dieser Zeit eintritt und sich in masturbatorischer Betätigung und gesteigerter Sexualneugier manifestiert. Sie spiegelt sich auch in dem sexuellen Interesse des Kindes am gegengeschlechtlichen Elternteil. Beweise für diese Frühblüte liefern Träume und Erinnerungen von Patienten. Jeder aufmerksame Vater und jede aufmerksame Mutter kann sie bestätigen, denn Kinder bemühen sich nicht, ihre sexuellen Gefühle zu verbergen. Die medizinische Forschung hat auch gezeigt, daß die Produktion von Sexualhormonen während dieser Zeit erhöht ist. Auf dieses vorläufige Erwachen der Sexualität folgt im allgemeinen eine Ruheperiode, die Latenzzeit, die bis zur Pubertät dauert; dann beginnen sowohl die hormonelle Aktivität als auch die sexuelle Betätigung ihre erwachsene Form anzunehmen. Eine weitere biologische Erscheinung läuft dieser zweifachen Blüte der Sexualität parallel, nämlich die Zahnentwicklung. Wir haben zwei Arten von Zähnen, die ersten oder Milchzähne sind etwa im Alter von sechs oder sieben Jahren vollständig, dann fallen sie aus und werden durch die bleibenden Zähne ersetzt. Ebenfalls um diese Zeit, etwa mit sechs Jahren, kommen die meisten Kinder in die Schule.
Die andere Erscheinung ist die Entstehung eines Dreiecks, in dem die Mutter sowohl für den Vater als auch für den Sohn ein Sexualobjekt ist – oder der Vater ein Sexualobjekt für Mutter und Tochter. Wenn dies geschieht, was in unserer Kultur ausnahmslos der Fall ist, entsteht das Problem der Eifersucht und Feindseligkeit des gleichgeschlechtlichen Elternteils gegenüber dem Kind. Es kann ganz natürlich für einen Jungen sein, wenn er in bezug auf die sexuellen Beziehungen seines Vaters zu seiner Mutter Eifersucht empfindet. Diese Eifersucht

ist für den Vater in keiner Weise bedrohlich. Es ist jedoch etwas ganz anderes, wenn der Vater auf seinen Sohn eifersüchtig wird, weil er spürt, daß seine Frau den Jungen begünstigt oder vorzieht. Diese Situation birgt reale Gefahren für das Kind. Ebenso bedeutet die Eifersucht der Mutter auf ihre Tochter für das Mädchen eine ernsthafte Bedrohung. Dieser Aspekt des Ödipuskomplexes ist kulturell bestimmt. Fenichel meint dazu: »In diesem Sinn ist der Ödipuskomplex zweifellos ein Produkt des Familieneinflusses«[6].

Seine spezifische Form hängt daher von der Dynamik der Familiensituation ab.

Noch ein weiteres Element ist an diesem Komplex beteiligt, nämlich sexuelle Schuldgefühle. Zwar gehören alle Beteiligten zu dem Dreieck, aber man flößt dem Kind Schuldgefühle wegen seiner sexuellen Gefühle und Verhaltensweisen ein. Es hat ganz unschuldig gehandelt, seinen Triebimpulsen folgend, aber in den Augen der Eltern ist jeder Ausdruck, den das Kind seiner Sexualität verleiht, »schlecht«, »schmutzig« oder »sündhaft«. Die Eltern projizieren ihre sexuellen Schuldgefühle auf das Kind. Der Ödipuskomplex des Kindes spiegelt daher im allgemeinen die ungelösten ödipalen Konflikte seiner Eltern wider. Das Schuldgefühl des Kindes in bezug auf seine Sexualität rührt weniger von dem her, was seine Eltern sagen oder tun, sondern, wie Fenichel erklärt, noch mehr von der »allgemeinen Einstellung der Eltern zur Sexualität, die sie ständig manifestieren, ob sie es wissen oder nicht«[7].

Aber diese Feststellung verlegt das Problem nur in die vorhergehende Generation. Um zu begreifen, wie dieses Schuldgefühl ursprünglich entstanden ist, müssen wir die Herkunft jener kulturellen Kräfte untersuchen, die die ödipale Situation geschaffen haben. In einem späteren Kapitel wollen wir dies untersuchen, indem wir die Mythologie und die Geschichte des antiken Griechenland analysieren. Wir können das Ergebnis vorwegnehmen, indem wir sagen, daß Angst und

[6] a. a. O., S. 97.
[7] a. a. O., S. 95.

Feindseligkeit zwischen Eltern und Kindern und sexuelle Schuldgefühle gleichermaßen Folgen des Wechsels vom matriarchalischen zum patriarchalischen Prinzip der Beziehungen sind. Dieser Wechsel hat am Beginn der Zivilisation stattgefunden, als der Mensch Macht über die Natur gewann. Der Erwerb von Macht führte zu einem Kampf um die Macht, der bis heute in allen »zivilisierten« Gesellschaften weitergeht.

Schließlich ist ein Teil dieses Komplexes auch die mörderische Wut des Kindes auf den gleichgeschlechtlichen Elternteil. Das Kind möchte den Vater oder die Mutter umbringen, aber es hat noch mehr Angst, es könnte von ihnen umgebracht werden. Wegen der großen Angst wird die Wut unterdrückt und äußert sich nur in Todeswünschen gegen den Elternteil oder als die Befürchtung, der Elternteil könnte sterben oder bei einem Unfall ums Leben kommen. Schließlich wird das Kind veranlaßt, sich wegen der Feindseligkeit gegen Vater oder Mutter schuldig zu fühlen.

Freud vertrat die Ansicht, die Wut und Feindseligkeit des Kindes gegenüber dem Elternteil hänge direkt mit seinen Inzestwünschen zusammen und sei mit ihnen verknüpft. So schreibt Erik Erikson: »Die ödipalen Wünsche (die in der Versicherung des Knaben, daß er seine Mutter heiraten und sie stolz und glücklich machen wird, und in der Feststellung des Mädchens, daß es seinen Vater heiraten und viel besser für ihn sorgen wird, so einfach und vertrauensvoll zum Ausdruck kommen) führen zu vagen Phantasien, die an Mord und Vergewaltigung rühren. Die Konsequenz ist ein tiefes Schuldgefühl, ein merkwürdiges Gefühl, insofern es für immer anzudeuten scheint, daß das Individuum ein Verbrechen begangen habe – was ja schließlich tatsächlich nie geschehen ist und auch biologisch ganz ausgeschlossen war. Diese geheimnisvolle Schuld trägt aber dazu bei, das ganze Gewicht der Initiative auf sozial wünschenswerte Ideale und unmittelbare, praktische Ziele hinzulenken« ...[8]. Mit dieser Ansicht wird die

[8] Erik Erikson: *Kindheit und Gesellschaft,* Stuttgart, 1965, S. 84–85.

Vorstellung unterstützt, der Ödipuskomplex sei nicht nur biologisch determiniert, sondern für den weiteren Kulturfortschritt unerläßlich. Erscheint es nicht seltsam, daß derartige wunderschöne Gefühle auf seiten eines Kindes gegenüber einem Elternteil zu »vagen Phantasien (führen), die an Mord und Vergewaltigung rühren«? Mir erscheint die Annahme vernünftiger, daß die geheimen Phantasien von Mord und Vergewaltigung erst entstehen, nachdem man dem Kind Schuldgefühle wegen seiner Inzestwünsche eingeflößt hat.

Dieser Meinung war auch mein Lehrer Wilhelm Reich. In seiner Studie *Der triebhafte Charakter,* die 1925 veröffentlicht wurde, als er noch Mitglied der psychoanalytischen Bewegung war, schreibt er: »Die Konflikte dieser Phase, welche zu den bedeutungsvollsten menschlichen Erlebens gehören und im Zentrum ausnahmslos jeder Neurose stehen, mobilisieren ein mächtiges Schuldgefühl ... Es entfaltet sich besonders intensiv an den Haßeinstellungen, welche im Ödipuskonflikt gegeben sind«[9]. Man beachte, daß der Haß von den Schuldgefühlen abgeleitet wird und nicht umgekehrt. Reich hatte auch eine andere Anschauung vom Wert der Schuldgefühle. Erikson sah sie als etwas an, das den Kulturfortschritt fördert. Für Reich rührten sie von einer Erziehung her, in der die Sexualität unterdrückt wird; deren Funktion besteht für ihn in der »Grundlegung der autoritär-patriarchalischen Kultur und der wirtschaftlichen Sklaverei«[10].

Nachdem wir den Ödipuskomplex umrissen haben, interessiert uns als nächstes, welches Schicksal er in der Persönlichkeit hat. Wie werden die Konflikte gelöst, die er in sich birgt? Wenn es lediglich um die sexuellen Gefühle eines Kindes für seinen Vater oder seine Mutter ginge, würden sie, da sie infantil sind, im Verlauf der natürlichen Weiterentwicklung überlagert werden. Kein Kind hält für immer an seinen Milchzähnen fest.

[9] Wilhelm Reich: *Der triebhafte Charakter,* Leipzig, Wien, Zürich, 1925.
[10] Wilhelm Reich: *Die Funktion des Orgasmus,* 4. Aufl., Köln/Berlin 1970, S. 201.

Sie werden von den bleibenden Zähnen hinausgeschoben, wenn diese nachdrängen. Dasselbe sollte für infantile sexuelle Gefühle gelten. Mit dem Einsetzen der reifen Sexualität in der Pubertät würde der Jugendliche seine sexuellen Gefühle Objekten außerhalb der Familie zuwenden. Leider geht diese natürliche Entwicklung in unserer Kultur nicht ohne Störung vonstatten. Die infantilen sexuellen Gefühle sind zu sehr mit Schuldgefühlen, Angst und Haß verstrickt, als daß eine so einfache Lösung eintreten könnte. Der ganze Komplex wird verdrängt.

Die Verdrängung des Ödipuskomplexes geschieht angesichts der Kastrationsdrohung. Hierin stimmen Freud und Reich überein. Der Junge gibt sein Bestreben, seiner Mutter sexuell nah zu sein, und seine Feindseligkeit gegen den Vater aus Angst vor der Kastration auf. Freud sagt ausdrücklich, »der Ödipuskomplex des Knaben gehe an der Kastrationsangst zugrunde«[11]. Das Kind fürchtet, sein Penis werde ihm abgeschnitten oder weggenommen werden. Wenn Kinder mit Strafe für Masturbation bedroht werden, wird diese Drohung oft ausdrücklich ausgesprochen. Aber selbst wenn keiner der Eltern eine solche offene Drohung benützt, fehlt die Kastrationsangst nicht. Der Junge ist sich dessen bewußt, daß er mit dem Vater konkurriert, und er spürt die Feindseligkeit des Vaters. Da der Penis das Organ ist, das Anstoß erregt, ist die Annahme, er könnte beschädigt oder abgeschnitten werden, nur natürlich. In der Vergangenheit hat man durchaus Menschen kastriert. Man hat ihnen auch zur Strafe für Diebstahl die Hände abgehackt. Es ist unschwer zu begreifen, warum Jungen diese Vorstellung von der angedrohten Strafe entwickeln. Viele Menschen haben typische Angstträume von dieser Möglichkeit. Einer meiner Patienten erzählte mir einen solchen Traum aus seiner Jugend. Er hatte geträumt, sein Penis verlängere sich und wachse zum Fenster hinaus, an der Hauswand hinunter, über die Straße und an der gegenüberliegenden Hauswand hinauf, um in ein

[11] Sigmund Freud: *Der Untergang des Ödipuskomplexes,* 1924, G. W. XIII, S. 402.

Fenster einzudringen. Auf der Straße verliefen Straßenbahnschienen. Gerade als sein Penis in das Fenster hineinwollte, hörte er das Bimmeln einer herankommenden Straßenbahn. In aller Eile versuchte er, seinen Penis wieder in sein Zimmer hereinzuholen, bevor er überfahren wurde; da wachte er auf.

Ich könnte noch eine weitere Hypothese aufstellen, um zu erklären, warum all meine Patienten Angst haben, kastriert zu werden. Jede Feindseligkeit, die ein Elternteil gegen ein Kind wegen seiner Sexualität richtet, veranlaßt das Kind, den Beckenboden hochzuziehen und zu kontrahieren. Feindseligkeit hat diese Wirkung auch dann, wenn sie die Form eines haßerfüllten Blicks annimmt. Und solange das Kind sich vor Vater oder Mutter fürchtet, bleibt die Verspannung im Beckenboden bestehen. Da Anspannung und Angst gleichbedeutend sind, ist die Kontraktion des Beckenbodens mit der Furcht vor einer Verletzung der Genitalien verknüpft. Der Betreffende ist sich der Angst nicht bewußt, wenn er sich der Verspannung nicht bewußt ist. In diesem Fall kann sich die Kastrationsangst in Träumen oder durch »Versprecher« äußern. Wenn man jedoch Körpertechniken benützt, die dem Betreffenden helfen, der Verspannung gewahr zu werden, wird ihm die Angst oft bewußt.

Auch meine Patientinnen leiden an einer Kastrationsangst, die als Furcht vor einer Verletzung des Genitalbereichs erlebt wird. Meistens ist diese Angst jedoch nicht bewußt, und es kann beträchtliche analytische und körperliche Arbeit erforderlich sein, bevor die Betreffende es sich gestattet, diese Angst zu empfinden. Im allgemeinen fällt es der Patientin leichter, die Feindseligkeit der Mutter als eine Lebensgefahr zu erleben. Solche Bedrohungen fungieren wegen der Angst, die sie erwecken, als Kastrationsdrohungen. Außerdem werden Mädchen für jede offenkundige Äußerung sexueller Gefühle, besonders dem Vater gegenüber, stets beschämt und gedemütigt. Da die Angst vor Demütigung eine Unterdrückung sexueller Gefühle hervorruft, wirkt sie wie eine Kastrationsdrohung.

dadurch befähigt, seine Energien in die Welt draußen zu investieren, aber, wie wir gerade gesehen haben, diese Möglichkeit ist sehr begrenzt, wenn die Verdrängung sehr stark ist. Die Freudsche Position stellt ein wahres Dilemma dar, wie Fenichel bemerkt: »Oberflächlich betrachtet, ist keine sexuelle Bindung so recht anziehend, weil die Partnerin niemals die Mutter ist; in einer tieferen Schicht muß jede sexuelle Bindung verhindert werden, weil jede die Mutter darstellt«[13]. Angesichts der Verdrängung des Ödipuskomplexes kann das Individuum auf keine Weise Erfüllung finden; bestenfalls kann es hoffen, einen Platz in der Gesellschaft zu finden, seine Arbeit zu tun, zu heiraten und Kinder aufzuziehen. Für Freud war die Neurose eine Unfähigkeit, in der Gesellschaft normal seinen Platz auszufüllen. Er erkannte, daß die Zivilisation ihren Preis fordert, dem Individuum Einschränkungen auferlegt und Unbehagen erzeugt. Wenn im Einzelfall der Preis zu hoch wäre, die Einschränkung zu schlimm, das Unbehagen zu groß, dann stünde ja die Psychoanalyse zur Verfügung, um dem Betreffenden zu helfen, die Ich-Stärke zu gewinnen, um sich erfolgreicher anzupassen.

Freud glaubte, nur durch die Verdrängung des Ödipuskomplexes könne man das Schicksal des Ödipus vermeiden. Aber das funktioniert nicht, wie wir gesehen haben. Die ödipalen Konflikte werden durch Verdrängung nicht gelöst. Sie werden nur im Unbewußten begraben, wo sie als Verhängnis wirken, das das Verhalten des Menschen lenkt. Reich sagt: »Wenn Freud seinerzeit feststellte, daß der Ödipuskomplex an der Kastrationsangst zugrunde geht, so können wir fortsetzend sagen: Er geht zwar unter, ersteht aber neu in anderer Form, er transformiert sich in charakterliche Reaktionen, die teils seine Hauptzüge in verstellter Form fortführen, teils aber Reaktionsbildungen gegen seine Grundelemente darstellen«[14].

Ich bin derselben Meinung wie Reich. Der Ödipuskomplex verschwindet als bewußtes Phänomen durch Verdrängung,

[13] Fenichel: *The Psychoanalytic Theory of Neurosis,* S. 170.

[14] Wilhelm Reich: *Charakteranalyse,* Köln/Berlin, 2. Aufl. 1970, S. 186.

aber dann wird er im Unbewußten aktiv. Infolgedessen heiratet jemand einen Menschen, der an der Oberfläche das Gegenteil von seiner Mutter (oder ihrem Vater) ist, sieht sich aber dann durch den Komplex gezwungen, die Partnerin (den Partner) wie die Mutter (den Vater) zu behandeln. Eine andere Folge ist die oberflächliche Demonstration der angemessenen Kinderliebe und des angemessenen Respekts gegenüber dem gleichgeschlechtlichen Elternteil, während unter der Oberfläche eine starke Feindseligkeit beibehalten wird. Tatsächlich heiratet, wie ich später erklären werde, jeder Junge seine Mutter, und jedes Mädchen heiratet seinen Vater. Und wir töten Vater oder Mutter zwar nicht buchstäblich, wie Ödipus es tat, aber wir töten sie psychisch durch den Haß in unseren Herzen. Ich vertrete die Ansicht, daß die Verdrängung des Ödipuskomplexes mit Sicherheit dazu führt, daß man auf psychischer Ebene das Schicksal des Ödipus teilt.

2 Schicksal und Charakter

Das Wirken des Schicksals

Die Ödipusgeschichte ist mir schon seit langem bekannt, aber ich habe mich ihr vor kurzem mit neuerwachtem Interesse wieder zugewandt, und zwar wegen der Rolle, die das Schicksal in diesem Mythos spielt. Man denke daran, daß sowohl Laïos, der Vater, als auch Ödipus, der Sohn, bei verschiedenen Gelegenheiten das Orakel befragten und dasselbe Schicksal vorhergesagt bekamen, und daß beide Schritte unternahmen, um diesem Schicksal zu entgehen. Laïos ließ seinen Sohn aussetzen, damit er zugrunde gehe; Ödipus verließ Korinth, um seinen Vater nicht zu töten. Aber trotz dieser Bemühungen, ihrem Schicksal zu entgehen, wurde die Weissagung des Orakels wahr. Die Frage, die mir in den Sinn kam, war: Ist es gerade deswegen geschehen, *weil* sie versuchten, ihrem Schicksal zu entgehen? Diese Frage traf mich ziemlich heftig, da ich mir schon seit einiger Zeit darüber klar war, daß ein Aspekt des neurotischen Charakters die Unfähigkeit des Neurotikers ist, sich selbst zu akzeptieren. Ich erkannte, daß das neurotische Individuum sich bemüht, einem gefürchteten Schicksal zu entgehen, daß es aber gerade durch diese Bemühung dafür sorgt, daß das Schicksal eintritt, dem es zu entfliehen versucht. Nehmen wir z. B. an, Laïos hätte sein Schicksal, wie es ihm vom Orakel prophezeit worden war, angenommen. Wäre die Geschichte anders? (Ein solches Annehmen könnte Teil einer religiösen Einstellung sein. Wenn es der Wille der Götter ist, sei es so.) Hätte Laïos Ödipus als seinen Sohn aufgezogen, hätte zumindest ein Ereignis der Geschichte nicht geschehen können. Laïos wäre für seinen Sohn kein Fremder gewesen und hätte deshalb nicht bei einer Zufallsbegegnung auf der Landstraße getötet werden können. Wenn Ödipus sein Schicksal angenommen hätte und dem Willen der Götter gehorchend in Korinth geblieben wäre, hätte er seine Mutter nicht zur Frau genommen. Die »Wenns« können eine Geschichte verändern, aber gerade weil die Ereignisse so abgelaufen sind, wie sie es taten, haben wir es mit einer bedeutungsvollen Geschichte von menschlichem Erleben zu tun.

Freud empfand ähnlich in bezug auf die Ödipusgeschichte, wie Sophokles sie in seinem Stück »König Ödipus« dramatisiert hat. Er sagt: »*König Ödipus* ist eine sogenannte Schicksalstragödie; ihre tragische Wirkung soll auf dem Gegensatz zwischen dem übermächtigen Willen der Götter und dem vergeblichen Sträuben der vom Unheil bedrohten Menschen beruhen; Ergebung in den Willen der Gottheit, Einsicht in die eigene Ohnmacht soll der tief ergriffene Zuschauer aus dem Trauerspiele lernen«[1]. Aber Freud selbst war nicht bereit, die Unvermeidlichkeit des Schicksals anzunehmen. Er glaubte, obwohl »das Orakel vor unserer Geburt denselben Fluch über uns verhängt hat«, könnten wir dem Schicksal des Ödipus entgehen, indem wir die mit unseren kindlichen Inzestwünschen verknüpften Gefühle und Erinnerungen verdrängten. Aber die Verdrängung bindet, wie ich zeigen werde, das Individuum an die traumatische Situation und programmiert es so, daß es sie im späteren Leben wiederholt.

Der Gedanke, daß der Versuch, dem Schicksal zu entfliehen, nur dazu dient, dieses Schicksal um so sicherer eintreten zu lassen, wird in der wohlbekannten Geschichte »*Treffen in Samarra*« von John O'Hara veranschaulicht. Ein Diener, den sein Herr ausschickt, um in Bagdad auf dem Marktplatz Lebensmittel einzukaufen, kommt voll Entsetzen zurück. In der Menschenmenge hatte ihn jemand angerempelt, und als er sich nach ihm umdrehte, sah der Diener, daß es der Tod war, der ihm zu drohen schien. Der Diener erbittet von seinem

[1] Sigmund Freud: *Die Traumdeutung,* G. W. II/III, S. 266.

Herrn ein Pferd; damit will er nach Samarra fliehen, um seinem Schicksal zu entgehen. Der Herr gibt ihm das Pferd, und der Diener reitet in aller Eile davon. Dann geht der Herr auf den Markt, wo er den Tod sieht. Er nähert sich ihm und fragt, warum er seinen Diener bedroht hat. Ich habe ihn nicht bedroht, sagt der Tod. Mein Arm hat sich vor Überraschung erhoben, ihn hier in Bagdad zu sehen, denn ich bin heute abend mit ihm in Samarra verabredet.

Wir sagen oft, das Schicksal überhole einen Menschen, oder sein Schicksal habe ihn eingeholt. Ich habe gesagt, daß solche Handlungen das Schicksal des Betreffenden um so sicherer gewährleisten. Aber *gewährleisten* ist vielleicht ein zu starkes Wort; *einladen* erscheint mir passender. Wenn z. B. jemand sich herausfordernd verhält, wird sicher irgend jemand die Herausforderung annehmen. Gewisse Haltungen fordern andere ganz natürlich zu bestimmten Reaktionen heraus. Hier ist ein einfaches klinisches Beispiel. Ich hatte einmal eine Patientin, die sich beklagte, sie könne niemals »einen Mann bekommen«. Ihre Beziehungen zu Männern erwiesen sich alle als etwas Vorübergehendes. Eines Tages sagte sie im Verlauf einer Sitzung: »Meine Mutter hat mir fortwährend gesagt, ›Kein Mann wird dich jemals haben wollen‹.« Es war, als hätte ihre Mutter einen Fluch über sie verhängt, der ihr Schicksal bestimmt hatte, denn sie war in die mittleren Jahre gekommen, ohne daß sie einen Mann gefunden hatte, der sich auf eine Bindung eingelassen hätte. Aber meine Patientin spielte eine aktive, wenn auch unbewußte Rolle beim Zustandekommen ihres Schicksals. Weil sie glaubte, was ihre Mutter sagte, klammerte sie sich mit aller Macht an jeden Mann, der Interesse an ihr zeigte. Sie tat dies nicht offenkundig, sondern indem sie dem Mann gegenüber sehr aufmerksam und hilfsbereit war. Das Ergebnis war aber immer dasselbe, denn sie konnte ihr dringendes Bedürfnis nach einer Dauerbeziehung nicht verbergen. Der Mann wurde vorsichtig, um nicht in eine Falle zu geraten, und zog sich zurück. So kam es dazu, daß die Prophezeiung ihrer Mutter sich zu bewahrheiten schien.

Man kann das Wirken des Schicksals auch anders betrachten. Die Abwehr, die wir aufrichten, um uns zu schützen, schafft gerade den Zustand, den wir zu vermeiden suchen. Wenn also jemand eine Burg baut, um seine Freiheit zu schützen, wird er schließlich zum Gefangenen in seiner eigenen Burg, weil er nicht wagt, sie zu verlassen. Ähnlich kann man nicht den Frieden sichern, indem man Waffen ansammelt, denn Heere führen ihrem Wesen nach zum Krieg. Dieses Konzept ist besonders deutlich an den psychischen Abwehrmechanismen abzulesen, die die Menschen entwickeln. Zum Beispiel isoliert sich derjenige, der sich aus Angst vor Ablehnung verteidigt, indem er sich nicht öffnet oder nicht auf andere Menschen zugeht, selber und stellt durch diese Maßnahme sicher, daß er sich immer abgelehnt fühlen wird. Keiner, der sich an eine Abwehrposition fesselt, ist frei. Das gilt für den neurotischen Charakter, der psychische Mauern errichtet und sich als Schutz gegen mögliche Verletzung einen Muskelpanzer zulegt, nur um dann festzustellen, daß die von ihm befürchtete Verletzung gerade durch diesen Vorgang in sein eigenes Dasein eingeschlossen wird.
Ich hatte einen Patienten, der als Kind von seinem Vater gedemütigt worden war, weil er nicht stark oder sportlich genug war, um den Wettbewerb mit seinen Vettern aufnehmen zu können. Er fürchtete sich vor seinem Vater, und er fürchtete sich vor den rauhbeinigen Kindern in der Nachbarschaft. Infolgedessen kam er sich wie ein Feigling vor. Um dieses Gefühl zu überwinden, begann er ein anstrengendes Bodybuilding-Programm. Er entwickelte seine Muskeln, ja, er entwikkelte sie sogar zu sehr, bis er wie ein starker Mann aussah. Aber das hatte zur Folge, daß er muskelbepackt wurde – mit der Betonung auf »-bepackt«. Er war so in seine Muskeln eingepackt, daß er sich nicht ausdrücken konnte. Er wußte nicht, wie er zu anderen in Beziehung treten sollte. In Gesellschaft fühlte er sich unbeholfen und gedemütigt, weil er nichts zu sagen hatte. So setzte sich die Demütigung, die er als Kind erlitten hatte, im Erwachsenenalter fort. Er klagte über

einen Mangel an Gefühl, aber er hatte alle Gefühle in der Bemühung unterdrückt, seine Furcht zu überwinden. Er konnte in seinen Beziehungen zu anderen nur ein wirklicher Mensch werden, indem er seine Angst annahm und seine Traurigkeit zum Ausdruck brachte. Dazu half ihm die Therapie. Der Versuch, ein Persönlichkeitsproblem dadurch zu überwinden, daß man es leugnet (»Ich werde mich nicht fürchten«), verlegt das Problem nach innen und sorgt für sein Weiterbestehen.

Und dennoch – versuchen wir nicht alle, unsere Schwächen, unsere Ängste und unsere Schuldgefühle zu überwinden? Wir mobilisieren unseren Willen in dem Versuch, die inneren Hindernisse zu überwinden, die uns den Weg zur Erfüllung unseres Traums versperren. Wir sagen: »Wo ein Wille ist, da ist auch ein Weg.« Mit genügend Willenskraft kann man fast Unmögliches leisten. Der Wille ist beim Tun oder Leisten mächtig, aber er ist nicht fähig, den inneren Zustand unseres Wesens zu verändern. Unsere Gefühle sind unserem Willen nicht unterworfen. Wir können sie nicht durch bewußtes Handeln ändern, aber wir können sie unterdrücken. Ein Gefühl verschwindet aber nicht davon, daß man es unterdrückt; es wird nur tiefer ins Unbewußte gedrängt. Dadurch verlegen wir das Problem ins eigene Innere. Dann wird eine Therapie nötig, um den Konflikt wieder ins Bewußtsein zurückzubringen, so daß man ihn auf nicht-neurotische Weise bearbeiten kann. Bei dem oben beschriebenen Patienten bedeutete dies, zu merken, daß er sich fürchtete, zu seinem Vater zu sagen: »Ich will keinen Wettbewerb. Ich will nicht das sein, was du willst.« Da er diese Auflehnung unterdrückt hat, hat er nichts zu sagen.

Meine These besagt, daß man ein Problem, das Teil der eigenen Persönlichkeit ist, nicht überwinden kann. Bei dem Versuch, dies zu tun, kehrt sich ein Teil des Selbst gegen einen anderen, das Ich wird durch den Willen dem Körper und den Gefühlen entgegengesetzt. Statt eines Einklangs zwischen diesen beiden gegensätzlichen Aspekten der menschlichen Natur wird ein

Konflikt geschaffen, der den Menschen letzten Endes zerstören muß. Das tun alle Neurotiker: Sie sperren sich in das Schicksal ein, das sie zu meiden suchen. Die Alternative und die gesunde Methode besteht im Verstehen, das zur Selbstannahme, zu Selbstausdruck und zu Selbstbeherrschung führt.
Es gibt also zweierlei Arten, wie wir unser eigenes Schicksal programmieren. Erstens fordern wir durch unsere Einstellung und durch unser Verhalten, d. h. durch unseren Charakter, bestimmte Reaktionen anderer Menschen heraus. Wenn wir aus Angst vor Ablehnung distanziert und zurückhaltend sind, sollten wir uns nicht wundern, wenn die anderen »auf Distanz gehen«. Wenn wir an Verfolgungsideen leiden, macht unser Mißtrauen andere zu unseren Gegnern, und wir bekommen ihre Feindseligkeit zu spüren. Die zweite Art besteht darin, daß wir in uns selbst das Schicksal verwirklichen, vor dem wir Angst haben. Wir erzeugen unsere eigene innere Leere, indem wir unser Gefühl unterdrücken; wir setzen uns selber durch Verspannungen gefangen, die sich als Widerstand gegen das Nachgeben entwickeln – aus der Angst, in eine Falle zu geraten. Aber diese beiden Arten sind nicht ohne Zusammenhang. Wer sich in seinem Inneren leer fühlt, lebt ein Leben, das in bezug auf Beziehungen und Engagement sinnleer ist. Wer sich in sich gefangen fühlt, wird durch Lebenssituationen in die Falle gelockt. Die äußere Lage muß dem inneren Zustand entsprechen. Ein eckiger Pflock paßt nicht in ein rundes Loch. Allgemein gesagt: Jeder findet seinen passenden Platz in der Welt. Natürlich trifft es auch zu, obschon es wie ein Widerspruch wirken mag, daß die äußere Situation die innere erzeugt. Die Kultur formt durch ihren Einfluß auf die Familie den Charakter der Kinder. Wenn wir in einer entfremdeten Welt leben, entfremden wir uns unserem Körper und uns selbst. Für ein Verständnis der Natur und des Schicksals des Menschen ist es nötig, die Entsprechung zwischen dem inneren Zustand und der äußeren Situation zu verstehen. Es ist dem Menschen äußerst unbehaglich, wenn er sich in einer Lage befindet, die ihm ungewohnt ist. Man versetze einen Bettler in ein elegantes

Haus, und er wird dringlich um die Erlaubnis bitten, wieder auf die Straße gehen zu dürfen. Man ziehe einem Landstreicher die Kleider eines feinen Mannes an, und er wird nicht wissen, wie er sich bewegen soll. Das Umgekehrte gilt genauso. Wir sind Geschöpfe der Gewohnheit; unser Körper und unser Verhalten werden durch Situationen strukturiert, so daß es uns sehr schwer fällt, uns an andere Situationen anzupassen. Gleichgültig, wie wir auf die Welt kommen, es kommt darauf an, wie wir aufgezogen und erzogen werden – das bestimmt unser Los und unser Schicksal. Kinder z. B., die mit dem Fernsehen aufwachsen, können nicht ohne es leben, weil sie sich an diese Art von Stimulierung gewöhnt haben.

Die wesentliche Aufgabe der Therapie ist es, den neurotischen Charakter zu verändern, und es ist auch die schwierigste. Der Fall Sams ist ein gutes Beispiel. Er war ein junger Mann, Ende Zwanzig, dessen Ehe gerade zerbrochen war, und er war etwas deprimiert. Beide Partner wollten die Scheidung. Sam hatte das Gefühl, seine Frau sei zu abhängig; sie klagte, wie er mir sagte, über seine Distanziertheit und seinen Mangel an Bereitschaft, ihr seine Gefühle mitzuteilen. Sam gab zu, daß es ihm schwer fiel, Gefühle zu zeigen oder auszudrücken. In anderen Lebensbereichen war er ziemlich erfolgreich.

Charakterologisch könnte man sagen, Sam habe eine rigide Struktur. Sein Körper war zwar wohlgeformt, aber verspannt. Sein Hals war relativ unbeweglich, seine Beine waren steif. Trotz dieser Behinderungen war er gut koordiniert und war in vielen Sportarten recht tüchtig. Seine Rigidität stellte ein Bedürfnis dar, sich gegen den Zusammenbruch, gegen Hilflosigkeit und Abhängigkeit aufrechtzuhalten. In seiner Ehe übernahm er die Rolle des Starken und forderte unbewußt seine Frau auf, sich auf ihn zu stützen. Zugleich nahm er ihr ihre Abhängigkeit übel. Er mußte alle Situationen im Griff haben, so, wie er sich selber im Griff hatte, aber er wußte, daß diese Haltung ihn selbst zu Fall brachte. Sam mußte lernen, loszulassen und mit seinen Gefühlen herauszukommen.

Sam ging an das Problem des Loslassens so heran, wie an jede andere Aufgabe. Er knobelte sie aus und versuchte dann, das Erforderliche zu tun. Das funktionierte nicht. So läßt man nicht los. Je mehr er versuchte, in seinem Kopf dahinter zu kommen, desto verspannter wurde sein Körper. Selbst die Arbeit an seinem Körper, um dessen Verspannung zu vermindern, litt unter demselben Zwiespalt. Er machte die bioenergetischen Übungen, als versuche er, eine Fertigkeit zu erlernen. Die Folge war, daß er sehr wenig Empfindung hatte, wenn sich auch Vibrationen in seinen Beinen entwickelten. Sam war charakterlich auf Leistung eingestellt, aber das Loslassen ist keine Leistung, die man erbringen kann. Bevor irgendein echtes Gefühl auftauchen konnte, mußte Sam sein Bedürfnis fahren lassen, etwas zu leisten oder stark zu sein. Ich habe diesen Fall ausgewählt, um zu zeigen, wie schwierig die Aufgabe der Therapie ist. Der Patient wirkt unbewußt darauf hin, die therapeutische Bemühung scheitern zu lassen. Wir nennen dies »Widerstand«, aber es ist in Wirklichkeit nichts anderes als die Charakterstruktur des Patienten.

Hier ein anderes kurzes Beispiel: Eine Frau litt an schwerer Angst, die sie dadurch lindern wollte, daß sie sich einen Mann suchte, der sie beschützen und versorgen sollte. Um zu diesem Ziel zu gelangen, war sie sexuell verführerisch, und da sie eine anziehende Frau war, hatte sie Beziehungen zu vielen Männern. All ihre Beziehungen endeten damit, daß sie sich verraten und mißbraucht fühlte. Ihre Angst nahm immer mehr zu. Ich könnte noch hinzufügen, daß eine frühere therapeutische Beziehung damit endete, daß sich der Therapeut sexuell mit ihr einließ.

Marys Vater starb, als sie sieben Jahre alt war. Er war ihre Stütze und ihr Halt gewesen. In all ihren späteren Beziehungen suchte sie nach einem zweiten Vater. Da ein Therapeut versucht, seinen gestörten Patienten einen gewissen Halt zu geben, kann man einen männlichen Therapeuten leicht als Vater-Ersatz ansehen. Sobald Mary die Übertragung vollzog, bekam sie eine emotionale Beziehung zu ihm. Sie glaubte, sie brauche ihn und fürchtete, er würde sterben, weggehen oder nicht für sie da sein. Sie bemühte sich vor allem, sicherzustellen, daß er sich für sie interessierte. Sie war also einmal verführerisch, ein andermal stellte sie den Therapeuten auf die Probe. Es erübrigt sich zu sagen, daß ihre Manöver ihre Angst nur steigerten. Gerade ihre Anstrengung, Sicherheit zu gewinnen, untergrub ihre Sicherheit.

Probleme dieser Art können nicht gelöst werden, ehe man ihren Zusammenhang mit der ödipalen Situation aufgespürt und durchgearbeitet hat. Sams Bedürfnis, etwas zu leisten und stark zu sein, stammte von seinem Minderwertigkeitsgefühl gegenüber seinem Vater in der Kindheitssituation und von seiner Entschlossenheit her, zu beweisen, daß er ein Mann war. Aber das Bedürfnis, die eigene Männlichkeit zu beweisen, verstärkt das innere Gefühl der Unzulänglichkeit und läßt die Falle über dem Betreffenden zuschnappen. Mary versuchte, einen Vater zu finden, der ihre sexuellen Gefühle annehmen würde. Sie wollte zugleich Kind und Frau sein, was eine reale Beziehung zu einem Mann fast unmöglich machte.

Der Kampf gegen das Schicksal verstrickt einen nur noch tiefer in seine Schlingen. Wie das in einem Netz gefangene Tier wird man um so fester gefesselt, je mehr man sich wehrt. Bedeutet das, daß wir dem Untergang geweiht sind? Wir sind es nur dann, wenn wir gegen uns selbst kämpfen. Das Hauptanliegen der Therapie ist es, dem Menschen zu helfen, mit dem Kampf gegen sich selbst aufzuhören. Dieser Kampf ist selbstzerstörend; er erschöpft die Kräfte des Menschen und führt zu nichts. Viele Menschen wollen sich ändern. Veränderung ist möglich, aber sie muß damit beginnen, daß man sich selbst annimmt. Veränderung ist Teil der natürlichen Ordnung. Das Leben ist nicht statisch; es ist ständig im Wachsen oder im Abnehmen begriffen. Man braucht nichts zu *tun,* um zu wachsen. Wachstum geschieht natürlich und spontan, wenn Energie verfügbar ist. Aber wenn wir unsere Energien im Kampf gegen unseren Charakter (das Schicksal) verbrauchen, lassen wir keine Kraft für Wachstum oder einen natürlichen Heilungsprozeß übrig. Ich habe immer festgestellt, daß eine wesentliche Veränderung

der Gefühle, des Verhaltens und der Persönlichkeit eines Patienten eintritt, sobald er sich selber akzeptiert.
Die natürliche Heilung ist in der Struktur und in der Funktion des lebenden Organismus von vornherein vorhanden. Ein Schnitt im Finger heilt wieder, ein gebrochener Knochen wächst wieder zusammen, und eine Infektion verschwindet spontan. Ein Körper ist nicht wie eine Blase, die man nicht wieder zusammensetzen kann, wenn sie einmal geplatzt ist. Innerhalb gewisser Grenzen ist es das Schicksal des Körpers, gegen Verletzungen und Beschädigungen aus der Umwelt seine Unversehrtheit wiederherzustellen und seinen Lebensprozeß aufrechtzuerhalten. Das sollte auch für die emotionalen Verletzungen und Schädigungen gelten, die wir als Kinder erleiden. Warum heilt die Neurose nicht spontan wie jede andere Krankheit oder jedes andere Un-Wohlsein? Die Antwort lautet: Der Neurotiker stört diesen Heilungsvorgang. Er zupft immer wieder den Schorf von der Wunde. Durch seine Abwehr und seinen Widerstand hält er die Verletzung am Leben. Das ist es, was Neurotisch-Sein bedeutet, und das ist der Grund, warum wir die Neurose als einen Kampf gegen das Schicksal definieren können.
Diese Vorstellung vom Schicksal lag dem Bewußtsein Freuds nie fern. Er bemerkte über einige Menschen: »Es macht bei diesen den Eindruck eines sie verfolgenden Schicksals, eines dämonischen Zuges in ihrem Erleben, und die Psychoanalyse hat vom Anfang an solches Schicksal für zum großen Teil selbstbereitet und durch frühinfantile Einflüsse determiniert gehalten«[2].
Freud veranschaulicht dies durch den Fall des Wohltäters, den jeder seiner Schützlinge verläßt, dem »also bestimmt scheint, alle Bitterkeit des Undanks auszukosten«, durch jene Männer, deren Freunde sie regelmäßig verraten, »Liebende, bei denen jedes zärtliche Verhältnis zum Weibe ... zum gleichen Ende führt« usw. Er erwähnt sogar den Fall einer Frau, »die dreimal

[2] Sigmund Freud: *Jenseits des Lustprinzips,* G. W. XIII, S. 20 (1920).

nacheinander Männer heiratete, die nach kurzer Zeit erkrankten und von ihr zu Tode gepflegt werden mußten«.
Freud glaubte, derartige Beobachtungen seien ein Hinweis auf den Wiederholungszwang – »dieser erscheint uns ursprünglicher, elementarer, triebhafter als das ... Lustprinzip«[3]. Freud nannte dies den »Todestrieb«, den er als einen »dem belebten Organischen innewohnenden Drang zur Wiederherstellung eines früheren Zustandes« ansah[4]. Trieb und Schicksal haben viel gemeinsam. Man kann beide als blinde Kräfte bezeichnen, die dem Wesen, der Natur der Dinge innewohnen. Beide haben die Eigenschaft, vorhersagbar zu sein. Beide sind entweder genetisch oder charakterlich in die Struktur des Organismus eingebaut. Es gibt jedoch auch einen wichtigen Unterschied zwischen ihnen. Mit »Trieb« bezeichnet man eine Handlung oder eine Kraft, die den Lebensvorgang fördert. Wir sprechen z. B. von einem Überlebenstrieb. Das Schicksal andererseits ist ein passives Prinzip. Es bezeichnet die Art und Weise, wie die Dinge sind.
Wir haben gesehen, daß die Menschen nicht immer aus Erfahrung lernen, sondern selbstzerstörerische Verhaltensmuster wiederholen. Nach meiner Ansicht spiegelt ein solches Verhalten das Wirken des Schicksals, weil es nicht Ausdruck einer Triebkraft ist, sondern eine Manifestation des Charakters. Der Unterschied läßt sich durch die Analogie vom Plattenspieler verdeutlichen, indem man das Leben mit der Musik vergleicht, die er ausstrahlt. Die aktive Kraft ist der elektrische Strom, der den Motor antreibt; dieser läßt die Platte sich drehen und gestattet der Nadel, die Rillen nachzufahren. Wenn die Aufnahme zu Ende ist, hört die Musik auf – das entspricht dem Tod. Der letztere ist kein Zwang, sondern ein Seinszustand.
Gemäß dieser Analogie kann man den Wiederholungszwang als eine beschädigte Platte ansehen. Die Nadel geht immer in derselben Rille herum und wiederholt dieselben Klänge, weil

[3] a. a. O. S. 22.
[4] a. a. O. S. 38.

sie nicht weiterkann. Man kann also den Wiederholungszwang als Folge eines »Bruchs« in der Persönlichkeit betrachten, der das Individuum auf ein bestimmtes Verhaltensmuster festlegt, das es nicht ändern kann. Aber Menschen sind keine mechanischen Apparate. Man kann den Wiederholungszwang auch als einen Versuch der Persönlichkeit auffassen, zu der Situation zurückzukehren, in der sie steckengeblieben ist, in der Hoffnung, eines Tages wieder freizukommen. Solange jedoch der Bruch besteht, wird die Nadel in derselben Rille immer rundherum gehen, das Muster wird endlos wiederholt. Das ist ihr Schicksal, bis der Bruch geheilt wird.

Wir werden in einem späteren Kapitel sehen, daß der Bruch in der Persönlichkeit, wenn er schwerwiegend ist, in dem Betroffenen einen Todeswunsch aufsteigen läßt. Wenn er bewußt ist, stellt er einen Selbstmordwunsch oder eine Selbstmordabsicht dar. In vielen Fällen ist er jedoch unbewußt und schränkt die Fähigkeit des Individuums, sein Leben voll zu leben, stark ein. Ein solcher Wunsch ist zwar in die Struktur der Persönlichkeit eingebaut, ist aber kein Todestrieb, denn meistens erwächst er aus einer höchst traumatischen ödipalen Situation. In gewissem Maß, einmal mehr, einmal weniger, zerbricht diese Situation beim heutigen Menschen die Einheit der Persönlichkeit. Sein Leben wird wie eine zersprungene Schallplatte, die endlos die Konflikte seiner ödipalen Situation wiederholt. Ich möchte die Vermutung wagen, daß die Frau, die ihre drei Männer auf dem Totenbett pflegte, bei ihrem Vater, als sie ein Kind war, in derselben Lage war.

Ich habe große Achtung vor dem Denken Freuds, selbst wenn ich mit seinen Folgerungen nicht einverstanden bin. Bei der Beschreibung des Ödipuskomplexes zeigt er das Dilemma des Menschen von heute auf. Aber wo Freud die Unvermeidlichkeit dieses Dilemmas akzeptierte und versuchte, es biologisch mit dem Todestrieb zu rechtfertigen, sehe ich das Dilemma als Produkt einer Kultur und daher der Veränderung unterworfen wie diese. Trotzdem ist es im gegenwärtigen Stadium unserer Entwicklung das Zentralproblem bei jeder therapeutischen

Bemühung, einem Menschen zu einem gewissen Maß an Erfüllung in seinem Leben zu verhelfen.
Heute geht es nur in wenigen Büchern über Psychologie um das ödipale Problem. Sie leugnen seine Existenz nicht; sie gehen einfach darüber hinweg. Nach dem Satz, jeder könne sein Schicksal meistern, bietet jedes dieser Bücher ein Rezept für das gute Leben an. Man sagt uns, *wie* man es macht: Wie man Erfolg hat, wie man aggressiv ist, wie man sein Potential ausschöpft, wie man glücklich wird usw. Auf praktischer Ebene sind die Ratschläge meist vernünftig. Aber die Wirkung dieser Bücher auf das Leben der Menschen ist äußerst gering. Die Lebensprobleme scheinen eher zu- als abzunehmen. Die Not im Leben der Menschen scheint nicht nachzulassen. Im Leben vieler Menschen scheint ein unheilvolles Schicksal zu wirken, das zu ändern die Psychologie nicht die Macht hat, ein Schicksal, das an die ödipale Situation in ihrer Kindheit gebunden ist.

Das Wesen des Schicksals

Eines der Themen dieses Buches ist: Der Charakter bestimmt das Schicksal. Mit Charakter bezeichnen wir die typische, gewohnheitsmäßige oder »charakteristische« Art und Weise eines Menschen, zu sein und sich zu verhalten. Der »Charakter« umreißt eine Reihe festgelegter guter oder schlechter Reaktionen, die unabhängig von bewußten geistigen Prozessen sind. Wir können unseren Charakter nicht durch bewußtes Handeln ändern. Er ist unserem Willen nicht unterworfen. Im allgemeinen werden wir unseres Charakters nicht einmal gewahr, weil er uns zur »zweiten Natur« geworden ist.
Das Schicksal kann, wie der Charakter, gut oder schlecht sein. In der Definition des Schicksals weist nichts auf einen negativen Wert hin. Schicksal ist nicht synonym mit Verdam-

mung. Gewiß, es ist des Menschen Schicksal, zu sterben, aber es ist auch sein Schicksal, zu leben. In *Webster's New International Dictionary* wird Schicksal definiert als »jenes Prinzip oder jene bestimmende Ursache oder jener bestimmende Wille, durch den Dinge im allgemeinen, wie man annimmt, so werden, wie sie sind, oder Ereignisse so geschehen, wie sie es tun; die Notwendigkeit der Naturereignisse laufen wegen der Naturgesetze so ab, wie sie es tun«. Ob wir es nun Schicksal nennen oder ein Naturgesetz oder Gott – wir geben durch diese Ausdrücke zu verstehen, daß Ereignisse Teil eines Vorgangs sind, den der Mensch nicht steuern kann. In der griechischen Mythologie wurden die Schicksalsgöttinnen Moiren genannt. Sie hießen Klotho (die Spinnerin), die den Lebensfaden spinnt, Lachesis (die Zuteilerin des Loses), die seine Länge bestimmt, und Atropes (die Unbeugsame), die ihn abschneidet.

»Bestimmung« wird oft als Synonym für Schicksal gebraucht, aber die beiden Wörter haben etwas unterschiedliche Bedeutungen. Bestimmung hängt mit dem zusammen, was einem »bestimmt« ist; es bezeichnet das, was man wird, während Schicksal das bezeichnet, was man ist.

Es wäre also richtig, zu sagen, es ist mein Schicksal, geboren zu werden ebenso, wie es mein Schicksal ist, zu sterben, aber ich war dazu bestimmt, Psychiater zu werden. Die ersten beiden Bedingungen wohnen dem Wesen des Lebens inne, aber nicht die dritte. Ob man König oder Sklave wird, Erfolg hat oder scheitert, mag vorbestimmt sein, aber es ist gewiß keine Naturnotwendigkeit. Das delphische Orakel hat nicht die Bestimmung des Ödipus vorhergesagt, die darin bestand, von der Erde entrückt zu werden und bei den Göttern Wohnung zu finden. Es prophezeite sein Schicksal, das darin lag, daß er seinen Vater töten und seine Mutter heiraten würde. Das ist, wie wir sehen werden, eine Aussage über das Wesen der Dinge. Unter gewissen Bedingungen ist es das Schicksal aller Männer.

Ein Merkmal des Schicksals ist seine Vorhersagbarkeit. Diejenigen von uns, die nicht ans Schicksal oder an Orakel glauben, meinen vielleicht, die Zukunft sei unvorhersehbar. In gewissem

Maß trifft das auch zu, aber es gibt im Leben ein höheres Maß an Vorhersehbarkeit, als die meisten Menschen sich klarmachen. Eine Vorhersage ist möglich, wo immer Strukturen vorhanden sind, denn Struktur bestimmt Funktion oder Handlung. Dieses Konzept ist leicht zu verdeutlichen. Ein Auto kann wegen seiner Struktur nicht fliegen wie ein Flugzeug. Man kann ohne Risiko vorhersagen, daß es auf dem Boden dahinrollen wird. Weil ein menschlicher Körper eine bestimmte Struktur hat, kann er auf bestimmte Weise funktionieren, und nicht anders. Wir können zwar unter Wasser schwimmen, aber wir können nicht unter Wasser atmen wie ein Fisch, weil wir keine Kiemen haben. Eine Struktur setzt Grenzen; das ermöglicht eine Vorhersage. Da wir die Struktur von Regierungsbehörden kennen, können wir ihr Verhalten vorhersagen. Ähnlich wäre es nicht gewagt, vorherzusagen, daß bei im übrigen gleichen Voraussetzungen ein Einbeiniger nicht so schnell laufen kann wie ein Mensch mit zwei Beinen. Es gibt zahllose Beispiele. Da die Struktur das Verhalten bestimmt, erzeugt sie das Schicksal. Wichtig ist an diesem Konzept, daß es ebenso für psychische Strukturen wie für Charakterstrukturen gilt. Wenn wir die Charakterstruktur eines Menschen kennen, können wir sein Schicksal voraussagen. Man nehme den Fall eines Menschen mit einem masochistischen Charakter, der im Körper hauptsächlich die Struktur chronischer Verspannungen in den Beugemuskeln hat[5]. Wegen dieser Verspannungen fällt es ihm sehr schwer, Gefühle ohne weiteres auszudrücken. Diese Verspannungen sind besonders schlimm in der Kehle und im Hals und behindern Lautäußerungen sehr stark. Das Gesamtmuster ist eines des physischen und psychischen *Festhaltens,* mit dem Ergebnis, daß ein solcher Mensch zur Unterwürfigkeit neigt. Da ein solches Verhalten vorhersagbar ist, können wir sagen, es sei sein Schicksal, unterwürfig zu sein.

[5] Eine vollständige Beschreibung der verschiedenen Charaktertypen und der Art, wie sie im Körper durch verschiedene Muster der Muskelverspannung strukturiert sind, findet sich in: Alexander Lowen, *Körperausdruck und Persönlichkeit,* München, 1981.

Wenn der Charakter das Schicksal bestimmt, müssen wir also wissen, wie sich der Charakter entwickelt. Freud hat 1906 gezeigt, daß sich bestimmte Charakterzüge zu frühkindlichen Erfahrungen des Betreffenden in Beziehung setzen lassen. Nach Freud waren Ordentlichkeit, Sparsamkeit und Eigensinn die Folge einer Reinlichkeitserziehung, die das Kind auf die Analfunktion fixierte[6]. Psychoanalytiker stellten Zusammenhänge zwischen anderen Charakterzügen und bestimmten Erlebnissen her, die das Triebleben des Kindes betrafen. Karl Abraham wies auf einen Zusammenhang zwischen Ehrgeiz und Oralerotik hin[7].

Diese Studien betrafen spezifische Charakterzüge. Das Verständnis des Charakters als Gesamt-Reaktionsmuster lieferte Reich in seinem klassischen Werk *Charakteranalyse*[8].

Reich bezeichnete den Charakter als einen Prozeß der *Panzerung* auf der Ich-Ebene, die die Funktion hatte, das Ich gegen innere und äußere Gefahren zu schützen. Die inneren Gefahren sind unannehmbare Triebregungen, die äußeren Gefahren sind Strafdrohungen von Eltern oder anderen Autoritätsfiguren wegen dieser Impulse.

Später dehnte Reich das Konzept vom Charakterpanzer auch auf den körperlichen Bereich aus. Hier drückt sich der Panzer in der chronischen Muskelverspannung aus; sie ist der körperliche Mechanismus, durch den gefährliche Impulse unterdrückt werden. Diese muskuläre Panzerung ist die körperliche Seite der Charakterstruktur, die im Ich ihr psychisches Gegenstück hat. Da Seele und Leib wie die beiden Seiten einer Münze, wie Wappen und Zahl sind, findet das, was im einen Bereich vor sich geht, auch im anderen statt. Man kann auch sagen, der Muskelpanzer ist mit dem psychischen Charakter funktionell identisch. Deshalb kann man den Charakter eines Menschen am Ausdruck seines Körpers ablesen. Wie ein Mensch sich hält

[6] Sigmund Freud: *Charakter und Analerotik,* G. W. VII, S. 203–209.
[7] Karl Abraham: »Beiträge der Oralerotik zur Charakterbildung« in *Psychoanalytische Studien,* Frankfurt, 1971, S. 205.
[8] Wilhelm Reich: *Charakteranalyse,* 2. Aufl. Köln/Berlin 1970, S. 65.

und sich bewegt, sagt uns, wer er ist. Reich sagte, die verschiedenen Charaktertypen müßten besser systematisiert werden. Das habe ich in meinem Buch *Körperausdruck und Persönlichkeit* getan[9].

In diesem Buch habe ich gezeigt, wie die verschiedenen Charaktere durch die Interaktion des Individuums mit der Familienumwelt im Körper zur Struktur werden.

Allgemein ausgedrückt, bildet sich der Charakter infolge des Konflikts zwischen Natur und Kultur, zwischen den Triebbedürfnissen des Kindes und den durch die Eltern auf es einwirkenden Forderungen der Kultur. Die Eltern haben als Vertreter der Kultur die Verantwortung dafür, ihren Kindern die Wertvorstellungen der Kultur nahezubringen. Sie stellen in bezug auf Einstellungen und Verhaltensweisen Forderungen an das Kind, die dazu dienen sollen, das Kind in die Familie und den gesellschaftlichen »Nährboden« einzufügen. Das Kind widersetzt sich diesen Forderungen, weil sie einer »Zähmung« seiner animalischen Natur gleichkommen. Darum muß das Kind »trainiert« werden, damit es Teil des Systems wird. Dieser Vorgang der Anpassung eines Kindes an das System »bricht seinen Willen«. Es entwickelt einen neurotischen Charakter und bekommt Angst vor dem Leben.

Der neurotische Charakter ist die Abwehr des Menschen gegen das Gezähmtwerden. Tatsächlich sagt er: »Ich will tun, was Ihr wollt und sein, was Ihr wollt. Zerbrecht mich nicht.« Er macht sich nicht klar, daß seine Unterwerfung schon zeigt, daß er gebrochen ist. Sobald sein neurotischer Charakter sich gebildet hat, stellt er eine Verleugnung des Gebrochenseins dar, während seine muskuläre Panzerung als Schiene fungiert, die ihn davor bewahrt, seinen »gebrochenen Willen« zu spüren. Es ist, als wenn man die Stalltür schließt, nachdem das Pferd gestohlen worden ist, und dann glaubt, es sei noch im Stall. Natürlich wagt man nicht, die Tür zu öffnen, um sich Gewißheit zu verschaffen. Dann kann man, indem man die Erinnerung an

[9] Alexander Lowen: *Körperausdruck und Persönlichkeit,* München 1981.

das traumatische Ereignis verdrängt, so tun, als sei es gar nicht geschehen, und man sei ungebrochen.
Die Verdrängung läßt den Charakter zu einer Struktur erstarren, wie ein Ei, das man gekocht hat, oder einen Pudding, der abgekühlt ist. Vor dem Verdrängungsakt ist der Charakter labil; er hat sich noch nicht zu einer festgelegten Struktur verhärtet. Diese Verdrängung findet während der Lösung des ödipalen Problems statt. Reich sagt: »Die charakterliche Panzerung (ist) auf der einen Seite Folge und bestimmte Erledigungsart des kindlichen Sexualkonfliktes ...«[10]. Die Verdrängung vertreibt nicht nur jede Erinnerung an die ödipale Situation aus dem Bewußtsein, sondern sie begräbt zugleich fast alle Ereignisse der frühen Kindheit. Dies ist der Hauptgrund dafür, daß sich die meisten Menschen nur an sehr wenig aus ihrem Leben vor dem Alter von sechs Jahren erinnern.
Sehen wir uns an, wie der kindliche Sexualkonflikt gelöst wird. Freud bemerkte: »Die Frühblüte des infantilen Sexuallebens war infolge der Unverträglichkeit ihrer Wünsche mit der Realität und der Unzulänglichkeit der kindlichen Entwicklungsstufe zum Untergang bestimmt. Sie ging bei den peinlichsten Anlässen unter tief schmerzlichen Empfindungen zugrunde«[11]. Die peinlichen Anlässe sind der Liebesentzug und die indirekte Kastrationsdrohung. Die schmerzlichen Empfindungen sind Angst und Traurigkeit. In der Folge unterdrückt das Kind seine sexuellen Gefühle für den gegengeschlechtlichen Elternteil, aber das ist nicht dasselbe wie die natürliche Beendigung der infantilen Sexualität. Diese findet ein natürliches Ende, wenn man sie nicht stört. Das Kind geht mit etwa sechs Jahren in die Welt hinaus (der Schulbeginn ist ein Beispiel dafür) und geht erotische Bindungen zu Gleichaltrigen ein. Freud räumte ein, daß die Wünsche des Kindes unrealistisch sind. Die Realität und die normale Weiterentwicklung trennen das Kind von seiner inzestuösen Beziehung zu Vater und

[10] Reich, *Charakteranalyse*, S. 177.
[11] Freud, *Jenseits des Lustprinzips*, S. 19.

Mutter. Die Unterdrückung angesichts der Kastrationsdrohung ist etwa so, als wollte man einem Kleinkind die Zähne ziehen, anstatt zu warten, bis sie von selber durch das Nachdrängen der bleibenden Zähne ausfallen. Die Endergebnisse mögen gleich aussehen, aber das Eingreifen (Kastrationsdrohung, Zahnziehen) fügt dem Kind ein schweres Trauma zu.

Die schmerzliche Beendigung der Säuglings- und Kindheitssexualität zwingt das Kind, die Erinnerung an diese Zeit zu verdrängen. Daher können sich auch nur wenige Menschen an das Gefühl der sexuellen Erregung erinnern, das sie in bezug auf den gegengeschlechtlichen Elternteil erlebt haben. Sie pflegen zu leugnen, daß von seiten des gleichgeschlechtlichen Elternteils Eifersucht vorhanden war. Das Erleben ist jedoch in ihrem Körper zur Struktur geworden. Während die Verdrängung einer Erinnerung ein psychischer Vorgang ist, kommt die Unterdrückung von Gefühlen dadurch zustande, daß ein Teil des Körpers abgetötet oder seine Motilität herabgesetzt wird, so daß die Empfindung vermindert wird. Die Verdrängung der Erinnerung ist von der Unterdrückung des Gefühls abhängig und mit ihr verknüpft, denn solange das Gefühl weiterbesteht, bleibt die Erinnerung lebendig. Unterdrückung zieht die Entwicklung chronischer Muskelverspannungen in jenen Bereichen des Körpers nach sich, wo sonst das Gefühl empfunden würde. Beim sexuellen Gefühl findet man diese Verspannung in Bauch und Becken und in ihrer Umgebung.

Da jeder Mensch ein anderes Erleben hat, spiegelt die Verspannung jeweils dieses Erleben wider. Bei manchen Menschen ist die ganze untere Körperhälfte relativ unbeweglich und wird in passivem Zustand gehalten; bei anderen liegen die Muskelverspannungen im Beckenboden und um den Genitalapparat herum. Wenn die letztere Art der Verspannung schlimm ist, stellt sie eine funktionelle Kastration dar, denn die Genitalien sind, obwohl sie normal funktionieren, in bezug auf die Empfindung vom übrigen Körper abgetrennt. Jede Verminderung des sexuellen Empfindens kommt einer psychischen

Kastration gleich. Im allgemeinen ist der Betroffene dieser Muskelverspannungen nicht gewahr, aber wenn man bei dem Versuch, die Verspannungen zu lockern, auf die Muskeln Druck ausübt, wird dies oft als sehr schmerzhaft und beängstigend erlebt.

Bei dem Versuch, dem Schicksal des Ödipus zu entgehen, wird der Mensch von heute neurotisch. Die Neurose besteht im Verlust der vollen orgastischen Potenz und in der Bildung einer Charakterstruktur, die den heutigen Menschen an eine materialistische, machtorientierte Kultur mit bürgerlichen Wertvorstellungen bindet. Wenn die Unterdrückung des sexuellen Gefühls nicht so schlimm ist, kann sich das Individuum an die kulturellen Sitten anpassen, ohne Symptome einer emotionalen Erkrankung zu entwickeln. Das soll nicht heißen, daß ein solcher Mensch emotional gesund ist. Seine Neurose ist charakterlicher Art und drückt sich in der Starrheit seiner Einstellungen aus. Wenn die Unterdrückung schwerwiegend ist, entwickelt der Betreffende Symptome einer emotionalen Krankheit oder er gerät in einen Zustand emotionaler Abgestorbenheit wie Margaret und Robert.

Wenn Verdrängung mit Neurose gleichgesetzt wird, dann ist der Preis für die Vermeidung des Ödipus-Schicksals die emotionale Erkrankung. Aber wir müssen bezweifeln, ob dieses Manöver uns wirklich dazu verhilft, diesem Schicksal zu entgehen. Eine Folge der Verdrängung besteht darin, einen Teil der Persönlichkeit an die Ebene des verdrängten Konflikts zu fixieren und so einen unbewußten Zwang zu erzeugen, das unterdrückte Verlangen auszuagieren. Außerdem untergräbt der Verlust der orgastischen Potenz die Reife des Menschen und bringt ihn dazu, sich manchmal wie ein Kind zu fühlen. Ohne es zu merken, suchen sich viele Männer Frauen, die sie an ihre Mütter erinnern, und denen gegenüber sie eine passive oder eher einem Jugendlichen entsprechende Haltung einnehmen. Das Schicksal geht seltsame Wege. Heiraten wir nicht als Neurotiker schließlich doch unsere Mütter oder Frauen, die ihnen so ähnlich sind, daß es auf dasselbe hinauskommt? Und wenn wir eine Frau heiraten, die unserer Mutter nicht ähnlich ist, behandeln wir sie nicht wie unsere Mutter und machen sie in Wirklichkeit zu einer Mutterfigur?

Dasselbe gilt auch für Frauen. Wenn eine Frau die sexuellen Gefühle für ihren Vater verdrängt hat, ebenso wie die Erinnerung daran, bleibt das Verlangen auf das ursprüngliche Liebesobjekt fixiert und kann nur auf jemanden übertragen werden, der sie an diesen Menschen erinnert, oder zu dem sie auf dieselbe Weise in Beziehung treten kann. Dies ist der Hauptgrund, warum junge Frauen ältere Männer heiraten, wie wir alle wissen. In anderen Fällen mag das Ausagieren des unterdrückten Verlangens nicht so offensichtlich sein; aber eine sorgfältige Analyse zeigt, daß die Partnersituation ein Ebenbild der ödipalen Situation ist.

Der folgende Fall veranschaulicht dieses Prinzip. Ich begann damit, daß ich zu einem Patienten namens Bill sagte, die meisten Männer heirateten doch ihre Mütter. Er entgegnete sofort: »Meine Frau ist überhaupt nicht wie meine Mutter.«

Ich antwortete, oft seien die Persönlichkeiten verschieden, aber wir Männer behandelten sie so, als seien sie gleich. Und wir bestünden darauf, daß sie uns so behandeln müßten, wie unsere Mütter es getan hätten.

Bill sagte: »Oh nein! Meine Mutter war nie zu Hause, um mich zu versorgen. Sie war immer woanders und spielte Karten. Eine meiner Schwierigkeiten mit meiner Frau rührt daher, daß ich verlangte, sie müsse zu Hause bleiben und die Kinder und mich versorgen. Sie beklagte sich, ich ließe sie nie selbständig was unternehmen. Jetzt hat sie selber etwas angefangen, und ich laß' sie auch. Das ist für mich eine neue Einstellung, und es scheint sich auf unsere Beziehung gut auszuwirken.«

Ich sollte noch hinzufügen, daß Bill und seine Frau ständig miteinander stritten, und daß ihre Beziehung gar nicht glücklich war. Beide fühlten sich in der Beziehung zutiefst frustriert, aber Bill versicherte mir, sie hätten einander sehr gern.

Es scheint also, als sei meine These in diesem Fall nicht anwendbar. Bill stellte Forderungen an seine Frau, die er an seine Mutter niemals hatte stellen können. Aber wie wirkte sich dies praktisch aus? Versorgte ihn seine Frau so, wie er es forderte?

»Nein«, sagte Bill, »sie war dazu nicht fähig. Es stellte sich heraus, daß es andersherum war. Ich versorgte sie.« Nun gab Bill zu, daß dies die Haltung seines Vaters gegenüber seiner Mutter gewesen war, und daß seine Haltung seiner Frau gegenüber dieselbe war. Er gab auch zu, daß die beiden Frauen viele Persönlichkeitsmerkmale gemeinsam hatten. Seine Frau war ebenso von Angst besessen, wie es seine Mutter gewesen war. »Wenn ich weg bin oder wenn die Kinder weg sind, wird sie zum Nervenbündel, genau wie meine Mutter.« Und beide waren, wie wir schon gesehen haben, relativ hilflos, und man mußte sie versorgen.

»Im Aussehen«, fügte Bill hinzu, »sind meine Frau und meine Mutter verschieden. Ich hätte keine Frau heiraten können, die wie meine Mutter aussah, denn das Aussehen meiner Mutter gefiel mir nicht.«

Bill betonte, seine Frau sei für ihn sexuell attraktiv, was seine Mutter nicht gewesen sei (wir wissen, daß diese letzte Bemerkung nicht wahr ist). »Sie ist immer noch anziehend für mich, aber sie hat Angst vor dem Sex. Wir haben nicht viel Verkehr, weil sie sexuell nicht reagiert.« Infolgedessen nahmen seine eigenen sexuellen Empfindungen stetig ab, was zu einer weiteren Verschlechterung der Beziehung führte.

Was für eine Verwicklung des Schicksals. Bill heiratete seine Frau in dem Gedanken, es werde anders sein, weil sie ihn sexuell stark erregte, nur um festzustellen, daß es in derselben Weise endete wie seine erste Liebesgeschichte – die mit seiner Mutter –, mit sexueller Frustration und dem Verlust des sexuellen Empfindens. Symbolisch hatte er den Platz seines Vaters bei seiner Mutter eingenommen. Sein Vater hatte auch nicht mehr Erfüllung gehabt.

An dieser Stelle wandte sich das Gespräch Joan zu, Bills Frau. Bill sagte: »Ich bin das genaue Gegenteil von ihrem Vater. Er war viel kleiner, ich bin viel größer. Er war immer pleite und nie zu Hause. Ich bin finanziell erfolgreich und fürsorglich. Er hat seine Tochter nie angerührt, er hat ihr nicht erlaubt, auf seinem Schoß zu sitzen und schämte sich, Zuneigung zu zeigen. Das trifft bei mir nicht zu.«

Wir suchen uns nicht bewußt Partner aus, die wie unsere Eltern sind. Wenn überhaupt, dann scheinen wir solche zu wählen, die an der Oberfläche gerade das Gegenteil sind. Wie ich jedoch schon erklärt habe (S. 52), heiratet auf der Ebene des Unbewußten jeder Junge seine Mutter, wie auch jedes Mädchen seinen Vater heiratet. Unbewußt wählen wir als Ehepartner diejenigen, die mit den geliebten Eltern Züge oder Merkmale gemeinsam haben. Nach dem, was ich ermitteln konnte, hatten Bills Frau und seine Mutter die Eigenschaft gemeinsam, daß beide auf emotionaler Ebene kleine Mädchen waren, die einen Vater brauchten und suchten.

Bill war sich darüber klar, daß Joans Angst vor der Sexualität von ihrer Erfahrung herrührte, vom Vater abgelehnt worden zu sein. Diese Ablehnung beruhte auf sexuellen Gefühlen, die ihr Schuldgefühle bereiteten. Ich wußte, daß auch Bill an sexuellen Schuldgefühlen litt. Dies ließ sich von der starken Verspannung in seinem Beckenbereich ableiten, die den Fluß sexueller Erregung ins Becken einschränkte. Ich fragte Bill nach seinen ersten sexuellen Erlebnissen mit seiner Frau.

Bill berichtete folgendes: »Wir fühlten uns gegenseitig stark voneinander angezogen. Joan ließ sich bei mir stärker gehen, als sie es bei anderen Männern getan hatte. Wir spielten heftige Liebesspiele, hatten aber keinen Verkehr. Ich wollte das nicht, bevor wir verheiratet waren. Joan kam aus guter Familie, und ich achtete sie. Seltsamerweise verschwand all ihre Leidenschaft, nachdem wir geheiratet hatten. Seitdem haben wir immer Schwierigkeiten gehabt.«

Bill erkannte nicht, daß er, indem er Joans Keuschheit beschützt hatte, ihre Sexualität ebenso abgelehnt hatte, wie es ihr Vater getan hatte. Joan brauchte ganz dringend das Gefühl, daß ihre Sexualität normal und gesund war. Bill konnte nicht umhin, seine eigenen sexuellen Schuldgefühle auf sie zu projizieren. Vor seinem geistigen Auge sah er Joan als die Mutter seiner Kinder, und er identifizierte sie unbewußt mit seiner eigenen Mutter. Da er seine sexuellen Gefühle für seine Mutter unterdrückt hatte, konnte er sie nicht vollständig auf seine Frau übertragen. Während der ganzen Dauer seiner Ehe litt Bill in gewissem Maß an erektiver Impotenz. Er schob die Schuld dafür auf die Angst seiner Frau vor der Sexualität und ihren Mangel an Leidenschaft. Es ist unschwer zu erkennen, daß sie in ihrer Ehe durch Bills Mangel an Männlichkeit enttäuscht wurde. Im Grunde erwies er sich als gar nicht so verschieden von ihrem Vater.

In der nächsten Sitzung sagte Bill: »Mir ist klar, daß ich sowohl das Gegenteil von Joans Vater als auch ihm ähnlich bin. Sie behandelt mich mit denselben Schuldgefühlen und derselben Angst, die sie ihrem Vater gegenüber empfindet. Von Zeit zu Zeit kann ich meine Erektion nicht aufrechterhalten. Ich fühle mich schrecklich. Ich fühle mich impotent. Ich fühle mich wie ein *Versager.*«

Nun haben wir den gemeinsamen Faktor entdeckt, der Bill mit Joans Vater gleichsetzte. Bill hatte Joans Vater auf finanziellem Gebiet als Versager bezeichnet. Er erkannte jetzt, daß auch er ein Versager war, nicht nur wegen seiner Erektionsschwierigkeiten, sondern auch, weil seine Frau niemals einen sexuellen Höhepunkt erreicht hatte. Er gab sich selber die Schuld dafür, und er hatte wegen dieses Versagens Schuldgefühle gegenüber seiner Frau. Die Situation war wie ein Teufelskreis, der die beiden langsam in Unglück verstrickte, wobei jeder äußerlich dem anderen die Schuld gab, innerlich aber sich selber.

Da Bill bei der »Lösung« der ödipalen Situation einen Großteil seiner Sexualität unterdrückt hatte, konnte er sich keiner Frau mannhaft nähern. Er war sexuell zu unsicher. Seine Struktur gestattete ihm nur, sich eine Mädchenfrau auszusuchen, die ihn brauchte. Dann konnte er sicher sein, daß sie ihn nicht verlassen würde. Als Gegenleistung übernahm er die Verantwortung dafür, ihr zu helfen, sie zu beschützen und ihr Erfüllung zu verschaffen. Er spielte die Rolle des Vaters, aber er war immer noch der kleine Junge. Als Junge mußte er sich eine nicht zum Orgasmus fähige Frau aussuchen, was nur bestätigte, daß er kein Mann sein konnte. Je mehr er versuchte, seine Schwäche zu überwinden, desto mehr versagte er, denn er leugnete ein Schicksal, das in seinem Körper zur Struktur geworden war.

Die Idee vom Schicksal als Körperstruktur wird beim folgenden Fall noch deutlicher.

Ruth war eine Frau von etwa vierzig Jahren, die über Depressionen und einen Mangel an Gefühl klagte. Ihr sexuelles Verlangen war sehr gering. Sie konnte sich jedoch von einer Frau erregen lassen, besonders wenn sie sich in ihrer Phantasie vorstellte, von einer Frau mit einem Zungenkuß geküßt zu werden. Ferner klagte sie über starke Magenschmerzen, so, als hätte sie ein Magengeschwür. In anderen Bereichen ihres Lebens war Ruth höchst erfolgreich. Sie hatte ein eigenes, sehr ertragreiches Geschäft. Sie hatte viele Freunde und war gesellig. Sie war verheiratet und hatte Kinder. In der Öffentlichkeit war Ruth eine Art von Mensch, privat eine ganz andere. Das wies auf eine Spaltung ihrer Persönlichkeit hin, die sich auch körperlich manifestierte.

Ruths Körper zeigte deutlich, welcher Art ihr Problem war. Die obere Hälfte war schlank und wohlgeformt und wirkte sehr mädchenhaft. Wenn man diesen Teil ihres Körpers betrachtete, hätte man ihr Alter auf etwa sechsundzwanzig Jahre geschätzt, während sie erheblich älter war. Im Gegensatz dazu waren ihre Hüften und Oberschenkel unverhältnismäßig breit und schwer und gemahnten an eine reifere Frau. Die Haut war in diesem Bereich gröber als am übrigen Körper. Von den Knien abwärts waren die Beine jedoch schön geformt. Das Becken sah »tot« aus, d. h. ohne viel Leben. Seine Motilität war stark herabgesetzt, und sie atmete nicht mit dem Bauch. Die Abgestorbenheit erschien auch in ihrem maskenhaften Gesichtsausdruck und in ihrem mechanischen Lächeln. Diese Abgestorbenheit im Gesicht und im Becken war verantwortlich für den Mangel an Gefühl, über den sie klagte.

Die Körperstruktur eines Menschen sagt uns etwas über seine Geschichte, wenn man sie bioenergetisch interpretiert[12]. Jedes Erlebnis hinterläßt seine Spur im Körper. Wichtige Erlebnisse formen den Körper ebenso, wie sie die Persönlichkeit formen. Ein bioenergetischer Therapeut, der darin ausgebildet ist, die Sprache des Körpers zu lesen, kann in bezug auf diese Erlebnisse einiges erraten. Oft bestätigt der Patient diese Vermutungen, wenn er die Konflikte spürt, die sich in seinen chronischen Muskelverspannungen manifestieren.

Die ausgeprägte Diskrepanz zwischen Ruths Körperhälften spiegelte die Spaltung ihrer Persönlichkeit wider. In der oberen Hälfte ihres Körpers war sie ein jungen Mädchen, scheinbar unwissend in bezug auf die Tatsachen des Lebens. Diese Unschuld wurde jedoch von dem maskenhaften Gesichtsausdruck Lügen gestraft, der mich an die Sphinx erinnerte und ahnen ließ, daß sie mehr wußte, als sie sagte. Die untere Hälfte ihres Körpers erzählte eine andere Geschichte – von einer Person, die eine mehr als beiläufige Bekanntschaft mit den Erregungen und Frustrationen des Sexuallebens hatte.

Bioenergetisch sind die Schwere, Abgestorbenheit und unverhältnismäßige Größe von Hüften und Oberschenkeln bei einem Menschen die Folge einer Stauung von Energie und sexueller Erregung. Eine Stauung tritt dann ein, wenn ein Bereich des Körpers, der stark erregt und mit Empfindung geladen ist, unbeweglich gemacht wird, um das Gefühl festzuhalten oder zu zügeln, weil eine Entladung nicht möglich ist. Wenn dies nur gelegentlich geschieht, ist es schmerzhaft, hat aber keine Wirkung auf die Körperstruktur. Wenn ein kleines Kind ständig sexueller Stimulierung ausgesetzt ist, unter Umständen, die jede Entladung der Erregung verhindern und dem Kind Schuldgefühle in bezug auf sexuelle Gefühle bereiten, kann dies eine übermäßige Fülle und Vergrößerung des Beckenbereichs zur Folge haben. Da der Schmerz ständig fortbesteht und unerträglich ist, muß alles Gefühl in diesem

[12] Lowen, *Körperausdruck und Persönlichkeit,* München, 1981.

Bereich unterdrückt werden. Dies wird dadurch erreicht, daß der Betreffende starke Verspannungen um das Becken herum entwickelt, die es unbeweglich machen und es dadurch abtöten und betäuben.

Ruth war überhaupt nicht in Kontakt mit diesem Bereich ihres Körpers. Sie hatte keine Empfindung von ihm oder in ihm. Wenn man Ruth helfen wollte, aus ihrem depressiven Zustand herauszukommen, mußte es dadurch geschehen, daß man ihr half, etwas Gefühl in die untere Hälfte ihres Körpers hineinzubringen. Die Psychologie steht dieser Aufgabe relativ hilflos gegenüber. Man mußte auf körperlicher Ebene intensiv mit ihr arbeiten, um eine Veränderung in ihrer Persönlichkeit zu bewirken. Ihre Atmung mußte vertieft werden, die Muskelverspannungen im Unterbauch, im Becken und in den Oberschenkeln mußten vermindert und gelockert werden, und das Becken mußte beweglich gemacht werden. Oft waren die Verfahren schmerzhaft, weil die Verspannung so schlimm war, aber als die Verspannung nachließ, nahm auch der Schmerz ab. Die Körperarbeit wurde in Verbindung mit einer fortwährenden Analyse ihrer Beziehungen zu ihrem Vater, ihrer Mutter, zu mir und zu einer früheren Therapeutin durchgeführt.

Aus der Analyse ging das lüsterne Verhalten ihres Vaters deutlich hervor. Sie erinnerte sich an eine Reihe von Vorfällen, bei denen ihr Vater ein unzüchtiges Interesse an ihren Freundinnen gezeigt hatte, wobei er sie zugleich als dreckig und liederlich verächtlich machte. Diese Erinnerungen berichtete Ruth ohne jedes Gefühl oder emotionale Geladenheit. Der erste Durchbruch erfolgte in Form eines Traums, der darauf folgte, daß sich durch die Körperarbeit in ihrem Becken ein gewisses sexuelles Empfinden entwickelt hatte. Sie erzählte: »Ich träumte, ich sei mit einem Riesen zusammen in einem Zimmer. Er war mehr als 2.70 m groß. Ich empfand starkes sexuelles Verlangen nach ihm, und ich preßte mich fest an ihn. Mit dem Kopf reichte ich ihm nur bis zum Becken. Ich wollte mit ihm schlafen, aber eine Frau kam ins Zimmer, und es war unmöglich.«

Ruth konnte nicht verstehen, warum sie von einem Riesen träumte. Ich mußte ihr erklären, daß er vielleicht gar kein Riese war. Vielleicht sah sie ihn so, weil sie nur ein kleines Mädchen war. Als ich dies sagte, begriff sie, daß der Mann im Traum ihr Vater und die Frau ihre Mutter war. Der Traum dramatisierte ihre ödipale Situation. Aber sie erinnerte sich auch, daß sie im Traum, als sie sich fest an ihn preßte, seine sexuelle Erregung daran spüren konnte, daß sein Penis angeschwollen war.

Dann kam Ruth eine weitere Erinnerung aus der Kindheit wieder in den Sinn. Sie erinnerte sich, daß ihr Vater oft die Hand auf sein Geschlechtsteil legte, wenn er sie sah. Zugleich spitzte er auch die Lippen, als wollte er einen Kuß andeuten. Sie spürte, daß sie möglicherweise den Wunsch gehabt hatte, an seinem Penis zu saugen, schämte sich aber dieses Gefühls sehr. Dieser Wunsch des Kindes lag der Phantasie von der Zunge einer Frau in ihrem Mund zugrunde.

Was für einen Mann heiratete Ruth? War er wie ihr Vater? In einer wichtigen Hinsicht waren sich die beiden ähnlich. Beide wurden durch kleine Mädchen sexuell erregt und von der Sexualität erwachsener Frauen abgestoßen. Ich kann dies sagen, weil Ruths Mann zu mir zur Beratung kam. Wegen ihrer Erfahrung mit ihrem Vater hatte Ruth einen Großteil ihrer Sexualität unterdrückt. Sie warb um Männer wie ein unschuldiges kleines Mädchen, und sie wirkte anziehend auf einen Mann, der auf dieser Ebene auf sie reagierte. Obwohl sie verheiratet war und Kinder hatte, war die Frau in ihr unerfüllt. Das war ihr Schicksal, bis sie in die Therapie kam. Um dieses Schicksal zu ändern, war es nötig, die Energiedynamik ihres Körpers zu verändern, ihr Becken lebendig zu machen. Ich möchte noch hinzufügen, daß während dieses Vorgangs ihre Schmerzen, die wirkten, als hätte sie ein Magengeschwür, verschwanden.

Die Neigung der Menschen, alte, fest eingespielte Muster zu wiederholen, ist das Hauptproblem in der Therapie. Hier ist ein einfaches Beispiel: Jemand klagt über ein Gefühl, »nicht dabei« zu sein, zurückzuhalten, über eine Unfähigkeit, sich vorwärtszubewegen. Wenn ich mir ansehe, wie dieser Mensch dasteht, sehe ich, daß er die Knie durchdrückt, das Gewicht seines Körpers ruht auf seinen Fersen, und er lehnt sich nach hinten. Er tut also (unbewußt) gerade das, worüber er sich beklagt. Diese Körperhaltung läßt sich umkehren. Ich fordere den Patienten auf, seine Knie leicht zu beugen, damit sie nicht mehr durchgedrückt sind, und sein Gewicht nach vorn auf die Zehenballen zu verlagern. Er wird auch angewiesen, zu atmen und locker zu bleiben. Wenn er dies tut, erlebt er sich selbst anders. Er hat das Gefühl, in der Welt zu sein und bereit zu sein, zu handeln oder zuzugreifen. Sein ganzer Körper fühlt sich lebendiger an. Er kann spüren, daß ein Übergehen von einer passiven Art, zu stehen und sich zu halten, zu einer aggressiveren Art den Unterschied ausmacht. Es ist das, was er wollte, und es fühlt sich gut an, aber es ist unbequem. Er fühlt sich angestrengt, und er fürchtet, er könnte vornüberfallen. Er kann sich in der neuen Stellung halten, indem er sich auf sie konzentriert, aber sobald er sein Augenmerk auf etwas anderes lenkt, kehrt er zu seiner alten Haltung zurück, die er als natürlich und bequem empfindet.

Warum ist eine Änderung zum besseren so schwierig und beängstigend? Wir wissen, daß jedem Veränderungsprozeß ein Element der Unsicherheit innewohnt. Der Wechsel von einer bekannten zu einer unbekannten Stellung bringt eine Periode der Unsicherheit mit sich. Das Kind, welches stehen und gehen lernt, ist unsicher, aber nicht voll Angst. Es fürchtet sich nicht vor dem Hinfallen. Wir klammern uns an das Alte, weil wir glauben, es sei ungefährlicher. Wir halten das Neue für gefährlich. Bei neurotischen Patienten hat diese Ansicht eine gewisse Gültigkeit. Wenn man als Kind für seine Aggressivität bestraft worden ist, erscheint es ungefährlicher, im Leben eine passive Haltung einzunehmen. Man kann seine Stellung oder seine Art, zu stehen, nicht verändern, bevor man das frühkindliche Erlebnis noch einmal durchlebt und die mit ihm verbundenen Gefühle zum Ausdruck gebracht hat. Dies ist die psychologische Arbeit der Therapie.

Das Problem der Veränderung hat jedoch noch eine andere

Dimension. Diese Dimension kann man als »Erregungstoleranz« bezeichnen. Zuwenig Erregung ist Langeweile, Depression oder Tod (»zu Tode gelangweilt«). Zuviel Erregung überwältigt den Organismus, überschwemmt seine Ich-Grenzen und löscht das Gefühl des eigenen Selbst aus. Das Gefühl ist eines der Entfremdung und grenzt an Wahnsinn. Man kann den Charakter als die Art und Weise ansehen, wie wir mit Erregung umgehen, wobei wir sicherstellen, daß weder zu wenig noch zuviel Erregung vorhanden ist.

Als Kinder haben wir sehr früh gelernt, daß es uns Liebe eintrug, wenn wir still und brav waren. Wenn wir zu aktiv und zu lärmend waren, wurden wir getadelt oder bestraft. Unsere Eltern konnten unsere Lebhaftigkeit nicht ertragen. Sie war zuviel für sie. Sie machte sie verrückt. Wir mußten sie unterdrücken, um zu überleben. Nun ist unser Potential für Lebendigkeit zuviel für unsere *Strukturen*. Wir können es nicht aushalten. Wenn wir übererregt sind, werden wir ängstlich, nervös und erschrecken. Die therapeutische Aufgabe besteht hier in einer langsamen Erweiterung der Fähigkeit des Patienten, Erregung oder Lebendigkeit zu ertragen.

Zusammenfassend können wir sagen, daß ein Verhaltensmuster, wenn es erst einmal zur Körperstruktur geworden ist, sich selbst verewigt. Es bestimmt, wie wir handeln, und wir müssen dem Charakter gemäß handeln. Notwendigerweise ist also jede Bemühung, die wir unternehmen, um unseren Charakter zu überwinden, ein Teil unseres Charakters, und er wirkt sich nur als Verstärkung seiner Struktur aus. Ich sehe dies ständig in meiner Praxis. Der Zwanghafte versucht zwanghaft, eine Änderung herbeizuführen, wird aber schließlich nur noch zwanghafter. Der Masochist unterwirft sich der Therapie ebenso, wie er es in allen anderen Lebenslagen tut, und so verändert die Therapie nichts. Selbst seine Auflehnungsgebärden führen dazu, daß er noch unterwürfiger wird. Das muß der Patient verstehen und akzeptieren, bevor eine Änderung möglich ist.

Wir haben im vorigen Abschnitt gesehen, daß ein Großteil unseres Verhaltens durch unsere Charakterstruktur bestimmt wird. Wir glauben frei zu wählen, aber es läßt sich oft nachweisen, daß bei unserer Wahl ein scheinbares Schicksal am Werk ist. Besonders bei so wichtigen Dingen wie Liebe oder Ehe scheint das Schicksal eine sehr große Rolle zu spielen. Menschen werden durch unerforschliche Kräfte, die eine gewisse Beziehung zu ihrer Persönlichkeit und zu ihrem Charakter haben, voneinander angezogen. Meine Frau und ich kommen aus unterschiedlichen Milieus und aus verschiedenen Landesteilen. Daß wir uns kennengelernt haben, mag reiner Zufall sein, aber daß wir geheiratet haben und über fünfunddreißig Jahre verheiratet geblieben sind, ist nicht dem Zufall zuzuschreiben. Unsere Persönlichkeiten harmonieren miteinander, und unsere Charakterstrukturen greifen ineinander. Wir schwingen zwar auf derselben Wellenlänge, aber wir sind in vieler Hinsicht auch Gegensätze. Das wußten wir jedoch nicht, als wir heirateten. Wir handelten gemäß unseren Gefühlen, und so wirkt sich das Schicksal aus. Im Rückblick können wir sagen, das Schicksal hat uns zueinander hingezogen und uns zusammengehalten. Aber unsere Ehe hätte leicht scheitern können. Wir sind viele Male nahe daran gewesen, miteinander zu brechen. Einander entgegengesetzte Charaktere stoßen ebensooft zusammen, wie sie einander ergänzen. Wir mußten uns anderen neurotischen Charakteren stellen, damit wir erkennen konnten, wie wir einander verletzten, trotz unseres bewußten Wunsches, es nicht zu tun. Wenn man blind ist, wie Ödipus es war, kann man die Tragödie nicht vermeiden, seine Liebe zu verlieren.

Wie jeder Mann von heute tat ich alles, was ich konnte, um nicht meine Mutter zu heiraten. Das war eine der Kräfte, die mich zu einer Frau hinzogen, die aus einem anderen Milieu kam. Und meine Frau ist in sehr vieler Hinsicht anders als meine Mutter. Als Kind hatte ich meinen ödipalen Konflikt auf solche Weise gelöst, daß ich keine Frau hätte heiraten können, die so war wie meine Mutter. Bewußt mußte ich meine Frau als »nicht meine Mutter« sehen, während ich sie unbewußt so behandelte, als sei sie meine Mutter und fast meine Ehe zerstörte. Nur dadurch, daß ich dies erkannte, wurde es mir möglich, anders auf sie zu reagieren.

Ebensowenig wie andere konnte ich das der ödipalen Situation innewohnende Schicksal vermeiden. Ich habe inzwischen erkannt, daß meine Frau und meine Mutter bestimmte Eigenschaften gemeinsam haben. Abgesehen davon, daß beide Frauen sind, bewundern beide Männer, die kompetent, fähig und erfolgreich sind, und beide haben einen ausgeprägten Stolz. Mir ist bewußt, daß dieser Stolz bei einer Frau eine starke Anziehung auf mich ausübt. Es waren also sowohl die Eigenschaften, die meine Frau mit meiner Mutter gemeinsam hat, als auch jene, die anders sind, die mich so stark zu ihr hinzogen. Und daher habe ich auf einer bestimmten Ebene meine Mutter geheiratet.

Wenn wir alle, wie ich glaube, dazu bestimmt sind, unsere Mütter zu heiraten, warum sollte dies eine Prophezeiung des Verhängnisses sein? Die Menschen sagen oft, heiraten sei ein fataler Schritt, aber meinen sie nicht in Wirklichkeit, es sei schicksalhaft? Welches Wort man gebraucht, könnte davon abhängen, was für eine Mutter man gehabt hat. Wenn sie eine Quelle der Freude, Lust und Befriedigung war, könnte man nichts Besseres verlangen, als eine Ehefrau zu haben, die in jeder Weise ihr gliche. Wenn die Erfahrung mit der eigenen Mutter schmerzlich und frustrierend war, würde man eine Frau heiraten wollen, die ihr Gegenteil wäre. Tatsächlich sind die meisten Mütter weder ganz gut noch ganz böse. Im allgemeinen gibt es in der Beziehung sowohl Schmerz als auch Lust, wenn auch das eine oder andere überwiegen kann. Ein Säugling kann jedoch nicht akzeptieren, daß die Person, die ihm Lust gibt, auch diejenige ist, die ihm Schmerz bereitet. Wir wissen, daß der Säugling das Bild seiner Mutter in zwei Gestalten aufspaltet, die »gute« und die »böse« Mutter. Wenn auch diese beiden

Bilder später miteinander verschmelzen, bleibt die anfängliche Spaltung im Unbewußten des Individuums erhalten.
Ein Mann fühlt sich von einer Frau angezogen, die ihn an seine »gute« Mutter erinnert, weil er sie unbewußt mit der Lust in Verbindung bringt, die er einmal erfahren hat. Während der ganzen Zeit der Werbung und der Verlobung sieht der Mann seine Geliebte weiterhin im Licht seiner »guten« Mutter. Die Heirat zerstört diese Sichtweise. Nach der Hochzeit sieht er seine Frau zunehmend als seine »böse« Mutter und reagiert gemäß dieser Übertragung auf sie. Warum geschieht dies? Einmal schaffen die Verantwortlichkeiten der Ehe eine andere Beziehung. Abgesehen davon existiert jedoch das Tabu, das die Heirat mit der »guten« Mutter, die ihn sexuell erregt hat, verbietet. Er hat dieses Tabu als Teil des Abkommens für die Lösung seines ödipalen Konflikts akzeptiert. Nun hindert es ihn daran, seine *Frau* in diesem Licht zu sehen.
Was für den Mann gilt, gilt ebenso für die Frau. Sie hat ein gespaltenes Bild von ihrem Vater. Der Mann, von dem sie sich angezogen fühlt, muß sie an ihren Vater erinnern (einige Eigenschaften mit ihm gemeinsam haben). Wir können an Margaret aus dem ersten Kapitel denken, die sagte, ihr Herz könne sich nur einem Mann öffnen, der ein Leidender wie ihr Vater sei. Aber auch bei der Frau verlangt die Heirat einen Verzicht auf diese Beziehung. Es ist ihr nicht gestattet, auf jene Aspekte ihres Mannes zu reagieren, die für sie sexuell erregend sind. Sie muß zu ihrem Mann so in Beziehung treten, als sei er nicht die sexuelle Liebe ihres Lebens. Sie muß ihr sexuelles Verlangen nach ihrem Mann ebenso unterdrücken, wie sie die sexuelle Liebe zu ihrem Vater unterdrücken mußte. Wenn die sexuelle Erregung zwischen den Ehepartnern abnimmt, »bevatert« er seine Frau buchstäblich ebenso, wie sie ihren Mann »bemuttert«. Das scheint das Schicksal der Liebe zu sein.
Im Herzen liebt jedes Kind seine Mutter. Sie hat ihm das Leben geschenkt, und wenn das Leben geliebt wird, wird auch die geliebt, die einem das Leben geschenkt hat. Ich glaube, daß dies zutrifft, gleichgültig, wieviel Schmerz und Kränkung das

Kind von der Mutter zu leiden hatte. Fast alle meine Patienten finden auch heraus, daß sie einen großen Haß auf ihre Mütter empfinden, weil sie sie im Stich gelassen oder sie zutiefst verletzt haben. Weil diese Erkenntnis später im Leben erfolgt, verdeckt der Haß die Liebe, und der Haß muß sich erst entladen, bevor die echte Liebe eines Menschen zu seiner Mutter voll erlebt werden kann. Gleichgültig, wieviel Haß ein Kind gegen seine Mutter ansammelt, das Feuer der Liebe zur Mutter in seinem Herzen kann nicht gelöscht werden. Das Feuer zu löschen, ist der Tod, denn der Herzschlag selbst ist Liebe.

Aus dem gleichen Grund will jedes Kind seiner Mutter nah sein, von ihr im Arm gehalten, geliebkost und geliebt werden. Dieses Verlangen ist ein Teil des lebendigen Gewebes des Kindes, und, ganz gleich, wie sehr das Kind die Mutter wegen der Unlust, die es von ihr erfahren hat, ablehnen mag, die Sehnsucht nach der Nähe einer warmen, liebenden Mutterfigur geht nie verloren. Der Körper der Mutter ist die Quelle der ersten Erregung des Kindes, seines ersten bewußten Lusterlebens.

Die Geburt ist buchstäblich für jeden Menschen die Ausstoßung aus dem Paradies. Die meisten menschlichen Geschöpfe halten die Zeit im Mutterleib für zeitlose Seligkeit. Alle Bedürfnisse werden erfüllt und das Behagen ist gesichert. Das Leben wächst und entwickelt sich ohne Anstrengung. Es besteht nicht einmal die Notwendigkeit, zu atmen, denn man wird aus dem Blut der Mutter mit Sauerstoff versorgt. Dann ist all dies plötzlich zu Ende, und das Kind befindet sich draußen in einer kalten Welt, wo sein Leben zunehmend von seiner eigenen Anstrengung abhängt. Diese Anstrengung ist nicht immer sofort von Erfolg gekrönt. Es gibt Lust und Unlust, wobei in der ersten Zeit die Lust immer in der Nähe zur Mutter besteht, Unlust in der Trennung.

Die Wonne der Liebe ist das Gefühl des wiedergewonnenen Paradieses. Anfänglich ist sie daher immer die Rückkehr zur Mutter, symbolisch die Rückkehr in den Mutterleib. Als

Säugling ist man durch den Körperkontakt und durchs Stillen mit der Mutter verbunden. Das Baby an der Brust kennt die Wonne der Liebe, ihre Nähe und Wärme. Auch dieses Paradies geht verloren. Wenn das Baby ein Kind wird, das als selbständiger Organismus auf eigenen Beinen stehen kann, tritt eine Trennung von der Mutter ein. Wo es üblich ist, die Kinder zu stillen, wird das Stillen drei Jahre oder länger durchgeführt. Dann wird das Kind etwa im Alter von drei bis fünf Jahren entwöhnt. Das ist eine schmerzliche Erfahrung, denn es ist wieder ein Verlust von Liebe und Wonne. Glücklicherweise bietet die Natur dem Individuum eine weitere Gelegenheit, das Paradies oder die Wonnen der Liebe wiederzufinden, und zwar durch die Blütezeit der kindlichen Sexualität, die das Kind befähigt, im Fühlen, in der Phantasie und in Wirklichkeit wieder eine starke Verbindung zu einem Elternteil herzustellen.

Der Junge sieht seine Mutter im neuen Licht. Er wird ihrer sexuellen Reize gewahr, und er erschauert beim Anblick und bei der Berührung ihres Körpers. Das Mädchen erlebt genau dieselbe seelische Erregung bei seinem Vater (oder bei jedem anderen Mann, der zu dieser Zeit diese Funktion erfüllt). Dies ist das Gefühl der reinen Liebe. Das Kind phantasiert, es werde diesen Menschen heiraten und immer mit ihm zusammensein. Diese neue Beziehung ist sexuell im Hinblick auf das Gefühl erotischer Erregung und den Wunsch nach Kontakt, und sie ist genital in der Vorstellung von tatsächlichem Geschlechtsverkehr, aber es fehlt ihr die Dimension der Entladung. Die starke erotische Wirkung des Körperkontakts erstreckt sich tatsächlich auf beide Eltern. Dies ist das Alter, in dem Kinder es lieben, morgens ins Bett der Eltern zu kommen, um ihre Körper und die animalische Wärme zu spüren, die sie ausstrahlen. Die Eltern jedoch spüren genau, welch sexuelles Element dieser Kontakt in sich hat, und sie machen dieser Gewohnheit ein Ende, oft mit der Bemerkung: »Dafür bist du nun schon zu groß«.

Auch dieses Paradies geht zu Ende. Das ist unsere Natur und

unser Schicksal. Wir verlieren unsere ersten Zähne, aber die zweiten sind schon auf dem Weg. Wenn wir uns in die Außenwelt hineinbegeben, zur Schule gehen, mit unseren Freunden spielen usw., geben wir unsere Eltern als Sexualobjekte immer mehr auf. Wir wachsen und reifen. Und dann geschieht es noch einmal. Wir sind nun Jugendliche, die die Pubertät hinter sich haben. Plötzlich verlieben wir uns in jemanden unseres Alters und anderen Geschlechts. Erfüllte jugendliche Liebe ist der Himmel auf Erden. Unerfüllt kann sie die Hölle sein. Im allgemeinen macht man im Jugendalter eine solche intensive Erfahrung.

Auch dieses Paradies verlassen wir wieder, und wenn wir Glück haben, finden wir ein weiteres in einer Liebesgeschichte mit dem Menschen, den wir heiraten. Diesmal ist es nicht »für immer und ewig«, sondern »bis der Tod euch scheidet«. Nur im Märchen leben die Menschen »von nun an glücklich bis ans Ende ihrer Tage«. In den romantischen Filmen der dreißiger und vierziger Jahre ging man auch von dieser Annahme aus. Leider dauert es selten so lange. Bald beginnt die Enttäuschung, die Liebe verblaßt, und die sexuelle Erregung schwindet. Ist Glück oder das Paradies eine Illusion? Ich nehme es an, aber die Liebe ist keine. So selten es vorkommt, aber es gibt Paare, die über fünfzig Jahre lang die Wonne der Liebe gekannt haben. Was geht fehl?

Wenn die frühen Liebeserfahrungen eines Menschen erfüllend sind, würde auch seine Ehe diesem Muster folgen, wie ich glaube. Aber in unserer Kultur geschieht dies nur in den seltensten Fällen. Jede Liebesbeziehung vom Säuglingsalter an endet mit Schmerzen (wie Freud es von der ersten sexuellen Liebe des Menschen sagte). Infolgedessen wird ein Muster etabliert, das als Abwehr gegen den Schmerz zur Struktur des Körpers wird. Und damit ist das Schicksal des Menschen besiegelt. Ich vergleiche die Liebe oft mit einem Baseballspiel, weil bei beiden die gleiche Regel gilt, nämlich, daß man »draußen« ist, wenn man dreimal »geschlagen« hat. Den meisten von uns werden zwei Schläge angerechnet, bis wir die

Pubertät erreichen. Der erste war das Scheitern unserer Liebesbeziehung mit unserer Mutter auf der oralen Ebene. Der Schmerz der Ablehnung und der unerfüllten Sehnsucht war herzzerreißend. Das empfinden Patienten, die im Lauf der Therapie regredieren und diese frühen Erlebnisse wieder in sich wachrufen können. Das Gefühl, das dabei geäußert wird, ist: »Wo warst du? Warum warst du nicht für mich da?« Die vorzeitige Entwöhnung von der Mutter, von ihrer Brust oder ihrem Körper, wird als ein Verrat an der Liebe erlebt. Wir sind entsetzt, aber wir machen weiter. Dieser erste Schlag trifft unser Herz, aber wir können ihn verwinden. Wir treten etwa im Alter von drei Jahren ins genitale Stadium ein und gehen eine neue Liebesbeziehung mit dem gegengeschlechtlichen Elternteil ein. Weil diese neue Beziehung Erbe all der unerfüllten Sehnsucht der früheren oralen Phase ist, ist sie sehr intensiv.
Aber wir haben schon gesehen, daß auch diese Beziehung im Schmerz endet. Wieder fühlen wir uns abgelehnt und verraten. Unser Herz wird wieder »gebrochen«, manchmal wird es von diesem neuen Schlag zerschmettert. Ein zweiter Schlag ist uns angerechnet worden. Noch einer, und wir sind draußen – also tot. Wir fühlen, daß unsere Herzen eine dritte herzzerreißende Erfahrung nicht überleben würden. Wir glauben, keine andere Wahl zu haben, als unsere Herzen der Liebe zu verschließen. Wir schließen unser Herz in eine Geldkassette ein, den gepanzerten Brustkorb. Wir schützen uns gegen Herzeleid, indem wir nicht lieben, und gegen den Tod, indem wir nicht leben. Aber dadurch schließen wir auch unser Herzeleid in unser Dasein ein, und so bleibt unser Schmerz bestehen, obwohl wir uns seiner nicht mehr bewußt sind. Wir fürchten uns, zu lieben und zu leben, obwohl wir so verzweifelt beides möchten. Wir können unsere Herzen zeitweise öffnen, aber wir wagen es nicht, sie offen zu halten. Wir können Liebe fühlen, aber wir können sie nicht ausdrücken.
Was ist an der ödipalen Situation, das sie so schrecklich macht? Warum sind wir so entsetzt über die sexuelle Liebe eines Kindes zu Vater oder Mutter? Die Vorstellung von Inzest

erweckt aus einer Reihe von Gründen Entsetzen im Menschen. Sie bedeutet, daß Menschen sich wie Tiere benehmen, da sexuelle Beziehungen zwischen Eltern und Nachkommen im Tierreich an der Tagesordnung sind. Sie verletzt unsere Auffassung von der natürlichen Lebensordnung. Wir sind einer Vorwärtsbewegung verschrieben – von Eltern zu Kindern, die ihrerseits wieder Eltern von Kindern werden. Inzest ist eine Umkehrung dieses Stromes; er erweckt dasselbe Entsetzen in uns, das wir empfinden würden, würde die Zeit rückwärtsgehen oder das Wasser bergauf fließen. Außerdem sind da die sozialen Gefahren, die der Inzest schafft, nämlich die Eifersucht, die Kränkungen und die Gewalt, die in einer Familie aufbrechen, in der Inzest vorkommt.

Die Inzestgefahr ist jedoch vor der Pubertät unwirklich. Wir sprechen hier von einem fünf oder sechs Jahre alten Kind, dessen sexuelle Betätigung nicht anders ist als seine anderen Spiele. Sie sind eine notwendige Vorbereitung aufs Leben. Sie sind zwar ernsthaft, aber wir bezeichnen sie als Spiel, weil sie nicht dazu dienen sollen, reale Folgen zu haben. Natürlich möchte ein Junge mit seiner Mutter schlafen, aber er hat nicht die Absicht, es in Wirklichkeit zu tun, und er wird vielleicht gar nicht wissen, wie man es macht. Aber durch ihre Ablehnung der Sexualität des Kindes geben die Eltern zu verstehen, die Gefahr sei real, und fügen so den Phantasien und Gefühlen, die sonst auf dem Spielniveau bleiben würden, einen Beiklang von Realität hinzu.

Tatsächlich tun Eltern oft mehr, als die Sexualität des Kindes abzulehnen. Sie drohen mit Blicken und mit der Stimme. Wenn eine Mutter sieht, wie ihre kleine Tochter das Röckchen hebt, was kleine Mädchen ja tun, um ihren Körper und ihre Sexualität zu entblößen, wendet sie sich nicht selten feindselig gegen das Kind. Sie wird vielleicht zu dem Kind sagen: »Das ist unanständig«, soll heißen, hurenhaft, aber im allgemeinen ist es der Blick, der das Kind erstarren läßt. Kleine Mädchen spielen mit ihrer Sexualität wie kleine Jungen mit einem Spielzeuggewehr (das auch ein Sexualsymbol ist). Aber keine Mutter würde den Jungen beschuldigen, er sei ein Mörder. Warum ist das kleine Mädchen eine »Hure«? Die Mutter projiziert ihre eigenen Gefühle auf ihre Tochter, und diese Projektion lädt die Szene mit erwachsenen Gefühlen auf, mit denen das Kind nicht umgehen kann.

Das ödipale Problem wird noch weiter kompliziert durch den Umstand, daß Eltern oft auf die Sexualität ihrer Kinder emotional reagieren. Sie werden durch das sexuelle Interesse ihres Kindes sexuell erregt und fühlen sich durch dieses Spiel gekitzelt. Und sie sind auch in dem Sinn verführerisch, daß sie das sexuelle Interesse des Kindes anregen und herausfordern. Fenichel bemerkt: »Sehr oft liebt die Mutter den Sohn und der Vater liebt die Tochter. Die unbewußte sexuelle Liebe der Eltern zu ihren Kindern ist größer, wenn ihre reale sexuelle Befriedigung aufgrund äußerer Umstände oder ihrer eigenen Neurosen unzureichend ist«[13]. Wenn dies geschieht, gibt der Elternteil gewöhnlich dem Kind die Schuld. Diese Projektion des elterlichen Schuldgefühls auf das Kind gibt diesem das Gefühl, es sei der verantwortliche und schuldige Teil. So verknüpft sich, was ursprünglich ein unschuldiger und natürlicher Ausdruck der Liebe des Kindes war, mit Schuld und Schmerz.

Auf dieselbe Weise entwickelt das Kind ein Schuldgefühl wegen der Feindseligkeit, die es gegen den gleichgeschlechtlichen Elternteil entwickelt. Diese Feindseligkeit entsteht in Reaktion auf das Verhalten des Vaters oder der Mutter, die in dem Kind einen Rivalen sehen. Es ist wahr, daß Kinder ihr Liebesobjekt allein besitzen wollen und den anderen Elternteil als Rivalen betrachten, aber dieser Wunsch ist kein Ausdruck von Feindseligkeit. Der erste feindselige Akt in der ödipalen Situation ist die Kastrationsdrohung des Elternteils. Sie ist nicht immer offenkundig, aber sie wird mit Blicken, Haltungen oder negativen Bemerkungen zum Ausdruck gebracht. Das

[13] Otto Fenichel: *The Psychoanalytic Theory of Neurosis, New York, 1945, S. 91.*

Kind reagiert mit einem Todeswunsch gegen Vater oder Mutter und gerät in einen inneren Konflikt zwischen diesem Wunsch und seiner Liebe zu dem betreffenden Elternteil. Da die Eltern darauf beharren, das Kind sei im Unrecht (das ist immer so), bekommt das Kind schließlich ein doppeltes Schuldgefühl.

Die Ödipuslegende erzählt dieselbe Geschichte. Das Schicksal des Ödipus war durch seine frühe Ablehnung bedingt. Er wurde von seinem Vater ausgesetzt; er sollte sterben; der erste feindselige Akt ging vom Vater aus. Wenn Vatermord ein Verbrechen ist, warum nicht auch Kindesmord? Der Vater sah die potentielle Sexualität des Ödipus als Bedrohung an. Der Name Ödipus bedeutet »Schwellfuß« und ist eine offenkundige Anspielung auf den Penis, der anschwillt, um sich aufzurichten. Ich würde also die Ablehnung durch die Eltern zu dem geschwollenen Fuß (erigierten Penis) des Ödipus in Beziehung setzen, anstatt dem Mythos zu folgen, nach dem der geschwollene Fuß als Ergebnis der Ablehnung zu betrachten ist. Bei der Interpretation eines Mythos, der wie der Traum eine symbolische Sprache spricht, können wir die zeitliche Anordnung umkehren, wenn dies unser Verständnis fördert.

Wenn das Schicksal uns dazu zwingt, unsere Mütter zu heiraten wie Ödipus, aber symbolisch, verlangt es auch die Vatertötung von uns? Ich nehme Bezug auf das Schicksal, das eine Folge des ödipalen Konflikts ist, nämlich die Unterdrückung des sexuellen Verlangens wegen der Kastrationsdrohung. Wenn wir nicht buchstäblich, sondern psychologisch denken, antworte ich mit »ja«. Wir töten unsere Väter emotional, nicht nur im Todeswunsch eines Kindes gegenüber dem gefürchteten und gehaßten Rivalen, sondern in unseren Herzen. Wir töten die Liebe zum Vater und den Respekt vor ihm und vor der Tradition und Autorität, die er repräsentiert. Wir stellen uns ihm ebenso entgegen, wie wir uns der Vergangenheit entgegenstellen. Dies ist der Generationenkonflikt, der in unserer Zeit so offensichtlich ist. Indem wir unsere Väter und unsere Vergangenheit ablehnen, verlieren wir die Weisheit, die die angesammelten Erfahrungen der Menschheit uns verschaffen könnten.

Im nächsten Kapitel wollen wir einige der Persönlichkeitsprobleme ausführlich untersuchen, unter denen die Menschen leiden. Bei diesen Problemen geht es um die Schwierigkeit des heutigen Menschen, er selbst zu sein. Da er seine Gefühle unterdrückt hat, trägt er eine Maske und übernimmt in Übereinstimmung mit den ausgesprochenen oder unausgesprochenen Forderungen seiner Familie und der Gesellschaft eine Rolle. Dabei verliert er seine Authentizität, seine Echtheit.

3 Sein und Schicksal

Das Sein als Authentizität

Nur wenige Menschen in unserem Kulturkreis haben den Mut, sie selbst zu sein. Die meisten Menschen übernehmen Rollen, spielen Spiele, tragen Masken oder errichten Fassaden. Sie glauben nicht, daß ihr wahres Selbst akzeptabel ist. Es wurde von ihren Eltern nicht akzeptiert. »Schau doch nicht so traurig drein«, sagt die Mutter. »Niemand wird dich liebhaben. Lächle doch mal.« Also setzt das Kind eine lächelnde Maske auf, um liebenswert zu sein. »Halt' dich grade. Brust raus!« sagt der Vater zu seinem kleinen Sohn, der diese Fassade der Männlichkeit gleich übernimmt. Die Rollen und Spiele entwickeln sich gewöhnlich subtiler in Reaktion auf unausgesprochene Forderungen und Druckmaßnahmen der Eltern. Die Masken, Fassaden und Rollen werden zur Körperstruktur, weil das Kind glaubt, diese Pose werden ihm Anerkennung und Liebe von Vater oder Mutter einbringen. Unsere Körper werden durch die sozialen Kräfte in der Familie geformt, die unseren Charakter bilden und unser Schicksal bestimmen ... das darin besteht, daß wir, um Anerkennung und Liebe zu gewinnen, versuchen müssen, zu gefallen.
Es hat damals nicht funktioniert, und es funktioniert heute auch nicht. Liebe kann man nicht gewinnen oder verdienen, denn sie ist ein spontaner Ausdruck von Zuneigung und Wärme in Reaktion auf das Sein eines anderen Menschen. Es ist »Ich liebe dich«, und nicht »Ich liebe das, was du tust«. Liebe bedeutet ein Annehmen, das schon dem Kind versagt wurde. Sobald wir unser wahres Selbst aufgeben, um eine Rolle zu spielen, ist es uns bestimmt, abgelehnt zu werden, weil wir uns selber schon abgelehnt haben. Und doch werden wir uns

bemühen, die Rolle erfolgreicher zu machen, in der Hoffnung, unser Schicksal zu überwinden, stellen aber fest, daß wir uns immer noch mehr in es verstricken. Wir sind in einem Teufelskreis gefangen, der sich immer enger um uns zieht und unser Leben und Sein einschränkt.

Warum geben wir die Rolle nicht auf, hören wir nicht auf mit dem Spiel, lassen wir nicht die Fassade fallen oder warum nehmen wir die Maske nicht ab? Die Antwort lautet, wir wissen gar nicht, daß unsere Erscheinung und unser Verhalten nicht ganz echt sind. Die Maske oder Fassade ist zum Bestandteil unseres Wesens geworden. Die Rolle ist uns zur zweiten Natur geworden, und wir haben vergessen, was unsere ursprüngliche Natur war. Wir haben uns so sehr mit der Rolle und dem Spiel identifiziert, daß wir uns die Möglichkeit, anders zu sein, gar nicht vorstellen können.

Der Durchschnittsmensch kommt wegen irgendwelcher Störungen seiner Persönlichkeit oder seines Verhaltens, wie Depression, Angst oder Frustration, in die Therapie. Er hat den Wunsch, diese störenden Symptome loszuwerden. Er will sich nicht radikal ändern, d. h. nicht seinen Charakter verändern. Wahrscheinlich erkennt er die Notwendigkeit für eine solche Veränderung nicht. Er spürt, daß er nicht erfolgreich ist, daß sein Charakter nicht funktioniert, und er möchte lernen, wie er ihn dazu bringen kann. Die große Vielfalt der auf dem Markt befindlichen Psychologiebücher, die den Menschen sagen oder beibringen »Wie werde ich ...«, sind Antworten auf diesen Wunsch. Man bekommt Ratschläge darüber, wie man Freunde gewinnt, Menschen beeinflußt, wie man selbstsicher wird oder sexuell reaktionsfähiger usw. Oberflächlich mögen diese Bücher den Menschen ein wenig helfen. Aber sie kommen nicht an das wahre Problem heran, das dem Menschen ein Gefühl der Erfüllung und ein Gefühl von Frieden und Freude versagt. Dieses Problem ist die Angst, er selbst zu sein, die Furcht, das wahre Selbst sei befleckt, unzulänglich und unannehmbar. Diese Furcht zwingt ihn, seine wahren Gefühle zu verbergen, seinen Ausdruck zu verdecken und die Rolle zu übernehmen, die man von ihm gefordert hat. Die meisten Menschen fügen sich der Vorstellung, das Leben sei ein Spiel, und um erfolgreich zu sein, müsse man lernen, wie das Spiel gespielt wird. Mit dieser Einstellung ist man bereit, die Rolle, die man spielt, abzuwandeln. Man ist nicht bereit, das Rollenspiel aufzugeben und ganz man selbst zu sein. Das erscheint zu beängstigend, aus Gründen, die wir im nächsten Kapitel untersuchen wollen. Wenn der Mensch sich jedoch seinem Charakter nicht stellt, ist das Schicksal, das dieser bestimmt, nicht zu vermeiden.

Der erste Schritt in der Therapie besteht deshalb darin, die Rolle aufzudecken, die ein Mensch im Leben spielt. Wir können auch sagen, die Therapie beginnt mit einer Analyse des Charakters. Solange diese nicht stattgefunden hat, können wir nicht hinter die Fassade und an die wirkliche Person herankommen. Aber dies ist nur der erste Schritt. Man muß verstehen, warum die Rolle früher einmal übernommen worden ist, und welchen Zweck sie heute erfüllt. Auch die Beziehung der Rolle zur Sexualität und zum ödipalen Problem sollte geklärt werden.

Eine Funktion der Rolle oder Maske liegt darin, dem Betreffenden selbst jene Aspekte seiner Persönlichkeit zu verbergen, die zu schmerzlich oder zu erschreckend sind, als daß er sie sehen und sich ihnen stellen könnte. Der Mensch mit der Maske des Lächelns will die Traurigkeit nicht fühlen, die den Blicken entzogen ist. Der Männliche will seine Angst nicht fühlen. Natürlich verschwinden diese Persönlichkeitsaspekte nicht einfach, weil sie vor dem eigenen Bewußtsein verborgen sind. Sie sind in den Tiefen der Persönlichkeit begraben, beeinflussen unser Verhalten und bestimmen unser Schicksal.

Ein weiterer Aspekt dieses Problems liegt darin, wieviel Energie es kostet, eine Rolle zu spielen oder ein Image aufrechtzuerhalten. Dazu ist so viel Energie erforderlich, daß für Lust oder Kreativität nur wenig übrigbleibt. Man stelle sich einen Schauspieler vor, der sowohl auf der Bühne als auch im Alltag ständig eine Rolle spielt, und man wird eine Vorstellung davon bekommen, wieviel Energie erforderlich ist, um das zu tun. Sein ist mühelos, weil es spontan und natürlich ist. Darum können Kinder so kreativ sein. Die meisten Menschen spüren jedoch die Anstrengung oder den Energieschwund nicht, die die von ihnen gespielte Rolle bedeutet. Was sie fühlen, ist chronische Erschöpfung, Reizbarkeit und Frustration. Wenn man eine Rolle spielt, ist das Endergebnis immer Depression. Da die Rolle als Struktur dem Körper einverleibt ist, kann man aufgrund des Körperausdrucks sagen, welche Rolle ein Mensch spielt oder welche Vorstellung von sich er verbreiten möchte. Bei einem bioenergetischen Workshop stand in jüngster Zeit einmal ein junger Mann so starr und unbeweglich vor der Gruppe, daß er aussah wie ein Zinnsoldat. Diesen Eindruck hatte ich unmittelbar. Auch sein Gesicht war unbeweglich, wie es einem Soldaten bei der Parade geziemt. Aber dieser junge Mann war sich des Eindrucks, den er erweckte, nicht bewußt. Es war seine normale Haltung.

Die Gruppenmitglieder machten eine Fallübung, die eine Maßnahme ist, um die Abwehr des Individuums zu durchbrechen. Bei der Übung verlegt man alles Gewicht auf ein Bein, während man das andere zur Seite streckt, um sich im Gleichgewicht zu halten. Das Knie des ersten Beins ist gebeugt, so daß die Beinmuskeln allein den Menschen aufrechthalten. Der Übende wird angewiesen, sich nicht fallenzulassen. Schließlich ermüden die Muskeln, und das Bein knickt weg. Dann fällt der Betreffende auf eine Matratze, aber das Hinfallen muß gegen seinen Willen erfolgen, so daß es spontan ist. Auf diese Weise ist das Erlebnis ein leichter Schock für den Menschen, der seinen Gefühlen Bahn bricht[1]. Bei diesem Patienten dauerte es ziemlich lange, bis er hinfiel, aber als er fiel, stieß er einen Schrei aus und sackte nach vorn, als hätte ein Schuß sein Herz getroffen. Die Art seines Hinfallens veranlaßte die Gruppe zu einem hörbaren Luftholen. Sie erkannte die Bedeutsamkeit dieses Ereignisses.

[1] Eine ausführlichere Besprechung dieser Übung mit Beispielen findet sich in meinem Buch *Bioenergetik*, Bern/München, 1976.

In der Besprechung, die nun folgte, offenbarte Frank, der diese Übung gemacht hatte, daß sein Vater ein ehemaliger Soldat war, der ihn als Jungen sehr streng behandelt hatte, und vor dem er Angst gehabt hatte. Frank selber war Ingenieur bei einer großen Firma, aber er benahm sich wie ein Soldat. Er tat, was man ihm sagte, und empfand nichts und äußerte kein Gefühl. Das war sein Problem. Man konnte erraten, daß unterhalb der Soldatenfassade eine Rebellion kochte, die starr und streng beherrscht wurde. Ungehorsam barg die Gefahr, vors Kriegsgericht gestellt zu werden. Selbst das Aufgeben der Pose (des Zinnsoldaten) bedeutete das Erschießungskommando. Für Frank war das Wagnis, er selber zu sein, dasselbe wie Sterben – oder Töten. Er unterdrückte streng jeden Impuls, die Autorität (den Vater), die ihm sein Schicksal vorgeschrieben hatte, anzugreifen und zu zerstören.
In einer Hinsicht war Franks Schicksal dem des Ödipus entgegengesetzt. Frank tötete nicht den Vater und heiratete die Mutter. Statt dessen wurde er, psychologisch ausgedrückt, vom Vater getötet, wie Laïos versuchte, den Ödipus zu töten. Es gab keinen Hirten, der Frank gerettet hätte. Das Annehmen seines Todes war in Franks Charakter und Wesen als Struktur eingebaut. Ohne erhebliche Therapie (Therapeut = Hirte seiner Herde) konnte keine Rebellion stattfinden.
Eine Rolle, die viele Menschen übernehmen, ist die des Helfers. Diese Rolle habe ich schon auf der ersten Seite dieses Buches erwähnt. Der Helfer ist ein Mensch, der charakterlich dazu strukturiert ist, für andere »da zu sein«, d.h. selbst auf Kosten seiner eigenen Bedürfnisse auf die Bedürfnisse anderer einzugehen. Viele Therapeuten spielen diese Rolle, und sie haben wahrscheinlich diesen Beruf gewählt, weil er ihnen Gelegenheit gibt, ihr Schicksal auszuleben. Die Rolle betrifft mich, daher kenne ich sie gut. Die Körperstruktur des Helfers hat auch eine beträchtliche Rigidität. Er kann sich kein Zusammenbrechen leisten, weil andere von ihm abhängig sind. Die Schultern werden steif gehalten, um das Gewicht oder die Last der Probleme anderer Leute zu tragen. Ein charakteristi-

scher Aspekt dieses Persönlichkeitstypus ist seine Unfähigkeit, um Hilfe zu bitten, denn das zeugt von Schwäche und Bedürftigkeit. Der Helfer weint nicht leicht, weil sein Schmerz dem der Menschen untergeordnet ist, denen er zu helfen versucht.

Meine Mutter stimmte mich auf diese Rolle ein, indem sie mir ihr Leiden bewußt machte. Sie wandte sich nicht an meinen Vater, sondern an mich als an denjenigen, der sie retten könnte. Er war nicht besonders daran interessiert, sie zu retten, sondern er wollte Sex mit ihr haben, was sie nicht akzeptieren konnte. So verlockte sie mich zu einer engen Beziehung zu ihr, während sie zugleich meine Sexualität ablehnte. Nachdem sie mir Scham- und Schuldgefühle wegen meiner sexuellen Empfindungen für sie eingeflößt hatte, benützte sie meine Schuldgefühle, um mich für die Rolle ihres Retters einzuspannen. Es war eine perfekte ödipale Situation, und sie hätte mich vernichtet, wenn mein Vater übermäßig reagiert hätte. Er war nicht eifersüchtig auf mich und nicht feindselig. Ich bin ihm für seine Unterstützung sehr zu Dank verpflichtet.

In bezug auf Frauen jedoch steckte ich in der Falle. Ich konnte meine Sexualität nicht von dem Schuldgefühl oder von dem Gefühl, Frauen verpflichtet zu sein, trennen. Ich wollte frei sein, und ich wußte, daß ich mich durch meinen Körper befreien mußte. Diese Erkenntnis verdanke ich meinem Vater, der sexualitäts- und körperorientiert war. Aber auch er litt an sexuellen Schuldgefühlen, die mit seiner eigenen ödipalen Situation zusammenhingen. Trotzdem führte mich meine Identifikation mit ihm in diesen Bereichen schließlich zu Wilhelm Reich. Ich habe an anderer Stelle über meine Therapie bei Reich geschrieben[2]. Sie hatte zur Folge, daß ich Medizin studierte und Psychiater wurde. Hier bin ich nun und rette Menschen als Rechtfertigung für meine Sexualität. Schicksal!

Wenn ich Frauen retten würde, könnte ich sexuell sein. Aber

[2] Ebd. S. 10ff.

was für eine Sexualität ist das! Solange ich versuchte, Frauen zu retten, hatte ich keine echte Sexualität. Ich mußte aufhören, ein Helfer zu sein, d. h. einer, der hilft, um das Gefühl zu haben, er hätte ein Recht auf Lust und Sexualität. Um aufhören zu können, mußte ich erkennen, daß ich bei meinem Helferdasein meine eigenen Bedürfnisse verleugnete.

Was brauchte ich? Ich brauchte meine Beine, damit ich von meiner Mutter und den Schuldgefühlen, die sie mir auferlegte, weggehen konnte. Aber um meine Beine zu bekommen, mußte ich erst einmal fühlen, daß ich sie gar nicht hatte. Solange meine Beine mich aufrechthielten, konnte ich den starken Mann spielen. Ich mußte erst fallen und scheitern. Ich mußte an den Punkt kommen, wo ich fühlen und sagen konnte »Ich kann nicht«. Solange ich glaubte, ich könnte Erfolg haben, hatte ich kein Recht, um Hilfe zu bitten. Was für eine Anmaßung, zu glauben, »Ich kann«, wenn ich überall um mich her sehe, daß niemand von uns kann.

Wenn ich den vollen Gebrauch meiner Beine wiedergewinne, gewinne ich auch meine volle Sexualität zurück. Zugleich kann ich es aufgeben, ein Helfer zu sein. Das beeinflußt nicht meine Fähigkeit, als Therapeut zu arbeiten. Aber vielleicht beeinflußt es sie doch. Es macht mich zu einem besseren Therapeuten, da ich meinen Glauben an meinen Körper und seine Sexualität gefunden habe. Ich kann anderen helfen, ihren Glauben zu finden.

Die Menschen spielen viele Rollen und verbreiten viele Vorstellungen. Da ist z. B. der »nette« Mann, der immer lächelt und liebenswürdig ist. »So ein netter Mann«, sagen die Leute. »Nie wird er wütend.« Die Fassade verbirgt immer das Gegenteil dessen, was sie ausdrückt. Im Inneren ist ein solcher Mensch voll Wut, die er nicht zuzugeben oder zu zeigen wagt. Manche Männer bauen sich ein rauhes Äußeres auf, um eine sehr empfindliche Kindlichkeit zu verbergen. Selbst das Versagen kann eine Rolle sein. Viele Menschen mit masochistischem Charakter lassen sich auf das Mißerfolgsspiel ein, um ein inneres Gefühl der Überlegenheit zu verdecken. Ein äußerer

Anschein der Überlegenheit könnte den eifersüchtigen Zorn des Vaters und die Drohung der Kastration auf sie herabbeschwören. Solange sie sich wie Versager benehmen, können sie ein wenig Sexualität behalten, da sie für den Vater keine Gefahr sind.

Auch Frauen legen Masken an und spielen Spiele. Da ist das Mädchen, das auf der Party alle begeistert, aber allein zu Hause der traurigste Mensch ist. In Gesellschaft leuchtet sie auf wie eine elektrische Lampe. Als Kind hat sie ein fröhliches Gesicht gemacht, um die Liebe und Anerkennung ihres Vaters zu erringen, vielleicht auch, um ihn aufzuheitern. Als reife Frau spielt sie diese Rolle weiter, weil sie meint, es sei die einzige Möglichkeit, wie ein Mann ihre Weiblichkeit und ihre Sexualität akzeptieren würde. Dann ist da die Frau, die sich sexuell furchtbar »aufgeklärt« gibt, sich im Innersten aber vor sexuellen Gefühlen fürchtet. Ihre »Aufgeklärtheit« ist ein Mittel der Beherrschung. Durch sie kann sie so tun, als sei sie sexuell, ohne es wirklich sein zu müssen.

Die Menschen haben schon immer soziale Rollen übernommen. In jeder Gesellschaft mit Arbeitsteilung haben die Menschen Verhaltensmuster befolgt, die ihrer sozialen Stellung oder Tätigkeit angemessen waren. Ein Herrscher betrug sich so, daß seine Überlegenheit und Bedeutung klar wurde. In Kleidung und Haltung zeigte er ein königliches Bild. Einen Soldaten konnte man an anderer Kleidung und einem anderen Betragen erkennen, einen Priester an wieder anderen Gewändern und einem anderen Gebaren.

Was ist der Unterschied zwischen diesen sozialen Rollen und den neurotischen, die ich oben beschrieben habe? Früher stand ein Mensch hinter der Rolle. Die Rolle und die Person waren nicht dasselbe. Die Rolle sollte nicht an die Stelle der Person treten oder sie verbergen. Sie wurde nicht als Abwehr gegen das Sein oder das Fühlen übernommen. Soziale Rollen dienten dazu, die hierarchische Struktur der Gesellschaft aufrechtzuerhalten. Sie zeigten die Unterschiede zwischen Individuen und Generationen. Die Unterschiede wurden respektiert. Diese

Situation hat sich im 20. Jahrhundert verändert. Schranken sind gefallen, der persönliche Freiraum ist enger geworden, der Abstand zwischen den Generationen hat abgenommen. Viele Mütter übernehmen die Rolle von Freundinnen ihrer Töchter, während Väter oft ihren Söhnen gegenüber wie »Kumpels« handeln. Diese Situation hat die Tendenz, die Konkurrenz zwischen Eltern und gleichgeschlechtlichen Kindern und daher auch die Eifersucht zu steigern. Die Folge ist eine stärker geladene ödipale Situation und auf seiten des Kindes eine stärkere Kastrationsangst. Wie wir schon gesehen haben, zwingt die angedeutete Kastrationsdrohung das Kind, sich den Forderungen der Eltern zu unterwerfen, was immer die Übernahme einer neurotischen Rolle und das Aufgeben der Authentizität bedeutet.

Der Verlust der Authentizität tritt auch auf der sozialen Ebene ein. Persönliche Wertvorstellungen werden für Geld und Macht geopfert. Die Massenproduktion beraubt die Erzeugnisse der Arbeitskraft ihrer Authentizität, während die Werbung die Tugend zum Spott macht. In einer technologischen Kultur sind Geld, Macht und Erfolg die einzigen anerkannten Werte. Authentizität gehört der Vergangenheit an; heute wird sie durch echte Antiquitäten vertreten. Daher deren Wert. Mit der Authentizität verlieren wir zugleich das Gefühl des Seins. An seine Stelle tritt das Image, das eine unglaubliche Bedeutung bekommen hat. Jeder, der es zuwege bringt, sich in der Öffentlichkeit ein Image zu schaffen, gleichgültig welcher Art, wird als erfolgreich angesehen, denn er ist aus der Masse herausgehoben. Ebenso ist Erfolg ein wichtiges Merkmal. Das Image des Erfolgs steckt hinter dem Erfolg des Images. Die Menschen streben danach, der erste oder »was Besonderes« zu sein. Aber wie sieht die Realität des Lebens eines solchen Menschen hinter seinem Erfolgs-Image aus? Hier sind einige Aufzeichnungen aus dem Tagebuch einer bekannten und erfolgreichen Schauspielerin.

... Ich habe geliebt. Wer hat mich jemals geliebt? Zuviel Schmerz, zuviel, nichts von mir übrig, nur Schmerz, Angst, Haß und Verzweiflung. Hab' so sehr versucht, so sehr versucht. Müde. Alles gleich. Laßt mich in Ruhe. Ich will frei sein zu sterben.
Müde, mitgenommen, müde, mitgenommen, müde, mühsames Hinschleppen, zertrampelt.
Ich schleppe mich mühsam durchs Leben. Wofür muß ich bezahlen? Wann ist die Schuld endlich abgetragen?
Ich fühle mich krank, bis in die Seele. Schmerz und Verzweiflung sind meine einzige Realität – keine Hoffnung, keine Stärke, kein Wille. Ich erwache mit zugeschnürter Kehle, von Verzweiflung, Furcht und Selbsthaß erfüllt. Was hasse ich? Mich gibt es nicht. Ich bin in meiner eigenen Gemütshölle gefangen. Nichts ist wirklich. Ich treibe ziellos durch die Dunkelheit und berühre nichts als Schmerz. Unerträgliche Traurigkeit, Verlorenheit, Einsamkeit. Ich fühle mich wie ein Leichnam, außen noch heil, innen zerfallend und verrottend.
Liebt mich irgend jemand? Wenn ja, warum kann ich es nicht fühlen? Warum nährt es mich nicht?
Ich schlage mir ständig den Kopf an, um mich zu betäuben oder um den Kopf von den Schultern abzuhauen. Muß ich die Qual annehmen? Ja, das ist es, was da ist.
Ich bin so voller Schmerz, daß ich keine Angst haben kann. Es ist wie das endgültige Sterben, wie eine Krankheit, die zum Tode führt – die Qual, nicht die Angst vor dem Tod. Der Tod bringt Erlösung, die Qual ist das Leben.
Wenn es mir wieder besser geht, mache ich mir zu schaffen, als müßte ich die Welt retten. Wenn die Kraft wiederkehrt, kommt Verkrampftheit mit ihr. Vielleicht ist die Verzweiflung freundlicher zu mir. Wenigstens kann ich schlafen.

Das Gesicht, das diese Person der Welt zeigt, würde man niemals mit den oben ausgedrückten Gefühlen in Verbindung bringen. Sie kommt lächelnd, ausgewogen, raffiniert auf die Bühne, eine Dame von Welt, aber der Eindruck ist unwirklich. Ihr inneres Sein ist voller Schmerz und Verzweiflung. Sie wird gequält von dem Widerspruch zwischen der inneren Wirklichkeit und der äußeren Fassade.

Aber es ist nicht alles »So-tun-als-ob«. Die Tatsache, daß meine Patientin sehr erfolgreich ist, mag ihr Problem sein. Sie hat große Anstrengungen auf sich genommen, um diesen Erfolg zu erringen, und eine ebenso große Anstrengung ist erforderlich, um ihn aufrechtzuerhalten. Sie ist, wie sie sagt, müde – müde vom Versuchen, aber sie muß sich weiterschleppen. Der Preis für den Erfolg ist niemals ganz bezahlt. In dem Augenblick, in dem man den Versuch aufgibt, fällt man und versagt.

Warum ist der Erfolg so wichtig für meine Patientin, daß sie all ihre Kräfte einsetzen muß, um ihn zu erringen? Warum kann sie nicht einfach nur *sein?* Sie sagt uns, die Welt (ihre Welt) hänge von ihrer Leistung ab. Sie ist getrieben von ihrem Bedürfnis nach Liebe, die sie durch ihre Leistung zu erringen hofft. Aber sie ist sich nicht sicher, daß sie geliebt wird, denn Liebe kann man nicht verdienen. Wenn sie doch geliebt wird, kann sie es nicht fühlen, denn sie ist von ihren Mühen, Erfolg zu erringen, so erschöpft, daß sie nur Schmerz und Müdigkeit fühlen kann. Sie braucht das Ausruhen mehr als die Nahrung der Liebe, aber ausruhen kann sie nur, wenn sie den Mißerfolg, das Versagen zugibt und die Verzweiflung akzeptiert. Nur indem sie mit dem Tun aufhört, kann sie ihr Sein erreichen.

Als diese Frau mit ihre Geschichte erzählte, konnte ich nur einen Ausweg für sie sehen: ihre Verzweiflung anzunehmen, das zu akzeptieren, was sie für ihr Schicksal hielt – daß sie nie geliebt werden würde. Ich schlug ihr vor, den Kampf gegen das Schicksal aufzugeben, da sie es nicht überwinden konnte, und da das einzige Ergebnis ihres Kampfes eine Müdigkeit zum Tode war. Eines war sicher: Je mehr sie kämpfte, je mehr sie nach Erfolg strebte, desto näher kam sie dem gefürchteten Schicksal. Sie hatte durch das Aufgeben nichts zu verlieren, außer ihren Vorstellungsbildern, ihren Fassaden und ihren Illusionen.

Die Logik dieser Beweisführung beeindruckte meine Patientin. Sie ließ locker und begann leise und tief zu weinen. Seltsamerweise war es kein Weinen der Frustration oder Verzweiflung. Da sie zeitweilig den Kampf aufgegeben hatte, ihre Illusionen zu verwirklichen, empfand sie weder Frustration noch Verzweiflung. Sie weinte aus einem Gefühl tiefer Verletztheit, aus einer tiefen Quelle der Traurigkeit. Der Schmerz in ihrem

Inneren war real, aber als sie ihm nachgab und weinte, nahm er ab. Das Weinen ist der primitivste Mechanismus, den der Körper besitzt, um Spannung und Schmerz zu lindern.

Für diese Frau bedeutete Sein, das ungeliebte Kind zu sein. Das war die Erfahrung ihrer Kindheit, und es ist ihre innere Realität geblieben. Es ist bis in die Gegenwart erhalten geblieben, mehr als vierzig Jahre später, weil es verleugnet und unterdrückt worden ist. Ihre Eltern haben es geleugnet – sie behaupteten, sie zu lieben – d.h. wenn sie brav war, also produktiv, hervorragend, erfolgreich. Und obwohl sie in der Schule erfolgreich war, forderten sie immer noch mehr. »Du kannst dir noch mehr Mühe geben und noch Besseres leisten!« Ihre Eltern gaben dem Kind die Schuld für ihren eigenen Mangel an Liebe und forderten, sie müsse sich ihre Liebe verdienen. Aber trotz ihrer guten Leistungen bekam sie nie die Liebe als Belohnung, die sie ihr versprachen, weil sie keine Liebe zu geben hatten. Wenn sie Liebe hätten geben können, hätten sie es bedingungslos getan, denn das ist das Wesen der Liebe. Das Kind mußte aber an die Möglichkeit glauben, sich Liebe zu verdienen, denn ohne diese Hoffnung wäre das Leben unerträglich gewesen. Sie hatte keine andere Wahl, als die Realität des Mangels an Liebe zu verleugnen und die Erfahrung in ihrem Unbewußten zu vergraben, wo sie zu einem seelischen Geschwür wurde, das Schmerz absonderte. Das ist es, was sie als die Krankheit in ihrem Inneren bezeichnet. Indem sie versuchte, ihre Verzweiflung durch Leistung und Erfolg zu überwinden, wurde sie unfähig, die schmerzliche Traurigkeit ihres Wesens auszudrücken oder zu entladen. Der Schmerz blieb daher in ihrem Körper, was nur ihre Bemühungen verstärkte, ihren Zustand zu überwinden. Die Folge war, daß sie sich nicht »sein« lassen konnte, und da es ihr am wahren Sein, an Authentizität, fehlte, fühlte sie sich weiterhin ungeliebt.

Die eigene Verzweiflung oder das eigene Schicksal zu akzeptieren, ist nicht Resignation. Man anerkennt damit, daß man das, was im Selbst steckt, nicht überwinden kann, aber das schließt den Protest nicht aus. Meine Patientin hatte bemerkt, sie wache oft mit dem Gefühl auf, zu ersticken. Ich dachte mir, sie ersticke vielleicht ihren Protest. Sie hatte als kleines Mädchen nicht gegen die Haltung ihrer Eltern protestieren können. Sie hatte es nicht gewagt, sie anzuschreien: »Warum liebt Ihr mich nicht? Ihr habt mich in die Welt gesetzt.« Ein solches Verhalten wäre als »böse« angesehen worden, und es hätte ihr die gefürchtete Ablehnung eingetragen. Sie erstickte den Schrei, aber dabei drückte sie ihre Kehle zusammen, so daß es ihr unmöglich wurde, die Liebe, die ihr später zuteil wurde, aufzunehmen und sich von ihr zu nähren.

Eine andere Beschreibung des Problems dieser Patientin würde lauten, der Schrei sei ihr in der Kehle steckengeblieben. Aber sie konnte ihn nicht herauslassen; sie konnte nicht schreien. Die Verspannung in ihrer Kehle war so schlimm, daß es ihr fast unmöglich war, zu schreien. In dieser Lage muß der Therapeut direkt an dem körperlichen Problem arbeiten. Ich tue dies, indem ich mit den Fingern auf die hinteren Scalenusmuskeln an der Seite des Halses Druck ausübe. Sie sind bei den meisten Menschen äußerst verspannt, und es kann sehr weh tun, wenn man auch nur mit den Fingerspitzen Druck auf sie ausübt. Die Muskeln müsssen sich wegen des Schmerzes entspannen. Häufig schreit der Patient spontan, wenn man auf diese Muskeln drückt. In anderen Fällen stößt er freiwillig einen kräftigen Laut aus, der sich dann zum Schrei steigert, wenn man weiterhin drückt. Es ist interessant, daß der Schmerz verschwindet, sobald der Patient zu schreien beginnt, obwohl der Druck beibehalten wird. Das liegt daran, daß die Muskeln sich entspannt haben. Oft setzt sich das Schreien fort, nachdem man die Hände weggenommen hat.

Mit Hilfe dieses Verfahrens half ich der Patientin, zum ersten Mal in ihrem Leben zu schreien – zumindest, soweit sie sich zurückerinnern konnte. Es öffnete ihre Kehle, vertiefte ihre Atmung und klärte ihren Kopf. Nach dem Schreien verfiel sie mit einem Gefühl der Befreiung in tiefes Schluchzen. Als das Weinen nachließ, forderte ich die Patientin auf, mit ausgestreckten Beinen auf das Bett zu schlagen und zu schreien: »Warum?« Das Schlagen und Strampeln mit den Beinen ist eine weitere Form des Protestes, die den Körper mobilisiert und zur Abfuhr einiger seiner Spannungen dient. Bei dieser Übung wird der Klang des »warum« so lange hingezogen, bis er in einem Schrei endet. Nun strampelte und schrie sich diese Patientin ihren Protest wegen des Mangels an Liebe von der Seele. Durch diesen Protest akzeptiert ein Mensch die *Tatsache,* daß die Ablehnung stattgefunden hat, und erkennt, daß alle Bemühungen, sie zu vergessen, eine Energievergeudung sind. Man ist nur dann an die Vergangenheit gefesselt, wenn die mit ihr verbundenen Erinnerungen und Gefühle verdrängt werden.

Authentizität hängt eng mit der Stimme zusammen. Das Wort Persönlichkeit hat zwei verschiedene Bedeutungen. Es ist abgeleitet von »persona«, der Maske griechischer Schauspieler, die sie in der Antike trugen, um die Rolle, die sie spielten, deutlicher hervorzuheben. Andererseits bedeutet »per sona« »durch den Laut«. Den authentischen Menschen kann man am Klang seiner Stimme hinter der Maske erkennen. Die Stimme ist ein Hauptmittel des Selbstausdrucks, und ihre Qualität spiegelt den Reichtum und die Resonanz des inneren Seins wider. Wenn die Stimme durch Verspannungen in Hals und Kehle beengt ist, ist der Selbstausdruck eingeschränkt und das Sein ist herabgesetzt. Die Stimme hat auch mit der Sexualität zu tun, zumindest beim Mann. Es ist wohlbekannt, was für eine dünne, feminine Stimme ein kastrierter Mann hat. Energetisch ähnelt der Schrei einem Orgasmus insofern, als er eine intensive Entladung ist. Im Schrei »macht man sich Luft«, und beim Orgasmus geschieht dasselbe am unteren Körperende. Beide sollten dem Menschen voll zur Verfügung stehen. Jede Einschränkung einer der beiden Fähigkeiten ist ein Seinsverlust.

Wie entwickelt sich die Selbstwahrnehmung eines Organismus? Dr. Frank Hladky, einer meiner Mitarbeiter, brachte bei einer Konferenz über Bioenergetik vor kurzem einige Beobachtungen über diese Entwicklung zur Kenntnis. Er sagte, der erste sprachliche Ausdruck des Gefühls vom eigenen Selbst sei der Gebrauch des Wortes »me«*. Es ist das erste Wort, das ein Kind verwendet, wenn es vom Selbst spricht, und dieser Gebrauch beginnt im Alter von etwa eineinhalb bis zwei Jahren. Wenn das Kind dieses Wort sagt, deutet es gewöhnlich mit dem Finger auf seine Brust. Erwachsene benützen oft dieselbe Geste, wenn sie das Wort »me« gebrauchen. Er folgerte, das Gefühl des »me« sei auf die Brust bezogen. Etwa im Alter von vier oder fünf Jahren beginnt das Kind, das persönliche Fürwort »ich« zu verwenden. Dabei zeigt es häufig mit dem Finger auf die Schläfe oder den Kopf. Hladky glaubt, der Ort des Ich-Gefühls sei der Kopf.
Unsere Sprache stellt einen dritten Ausdruck der Bezugnahme auf unser Sein zur Verfügung, das Wort »Selbst«. Dr. Hladky meinte, der Bezugspunkt für das Selbst sei im Bauch, etwa drei Finger breit unter dem Nabel. Seine Annahme ist beeinflußt von dem Umstand, daß die mit östlichen Religionen verknüpften Körperdisziplinen das Zentrum des Selbst in diese Gegend legen. Nach dem japanischen System des Zen sagt man von einem Menschen, der an dieser Stelle zentriert ist, er habe *Hara.* Dies bedeutet, daß er sowohl mit der inneren als auch der äußeren Welt in Einklang ist. Im T'ai Chi wird derselbe Punkt als T'an Tien bezeichnet. Durch dieses Zentrum stellt der Mensch den Kontakt zum Boden unter sich und dem Himmel über sich her. Das Individuum ist dann Teil des Ganzen, und alle seine Beziehungen sind harmonisch.
Die drei Wörter *me, selbst* und *ich* bezeichnen drei verschiedene Aspekte des Seins eines Menschen. Das »me« drückt das

* Im Deutschen wird oft der eigene Name gebraucht! (Anm. d. Übers.)

Passivsein aus. Es wird im Englischen häufig als Objekt eines Verhältnisworts gebraucht: »to me«, »from me«, »of me« usw. (zu mir, von mir aus, von mir). Das »ich« andererseits bezeichnet ein Aktivsein. Es ist ein persönliches Fürwort, und wir benützen es gewöhnlich, wenn wir eine absichtliche Handlung beschreiben wollen. »Ich ging«, »ich tat« usw. Das Wort *selbst* bezeichnet einen Seinsaspekt, der weder Objekt noch Subjekt, weder passiv noch aktiv ist. Nach dem Wörterbuch hat das Wort »selbst« eine Reihe von Bedeutungen. Es wird gebraucht, um die vollständige eigene Individualität zu bezeichnen, wie in »mein Selbst«. In *Webster's New International Dictionary* fand ich das Selbst definiert als: »das Individuum als Objekt seines eigenen reflektierenden Bewußtseins«. In Wirklichkeit erleben wir das Selbst am lebhaftesten in emotionalen Zuständen. Wenn wir wütend sind, erleben wir das Selbst im Zustand der Wut. Es ist nicht etwas, das mir angetan wird. Es ist nicht etwas, das das Ich tut. Wut oder Angst oder Liebe oder Haß sind ein Seinszustand. Das Selbst kommt also dem Sein gleich. Es ist die Wahrnehmung des Seins.
Selbstwahrnehmung oder Selbstgewahrsein ist das Bewußtsein des Körpers in seinem lebendigen oder spontan reaktionsbereiten Zustand. Das Selbst ist der Körper einschließlich des Gehirns. Es ist der Körper, der unabhängig vom Ich reagiert. Ich bin also meiner selbst am meisten gewahr, wenn ich hungrig, müde, schläfrig oder erregt bin, oder wenn ich Schmerz oder Lust empfinde. Ich bin am wenigsten meiner selbst gewahr, wenn mein Körper unlebendig und nicht reaktionsbereit ist. Der Begriff vom Selbst ist anspruchsvoll. Er entwickelt sich, sobald das Ich das Stadium erreicht hat, in dem es beobachten kann, was im Körper geschieht, und darüber nachdenken kann. Das Ich beobachtet sein Selbst. Das Ich beobachtet das »Es«[3].
Wir möchten gern wissen, warum das Selbst seine Mitte im Bauch haben soll. Als erstes kommt einem der Gedanke, daß

[3] Georg Groddeck: *Das Buch vom Es,* Leipzig, 1926. Kindler TB 2040/41, 1968.

der Bauch der Ort bestimmter Gefühle ist. Weinen und Lachen haben ihren Ursprung im Bauch. Wenn wir aus dem Bauch heraus lachen oder weinen, ist es ein tiefgreifendes Erlebnis. Wir bezeichnen solche intensiven Erlebnisse als etwas, das man im tiefsten Inneren fühlt. Das wichtigste dieser Gefühle ist die sexuelle Empfindung, die im Bauch als Schmelzen, Hitze, Glühen erlebt wird. Vom Bauch aus fließt die Erregung in die Genitalien, die Entladungsorgane. Die sexuelle Empfindung hängt mit dem Einströmen von Blut in den Beckenbereich und in den Genitalapparat zusammen.

Auf der oben erwähnten Konferenz fragte ich die bei Dr. Hladkys Vortrag Anwesenden, wieviele von ihnen das Selbst als sexuelle Erregung erlebt hätten. Ziemlich viele hoben die Hand. Nun hat zwar jeder Erwachsene genitale Empfindungen und genitale Erregung erlebt, aber das ist nicht dasselbe wie die oben beschriebene sexuelle Erregung. Das Erlebnis genitaler Erregung ist insofern eine Parallele zum Ich-Erleben, als es etwas distanziert ist. Das Ich als Befehlshaber der Persönlichkeit ist wie der General einer Armee. Das Selbst gleicht der Armee. Um zu beobachten und zu befehlen, muß man eine gewisse Distanz haben. Bei Männern wird dem Penis oft ein Name gegeben, um anzudeuten, daß er einen gewissen Grad der Unabhängigkeit vom Selbst hat. Er wird etwa »John« oder *le petit homme* oder »Peter« genannt, um diese Unabhängigkeit vom Selbst zu verdeutlichen. Andererseits, wenn das Ich die Herrschaft aufgibt und im Augenblick des Orgasmus der Körper die Steuerung übernimmt, ist weder ein beobachtendes Ich noch eine gesonderte Genitalfunktion vorhanden. Das Selbst wird in seiner Einheit und Totalität als vollständiges Sein erlebt. Menschen, die die Genitalität als Funktion der Körpersexualität erleben, identifizieren das Selbst mit sexuellen Gefühlen.

Diese Anschauung von der Sexualität beruht auf Reichs Vorstellungen von Natur und Funktion des Orgasmus. Er beschrieb den Orgasmus als eine totale Konvulsion des Körpers, die als extrem lustvoll und befriedigend empfunden wird. Ihre Funktion ist es, alle überschüssige Erregung im Orgasmus zu entladen. Eine solche Entladung läßt den Menschen in einem Zustand vollständiger Entspannung und vollständigen Friedens zurück. Reich nannte die Fähigkeit zu einem solchen Loslassen »orgastische Potenz« und setzte sie gleich mit emotionaler Gesundheit. Ich möchte noch einen weiteren Aspekt der Orgasmusreaktion beschreiben, die für ein Verständnis des Selbst relevant ist.

Wenn die Orgasmusreaktion total ist, d. h. wenn der ganze Körper an der orgastischen Befreiung völlig beteiligt ist, hat der Mensch das Gefühl, Teil eines kosmischen Prozesses zu sein. Diese Vollständigkeit der sexuellen Reaktion ist unter Angehörigen unserer Kultur selten; ihre Sexualität ist im allgemeinen auf das Genitalorgan beschränkt, aber einige Autoren haben sie beschrieben. Hemingway beschreibt in *Wem die Stunde schlägt* einen Orgasmus, bei dem die Beteiligten das Gefühl haben, die Erde bewege sich. In *Lady Chatterley's Lover* spricht D. H. Lawrence folgendermaßen vom Orgasmus: »... da erwachten in ihr neue, seltsame, sie durchrieselnde Schauer. Wie kleine Wellen, kleine Wellen rannen sie, wallten wie ein schwingendes, welliges, flügelschlagendes Übereinandergreifen weicher Flammen, weich wie Federn, in schimmernde Spitzen auslaufend, köstlich, köstlich und sie innen ganz zum Schmelzen bringend«[4]. Im Augenblick des Orgasmus verschattet sich das Ich, und die Ich-Grenzen gehen verloren. Man hat den Eindruck, das Selbst verschmelze mit dem Partner. In diesem Augenblick sind die beiden eins; die Grenze zwischen ihnen verschwindet. Man kann auch den Eindruck haben, das Selbst sei mit dem Kosmos verschmolzen, man sei Teil des ganzen pulsierenden Universums. Bei diesen Erlebnissen besteht kein Ich-Gefühl. Das Ich stirbt *(la petite mort)*, aber seltsamerweise hat man ein stark erhöhtes Selbstgefühl. Dieses Bewußtsein des Selbst kommt nicht von einem beobachtenden Ich her, sondern wohnt der Natur des Selbst-

[4] D. H. Lawrence: *Lady Chatterley und ihr Liebhaber,* Leipzig, Wien, 1930, S. 203.

Erlebens inne. So wird das Selbst in *Webster's New International Dictionary* auch als »das Subjekt des Bewußtseins« definiert.

Diese Erfahrung beleuchtet einen weiteren grundlegenden Widerspruch der menschlichen Natur. Die Entwicklung des Ichs als eines Auges, welches das Selbst als Objekt beobachtet, vermindert das Gefühl des Selbst als Sein. Aber diese Entwicklung ist nötig, um das Selbst ins Bewußtsein zu bringen. Nur dann wird es dem Selbst möglich, bei der grenzüberschreitenden Erfahrung des Seins als Sexualität das Ich zu verschlingen. Von der Geburt eines Kindes an bis zum Ende des ersten Lebensjahres sind Ich und »me« undifferenzierte Aspekte eines unfertigen Selbst. Das Sein ist eine einheitliche Erfahrung mit sehr wenig Bewußtsein des Selbst. Die Unterscheidung des Ichs vom unfertigen Selbst spaltet die Einheit der Seinserfahrung, die dann auf einer höheren Bewußtseinsebene gesucht werden muß. Wenn das Selbst als Sexualität erlebt wird, ist die Einheit des Seins wiederhergestellt. Wir haben hier ein weiteres Beispiel der Spaltung einer Einheit in gegensätzliche Aspekte, die sich in einer Synthese auf höherer Ebene wiedervereinigen. Hier wird der Sonnenzyklus von Geburt, Tod und Wiedergeburt rekapituliert, wobei die letztere eng mit der Sexualität zusammenhängt.

In den Lehren des Ostens hat man diesen Denk-Widerspruch schon lange erkannt. Sowohl beim T'ai Chi als auch beim Zen ist es das Ziel, das Selbst durch seine Identität mit universellen oder kosmischen Prozessen zu finden. Diese Identität wird erlangt, wenn das Individuum in seinem Bauch zentriert ist. Ein so zentrierter Mensch ist ein Meister, denn jede seiner Handlungen ist im Einklang mit dem Universum, und daher richtig und angemessen. Jede Bewegung ist mühelos, denn sie fließt in Harmonie mit dem Fließen des Universums. Dies ist keine geringe Errungenschaft, wie jeder weiß, der versucht hat, ein Meister dieser östlichen Disziplinen zu werden. Aber auf einer niedrigeren Ebene ist es der natürliche Zustand eines Tieres oder eines kleinen Kindes, dessen Ich sich noch nicht so

weit entwickelt hat, daß die Einheit des Seins gespalten oder der Einklang mit der Natur zerstört ist. Wenn man diese Einheit wiedergewinnt, wird man ein Meister, ein Weiser.
Es ist interessant, daß diese östlichen Disziplinen, die auf die volle Verwirklichung von Selbst und Sein abzielen, sich zur Erreichung ihres Ziels einer Körpermethode bedienen. T'ai Chi umfaßt eine Reihe von Übungen, die denen ähnlich sind, die wir in der Bioenergetik verwenden. Das Ziel dieser Übungen ist, aus dem Kopf-Geist heraus- und in den Körper hineinzukommen, d. h. das Ich loszulassen, um das Selbst zu finden. Dieses Konzept ist sowohl für die Bioenergetik als auch für die östlichen Disziplinen T'ai Chi und Zen grundlegend. Man könnte also fragen, was ist der Unterschied zwischen ihnen? Meine Antwort lautet: Die östlichen Disziplinen sind nicht dazu entworfen worden, die Probleme des heutigen Menschen in der westlichen Welt zu bewältigen, der in der Kindheit einer ödipalen Situation ausgesetzt ist, die ihn als Teilkastrierten zurückläßt. Nach meiner Ansicht kann dieses Problem nur durch eine analytische Therapie bearbeitet werden, die eine körperliche Disziplin in sich schließt.
Bis vor kurzem haben die meisten Völker des Orients in einer östlichen Welt gelebt, die mit westlichen Ideen von Macht und Fortschritt wenig gemeinsam hatte. Ihre Lebensphilosophie bestand darin, ein Gleichgewicht zwischen Natur und Kultur, Mann und Frau, Yin und Yang aufrechtzuerhalten. Sie suchten Harmonie, nicht Fortschritt. Leider rüstete diese Weltanschauung sie nicht dazu aus und bereitete sie nicht darauf vor, mit der westlichen Macht fertigzuwerden. Die große Bedrohung ihrer Lebensform und ihrer Freiheit kam vom japanischen Imperialismus, der sich mit der westlichen Technologie identifiziert hatte. Zu ihrer Selbstverteidigung waren diese Menschen gezwungen, sich auf die Macht und daher auch auf den Fortschritt einzulassen. Sie verwestlichen sich. Diese Auslieferung erfordert das Opfer von Gleichgewicht und Harmonie in ihrem Leben. Und es läßt sich vorhersehen, daß ödipale Probleme und die mit ihnen einhergehenden sexuellen Schwie-

rigkeiten häufiger werden. Sie werden das Schicksal des heutigen Menschen in der westlichen Welt teilen.
Ich bin fest davon überzeugt, daß die Sexualität der Schlüssel zum Sein ist. Das Becken ist der knöcherne Stützpfeiler des Körperbogens. Jede chronische Verspannung in den Muskeln des Beckens und seiner Umgebung beeinträchtigt die Motilität des Beckens und stört Gleichgewicht und Harmonie des ganzen Körpers. Solche Verspannungen sind das physische Gegenstück zur Kastrationsangst, die eine ebenso störende Wirkung auf die Persönlichkeit hat. Da die Sexualität der Schlüssel zum Sein ist, ist sie auch der Schlüssel zur Persönlichkeit. Um diese Aussage zu begreifen, muß man Sexualität von sexueller Betätigung unterscheiden. Erstere bezieht sich auf das Fühlen, letztere auf das Tun. Allzu oft gibt sich jemand sexueller Betätigung hin, um sexuelles Gefühl zu erlangen. Menschen, denen es am sexuellen Gefühl mangelt, sind oft vom Sex und der sexuellen Betätigung besessen. Auch hier ist es wichtig, den Unterschied zwischen sexuellem Gefühl und genitaler Erregung klar herauszustellen. Ersteres bezeichnet das Gefühl im ganzen Körper, nicht nur in den Geschlechtsorganen.
Nach meiner Ansicht kann man einen Menschen als sexuell bezeichnen, wenn er sich seiner Sexualität bewußt, aber deswegen nicht befangen ist. Ein solcher Mensch hat ein Selbstgefühl als Mann oder Frau, da Sexualität die Unterschiede zwischen Mann und Frau bezeichnet. Ein sexueller Mensch hat es nicht nötig, diese Unterschiede zu übertreiben oder sie zu leugnen. Einfach gesagt: Ein sexueller Mensch ist stolz, ein Mann oder eine Frau zu sein.
Sexualität ist auch mit Stolz auf den eigenen Körper und die eigene animalische Natur verbunden. Die natürlichen Körperfunktionen sind keine Ursache von Scham oder Verlegenheit. Der Betreffende hat in bezug auf seinen Körper ein gutes Gefühl und identifiziert sich mit ihm. Zum Beispiel wird ein sexueller Mensch seine Gefühle als natürlich und richtig akzeptieren. Wenn er müde ist, wird er es akzeptieren. Ein Mangel an Identifikation drückt sich in Bemerkungen aus wie:

»Ich weiß gar nicht, warum ich so müde bin« oder »Eigentlich dürfte ich gar nicht müde sein.« Dasselbe gilt für sexuelle Gefühle. Ein sexueller Mensch wird seine körperliche Reaktion als ein Zeichen für Gefühl oder kein Gefühl akzeptieren. Ein Neurotiker, der leistungsorientiert ist, sieht im Mangel an sexueller Erregung ein Zeichen des Versagens und kann nicht akzeptieren, daß der Körper immer das Selbst ausdrückt.

Eine Identifizierung mit dem Körper bedeutet, daß man mit Rücksicht auf den Körper lebt. Man mißhandelt ihn nicht mit Drogen, Alkohol, übermäßigem Essen, Mangel an Bewegung oder Ruhe usw. Und man kleidet sich so, daß der Körper noch anziehender wirkt. Ein Mensch kann sich als mehr als ein Körper, mehr als ein Tier, mehr als ein Sexualwesen ansehen, aber Körper, Tierhaftes und Sexualität sind das Fundament, auf dem Geist und Ich mit all ihrem Dünkel ruhen. Ohne diese Grundlage ist das Ich nur eine Wolke am Himmel oder ein Bild aus Rauch. In mancher Hinsicht entsteht die Kultur tatsächlich aus der Sublimierung von Sexualität, aber ohne Sexualität gäbe es überhaupt keine Kultur. Ohne das Gefühl der Sexualität im Körper gäbe es keinen Tanz, keine Musik, keine Dichtung. Eine Sexualität, die sich auf genitale Erregung beschränkt, kann nur Pornographie hervorbringen.

Nach diesen allgemeinen Bemerkungen möchte ich gern zeigen, wie bei den Patienten, mit denen ich arbeite, das Sein durch die Sexualität bedingt wird. Der erste Fall ist der eines Mannes von Mitte Vierzig, attraktiv und beruflich erfolgreich, den ich Jack nennen will. Jack war schon recht lange in Therapie gewesen, bevor er zu mir kam. Er hatte zwei Jahre Primärtherapie hinter sich, wobei er auf einen infantilen Zustand des Jammerns, Weinens oder Schreiens hatte regredieren müssen, um den Schmerz herauszulassen, der für ihn mit diesem Zustand verknüpft war. Er sagte, er habe sich nach diesen Sitzungen besser gefühlt, aber sie hatten keine Wirkung auf seine Charakterstruktur. Als er mich konsultierte, klagte er immer noch über einen Mangel an Lust und Freude in seinem Leben.

Die Menschen reagierten positiv auf Jack. Bei der Arbeit war er hochangesehen, und Frauen fanden ihn interessant und aufregend. Er konnte jedoch diese ihm entgegengebrachten positiven Gefühle nicht akzeptieren. Er konnte das Lob oder die Liebe, die ihm angeboten wurden, nicht in sein Wesen einlassen. Er sah sich nicht so, wie andere ihn sahen. Mit seinen Worten: »Ich bin X, und sie sehen mich als Y.« Das X ist schwarz, das Y ist weiß, oder das X ist böse, und das Y ist gut.

Jack sagte, während eines Großteils seines Lebens habe er an dem gelitten, was er als »Tunnelgefühl« bezeichnete. Er hatte das Gefühl, in einem Tunnel zu leben, ohne Kontakt zu sich selber oder zu anderen.

Während andere die Helligkeit und Wärme der Sonne, das Gefühl der Verbundenheit mit anderen Menschen und ein Gefühl der Weiterentwicklung genossen, fühlte Jack sich allein und in einem dunklen, unterirdischen Tunnel begraben. Er bezeichnete den Boden oberhalb des Tunnels als »Geburt«, was bedeutete, daß er das Bedürfnis hatte, geboren oder neu geboren zu werden. Es wäre logisch, den Tunnel mit dem Geburtskanal gleichzusetzen, und anzunehmen, Jacks Problem hänge mit irgendeinem Geburtstrauma zusammen, das er wiedererleben müsse, um heraus in die Welt und den Sonnenschein zu kommen. Dies war seine Absicht während seiner vorhergehenden Therapie gewesen, und obwohl es damals nicht funktioniert hatte, drängte er immer noch in diese Richtung.

In Jacks Persönlichkeit fand sich jedoch nichts, was diese Ansicht von seinem Problem unterstützt hätte. Er *war* draußen in der Welt und funktionierte gut. Gewiß, er konnte den Sonnenschein und die Wärme um ihn her nicht genießen, aber sie waren da. Wir müssen fragen, warum Jack unfähig war, die Liebe und das Lob, die ihm angeboten wurden, anzunehmen. Seine Antwort war, er fühle sich dessen unwürdig, wisse aber nicht, warum.

Ich ging diesem Hinweis nach und fragte Jack: »Was halten Sie für Ihre Grundsünde?«

Er sagte: »Einfach ich zu sein. Die Leute haben kein Recht, mich gern zu haben. Mein Vater war überzeugt, ich sei schlecht. Jetzt mögen mich meine Eltern, weil ich erfolgreich bin. Vor einigen Jahren sah ich im Geist meinen Vater, der mit dem Finger auf mich zeigte und sagte, ›Seid nicht stolz auf ihn. Er ist schlecht. Er ist schlecht.‹ Er pflegte mich zu verhauen, auch mit dem Stock. (Das ist eine typisch englische Art der Bestrafung. Jack war englischer Herkunft und war in England aufgewachsen.) Ich muß glauben, was er sagt, und nicht was ich denke. Er könnte die ganze Welt davon überzeugen, daß ich schlecht bin.«

Ich bemerkte: »Er hat Sie überzeugt.«

»Ja«, sagte Jack. »Der einzige Ausweg ist, zu sterben, wegzulaufen oder sich zu verstecken.«

Im Tunnel, dachte ich.

Jack fuhr fort: »Gestern abend hab' ich mich furchtbar gequält. Ich war mit einer sehr schönen Frau zusammen, aber ich konnte sie sexuell nicht anrühren, obwohl sie mich wollte. Als ich einschlief, dachte ich, ich könnte ebensogut sterben wie mich quälen. Frauen verlieben sich in mich und begehren mich sexuell. Aber es fällt mir schwer, den Körper einer Frau anzusehen. Wenn ich mich ihnen sexuell nähern muß, bekomme ich schreckliche Angst. Wenn wir aber zusammen im Bett sind, geht die Angst weg.«

Dann fügte Jack hinzu: »Immer haben mich ältere, unansehnliche Frauen angezogen. Meine Mutter ist sehr unansehnlich.«

Der Schatten des Ödipus ist hier sehr deutlich.

In dieser Äußerung ist genug enthalten, das zeigt, daß Jacks Problem mit der Sexualität zu tun hat und nicht mit irgendeinem unbekannten Geburtstrauma. Diese Folgerung wird stark unterstützt von der Struktur seines Körpers, der gut entwickelt ist, aber in der Beckengegend eine ausgeprägte Zusammenziehung und Verspannung aufweist. Jack ist von der Sexualität fasziniert; sie erregt und erschreckt ihn. Das nimmt das Ausmaß einer Folter an, und er sieht keinen Ausweg aus

dieser Situation. Infolgedessen möchte er diese Situation vermeiden.
Jack vermied das sexuelle Problem, indem er auf eine infantile Stufe regredierte. Sein Jammern, Weinen und Schreien gleich einem Baby war weitgehend eine Nebelwand, hinter der er seine Angst vor der Sexualität zu verbergen suchte. Ich will damit nicht sagen, daß Jack kein Geburtstrauma hatte, oder daß bei ihm im oralen Stadium (im Alter von ein bis drei Jahren) seines Lebens keine wesentlichen Probleme waren. Aber man kann diese Probleme nicht wirksam angehen, bis sich der Patient dem späteren sexuellen oder ödipalen Problem gestellt und es durchgearbeitet hat. Dies ist in der Charakteranalyse eine Grundregel. Wenn man sie nicht befolgt, entsteht ein Chaos in der Behandlung. In der Analyse nimmt es die Form einer Masse von infantilem Material an, das der Analytiker deutet, ohne im Verhalten oder in der Einstellung des Patienten irgendeine Veränderung zu bewirken. In anderen Therapieformen hat das Chaos die Form eines emotionalen Ergusses (Jammern, Schreien, Weinen), der keinen Bezug zur aktuellen Lebenslage des Patienten hat.
Jack hatte gesagt: »Meine Sünde ist, daß ich ich bin.« Das Ich wird als schlecht angesehen. Als Junge war Jack, wie er sich erinnert, »immer in Schwierigkeiten, immer voller Schuldgefühle!« Er fragte sich verwundert: »Warum war ich so böse?« Das Kind ist böse, weil es sexuell ist. Das Sein hat seinen Ursprung in der Sexualität. Ein Säugling ist sexuell, ohne etwas davon zu ahnen, durch seine Mund- und Hauterotik. Wenn es sich dann weiterentwickelt, wird es in der ödipalen Periode bewußt sexuell. Diese Sexualität ist sehr unschuldig, sehr stark ein Teil der animalischen Natur des Kindes, sehr stark ein Teil seines Seins. Und, wie wir alle wissen, das Kind ist sehr neugierig in bezug auf sexuelle Dinge. Aber diese Unschuld bleibt in unserer Kultur nicht sehr lange erhalten. Man droht dem Kind wegen seiner Masturbation, man beschämt es, damit es seine Blöße bedeckt, und man bestraft es, weil es versucht, anderen heimlich zuzuschauen, und weil es sexuelle Spiele

spielt. Da die sexuellen Gefühle und Antriebe so sehr ein Teil seines Seins sind, fühlt sich das Kind gerade in seinem Sein schuldig und schlecht.

Ich fragte Jack nach seiner Kindheit, und dies ist seine Geschichte. In der Familie gab es fünf Kinder. Jack war das dritte Kind. Er hatte zwei ältere Schwestern, einen jüngeren Bruder und eine jüngere Schwester. Die Familie wohnte in einem kleinen Haus, aber Jack kann sich nicht erinnern, seine Mutter oder seine Schwestern jemals nackt gesehen zu haben. Er erinnert sich nicht, auch nur versucht zu haben, sie heimlich zu belauschen. Er hat keine Erinnerung daran, vor dem Alter von sechzehn Jahren onaniert zu haben. Wir müssen annehmen, daß er durch die Gegenwart seiner Schwestern sexuell erregt wurde, aber er wagte weder sie noch sich selbst zu berühren. Die Drohung mit dem Stock flößte ihm eine Kastrationsangst ein, die jede offene sexuelle Regung oder jeden offenen Ausdruck von Sexualität blockierte. Es fällt ihm immer noch schwer, den Körper einer Frau anzuschauen oder zu berühren. Als er ein Kind war, war es eine Qual für ihn, und es ist immer noch eine Qual. Der Tunnel ist auch ein Sexualsymbol, nämlich die Vagina. Er ist in ihr, weil er sich nicht bewegen kann, um seine sexuelle Erregung abzuführen. Der Orgasmus entzieht sich ihm. Nur während einer kurzen Zeit in seinem Leben hatte Jack eine sexuelle Beziehung, die ihm Erfüllung brachte.

Hier folgt ein weiterer Fall, ganz anders als der Jacks, aber er zeigt ebenfalls, daß die Sexualität im Sein die Schlüsselrolle spielt. Jane war eine Frau von fast vierzig Jahren, die schon einmal mehrere Jahre lang mit mir gearbeitet hatte. Sie hatte eine schizoide Charakterstruktur, eine ziemlich schwere Persönlichkeitsstörung[5].

Durch die Therapie hatten sich ihre Funktionsweisen und ihr Selbstgefühl erheblich gebessert. Sie beendete die Therapie, als sie das Gefühl hatte, sie könne auf eigenen Beinen stehen,

[5] Siehe A. Lowen: *Verrat am Körper*. Bern/München 1980. Dort findet sich eine Beschreibung dieser Charakterstörung.

obwohl noch viel Spielraum für weitere Fortschritte vorhanden war.
Jane hatte noch einmal eine Ausbildung als Beraterin begonnen. Ihre Kinder waren so groß, daß sie sie nicht mehr den ganzen Tag brauchten. In ihrer Schule begegnete sie einem Lehrer, von dem sie das Gefühl hatte, er sei ihr gegenüber kritisch und negativ, und sie fühlte sich wie gelähmt. Sie kam zurück in die Therapie, um dieses Problem zu bearbeiten.
Der Hauptaspekt der Lähmung in Janes Persönlichkeit war eine Unfähigkeit, in manchen Situationen »ihre Meinung zu sagen«. Ihre Kehle zog sich stark zusammen, und sie hatte Schwierigkeiten mit ihrer Stimme. Tatsächlich war die ganze obere Hälfte ihres Körpers sehr angespannt und zusammengezogen, so sehr, daß sie ganz schmal war. Im Gegensatz dazu waren ihre Hüften und Schenkel breit und voll. Diese Disharmonie zwischen der oberen und der unteren Körperhälfte wies auf eine gewisse Spaltung in der Persönlichkeit zwischen dem Ich und der Sexualität hin. Die untere Körperhälfte eines Menschen spiegelt seine Beziehung zum gegengeschlechtlichen Elternteil wider, d. h. die sexuellen Gefühle, die in der ödipalen Periode vorhanden waren. Die obere Körperhälfte gibt Hinweise auf die Beziehung zum gleichgeschlechtlichen Elternteil, die Ich-Identifizierung mit diesem Elternteil. Jane war ihrem Vater nahe gewesen; auf der Gefühlsebene hatte eine inzestuöse Beziehung zwischen ihnen bestanden. Vor ihrer Mutter hatte sie schreckliche Angst gehabt.
In dieser Sitzung sagte sie: »Ich habe Schwierigkeiten, mich in meiner Stimme und mit Worten auszudrücken. Ich konnte meiner Mutter nie standhalten. Sie erkannte mich nicht an. Sie akzeptierte mein Sein, mein Wesen nicht.«
Ich fragte Jane: »Was ist Ihr Sein? Was ist dieses Wesentliche an Ihnen, das sie nicht akzeptierte?«
Jane erwiderte: »Sie wollte, ich sollte sexuell raffiniert und beliebt sein, so, wie sie sich selber sah. Aber so konnte ich nicht sein!«
Tatsächlich war Jane das genaue Gegenteil. Sie war eine

unscheinbare Jane. Ich erklärte, wir müßten annehmen, daß ihre Mutter unbewußt alles Erforderliche getan habe, um sicherzustellen, daß Jane nicht so würde wie sie, gleichgültig, was sie sagte oder bewußt beabsichtigte.

Jane sagte: »In diesem Haus war kein Platz für zwei Frauen!« Der Sinn dieser Feststellung ist, daß Jane ihre Weiblichkeit und ihre Sexualität aufgeben mußte, um für ihre Mutter keine Gefahr darzustellen. Dann fügte Jane hinzu: »Seltsam, im Leben kann ich mich Frauen gegenüber behaupten. Nur ein Mann kann mich so vernichten, wie meine Mutter es getan hat.«

Das erscheint wirklich seltsam, aber die Erklärung war einfach. Jane war energetisch nicht mit ihrem Becken verbunden; sie war nicht völlig mit ihrer Sexualität identifiziert. Darum fehlte ihr eine solide Grundlage für ihr Sein. Diese Persönlichkeitsschwäche untergrub ihre Fähigkeit, sich auszudrücken. Sie versuchte, diese Schwäche dadurch zu kompensieren, daß sie sich sexuell Männern zuwandte, in der Hoffnung, sie würden ihr Sein dadurch bestätigen, daß sie ihre Sexualität akzeptierten. Bei ihrem Vater hatte sie es auch so gemacht, und das hatte sie gerettet, wenn es sie zugleich auch gegenüber der Eifersucht und Feindseligkeit ihrer Mutter verletzlich gemacht hatte. Wenn ein Mann auf Janes Sexualität reagierte, hatte sie ein Gefühl der Sicherheit. Das war aber nur vorübergehend, da Jane ihre eigene Sexualität nicht akzeptierte; aber wenn der Mann sie ablehnte, fühlte sie sich vernichtet.

Das ist ein weit verbreitetes Problem. Viele Frauen wenden sich Männern zu und wollen in ihrer Sexualität akzeptiert werden, was eine Bestätigung ihres Seins einschließen würde. Wenn sie akzeptiert werden, fühlen sie sich für den Augenblick gut; aber sie sind von dem Mann abhängig, und sie sind in Gefahr, sich durch seine Ablehnung vernichtet zu fühlen, wie Jane. Vor ein paar Tagen sagte eine Patientin über den Mann, mit dem sie ausgegangen war: »Er hat mir das Gefühl gegeben, eine Frau zu sein.« Damit gab sie zu verstehen, daß sie sich ohne sein Interesse nicht wie eine Frau fühlte. Ihr Selbst- und

Seinsgefühl war beeinträchtigt, denn sie war nicht voll mit ihrer Sexualität verbunden und identifiziert. Wenn eine Frau in ihrer Weiblichkeit sicher ist, ist die Anerkennung dieser Weiblichkeit durch einen Mann wie der Zuckerguß auf einem Kuchen.
Männer haben ein ähnliches Problem. Sie wenden sich an Frauen um eine Bestätigung ihrer Männlichkeit, und wenn sie nicht erfolgt, beschuldigen sie die Frauen, sie seien »kastrierend«. Aber ein Mann, der seiner Männlichkeit nicht sicher ist und die Unterstützung einer Frau braucht, ist, psychologisch gesehen, sowieso ein teilkastrierter Mann. Die meisten Frauen sind in diesen Dingen hellhörig und nehmen es übel, wenn man sie in dieser Weise mißbraucht. Wenn ein Mann mit einem vollen Maß seiner Sexualität zu einer Frau geht, findet er immer ein warmes Entgegenkommen. Wenn er eine Bestätigung seiner Männlichkeit braucht, sollte er sie sich bei anderen Männern holen, genau wie ein Junge Bestätigung von seinem Vater bekommt, nicht von seiner Mutter. Ein Mann mag es jedoch schwierig finden, sich an andere Männer zu wenden, wenn sein unbewußter Ödipuskomplex zu bedrohlich ist. In diesem Fall ist Therapie das Mittel der Wahl.
All meine Patienten klagen über eine gewisse Schwäche oder einen Mangel in ihrem Seinsgefühl. In jedem Fall besteht eine entsprechende Schwäche oder ein Mangel in der Identifikation des Betreffenden mit seiner Sexualität. Sein ist mehr als Sexualität, und die Probleme des Seins lassen sich nicht allein auf der Ebene der Sexualität lösen. Man muß Schwierigkeiten des Selbst-Ausdrucks auf der Ich-Ebene dieselbe Sorgfalt und Aufmerksamkeit widmen wie dem sexuellen Problem. Aber diese Schwierigkeiten können niemals ganz gelöst werden, wenn nicht die darunterliegenden sexuellen Schuldgefühle und Ängste verstanden und gemäß dem Ödipuskomplex analysiert werden. Wir müssen uns auf die Sexualität als die Grundlage von Selbst und Sein konzentrieren.

Sein als Nicht-Tun

In einem neueren Buch stellt Erich Fromm die Hypothese auf, Sein werde durch Haben reduziert. Er sagt: »Nur in dem Maße, in dem wir die Existenzweise des Habens abbauen (das heißt aufhören, Sicherheit und Identität zu suchen, indem wir uns an das anklammern, was wir haben, indem wir es ›be-sitzen‹, indem wir an unserem Ich und unserem Besitz festhalten), kann die Existenzweise des Seins durchbrechen«[6]. Nach Fromm stellen die beiden Wörter, Sein und Haben, zwei sehr verschiedene Einstellungen zum Leben dar. Der Modus des Habens beruht auf Besitz-Beziehungen. Das Selbst wird als das Ich angesehen, das eine Frau, ein Auto, einen Beruf, sogar einen Körper hat. Da das Ich, das einen Körper hat, das Ego ist, ist der Modus des Habens eine egozentrische Haltung. Dieser Modus hat sich aus Privatbesitz, Macht und Profit entwickelt. Im Mittelpunkt steht dabei das Individuum, und nicht die Gemeinschaft. Der Modus des Seins andererseits beruht auf Beziehungen der Liebe, des Gebens und des Teilens. Bei diesem Modus wird das Selbst nicht daran gemessen, was es besitzt, sondern daran, wieviel es gibt oder liebt. Beim Modus des Seins findet das Individuum seine Identität durch seine Verantwortung gegenüber der Gemeinschaft.

Fromms Darlegung der Unterschiede zwischen diesen beiden Lebenseinstellungen ist sehr scharfsinnig. Der Besitzmodus reduziert nicht nur das Sein, er schränkt auch die Freiheit ein. Die Dinge, die wir besitzen, besitzen uns. Wir werden von unserem Besitz insofern »besessen«, als wir an ihn denken, uns Sorgen um ihn machen und ihn pflegen müssen. Es steht uns nicht frei, wegzugehen und den Besitz zurückzulassen, denn für viele von uns stellt er die eigene Identität, die Sicherheit und sogar die geistige Gesundheit dar. Wir würden nicht zögern, jemanden als verrückt zu bezeichnen, wenn er ein Vermögen herschenken würde, nur um frei zu sein. Wir glauben, man

[6] Erich Fromm: *Haben oder Sein,* Die seelischen Grundlagen einer neuen Gesellschaft, Stuttgart, 1976, S. 91.

könne nicht frei sein, es sei denn, man hätte ein Vermögen, daher verbringen wir unser Leben mit dem Versuch, ein Vermögen zu verdienen, und wir entdecken zu spät, daß wir unsere Freiheit geopfert haben. Wir erkennen nicht, daß die Freiheit mehr wert ist als ein Vermögen, denn ohne Freiheit kann man nicht *sein*.

Außer dem oben beschriebenen Gegensatz gibt es noch einen, der das menschliche Dilemma erklären hilft. Er besteht zwischen Sein und Tun, ein Gegensatz, der auch die beiden Seiten der Natur des Menschen widerspiegelt, Körper und Geistig-Seelisches oder Ich. Auf der Ich-Ebene drückt sich der Mensch als Schöpfer aus, auf der Körperebene wird er geschaffen. Als Schöpfer lenkt er sein Augenmerk aufs Tun. Als ein von Gott geschaffenes Geschöpf hat er die Rolle einfach zu *sein*. Alle Geschöpfe Gottes, ausgenommen der Mensch, existieren nur! Der Mensch ist nicht damit zufrieden, nur zu sein; er muß etwas tun, etwas leisten, etwas schaffen. Dieser Schöpferdrang des Ichs erzeugt die Kultur, die Glorie der Menschheit – er kann aber auch das Mittel zu seiner Zerstörung sein, z. B. wenn er zur Erfindung von Kernwaffen führt.

Der Gegensatz zwischen Sein und Tun kommt auch in der Sprache zum Ausdruck. Wenn wir z. B. sagen: »Laß' es sein«, meinen wir: »Tue nichts«. Etwas tun ist nicht »sein lassen«. Etwas zu tun bedeutet einen Versuch, eine Situation zu ändern, was ganz in Ordnung ist, wenn es sich um eine äußere Situation handelt. Wenn es jedoch um eine innere Situation geht, d. h. um einen Seinszustand, führt der Versuch, diesen Zustand durch ein Tun zu ändern, zu einer Verminderung des Seins. Das läßt sich dadurch erklären, daß sich ein Teil der Persönlichkeit gegen einen anderen wenden muß, wenn auf das Selbst eingewirkt werden soll. Das Ich wendet sich gegen den Körper, indem es den Willen gegen die Gefühle des Körpers einsetzt. Dabei wird das Sein gespalten und daher herabgesetzt. Ein solches Handeln mag angesichts einer realen Gefahr notwendig sein; dann ist es nicht neurotisch. Es wird zu einer neurotischen

Reaktion, wenn das Manöver über den Gefahrenpunkt hinweg fortgesetzt wird. Neurotiker versuchen immer, sich mit Hilfe von Willenskraft zu ändern, aber das dient nur dazu, sie noch neurotischer zu machen. Emotionale Gesundheit kann man nur dadurch erlangen, daß man seiner selbst gewahr ist und sich selbst akzeptiert. Wenn man sich abmüht, das eigene Sein zu verändern, verstrickt man sich nur noch tiefer in das Schicksal, dem man zu entgehen trachtet.

Bedeutet dies, daß Veränderung mit dem Sein unvereinbar ist? Die Antwort hängt davon ab, von welcher Art der Veränderung man spricht. Eine durch die Anwendung von Gewalt von außen herbeigeführte Veränderung ist ein Ergebnis des Tuns und beeinflußt das Sein ungünstig. Es gibt jedoch einen Veränderungsprozeß, der von innen her stattfindet und keiner bewußten Anstrengung bedarf. Man nennt ihn Wachstum, und er fördert das Sein. Es ist nicht etwas, das man tun kann, und es ist daher auch keine Funktion des Ichs, sondern eine Funktion des Körpers. Eine therapeutische Veränderung, also eine Veränderung des Charakters, ist insofern dem Wachstum ähnlich, als sie ein innerer Vorgang ist, den man nicht durch bewußte Bemühung zustandebringen kann. Das soll nicht heißen, das Tun spiele im Wachstumsprozeß keine Rolle. Beim Erwerben einer Fertigkeit ist es nötig, bestimmte Handlungen bewußt zu wiederholen, so daß ein Lernprozeß stattfinden kann, aber das Lernen selbst läuft auf einer unbewußten Ebene ab.

Untersuchen wir noch einige andere Aspekte des Gegensatzes zwischen Sein und Tun. Ich habe gesagt, das Tun sei eine Ich-Funktion, zu der die bewußte Verwendung von Energien für eine Aufgabe gehört. Das Ich wird eingesetzt, um ein Ziel festzulegen, und um die Handlungen zu steuern, die zum Erreichen des Ziels führen. Andererseits gehört eine Tätigkeit, bei der die Beteiligung des Ichs offensichtlich fehlt, zum Bereich des Seins. Das bedeutet, daß die Tätigkeit, wenn das Ziel gegenüber der Handlung sekundär ist, mehr als Sein denn als Tun zu qualifizieren wäre. Zum Beispiel gehört das Entlangschlendern auf einer Straße zum Modus des Seins, während das rasche Gehen zum Bahnhof, um einen Zug zu erreichen, zum Tun gehört. Alle produktiven Tätigkeiten, wie z. B. das Vorbereiten einer Mahlzeit, das Schreiben eines Buches oder das Pflügen eines Feldes, sind Aspekte des Tuns. Wo jedoch die Lust, das Vergnügen die vorherrschende Motivation ist, wie beim Tanzen oder beim Anhören von Musik, gehört die Tätigkeit dem Modus des Seins an.

Ein weiterer wichtiger Unterschied betrifft den Brennpunkt der Tätigkeit. Wo das im Mittelpunkt steht, was in der Außenwelt geschieht, kann man die Aktivität als Tun bezeichnen. Wenn im Mittelpunkt steht, was innen geschieht, d. h. das Gefühl, das man bei der Aktivität hat, gehört sie zum Sein. Diese Unterscheidung ist besonders wichtig bei der Sexualität. Manche Menschen »machen« Sex, d. h. sie vollziehen den Sexualakt als Tat, und sie sind vor allem an der Wirkung interessiert, die ihre sexuelle Betätigung auf den anderen hat. Sie erleben hier einen »Ego-Trip« (sie befriedigen ihre Ich-Sucht). Bei anderen geht die sexuelle Betätigung von einem starken Gefühl des Verlangens aus und endet mit einem starken Gefühl der Lust und der Befriedigung. Wenn das Empfinden die sexuelle Betätigung beherrscht, gehört sie dem Seinsmodus an. Wenn das Geistig-Seelische, der Wille oder das Ich die Betätigung beherrschen, ist sie ein Tun. Wenn das Gefühl eine Betätigung auslöst und lenkt, gehört sie zum Sein. Sein wird mit Fühlen gleichgesetzt. Man kann ein Gefühl ebensowenig machen oder erzeugen wie das Sein. Damit ein Gefühl echt ist, muß es spontan aufsteigen; sonst kann man sagen, es sei vorgetäuscht. Ferner bringen Gefühle nichts zustande, und sie erzeugen auch nichts. Gefühle haben weder Zweck noch Ziel; anders ausgedrückt, wir fühlen nicht, *um etwas zu erreichen.* Wir können für unsere Gefühle Gründe angeben, aber unsere Gefühle entstehen nicht in Reaktion auf Gebote unserer Vernunft. Oft tauchen sie im Gegensatz zur Vernunft auf. Sie sind unsere unwillkürlichen körperlichen Reaktionen auf unsere Umwelt, und sie haben die Funktion, den Lebensprozeß zu fördern.

Es ist wichtig, sich klarzumachen, daß das Tun nicht Gefühle in sich schließt oder zu Gefühlen führt, sondern in Wirklichkeit das Empfinden hemmen oder blockieren kann. Wenn ich z. B. von meiner Praxis zum Bahnhof gehe und dabei die Vorstellung habe, ich müßte so rasch wie möglich hinkommen, empfinde ich kein anderes Gefühl als das des Drucks, den Zug erreichen zu müssen. All meine Bewegungen sind von dem Ziel beherrscht, und Gefühle sind unwichtig. Sie können tatsächlich ein zielstrebiges Verhalten behindern. Um des Nutzeffekts willen verwandle ich mich in eine Maschine, bis das Ziel erreicht ist. Maschinen haben keine Gefühle und keinen Sinn fürs Sein, aber sie können etwas tun.
Andererseits ist es auch möglich, etwas mit Gefühl zu tun oder zu erzeugen. Damit der Prozeß oder die Handlung von Gefühl erfüllt ist, müssen sie mindestens ebenso wichtig sein wie das Ziel. Nehmen wir das obige Beispiel: Wenn ich gemächlich zum Bahnhof gehe, weil ich viel Zeit habe, erlebe ich das Vergnügen, zu gehen, und ich genieße es, die Menschen und die Schaufenster anzuschauen. Das kommt gelegentlich vor, aber meistens habe ich zuviel zu *tun.* Klagen nicht fast alle Leute darüber? Zuviel zu tun und zu wenig Zeit, es zu tun! Die Menschen sind so sehr in Eile, daß sie nicht die Zeit haben, Atem zu holen oder zu sein. Sein erfordert Zeit: Zeit zum Atmen und Zeit zum Fühlen. Wenn wir uns antreiben, etwas hervorzubringen oder etwas zu leisten, werden wir wie Maschinen, und unser Sein wird vermindert. Wenn wir jedoch dem Prozeß ebensoviel Aufmerksamkeit schenken wie dem Ziel, wird das Tun zur schöpferischen oder das Selbst ausdrückenden Handlung und vermehrt das Seinsempfinden. Was das Sein angeht, zählt nicht so sehr, *was* man tut, sondern *wie* man es tut. Das Umgekehrte gilt für das Tun.
Wenn eine Tätigkeit *fließt,* gehört sie dem Sein an. Wenn sie *Schub* hat, gehört sie zum Tun. Man schiebt an, wenn das Ziel oder der Zweck wichtiger wird als der Prozeß oder das Mittel. Eine Tätigkeit, die im Fluß ist, wird immer als lustvoll erlebt, weil sie unmittelbar von einem Verlangen herstammt und zur

Befriedigung eines Bedürfnisses führt. Eine Tätigkeit, die ein Anschieben erfordert, ist unlustvoll, weil sie gegen das eigene Verlangen geht und daher eine bewußte Anstrengung durch den Einsatz des Willens erfordert. Das Schreiben ist für mich meist ein sehr lustvoller Vorgang. Wenn ich etwas zu sagen habe, fließt das Schreiben dahin und ist leicht. Wenn ich meinen Willen einsetze, um zu schreiben, liegt es daran, daß ich nichts Aufregendes zu sagen habe. Das Schreiben ist unangenehm, das Ergebnis schlecht. Ich muß es immer noch einmal überarbeiten. Dieser Unterschied zwischen Fließen und Schub gilt auch für die Tätigkeiten, die wir als Spiel und Sport bezeichnen. Wenn der Sieg, das Gewinnen wichtiger ist als das Spielen, ist der Sport kein Spiel mehr, sondern Arbeit. Wir können daher sagen, daß für manche Menschen die Arbeit Spiel ist, weil sie lustvoll ist (Fließen), während für andere das Spielen Arbeit ist, weil es unlustvoll ist (Schub). Leider sind zu viele unserer Tätigkeiten im Modus des Tuns zu Hause. Dies gilt besonders für den Bildungsvorgang. Die Betonung der Leistung und die Mißachtung des Gefühls machen die Kinder zu »Schulmuffeln«, weil sie spüren, daß ihr Sein durch das System nicht anerkannt wird.

Da das Sein mit dem Gefühl zusammenhängt, hängt es auch mit den spontanen und unwillkürlichen Bewegungen und Gesten zusammen, die echter Selbstausdruck sind. Bei unseren spontanen Bewegungen und Äußerungen erleben wir die Lebenskraft in uns unmittelbar. Unsere wohldurchdachten und absichtlichen Handlungen geben uns nicht dasselbe Gefühl. Spontane Reaktionen umgehen das Ich und werden daher als authentische oder echte Reaktionen des Selbst angesehen. Wenn wir spontan reagieren, sagen wir nicht: »Ich habe es getan.« Da die Handlung nicht eine vom Ich gewollte ist, neigen wir dazu, eine passive Ausdrucksweise zu verwenden. Wir sagen etwa: »Mich packte die Wut« oder »Ich wurde wütend«. Diese beiden Ausdrücke legen nahe, daß irgendeine vom Ich unabhängige Kraft im Menschen gewirkt und das Gefühl erzeugt hat. Alle emotionalen Erlebnisse sind dieser Art. Sie sind »bewegende«

Erlebnisse (movens). Wir schätzen sie, weil sie uns ein Gefühl der Lebendigkeit geben, uns mit dem Gefühl des Seins erfüllen. Man sollte darauf hinweisen, daß emotionale Reaktionen oder bewegende Erlebnisse sich von hysterischen Reaktionen unterscheiden. Ein hysterischer Ausbruch ist zwar spontan und unwillkürlich, aber er ist nicht dasselbe wie eine Emotion. Diese ist eine totale Reaktion des Individuums; das ganze Sein wird bewegt; Leib und Seele, Denken und Fühlen, Ich und Es sind beteiligt und in der emotionalen Reaktion koordiniert. Die hysterische Reaktion ist ein Abfuhrphänomen, bei dem sich der Ausbruch gegen das Ich richtet. Das Ich versucht, das Gefühl zu unterdrücken, das dann trotz der bewußten Absicht durchbricht.

Normalerweise zeigt das Handeln eines Gesunden eine gute Ausgewogenheit von Sein und Tun, von Gefühl und Denken, von Spontaneität und überlegten Reaktionen. Die volle Harmonie zwischen Ich und Körper, Ich und »Es«[7] führt zu Bewegungen, die sowohl spontan als auch beherrscht sind. Das mag wie ein Widerspruch klingen, aber nur diese Kombination erzeugt Handlungen, die anmutig und wirksam sind, völlig natürlich und dennoch der Situation völlig angemessen. Der Mensch, in dem diese Kräfte miteinander in Einklang sind, besitzt Gleichgewicht, Anmut und Würde. In einem solchen Menschen wird das Sein in seinen höchsten Rang erhoben.

Das Tun kann das Sein überlagern, aber es kann nicht an seine Stelle treten. Wenn man eine Person ist, können Tun und Erzeugen eine das Selbst ausdrückende Tätigkeit sein. Man ist nicht durch das definiert, was man tut, aber man kann dadurch gesteigert werden. Wenn man keine Person ist, wird der Mangel jedoch nicht durch Tun oder Erzeugen behoben. Man kann nicht durch Tun eine Person werden. Das Tun ist wie das Anziehen von Kleidern, die den Körper bekleiden, ihn aber nicht ersetzen können.

[7] Das Wort »Es« wird in Georg Groddecks Sinn verwendet; es ist also das vom Ich objektiv betrachtete Selbst. Das »Es« stellt die Lebenskraft des Körpers dar.

Und dennoch versuchen wir alle, unsere Identität durch das zu finden, was wir tun. Diese Auffassung ist uns daher vertraut, daß wir andere Menschen mit ihrem Beruf oder ihrer Tätigkeit identifizieren. Wir sagen z. B. von jemandem, er sei »Bankier«. Indem wir das Verb *sein* benützen, verwechseln wir tun mit sein. Er ist natürlich kein Bankier – er arbeitet nur als solcher. Er kann seine Tätigkeit wechseln, ohne sein Sein zu verändern; der Mensch wird nicht durch das bestimmt, *was* er tut.

Es gibt noch eine andere, subtilere Art und Weise, wie wir versuchen, uns durch Tun eine Identität zu schaffen. Wir formen unseren Körper nach der Vorstellung, die wir vermitteln wollen. Ein Mann streckt z. B. die Brust heraus, drückt die Schultern nach hinten und zieht den Bauch ein, um sich ein männliches Aussehen zu geben, und er glaubt, solange er diese Pose beibehalten kann, sei er männlich. Frauen tun Ähnliches mit ihrem Körper, um weiblicher zu erscheinen. Das Tragen eines Korsetts war ein solches Tun. Heute wird dasselbe Ergebnis durch Diät und Verspannung erreicht. Hochziehen der Schultern, Anspannen des Bauches usw.

Ein großer Teil dieser Art des Tuns ist unbewußt. Die Rollen, die wir im Leben einnehmen, werden zur Struktur unseres Körpers als unsere Art des In-der-Welt-Seins. Aber sie werden zur einzigen Art, in der wir sein können, und schränken deshalb unser Sein stark ein. Dies ist eine weitere Art, festzustellen, daß *das Schicksal eines Menschen durch seinen Charakter bestimmt wird, der dem Körper durch chronische Muskelverspannungen als Struktur eingeprägt wird.* Diese Verspannungen sind »Muster des Festhaltens«. Wir halten uns aufrecht, halten uns ein, halten uns zurück usw. Festhalten ist eine Art der Beherrschung. Durch das Festhalten lassen wir nicht zu, daß der Fluß der Erregung natürlich abläuft, wir steuern ihn. Dieses Gegenhalten entwickelt sich allmählich und heimtückisch und wird schließlich unbewußt. Unsere Charakterstruktur wird uns dann zur zweiten Natur, und wir merken gar nicht mehr, daß wir das natürliche Einfließen unserer Gefühle in Reaktionen und Bewegungen verhindern.

Obwohl das Festhalten unbewußt ist, ist es etwas, das wir »tun«. Die willkürliche oder quergestreifte Muskulatur wird vom Ich gesteuert. Chronische Verspannungen dieser Muskeln spiegeln eine Über-Ich-Hemmung des Ausdrucks bestimmter Gefühle. Anfänglich wurde die Verspannung bewußt eingesetzt, um den Ausdruck eines Impulses zu verhindern, der bei unseren Eltern eine feindselige Reaktion hätte auslösen können. Mit der Zeit wird die Verspannung jedoch chronisch, und wir bemerken sie nicht mehr, aber sie bleibt immer noch eine Funktion des Ichs. Wir lassen uns nicht sein; wir lassen den Erregungsfluß nicht voll durch unseren Körper strömen und zum Ausdruck werden. Wir halten gegen – gegen unsere Wut, unsere Traurigkeit und unsere Angst. Wir halten unser Weinen und unser Schreien in uns fest. Wir halten unsere Liebe zurück. Wir tun dies, weil wir uns vor dem Loslassen fürchten, weil wir uns fürchten, zu sein und zu leben.

Der therapeutische Prozeß, der darauf abzielt, das Sein oder Selbst des Patienten zu fördern oder zu erweitern, bringt ein »Loslassen« dieser Handlungen des Festhaltens mit sich, so daß der Erregungsfluß ungehindert ablaufen kann. In der Therapie lernt der Patient, das Tun aufzulösen, das den Fluß hemmt. Es geht nicht darum, zu lernen, wie man *sein* kann, sondern darum, das *Nicht-Tun* zu lernen.

Nehmen wir das Atmen als ein Beispiel für das, was ich mit »Loslassen« meine. Als ich bei Wilhelm Reich in Therapie war, gehörte tiefes Atmen zum therapeutischen Prozeß. Reich wies mich an, zu atmen, während ich auf dem Bett lag, und da ich ein »braver« Junge war, folgte ich seiner Anweisung. Es geschah gar nichts, weil ich nicht »losließ«. Reich pflegte dann zu sagen: »*Machen* Sie es nicht.« Am Anfang erwiderte ich: »Aber Sie haben doch gesagt, ich soll atmen.« »Ja«, pflegte er zu sagen. »Sie müssen sich dem Atmen überlassen, nicht es machen.« Ich brauchte einige Zeit, um zu lernen, daß mein Nicht-Atmen ein Tun war. Wenn ich »losließ« oder gar nichts tat, atmete ich leicht und tief wie ein Kind oder ein Tier. Wenn ich meinen Körper atmen ließ, entwickelte sich spontan eine Reihe sehr wichtiger Reaktionen in meinem Körper. Eine davon war die Körperbewegung, die Reich den Orgamusreflex nannte.

Alle neurotischen und schizoiden Patienten atmen schlecht. In den meisten Fällen ist die Atmung flach und auf einen Abschnitt des Körpers beschränkt, da sie auf den Brustkorb oder auf den Bauch begrenzt ist und nicht den ganzen Körper einbezieht. Um dem Patienten zu helfen, seiner Atemstörung gewahr zu werden, ermutigt ihn der Therapeut, sich bewußt zu bemühen, tiefer und voller zu atmen. Dieses tiefere Atmen bringt mehr Sauerstoff ins Blut und vermehrt so dessen Energie, aber dies ist immer noch ein Tun, und als solches fördert es das Seinsgefühl nicht. Die Bemühung, tiefer zu atmen, macht einem jedoch bewußt, daß man den Atem *anhält.* Man spürt, daß das tiefere Atmen Gefühle aktiviert, die durch Unterdrückung im Unbewußten begraben lagen, und man erkennt, daß das Anhalten des Atems ein wirksames Mittel ist, das Fühlen herabzusetzen. Das ist notwendig, wenn die Gefühle zu schmerzlich oder zu bedrohlich sind. Solange der Betreffende vor diesen Gefühlen Angst hat, läßt er sich nicht natürlich atmen, d. h. leicht und tief. Er steuert seine Atmung bewußt oder unbewußt. Aber Atemübungen helfen in dieser Situation nicht, da sie eine Form der Steuerung sind. Der Mensch hört auf zu atmen, wenn die bedrohlichen Gefühle aufsteigen.

Das »Festhalten« ist, wenn auch unbewußt, eine Ich-Abwehr gegen Gefühle, die in der Vergangenheit als gefährlich wahrgenommen worden sind. Zum Beispiel kann jemand sich vor seiner Traurigkeit fürchten, da er spürt, daß er, wenn er sich ihr hingäbe, in eine Verzweiflung verfallen würde, die so tief sein könnte, daß er sie vielleicht nicht überleben würde. Oder das Gefühl könnte eine so große Angst sein, daß sie zum lähmenden Entsetzen würde, oder eine so heftige Wut, daß sie den Wunsch wecken könnte, zu töten. Die sexuellen Gefühle können sehr erschreckend sein, weil sie mit Kastrationsangst verbunden sind. Andererseits ist das bewußte Zurückhalten eines Impulses, weil es in einer bestimmten Lage unangebracht oder nicht ratsam wäre, ihn auszudrücken, nicht neurotisch. Der Neurotiker hat Angst vor dem Gefühl, während der Gesunde seine Gefühle akzeptieren und sich mit ihnen identifizieren kann, wenn er sich vielleicht auch das Handeln versagt. Aus diesem Grund sollte man die Neurose als eine Angst vor dem Sein oder eine Angst vor dem Leben ansehen.

Die therapeutische Aufgabe besteht also darin, einem Menschen zu helfen, mit seinen Gefühlen in Kontakt zu kommen, sie zu akzeptieren und ihnen unter angemessenen Umständen zu erlauben, ihn zum Handeln zu bewegen. Die therapeutische Situation ist der richtige Ort für einen Patienten, Sein und Leben ohne Angst zu erleben. Mit Unterstützung des Therapeuten kann er den Mut finden, seiner Wut nachzugeben und sie auszudrücken, indem er mit den Fäusten oder mit einem Tennisschläger auf das Bett einschlägt. Während er dies tut, entdeckt er, daß er niemanden totschlägt, obwohl ihm vielleicht danach zumute ist. Er erfährt, daß er dem Gefühl nachgeben und sein Handeln steuern kann. Da immer auf ein Bett oder eine Matratze, aber niemals auf einen Menschen eingeschlagen wird, kann der Patient seinem Gefühl freien Lauf lassen. Und indem er die unbewußte Gefühlsbeherrschung (das Festhalten) aufgibt, erwirbt er eine wirksame bewußte Herrschaft über seine Handlungen. So wird seine Ich-Stärke gesteigert. Er erwirbt auch ein größeres Verständnis für seine Gefühle, indem er ihren Bezug zu Erfahrungen seiner frühen Kindheit spürt.

Nur indem in der kontrollierten Atmosphäre der therapeutischen Situation Gefühle freigesetzt werden, können die chronischen Muskelverspannungen, die unbewußt Gefühle »festhalten«, gelockert werden. Auf diese Weise werden Gefühle, die explosiv oder hysterisch sein könnten, in die Persönlichkeit integriert und erweitern den Spielraum der emotionalen Reaktionsbereitschaft des betreffenden Menschen. Was ich über die Wut gesagt habe, trifft ebenso auf die anderen Gefühle zu. Wenn man ihm hilft, kann ein Patient den Mut finden, seiner Traurigkeit nachzugeben, selbst wenn sie in die Tiefen der Verzweiflung zu führen scheint. Indem er dieser Verzweiflung freien Lauf läßt, wird er entdecken, daß eine Heilung, die er nicht für möglich gehalten hat, erfolgen kann, wenn die Wunde nur einmal an die frische Luft kommt.

Jedesmal, wenn ein Patient mit einem unterdrückten Gefühl in Kontakt kommt und es herausläßt, mindert er die Verspannung, die das Gefühl in der Unterdrückung gehalten hat. Dies vermehrt seine Energie, weil seine Atmung nun tiefer und voller wird. Er kann es sich nun leisten, seinen Körper lebendiger sein zu lassen, weil Lebendigkeit, Sein und Fühlen nicht mehr so gefährlich sind wie früher.

Sein ist der Zustand der Lebendigkeit des Körpers. Je lebendiger er ist, desto stärker ist das Sein. Das Sein wird durch jede chronische Verspannung vermindert, die die Motilität des Körpers herabsetzt, seine Atmung beengt und seine Ausdrucksfähigkeit blockiert. Jedesmal, wenn wir uns erlauben, tief zu empfinden und unsere Gefühle in angemessenem Handeln auszudrücken, wird das Sein gesteigert.

Noch einen weiteren Aspekt des Gegensatzes zwischen Sein und Tun müssen wir besprechen. Wenn wir uns vor dem Sein, dem Leben fürchten, können wir diese Furcht tarnen, indem wir mehr *tun*. Je geschäftiger wir werden, desto weniger Zeit steht uns fürs Fühlen, Sein und Leben zur Verfügung. Und wir können uns vormachen, Tun *sei* Sein und Leben. Wir können unser Leben an dem messen, was wir leisten, statt an der Fülle und dem Reichtum unseres Erlebens. Nach meiner Ansicht ist das hektische und fast wahnwitzige Tempo des modernen Lebens ein deutliches Zeichen für unsere Angst vor dem Sein und vor dem Leben. Und solange diese Angst im Unbewußten eines Menschen herrscht, rennt er schneller und tut mehr, um seine Angst nicht zu spüren. Was ist denn nun eigentlich die Angst vor dem Leben und vor dem Sein?

4 Die Angst vor dem Sein

Die Angst vor dem Leben und vor dem Sterben

Wenn es im Leben um nichts weiter als das Sein geht, warum haben wir so große Angst davor? Warum fällt es uns so schwer, »loszulassen und einfach zu *sein*«? Viele Menschen verbringen Jahre in Therapie (wie ich auch) und streben danach, sich selbst zu entdecken, die Wahrheit ihres Seins zu finden. Jedes Tier weiß doch instinktiv, was es ist, und es versteht, es selbst zu sein. Sein ist der natürliche Zustand des Tieres. Jeder Mensch beginnt sein Leben als Tier mit einem vollen Seinsgefühl. Und wie ein Tier *ist* auch ein Kind einfach nur. Sein Ich ist hauptsächlich ein Körper-Ich, vollständig mit den natürlichen Körperprozessen identifiziert. Diese Identifikation zerbricht, wenn die Eltern dem Kind ein zivilisiertes Verhalten aufzwingen, das im Gegensatz zu seiner animalischen Natur steht. Diese Erziehung zwingt im Verein mit der ödipalen Situation das Ich, eine dem Körper und der Sexualität entgegengesetzte Position einzunehmen. Im vorigen Kapitel haben wir gesehen, wie sich dies entwickelt. Die Frage, die wir uns hier stellen, lautet: Warum ist es so schwierig, später im Leben die ursprüngliche Verbindung wiederherzustellen? Welche Ängste stehen dem Wiedergewinnen der Unschuld im Wege? Wir wissen, daß es nicht so einfach ist wie jemandem den Weg nach Hause zu zeigen. Der Weg führt durch verborgene Täler mit unbekannten Gefahren, die wir erst entdecken, wenn wir die Reise zurück in unsere Kindheit und ins Säuglingsalter machen. Der erste Fall, den ich vorstellen möchte, betrifft einen Mann in den Fünfzigern, der etwa zwanzig Jahre lang immer wieder in Therapie gewesen war. Ich hatte Arthur fast während dieser ganzen Zeit gekannt und immer wieder mit ihm gearbeitet. Er litt an Unsicherheit, Angst und Depressionen. Die Unsicherheit war nicht finanzieller Art, denn er war reich und unabhängig. Unsicher war er Frauen gegenüber. Seine Angst stammte daher, daß es ihm schwerfiel, sich auszudrücken und sich durchzusetzen. Seine Depression war geringfügig und chronisch; sie behinderte ihn nicht wesentlich, aber sie machte ihn freudlos. Diese Symptome hatten sich im Lauf der Therapie sehr gebessert, und zum ersten Mal in seinem Leben bestritt er seinen finanziellen Unterhalt durch eigene Anstrengung; seine Beziehungen zu Frauen hatten sich auch erheblich gebessert.

Vor kurzem begann Arthur eine Sitzung mit der Bemerkung: »Ich merke immer mehr, daß ich halb verliebt bin in die Vorstellung des Sterbens.« Ich muß sagen, daß ich zunächst über diese Äußerung erstaunt war. Angesichts seiner ansehnlichen Fortschritte hatte ich diese Bemerkung nicht erwartet. Sie überraschte mich aber doch nicht völlig. Ich hatte einige Jahre vorher erfahren, daß der Gedanke an den Tod im Hintergrund der Gedanken all meiner Patienten vorhanden ist und mit ihrer Neurose zusammenhängt.

Arthur fuhr fort: »Eine Zeile aus einem Sonett von Keats geht mir nicht aus dem Sinn: ›Halb verliebt sein in den sanften Tod‹. Ich glaube, es wäre gar nicht so schlecht, sich hinzulegen und zu sterben, und es ist mir auch wirklich gleichgültig. Ich hab' tatsächlich das Gefühl, zu sterben, und es macht mir nichts aus. Ich merke, daß ich lange Zeit damit zubringe, nichts zu tun; ich liege stundenlang im Bett, und nichts interessiert mich; ich hab' keinen Wunsch. Ich weiß, daß das ein depressiver Zustand ist. Andererseits ist mein Leben aktiver, mein sexuelles Verlangen ist größer, und ich stehe mehr im Leben als jemals vorher.«

Nachdem Arthur diese Bemerkungen gemacht hatte, fügte er noch hinzu: »Es ist mir jetzt klar, daß ich mein Leben lang in einer chronischen, wenn auch nicht schweren Drepression gelebt habe. Je lebendiger ich werde, desto stärker empfinde ich diese depressive Tendenz in mir. Jeden Morgen mache ich fünfzehn bis zwanzig Minuten lang Körperarbeit, und das Gefühl der Depression verschwindet. Aber es kommt zurück, wenn die Arbeit vorbei ist.«

In Arthurs Äußerungen liegt ein scheinbarer Widerspruch, der geklärt werden muß. Wie kommt es, daß er sich des Todes und des Wunsches, zu sterben, um so stärker bewußt wird, je lebendiger und aktiver er wird? Man kommt leicht zu der Vermutung, daß der Todeswunsch die ganze Zeit vorhanden, aber durch Empfindungslosigkeit und Geschäftigkeit ausgesperrt war. Arthur war früher geschäftiger als heute, obwohl er, wie er selber sagt, heute aktiver ist. Er war früher mit zahllosen Pflichten beschäftigt, die ihm keine Zeit ließen, zu sein oder zu fühlen. Er war ständig mit Tun beschäftigt, obwohl nie viel dabei herauskam. Heute, da er sich sein läßt (in der Welt sein) und weniger tut, kann er sich spüren (seine Probleme, seine Ängste, seine Resignation usw.).

Ich fragte Arthur, was ihm zu der Vorstellung des Sterbens einfalle, und er erzählte die folgende Erinnerung fast so, als steige sie im Augenblick in ihm auf: »Ich fühle, daß ich in der Kälte in meinem eigenen Schlafquartier liege. Ich habe das ganze Jahr in einer ungeheizten offenen Schlafveranda geschlafen. Ich sollte dadurch abgehärtet werden. Die Veranda lag in unserem großen Haus von den Räumen meiner Eltern aus ganz am anderen Ende. Ich war etwa drei Jahre alt. Ich erinnere mich, daß ich damals stolz war, daß ich es aushalten konnte, aber ich war wirklich draußen in der Kälte.«

Arthur erzählte, daß er sich sowohl körperlich als auch emotional »draußen in der Kälte« gefühlt habe. Er sei so weit von seinen Eltern weg gewesen, daß sie ihn nicht hätten hören können, wenn er geschrien hätte. Er hatte das Gefühl, keine Möglichkeit zu haben, sie zu erreichen. Er verstand nun, wie er auf diese Situation reagiert hatte. Er bemerkte: »Als Kind schaltete ich den Schmerz ›draußen in der Kälte zu sein‹, dadurch aus, daß ich mich selbst betäubte. Ich spüre, daß ich die Blutzufuhr zum Gehirn abgekniffen habe.«

Arthur wurde durch die Kälte betäubt, aber er betäubte sich auch selbst, um den Schmerz seiner Sehnsucht, seinen Eltern nah zu sein, nicht zu spüren, um nicht zu fühlen, daß er ihre Wärme brauchte. Er sagte: »Ich spüre, daß die Sehnsucht so stark ist, daß ich sie (die Wärme) haben muß, sonst sterbe ich. Da ich sie nicht bekommen kann, kann ich ebensogut sterben.« Diese letzte Äußerung enthält einen wichtigen Schlüssel zum Verständnis der Neurose. Der Neurotiker hat ebensoviel Angst vor dem Leben wie vor dem Sterben. Der Umstand, daß Arthur in den Tod halb verliebt ist, bedeutet, daß er auch nur halb verliebt ins Leben ist. Seine Angst vor dem Leben hängt mit seiner Angst vor dem Tod zusammen. Er wagt es nicht, seine Arme nach Wärme auszustrecken, denn der Schmerz seiner Sehnsucht wäre fast unerträglich. Er kann es nicht riskieren, sein Herz zu öffnen, weil er das Gefühl hat, wenn er abgelehnt würde, müßte er sterben. Seine neurotische Haltung, fähig zu sein, die Kälte (das Fehlen einer warmen menschlichen Beziehung) zu ertragen, und das »Gegenhalten« gegen die Sehnsucht nach Liebe werden also als Mittel des Überlebens erlebt. Voll zu leben bedeutet, den Tod zu riskieren. Die Ansicht, das Offensein fürs Leben sei gefährlich, hat eine gewisse Gültigkeit. Als Arthur als Kind seine Sehnsucht unterdrückte und sich nicht gestattete, die Arme auszustrekken, hat er vielleicht tatsächlich sein Leben gerettet. Ich glaube, daß ein Kind sterben kann, wenn der Schmerz einer unerfüllten Sehnsucht nach Kontakt und Wärme unerträglich wird. Es gibt den Wunsch, zu leben, auf. Man weiß von solchen Todesfällen. Man denke an ein Kind, das man allein in einem dunklen Zimmer ins Bett gesteckt hat, und das nach seiner Mutter weint. Wenn sie nicht reagiert, weint das Kind so lange weiter, bis es keine Kraft mehr dazu hat. Es ist in einem Zustand des Schmerzes, der stetig zunimmt. Ein solches Kind könnte sterben, aber die Natur greift ein, um sein Leben zu schützen. Wenn es erschöpft ist, schläft es ein. Am Morgen ist seine Mutter wieder da, und die Hoffnung erneuert sich. Am zweiten Abend läßt man das Kind wieder sich ausweinen. Es weint nicht mehr so lange; es hat nach seiner vorigen Niederlage nicht mehr die Kraft dazu. Es schläft früher ein, weil es früher erschöpft ist. Kein Kind kann sich dieses Spiel leisten. Um sein Leben zu retten, muß es nachgeben, und das bedeutet, seine Sehnsucht nach der Mutter unterdrücken. Ein Kind sich »ausschreien« zu lassen ist eine wirksame Taktik, das Kind zu bewegen, sich der Prozedur des Allein-ins-Bett-gebracht-Werdens zu unterwerfen, aber diese Taktik »bricht den Willen« des Kindes. Es wird zu einer herkulischen Aufgabe, ihm den Glauben ans Leben und ans Sein wiederzugeben.

Kehren wir zu Arthur zurück und fragen wir, warum er sterben möchte. Die Antwort ist leicht zu finden: Weil er nicht wirklich glaubt, daß die Liebe und die Wärme, die er sich wünscht, für ihn verfügbar sein werden. Und das wird auch nicht der Fall sein. Es ist schwierig, mit Liebe auf jemanden zu reagieren, der auf seine Fähigkeit stolz ist, die Kälte auszuhalten, und der sich für sein Bedürfnis nach Liebe unempfindlich gemacht hat. Arthur ist unempfindlich geworden, weil er erstarrt ist. Emotional ist er wie ein »kalter Fisch«, und er ist schon halb tot. Die Betäubung, die ihm das Leben gerettet hat, hat sein Schicksal entschieden. Er konnte überleben, aber er mußte sein Leben lang draußen in der Kälte bleiben.

Natürlich wird Arthur nicht sterben. Sein Wunsch, zu sterben, war nur ein halber Wunsch, und zudem einer, der in seinem Unbewußten begraben gelegen hatte, seit er klein war. Er läßt sich sein, und das heißt, die Wahrheit seines Innenlebens erfahren, wozu auch der Wunsch gehört, zu sterben. Er muß diese Wahrheit erleben, bevor er sich ganz sein lassen kann. Vor vielen Jahren, als Arthur zum ersten Mal zu mir in die Therapie kam, hatte er Selbstmordgedanken und -impulse. Aber Selbstmord ist nicht nur ein Wunsch, zu sterben; er ist der Wille, zu sterben. Wünsche und Gefühle sind Teil des Seins; Handlungen gehören zum Tun. Beim Selbstmord begeht man eine destruktive Handlung gegen sich selbst und andere. Die Handlung rührt zum großen Teil von verdrängter Wut her, die gegen das Selbst gekehrt wird, um anderen weh zu tun. »Es wird euch leid tun, wenn ich tot bin.« Der Selbstmord stellt eine Ablehnung des eigenen Seins dar. Arthurs Wahrnehmung seines Wunsches, zu sterben, kam einer Selbst-Annahme gleich. Durch die Therapie hatte er den Mut gewonnen, zu erkennen, daß er einen sinnlosen Kampf gekämpft hatte: in einer kalten Welt zu überleben. Er begann zu empfinden, daß ein Leben unter diesen Bedingungen nicht der Mühe wert war. Anstatt seine Energie im Kampf ums Überleben zu verausgaben, wie er es früher getan hatte, war er nun bereit, sie in die Suche nach Wärme und Freude zu investieren.

Ich könnte Arthur auffordern, das Risiko einzugehen, seine Arme nach Frauen auszustrecken, da er weiß, daß sie auf ihn reagieren, und daß er nicht sterben wird. Aber wenn ich ihm dies empfehle, sage ich zu Arthur: »Tu es«. Mit genügend Willenskraft wäre er vielleicht fähig, es zu tun, aber würde dadurch sein Seinszustand gesteigert? Ich glaube es nicht. Meiner Meinung nach kann ein solches Vorgehen vielleicht das Verhalten ändern, aber es beeinflußt nicht das Sein. Man übersieht dabei einen wesentlichen Umstand. Arthurs Problem ist nicht mehr draußen oder in der Außenwelt. Es ist nun in seinem Inneren, in seiner Seinsqualität. Das Tun schafft nur die Illusion, das eigene Sein habe sich verändert.

Sie erinnern sich vielleicht, daß Arthur sagte, er habe sich gegen den Schmerz, in der Kälte zu sein, selbst betäubt. Die therapeutische Aufgabe besteht also darin, ihm seine Lebendigkeit wiederzugeben, seinen Körper aufzuwärmen und seine Empfindung wiederzubeleben. Aber bei dem Prozeß der Wiederherstellung seiner Lebendigkeit muß er wieder in den Schmerzzustand eintreten, den er durch seine Empfindungslosigkeit unterdrückt hatte. Das läßt sich nicht vermeiden. Es ist, als wollte man in einem erfrorenen Finger den Blutkreislauf wiederherstellen. Es tut weh, daher geht man in beiden Situationen sehr langsam vor. Wenn man den Schmerz zu vermeiden sucht, riskiert man, den Finger zu verlieren. Wenn Arthur den Schmerz in seinem Körper, den ihm die Verletzungen in seiner Kindheit verursacht haben, nicht noch einmal

erlebt, läuft er Gefahr, den Verlust seines Seins auf immer fortbestehen zu lassen.
Arthur sagte auch, er habe die Blutzufuhr zu seinem Gehirn abgekniffen. Am Tag dieser Sitzung war er mit Kopfschmerzen und Verspannungen im Nacken an der Schädelbasis zu mir gekommen. Er bat mich, an dieser Verspannung zu arbeiten. Arthur beugte sich vornüber, und ich setzte meine Knöchel an seiner Schädelbasis an und drückte seinen Kopf nach unten, in Wirklichkeit, um ihn zu zwingen, sich zu unterwerfen. Er leistete Widerstand und übte mit seinem Kopf einen starken Gegendruck aus. Als er den Kopf hob und mich dadurch zwang, den Druck aufzuheben, hatte die Verspannung erheblich nachgelassen, und seine Augen blitzten. Er war wütend, und die Kopfschmerzen waren weg.
Ich hatte ihm körperlich wehgetan, wie seine Eltern ihm emotional wehgetan hatten, indem sie ihn zur Unterwerfung gezwungen hatten. Aber diesmal konnte er sich wehren und es sich nicht gefallen lassen.
Obwohl Arthur schon seit vielen Jahren mein Patient war, hatte ich die Geschichte, daß man ihn hinaus in die Kälte verbannt hatte, noch nie zu hören bekommen. Warum sie nicht eher aufgetaucht war, weiß ich nicht. Es war nicht, als ob Arthur die Erinnerung verdrängt hätte – ich bin sicher, daß er sie die ganze Zeit gewußt hatte –, aber ich glaube, er konnte sich ihr erst stellen, als sich die Frage von Leben oder Tod wieder erhob.
Arthurs Geschichte erinnerte mich an Ödipus, der auch in der Kälte ausgesetzt wurde. Man hätte glauben können, daß noch andere Ähnlichkeiten mit der Ödipusgeschichte vorhanden seien. Arthur tötete seinen Vater nicht buchstäblich, und er heiratete auch nicht seine Mutter, aber sein Vater war gestorben, als Arthur ein junger Mann war, und Arthur erbte ein beträchtliches Vermögen. Außerdem erwies sich die Frau, die er heiratete, als seiner Mutter sehr ähnlich. Und als Mann fand er sich ebenso sehr draußen in der Kälte wie damals als Kind. Es schien sein Schicksal zu sein. Warum?

Aus unserer früheren analytischen Arbeit war klar hervorgegangen, daß Arthurs Mutter sich ihm gegenüber verführerisch benommen hatte. Er wußte, daß er in ihrer Zuneigung den Platz seines Vaters eingenommen hatte, und er hatte Schuldgefühle deswegen. Er beschrieb seinen Vater als einen impotenten Mann, der, wie er meinte, eifersüchtig auf ihn gewesen war. aber durch ihn gelebt hatte und von ihm abhängig gewesen war. Arthurs Vater hatte sein Vermögen wiederum von seinem Vater geerbt und hatte in seinem Leben niemals gearbeitet. Ich vermute, daß Arthurs ödipale Situation eine Wiederholung der Situation war, die sein Vater erlebt hatte.

Arthur war sowohl emotional als auch physisch draußen in der Kälte. Er hatte weder zu seiner Mutter noch zu seinem Vater wirklich emotionalen Kontakt. Seine Beziehung zur Mutter war zu sexuell, und er fühlte sich von ihr mißbraucht. Ihr sexuelles Verhältnis zu ihm war ein Ersatz für wirkliche mütterliche Fürsorge und Wärme, die sie nicht geben konnte. Aber Arthur konnte auch zu seinem Vater keine echte Beziehung herstellen. Er empfand Verachtung für die Schwäche seines Vaters, aber der Vater tat ihm auch leid. Er fürchtete sich vor seinem Vater, und er haßte ihn. Eine solche Situation läßt nur zwei mögliche Ergebnisse zu. Das eine ist, daß der Sohn den Vater übertrifft und seine Überlegenheit beweist, also die Ödipusgeschichte ausagiert. Diesen Weg wählte Robert, dessen Fall wir im ersten Kapitel studiert haben. Um dies zu tun, muß der Sohn einen großen Teil seiner Sexualität opfern. Das andere Ergebnis ist, daß der Sohn sich dem Wettbewerb entzieht und sich mit seinem Vater identifiziert. Arthur wählte diesen Kurs. Vater und Sohn entwickelten eine Beziehung, in der Arthur seinem Vater über all seine Aktivitäten berichtete und so dem Vater erlaubte, an seinem Leben teilzuhaben. Ich glaube, daß dieser Kontakt zu seinem Vater Arthur daran hinderte, ein Homosexueller zu werden; aber er änderte sein Schicksal im übrigen nicht.

Arthurs Identifizierung mit seinem Vater in dieser Situation wurde dadurch ermöglicht, daß er seine sexuellen Gefühle für seine Mutter abschnitt. Wie alle Opfer des ödipalen Konflikts war er psychisch kastriert. Er litt an schwerer Kastrationsangst, die mit extremen Verspannungen im Genitalbereich zusammenhing. Sein Becken war fest gehalten, und der Beckenboden war hochgezogen. Diese Verspannung machte das Becken unbeweglich, so daß nur sehr wenig Beckenbewegung möglich war. Die daraus resultierende Minderung seiner sexuellen Potenz machte Arthur unsicher gegenüber Frauen und unter Männern. Er fürchtete, Frauen würden ihn mißbrauchen, wenn er starke sexuelle Gefühle für sie empfände. Männern gegenüber fühlte er sich sowohl überlegen als auch unterlegen, wie bei seinem Vater. Er machte sich auch Sorgen in bezug auf mögliche homosexuelle Tendenzen, wenn er Männer zu nah an sich heranlassen würde.

Arthur hat diesen Weg nicht bewußt gewählt. Er hat so auf die ödipale Situation reagiert, daß ihre traumatische Wirkung auf ihn so gering wie möglich war. Seine Charakterstruktur entwickelte sich als Abwehr gegen einen möglichen Inzest mit seiner Mutter und die mögliche Kastration durch seinen Vater. Das erforderte zwar, daß er einen Teil seines Lebens aufgab (der Wunsch, zu sterben), aber es befähigte ihn, einen anderen Teil zu behalten und in gewissem Maß als Mann zu funktionieren, wenn auch mit dem Gefühl, »draußen in der Kälte« zu sein.

Die Therapie kann die Vergangenheit nicht ausrotten. Sie geht mit der Vergangenheit hinsichtlich ihrer Wirkungen auf die Gegenwart um. Man kann den Mangel an Wärme in Arthurs Kindheit nicht beheben, indem man ihn heute liebt, als sei er ein Baby. Er kann als Erwachsener nur durch seine sexuelle Leidenschaft und die Liebe einer Frau gewärmt werden. Damit Arthur ein Mann sein kann, muß das ödipale Problem durchgearbeitet und seine Sexualangst gelindert werden. Das bedeutet, daß sich der Patient seiner Kastrationsangst körperlich stellen muß. Da auch Frauen an demselben ödipalen Problem leiden, haben auch sie eine Kastrationsangst, die ähnlich gehandhabt werden muß.

Der zweite Fall betrifft einen sehr erfolgreichen Mann von Mitte Vierzig. den ich Frank nennen will, der ebenfalls über Depressionen klagte. Außerdem hatte er eine sehr beunruhigende hypochondrische Angst vor dem Tod; er hatte das Gefühl, er müsse sterben, und jedes Wehwehchen in seinem Körper bestätigte ihn in seiner Angst. Er machte sich ständig Sorgen, ihn könnte der Schlag treffen oder er könnte einen Herzanfall haben, aber sein Blutdruck war normal und sein Puls langsamer als normal. In Wirklichkeit litt er an einer Kreislaufstörung; wenn er vom Liegen aufstand, wurde ihm schwindlig und er fühlte sich schwach. Obwohl Frank von der Vorstellung besessen war, sterben zu müssen, hatte er noch andere Probleme. Sein häusliches Leben war unglücklich. Er fürchtete sich vor seiner Frau und vor Frauen im allgemeinen. Sein Sexualtrieb war herabgesetzt.

Franks Fall bietet eine gute Gelegenheit, die pathologische Todesfurcht und ihre Beziehung zur Persönlichkeit zu studieren. Frank war ein Tatmensch, d. h. im Mittelpunkt standen für ihn Leistung, Erfolg und Macht. Von einer schlechten finanziellen Lage in seiner Kindheit ausgehend, machte er seinen Weg nach oben in der Welt, indem er sich antrieb und in der Konkurrenz voranstrebte. Je höher er in seinem Beruf aufstieg, desto mehr Verantwortung übernahm er, und desto mehr Streß wurde ihm auferlegt. Als er zu einer Beratung zu mir kam, war er in einer sehr gefährdeten Lage. Eine weitere wichtige Beförderung für ihn wurde erwogen, und die Aussicht machte ihm schrecklich Angst.

Warum sollte jemand sich vor dem Erfolg fürchten? Wir können leicht die Angst vor dem Scheitern verstehen, die ziemlich verbreitet ist, aber was für eine Gefahr birgt der Erfolg?

Um dieses Problem zu begreifen, müssen wir an die ödipale Situation denken. Jeder Junge in unserer Kultur steht in einem Konkurrenzkampf mit seinem Vater um die Liebe seiner Mutter. Da die Frauen in unserer Kultur das Gefühl haben, Männern gegenüber in einer unterlegenen Stellung zu sein, hofft die Mutter auf ihren Sohn als ihren Helden, der ihre Ehre verteidigt. Von dem Jungen wird erwartet, daß er den Vater überflügelt und auf diese Weise der Mutter Ehre macht. Auch Arthur war in dieser Situation gefangen gewesen, und auch er wagte es nicht, erfolgreich zu sein. Wegen ihrer Schuldgefühle unterstützen die meisten Väter den Ehrgeiz der Söhne und zollen ihren Erfolgen Beifall, während sie im Inneren ihre eigene indirekt angedeutete Niederlage übelnehmen, nämlich den Umstand, daß der Junge ein besserer Mann ist als der Vater.

Der Junge steckt wirklich in der Falle. Wenn er versagt, riskiert er die Liebe der Mutter. Es würde auch dem Vater mißfallen, der ebenfalls hofft, daß ihm der Erfolg des Sohnes Ehre einbringt. Aber Erfolg bedeutet die Absetzung des Vaters und die Heirat mit der Mutter. Kein Kind kann diesen Weg einschlagen, so sehr es sich dies vielleicht in der Phantasie wünscht. Es ist zu klein. Es spürt, daß seine Mutter es besitzen und es selber seine Unabhängigkeit verlieren würde. Ohne seinen Vater würde es von ihr verschlungen werden. Und obwohl der Vater den Sieg des Sohnes über ihn theoretisch akzeptieren kann, fühlt er sich innerlich verraten und ist sowohl auf seine Frau als auch auf seinen Sohn wütend. Er wird dieses Gefühl vielleicht nicht zugeben oder sich seiner bewußt sein, aber das Kind ist empfindlich für die inneren Zustände seiner Eltern, und es hat Angst vor dem unausgesprochenen Zorn des Vaters.

Natürlich muß sich der Junge so verhalten, daß er der Vernichtung durch den Vater und der sexuellen Überwältigung durch die Mutter entgeht. Wenn der Leistungsdruck stark genug ist, pflegt er die sexuellen Gefühle für seine Mutter zu unterdrücken und seine Energien dem Kampf um den Erfolg zu widmen. Er opfert sein Sein und wird zum Menschen der Tat. Die Unterdrückung seiner Sexualität beseitigt jegliche Gefahr, denn sie kommt einer psychischen Kastration gleich. So sah Freud die Lösung der ödipalen Situation. Aber Verdrängung löst keine emotionalen Konflikte.

Lassen Sie mich sagen, daß nicht jedes Kind in gleichem Maß von der ödipalen Situation betroffen ist. Viel hängt von der Beziehung zwischen den Eltern ab, von der Liebe und dem Respekt, die sie für einander empfinden und von der Bedeutung, die sie dem Erfolg beimessen. Es gibt jedoch in unserer Kultur nur sehr wenige Familien, die nicht dem Erfolgsstreben verfallen sind, und in denen den Kindern die Auswirkungen des ödipalen Konflikts erspart bleiben.

Erfolg und Macht sind die Antwort des Ichs auf das ödipale Problem. Ihre Erlangung gleicht die Kastration aus. Sie sichert einem Bewunderung und Respekt. Sie verspricht einem Liebe, weil man die Forderungen der Eltern erfüllt hat, und sie gibt die Überlegenheit des Sohnes gegenüber dem Vater kund. Aber der Erfolg beschwört gleichermaßen die Kastrationsdrohung herauf. Bewunderung bringt Neid mit sich. Macht ruft Angst hervor, nicht Liebe. Der Sieg über den Vater bringt die Angst zurück, vernichtet oder verschlungen zu werden.

Je höher man aufsteigt, desto größer ist die Erregung, um so größer auch die Gefahr. Was aufsteigt, muß wieder herunter. Hinunter ist die Richtung, in der Erregung abgeführt und Befreiung erlangt wird. Ohne die Möglichkeit, herunterzukommen, hängt der Mensch in der Luft und findet keine Ruhe in seinem Kampf und seiner Mühe. Normalerweise erfolgt das »Herunterkommen« oder Lockerlassen durch Sexualität und Lust. Nach einem befriedigenden sexuellen Erlebnis fühlt sich der Mensch auf zufriedene Art entspannt und gelockert. Aber diese Möglichkeit war für Frank blockiert; er hatte sich nie viel Lust zugestanden, und er fürchtete sich vor Frauen. Da Frank spürte, daß er »herunterkommen« mußte, fürchtete er, zu fallen, und zwar in Form von Krankheit oder Tod.

Diese Analyse von Franks Situation führte zu einer überraschenden Folgerung, nämlich der, daß Frank sich mehr vor dem Leben fürchtete als vor dem Sterben. Seine Äußerung, er fürchte, er werde sterben, traf ebenfalls zu, denn wenn jemand vor dem Leben Angst hat, verlangt er nach dem Tod, und das ist erschreckend. An Franks Körper konnte man erkennen, daß sein Brustkorb sehr verspannt war, was seine Atmung stark behinderte. Er konnte nicht weinen, er konnte nicht schreien, und er konnte nicht nach der Liebe greifen, obwohl seine emotionale Entbehrung offensichtlich war. Sein Becken war straff gehalten, und die Beckenmuskeln waren deutlich kontrahiert. An dieser Verspannung war die Kastrationsangst deutlich zu erkennen, aber Frank merkte wegen seiner hypochondrischen Beschäftigung mit dem Tod nichts von diesem Aspekt seines Problems. Durch viele Jahre der Psychoanalyse wußte er von seinem ödipalen Problem, aber er hatte die Kastrationsangst nie erlebt, so daß sie für ihn nur leeres Gerede war. Wenn ihn einen Augenblick lang ein Schmerz in der Brust packte und ihm den Atem nahm, verfiel er in Panik und konnte nur noch denken, er müsse jetzt sterben. Ich versicherte Frank, daß es damit nach meiner Ansicht noch gute Weile habe. Er hatte alle Arten von Spezialisten aufgesucht, und keiner hatte irgendeine organische Ursache für seine Angst gefunden. Ich sagte ihm, es sei nicht das Schicksal der Hypochonder, eines »leichten Todes« zu sterben. Es scheine ihr Los zu sein, die Qualen der Verdammten zu leiden, ohne die Erlösung zu finden, die der Tod bedeutet. Frank fühlte sich jedoch durch meine Äußerung nicht sehr beruhigt.

Ich konnte Frank bewußtmachen, daß seine Atmung sehr flach war. Als er über dem Bioenergetik-Schemel[1] lag, wurde er der Verspannung in seiner Kehle und seiner Brust gewahr, und er merkte, wie schwer es ihm fiel, tief zu atmen. Ich konnte ihm auch zeigen, wie stark er seinen ganzen Körper hochzog. Er war über einen Meter achtzig groß und ziemlich mager. Er wirkte sehr schwach, und seine Beine sahen nicht so aus, als könnten sie ihn aufrecht halten. Er hatte Senkfüße und dünne Fußknöchel, und seine Knie waren durchgedrückt, um ihn etwas zu stützen. Seine Schultern waren so hochgezogen, als ob er sich

[1] Siehe Alexander und Leslie Lowen: *The Way to Vibrant Health,* New York, 1977. Dt.: *Bioenergetik für Jeden.* Gauting, 1979. Dort findet sich eine Beschreibung und Abbildungen der Art, wie der Bioenergetik-Schemel benützt wird.

mit ihnen aufrechthielte. Er erinnerte mich an eine Vogelscheuche, nur war er derjenige, der sich fürchtete.
Frank war müde. Er wollte gern lockerlassen, aber er konnte es nicht. Abwärts stellte Versagen und Tod dar. Er konnte aber auch nicht endlos aufrecht bleiben. Das war unmöglich. Ich konnte seine Angst verstehen; sie war real.
Frank hielt sich aufrecht, als wenn es um sein Leben ginge. Kein Wunder, daß er schreckliche Angst hatte, zu sterben. Wie lange kann man in aufrechter Stellung bleiben? Aber jede Verspannung ist buchstäblich ein Festhalten »um des lieben Lebens willen«! Es kommt nicht darauf an, um welche Muskeln es sich handelt. Jede Verspannung ist Teil eines Gesamtmusters, das die Charakterstruktur ausmacht, und das das Überleben des Individuums sicherstellen soll. Gegen seinen Charakter zu handeln, macht zu große Angst. Es wird als ein Identitätsverlust erlebt, ein vorübergehendes Nichtsein oder als Tod[2]. Aber der Tod ist auch ein Ausweg – aus der Falle, aus dem Kampf, aus der Unlust des Lebens. Frank wünschte sich verzweifelt, aufzugeben, loszulassen, zu sterben, aber dieser uneingestandene Wunsch, zu sterben, jagte ihm einen tödlichen Schrecken ein.
Ich habe diesen Wunsch, zu sterben, bei jedem Patienten gefunden, den ich behandelt habe. Bei manchen ist er schwach, bei anderen stark. Seine Stärke ist dem Grad der Lebensangst direkt proportional. Die Hemmung des Lebens ist der Tod. Jede chronische Verspannung im Körper ist eine Angst vor dem Leben, eine Angst vor dem Loslassen, eine Angst vor dem Sein. Man kann sie als Todeswunsch deuten. Das ist jedoch etwas anderes als Freuds Konzept vom Todestrieb. Ein Trieb wohnt dem Organismus inne, während sich der Wunsch, zu sterben, nur entwickelt, wenn das Leben zu schmerzlich wird. Ich habe

[2] Reuben Bar-Levav: »Behavior Change-Insignificant and Significant, Apparent and Real«, in: *What Makes Behavior Change Possible?*, hrsg. v. Arthur Burton, New York 1976, S. 288. »Das Aufgeben von Persönlichkeitszügen, die man immer als wesentlich fürs Überleben angesehen hat, ist ein erschreckender und schmerzlicher Prozeß.«

vor einigen Jahren auf einem bioenergetischen Workshop für Therapeuten mit einem Mann gearbeitet. Er lag über dem Bioenergetik-Schemel und überließ sich seiner Atmung. Es war seine erste Erfahrung mit dem Schemel. Plötzlich rief er aus: »Ich bin so müde, daß ich sterben möchte!« Er fiel zu Boden und brach in tiefes Schluchzen aus.

Ich erinnere mich, daß ich einmal beim Schwimmen in einem Schwimmbecken etwas ähnliches erlebt habe. Ich ließ mich ganz entspannt treiben, den Kopf unter Wasser. Da kam mir der Gedanke: »Warum soll ich hier nicht einfach liegenbleiben? Wie schön wäre es, wenn ich mir jetzt nicht die Mühe machen müßte, meinen Kopf aus dem Wasser zu erheben, um zu atmen.« Natürlich machte ich mir die Mühe. Es war eine Anstrengung, weil ich dem Wunsch entgegenhandeln mußte, nichts zu tun. Diese Anstrengung drückte meinen Lebenswillen aus, den ich gegen irgendeinen tiefsitzenden Todeswunsch mobilisierte. So viele von uns sind wie Arthur; sie bemühen sich, in einer »kalten« Welt zu überleben und leugnen den Wunsch, den Kampf aufzugeben. Wir setzen unseren Willen ein, um weiterzumachen; das bedeutet, daß der Lebensprozeß ein Tun, nicht ein Sein ist. Wir fürchten uns also, das Wollen, das Tun aufzugeben, weil wir Angst haben, wir könnten sterben. Wenn wir Angst haben, zu sterben, haben wir auch Angst, zu leben oder zu sein. Und wenn wir Angst haben, zu leben, fürchten wir, wir könnten sterben.

Die Angst vor dem Tod ist eines der Täler, die wir auf der Reise zurück ins Kindes- und Säuglingsalter durchqueren müssen. Wir müssen uns der Todesangst in uns stellen und erkennen, daß sie von einem Wunsch, zu sterben, herrührt. Dieser Wunsch wiederum rührt von dem Kampf her, auf den wir uns alle einlassen, um zu beweisen, daß wir der Liebe würdig sind, um unsere Verletzlichkeit zu überwinden und um unsere Angst zu leugnen. Aber das sind unerreichbare Ziele, und es besteht in Wirklichkeit gar keine Notwendigkeit, sie zu erreichen. Wir können es uns leisten, den Kampf aufzugeben. Tatsächlich finden wir uns, wenn wir es nicht tun, in Franks Situation wieder: Wir treiben uns an bis zu dem Punkt, an dem der Tod uns als der einzige Ausweg erscheint. Das Aufgeben des Kampfes beseitigt den Wunsch, zu sterben, und hebt die Angst vor dem Tod auf. Es öffnet das Tor zum vollen Leben und Sein.

Die Angst vor der Sexualität

Wenn man sagt, die Menschen fürchten sich vor der Sexualität, dann klingt das nicht viel weniger absurd als wenn man sagt, sie fürchten sich vor dem Leben. Aber die Wirklichkeit ist, daß sowohl das Leben als auch die Sexualität für die Menschen ihre beängstigenden Seiten haben. Beide sind unberechenbar, unterstehen nicht der Herrschaft des Ichs und sind von Natur aus explosiv. Der Orgasmus ist nicht nur einfach ein Strömen von Empfindung. Er beginnt als ein Strömen und endet als Ausbruch. Es ist, als ritte man auf einem Pferd und würde plötzlich in den Weltraum hinauskatapultiert. Man kann die Orgasmusreaktion auf vielerlei Weisen beschreiben, aber ihnen allen ist eines gemeinsam, die Vorstellung vom Durchbrechen von Schranken, vom Explodieren, vom Überschreiten einer Grenze. Ein Schrei ist ähnlich. Wenn er spontan erfolgt, bricht er hervor. Selbst die Reaktion des Schluchzens hat diese Eigenschaft. Wir sagen dann, jemand bricht in Tränen aus.

Nicht jede sexuelle Betätigung führt zu orgastischer Befreiung. Wenn diese nicht eintritt, kann der Sex oder das Vorspiel doch lustvoll sein. Aber ohne die orgastische Befreiung entgeht einem die ekstatische oder wonnevolle Erfahrung, die der Sex zu bieten hat. Wenn man diese Erfahrung macht, weiß man, worum es im Leben geht. Aber nicht nur beim Sex bricht das Leben in seiner Herrlichkeit und in seinem Glanz durch und gibt dem Lebendigsein mehr Sinn. Das Aufbrechen des Frühlings in einer Blumenwiese ist der Zauber der Schöpfung, der uns mit Ehrfurcht erfüllt und uns das Wunder und die Größe des Lebens empfinden läßt. Nicht die allmähliche Verwandlung erregt uns so. Das Geheimnis liegt in der Explosivität des Phänomens. Für van Gogh ereignete sich die Explosion nicht nur in der Natur, sondern auch in seinem Gehirn und in seinen Bildern.

Wir wissen natürlich, daß dem Ausbrechen des Lebens eine lange Vorbereitungszeit vorangeht. Ein Baby platzt bei der Geburt in die Welt hinein, aber es ist auf dieses Ereignis langsam vorbereitet worden. Eine Blüte scheint sich über Nacht zu öffnen, aber auch sie hat eine lange Vorbereitung hinter sich. Der Ausbruch ist immer das Ans-Licht-Treten eines Vorgangs, der vorher im Dunkeln abgelaufen ist, und dieser Aspekt erscheint uns zauberhaft. Es ist ein Gefühl der Befreiung vorhanden, als würde eine vorher gefesselte Kraft plötzlich frei. Es ist auch ein Gefühl der Schöpfung da, als sei plötzlich ein neues Wesen oder ein neuer Seinszustand entstanden.

Aber gerade diese Qualität des Lebens, diesen Zauber, diese Schöpferkraft, diese Wonne, diese Fülle, diesen explosiven Aspekt versucht unsere Kultur zu unterdrücken. Wir versuchen den Lebensprozeß zu beherrschen, um uns gegen seine Wechselfälle zu schützen, um uns vor Krankheit und Tod zu bewahren, wobei wir uns kaum klarmachen, daß man dazu das Leben in eine mechanische Operation umwandeln muß. Bei unserem Versuch, die Täler der Erfahrung zu meiden, müssen wir die Gipfel beseitigen. Wir müssen das Leben plattwalzen, so daß es wie ein Fließband in der Fabrik abläuft. Es darf an keiner Stelle seine Schranken durchbrechen, seine Wächter überwältigen oder sie mit einer Neuschöpfung konfrontieren. Wir reden von Kreativität, aber all unsere Energien gehen in die produktive Arbeit statt in die Kreativität. Wir beten das Tun an, nicht das Sein.

Das Plattwalzen des Lebens wird durch die Unterdrückung der Sexualität bewerkstelligt. Natürlich kann man sie nicht vollständig unterdrücken, denn dann gäbe es keine Fortpflanzung mehr. Was unterdrückt wird, ist der berstende, explosive, bezaubernde Aspekt der Sexualität. Früher geschah dies durch einen Sittenkodex, der ihren Ausdruck einschränkte. Der unbedingte Befehl dieses Kodex lautete, man sollte dem Sexualtrieb nicht vollständig »nachgeben«. Solche Vorschriften, die das Leben einschränken, werden ebensosehr unbeachtet gelassen, wie sie beachtet werden, aber ihre Wirkung besteht darin, den natürlichen und spontanen Ausdruck sexueller Gefühle zu hemmen. Wir haben heute diesen Moralkodex weitgehend dadurch abgeschafft, daß wir alle Grenzen und Schranken des Ausdrucks von Sexualität beseitigt haben, aber wir haben es so gemacht, daß das Leben noch platter geworden ist. Indem wir den Sex kommerziell durch vulgäre und pornographische Zurschaustellung ausbeuten, indem wir das kalte Licht des Wissens auf die Geheimnisse der Sexualität werfen, verhindern wir, daß sich die Erregung bis dahin aufbauen kann, wo ein Bersten oder eine Explosion auftreten kann. Der Sex ist in unserer Zeit zu einer Produktion und nicht zu einer Schöpfung geworden.

Die Sexualität ist die stärkste Manifestation des Lebensprozesses. Indem man die Sexualität steuert, steuert man das Leben. Wir wollen den Lebensprozeß nicht anhalten; wir wollen, daß er glatt abläuft, in verordneten, geregelten Bahnen, berechenbar wie eine Maschine. Wir fürchten uns vor der sprudelnden, berstenden Qualität. Wir fürchten, er könnte aufhören, wenn er explodiert; wenn er wie ein Springbrunnen aufsteigt, wird er wie ein Wasserfall abfließen. Wir können auf die sinnlichste Weise mit der Sexualität spielen, aber wir haben eine tödliche Angst davor, in einen Orgasmus der Wonne und Ekstase auszubrechen. Reich nannte diese Furcht »Orgasmusangst«. Nach seiner und meiner Ansicht liegt sie allem neurotischen Verhalten zugrunde.

Der enge Zusammenhang zwischen Sexualität und Tod ist bekannt. Die Franzosen nennen den Orgasmus *la petite mort,* den kleinen Tod. Da das Ich beim vollständigen Orgasmus ausgelöscht wird, erlebt ihn das Ich als einen kleinen Tod. In

Liebe und Orgasmus[3] habe ich geschrieben: »Der enge psychische Zusammenhang zwischen Sexualität und Tod ist das Symbol des Bodens oder der Höhle, das sowohl den Mutterleib als auch das Grab darstellt. Orgasmusangst – d. h. die Angst vor der Auflösung des Ichs, die den Neurotiker beim Herannahen der vollständigen sexuellen Klimax überwältigt – wird als Angst vor dem Sterben wahrgenommen.«
Die meisten von uns erleben beim Herannahen des vollständigen Orgasmus keine Todesangst, weil wir unbewußt die Entladung zurückhalten und so nur eine Teilabfuhr zulassen. Wir sterben also nicht, aber wir werden auch nicht wiedergeboren. Die volle orgastische Befreiung wird durch Verspannungen im Becken blockiert. Ich habe diese Verspannungen mit der Kastrationsangst in Verbindung gebracht, die auch mit der Vorstellung vom Tod eng verbunden ist. Diese Verknüpfung zeigt sich im folgenden Bericht eines Patienten, den ich Mike nennen will. Er sagte zu mir: »Sie haben in der letzten Sitzung an meinem Becken gearbeitet, und ich hatte das Gefühl, aus mir sei der Boden herausgefallen. Es war wie eine Energieabfuhr. Alle Energie floß aus mir heraus, und ich fühlte mich, als sei ich tot, ein kleiner Tod. Dann bekam ich eine Virusinfektion und fühlte mich so schwach wie schon lange nicht mehr. Ich hatte keine sexuellen Gefühle. Ich bekam Angst, ich würde nicht wieder gesund werden, ich würde sterben, mit mir wär' es vorbei. Ich wurde sehr niedergeschlagen. Es dauerte drei Wochen; meine Energie ist nur ganz allmählich wiedergekommen.«
Diese Erfahrung machte Mike bewußt, daß der Tod irgendwie mit seinen sexuellen Ängsten zusammenhing. Er bemerkte: »Die dunklen Ringe unter meinen Augen, die wie der Tod aussehen, haben sich in der Pubertät entwickelt. Bilder von mir zeigen, daß ich als Kind glücklich aussah. Die Pubertät war mein kraftlosester Zustand. Ich war damals erschöpft, niedergeschlagen, isoliert und selbstmordgefährdet. Ich fühlte mich

[3] Alexander Lowen: *Liebe und Orgasmus,* München, 1980, S. 68.

verloren. Ich hab' immer nach einem Mädchen Ausschau gehalten, das mich retten würde, das mich lieben und mir das Gefühl geben würde, lebendig zu sein.«

Aus anderem Material, das Mike brachte, ging klar hervor, daß er sexuelle Erregung mit Leben gleichsetzte. Diese Gleichsetzung ist weit verbreitet, denn die meisten Menschen fühlen sich sehr lebendig, wenn sie sexuell erregt sind. Aus diesem Grund kann die Abfuhr der Erregung als Sterben erlebt werden. Das würde zutreffen, wenn der Betreffende keinen explosiven Höhepunkt erreichen und statt dessen spüren würde, wie die Erregung abklingt oder wegrinnt. Und das kann eintreten, wenn man sich vor der orgastischen Abfuhr fürchtet und kurz vor der Klimax »erstarrt«. Andererseits läßt der Orgasmus ein Gefühl der Befriedigung und des Erfülltseins (voll, nicht leer) in einem zurück. *La petite mort* bezeichnet lediglich die Bewußtseinstrübung, die mit dem vollständigen Orgasmus eintritt. Nach dem Orgasmus empfindet man ein tiefes Gefühl des Friedens und der Ruhe. Abends bringt es einen sehr ruhigen Schlaf mit sich. Früher oder später, je nach dem Betreffenden, baut sich die sexuelle Erregung wieder auf, und man ist wieder bereit für einen weiteren Schöpfungsakt. In der Sexualität wiederholt sich der ewige Zyklus von Geburt, Tod und Wiedergeburt regelmäßig.

Bei einer anderen Sitzung einige Zeit später berichtete Mike, die Verspannungen im Hals und in den Schultern würden unerträglich. Er sagte: »Wenn ich meinen Kopf lockerlasse und vornüber beuge, fühle ich mich schwach, hilflos und verängstigt. Ich muß mich aufrecht halten.« Der Nacken, besonders an der Stelle, wo er mit dem Kopf verbunden ist, ist einer der wichtigsten Bereiche des »Festhaltens« im Körper. Es gibt kaum jemanden, der hier keine starken Verspannungen hätte. Wir haben alle Angst, den Kopf »loszulassen«, was gleichbedeutend ist mit einem Verlust der Selbstbeherrschung. »Verlier' nicht den Kopf« ist ein Ratschlag, den man oft zu hören bekommt. »Sich in der Hand zu haben«, bedeutet, daß der Körper dem Willen des Ichs unterworfen ist, und daß es ohne

Zustimmung des Ichs keine Bewegung gibt. Der Wille hat die Befehlsgewalt. In Mikes Fall bedeutete dies den Lebenswillen. Das Lockerlassen des Kopfes war gleichbedeutend mit Zusammenbruch, Niederlage und Tod.

Dieser Tag war regenschwer. Mike erinnerte sich an solche Tage zu Hause, als er als Junge bei seiner Mutter war. Er sagte: »Ich hab' mich immer so schwer gefühlt. Es war so schwarz.« Seine Mutter war sehr depressiv, und sie schien immer sterben zu wollen. Sie klammerte sich an Mike, als wenn dieser kleine Junge sie retten könnte, und er hatte das Gefühl, sie retten zu müssen. Es war in Wirklichkeit zuviel für ihn, aber wenn er losließ, würde sie sterben, und er auch, da er auch abhängig von ihr war. Er mußte um ihret- und um seinetwillen festhalten.

Ich drückte mit den Fingern auf die Muskeln an der Stelle, wo Schädel und Hals aneinandergrenzen und ermutigte Mike zugleich, tief zu atmen. Er spürte ein Summen in seinem Kopf, und dann eine Dunkelheit, als würde er bewußtlos. Ich habe bei einer Reihe von Patienten miterlebt, wie ihnen dies zustieß; es waren solche, die nicht dem Druck nachgaben, sondern Widerstand leisteten, indem sie die Anspannung steigerten und die Blutzufuhr zum Gehirn verminderten. Aber Mike hatte dieses Gefühl schon früher erlebt, als ich dasselbe Manöver ausprobiert hatte, und er sagte mir später: »Ich bin damals nicht gestorben. Ich werde auch heute nicht sterben, ich brauche mich nicht davor zu fürchten, lockerzulassen.« Und er ließ den Kopf los.

Als er auf dem Bett lag, nachdem es vorbei war, empfand Mike ein Gefühl großen Friedens. Er weinte aus tiefem Herzen. Es war nicht mehr nötig, festzuhalten. Er ließ den Unterkiefer fallen und sagte: »Ich fühl' mich wie ein Leichnam. Wenn die Leute mich jetzt sehen könnten, würden sie sagen ›Seht euch den Tod an‹. Die Muskeln in meinem Nacken sind wie die Schnüre einer Marionette. Wenn sie durchhängen, breche ich zusammen und bin nur noch ein Nichts.«

In Mikes Charakter wird das Sein mit Leere oder Nichts gleichgesetzt. Das ist kein existenzielles Problem. Es ist zwar in unserer Kultur recht weit verbreitet, aber es ist nicht der natürliche Zustand der menschlichen Existenz. Die Unterdrückung des Gefühls, insbesondere des sexuellen Gefühls, erzeugt in der Persönlichkeit eine innere Leere, die dann mit Tun ausgefüllt wird. Für Mike bestand das Tun im Beschützen anderer. Er sagte: »Ich bin ein Beschützer. Ich würde jeden beschützen.« Wir haben gesehen, wie wichtig Mike für seine Mutter war. Das erzeugte eine Dreieckssituation, in der Mike sich seinem Vater überlegen fühlte. Er bemerkte: »Ich glaube, er fühlte sich *ausgeschaltet.* Ich mußte meine Sexualität opfern, um ihn nicht zu bedrohen. Ich brachte das Opfer in der Hoffnung, er würde mir meine Sexualität später wiedergeben. Aber er wußte mich nicht zu schätzen.«

Mike hatte das Opfer während der ödipalen Phase gebracht, etwa im Alter von sechs oder sieben Jahren. Er hoffte, seine Sexualität in der Pubertät wiederzugewinnen. Als dies nicht eintrat, wurde er schwer depressiv und selbstmordgefährdet. In unserer Kultur führt der ödipale Konflikt nicht zum Tod des Vaters, sondern zum Tod des Sohnes. Der Vater hat zuviel Macht. Jedoch bedeutet der Tod des Sohnes, symbolisch ausgedrückt (Kastration = Tod), daß symbolisch auch der Vater stirbt. Der Sohn wird seinerseits wieder Vater, aber da er schon früher psychisch kastriert worden ist, ist er nun der »tote« Vater, der seine sexuelle Impotenz durch Macht und Stellung kompensiert. Und er wird wiederum seine eigenen Söhne kastrieren, nicht absichtlich, sondern durch seine Schwäche als Mann.

Die Therapie bei Mike konzentrierte sich darauf, ihm zu helfen, die Gefühle der Schwäche, Müdigkeit und Hilflosigkeit zu überwinden, die seine Männlichkeit untergruben. Es gab für ihn keine Möglichkeit, diese Gefühle durch eine Willensanstrengung zu überwinden, da er all seine Willenskraft brauchte, um nur zu überleben. Außerdem wäre es nicht wünschenswert gewesen, selbst wenn es möglich gewesen wäre, da es das »Festhalten« gesteigert hätte, und zugleich die Angst vor dem Loslassen. Es gab für Mike keine andere Möglichkeit, als diesen Gefühlen nachzugeben. Immer, wenn ich die Verspannungen in seinem Becken oder in seinem Kiefer bearbeitete, brach er in Tränen aus. Das bewirkte eine Vertiefung seiner Atmung und verlieh ihm mehr Energie. Seltsamerweise wurde er jedesmal stärker, wenn er sich seine Schwäche spüren ließ. Jedesmal, wenn er sich seine Müdigkeit fühlen ließ, ruhte er sich aus und erholte sich. Jedesmal, wenn er sich verängstigt fühlte, verwandelte sich dieses Gefühl in Wut, die seine Angst verminderte.

Mike mußte in seinem Leben einiges ändern. Er konnte nicht weiterhin so tun, als sei er ein Mann, um seine Mutter, seine Frau und seine Patienten zu retten. Ich erwähne dies, weil Mike selber Therapeut war. Er schränkte seine Arbeit ein und zog sich vor neuen Herausforderungen oder Forderungen zurück. Und er setzte seine eigenen Bedürfnisse durch. Das alles brauchte Zeit. Er kam nur etwa sechsmal im Jahr zu mir, aber er wußte, daß er meine Unterstützung hatte.

Der große Umschwung trat ein, als er mich mit Nachdruck die Verspannung in seinem Becken bearbeiten ließ. Er bekam große Anngst und begann, heftig zu zittern. Dann weinte er ganz aus der Tiefe. Er fühlte sich durch dieses Erlebnis »ausgelöscht«. Nach der Sitzung ging er nach Hause und schlief zwölf Stunden lang. Als er aufwachte, fühlte er sich viel besser. Er sagte mir, daß er seit dieser Zeit spürte, wie er langsam stärker wurde. Die alte Schwäche schien verschwunden zu sein, und seine Angst schien entsprechend abgenommen zu haben. Er hatte den Grund berührt und war nun auf dem Weg nach oben. Schon einmal hatte ich die Verspannungen in seinem Becken bearbeitet, und er hatte sich »ausgelöscht« gefühlt. Er benützte die Worte »aller Energie beraubt«. Diesmal war es anders. Er ließ los, und sein Körper ging zu einer Zuckungsreaktion über, die an eine orgastische Abfuhr erinnerte. Er hatte ganz losgelassen, und infolgedessen konnte er »zurückfedern«.

Bei dem nächsten Fall, den ich vorstellen möchte, wird die Angst vor der sexuellen Abfuhr mit den Augen einer Frau gesehen. Martha war, bevor sie zu mir kam, schon etliche Jahre in Therapie gewesen. Sie war eine attraktive Frau von etwa dreißig Jahren, sehr lebendig und mit viel Gefühl, aber unfähig, ihre Energie in ein befriedigendes Leben umzusetzen. Ihre Hauptschwierigkeit war ihre Beziehung zu Männern. Ihre Probleme spiegelten sich deutlich in ihren Träumen.

Martha berichtete, sie habe einige deutlich sexuelle Träume. Einer davon wiederholte sich dreimal, was noch nie vorher geschehen war. Dies ist der Traum, wie Martha ihn erzählte: »Ich lag auf einer Couch, nackt und zum Sex bereit. Mein Vater war in der Nähe einer Wand. Er hatte seine Kleider abgelegt. Er kam auf mich zu, aber gerade in diesem Augenblick kam meine Mutter ins Zimmer und blieb etwa einen Meter von meinem Kopf entfernt stehen. Sie sagte nichts über seine Gegenwart. Er wandte mir den Rücken zu und stand da, ohne etwas zu sagen. Das Gefühl, das sich mir von ihm mitteilte, war: ›Ich bin nicht hier. Ich habe mit dem hier nichts zu tun.‹«

Meine Mutter hatte einen sehr strengen und grollenden Gesichtsausdruck, der etwa besagte: ›Wie konntest du sowas tun?‹ Aber es wurde kein Wort gesprochen. Ich erinnere mich, daß ich ungläubig zu ihr aufblickte, als wollte ich sagen: ›Ich bin nicht dran schuld. Siehst du ihn nicht? Ich bin nicht dran schuld.‹ Ich sah ihn an mit dem Gefühl: ›Warum sagst du nichts? Du hast auch deinen Anteil an dem hier.‹ Sie erkannte seinen Anteil nicht an, und ich blieb mit dem Gefühl zurück, daß alles an mir liegt. Ich bin die Verantwortliche.«

Der Traum stellt ihr Problem mit Männern bildhaft dar. Sie hat starke sexuelle Wünsche, aber auch Schuldgefühle, daß sie die Verführerin ist. Infolgedessen grollt sie dem Mann und kann sich ihm sexuell nicht hingeben. Am Ende ist sie frustriert und wütend.

Etwa ein Jahr später offenbarte ein anderer Traum ihren Konflikt mit ihrer Mutter. Sie sagte: »Ich träumte, meine Eltern hätten Verkehr miteinander, und ich wußte, daß ich als Nächste drankommen sollte. Ich war sehr erregt, aber ich konnte mich dem Gefühl nicht hingeben. Einmal, als ich achtundzwanzig war, war ich mit meinen Eltern in einem

Badeort. Sie hatten Verkehr miteinander, als sie dachten, ich schliefe. Ich war sehr erregt.
Im Traum dachte ich, wenn ich Verkehr mit meinem Vater hätte, würde ich besser sein als meine Mutter. Ich dachte auch, sie würde mich beobachten, und ich könnte es nicht genießen. Ich war wütend auf sie. Wenn ich ihm gegenüber loslassen würde, und sie könnte es nicht, würde sie gekränkt sein. Sie tat mir leid. Ich hätte ihn ihr wegnehmen können, aber dann wäre sie ganz allein gewesen. Sie brauchte ihn mehr als ich.«
Auch hier haben wir wieder das Thema vom Opfer der sexuellen Erfüllung. Aber der Phantasievorstellung von der Überlegenheit gegenüber der Mutter stand die Realität entgegen, daß der Vater in Wirklichkeit Verkehr mit der Mutter hatte.
Kurz nach diesem Traum kam noch einer. »Ich liege im Bett und bin kurz vor dem Einschlafen. Der Schauplatz ist das Schlafzimmer meiner Eltern. Jemand schlägt sehr laut gegen die Tür. Jemand bricht ein. Ich schreie nicht. Ich erwarte, daß meine Eltern es hören und kommen, um mich zu beschützen. Aber mir wird klar, daß niemand kommt.
Ein Mann kommt hereingestürzt und steht mitten im Zimmer. Er sieht mich an, und ich weiß, er wird mich überfallen. Ich sage: ›Tu' mir nicht weh, ich bin nur ein kleines Mädchen.‹ Ich war jedoch so groß wie heute. Aus dem einen Mann werden zwei Männer. Einer steht neben meinem Bett. Ich hab' schreckliche Angst. Ich rede flehentlich mit ihm: ›Ich bin nur ein kleines Mädchen.‹ Ich fühle mich von der Taille abwärts gelähmt. Ich schlug mit den Armen um mich, aber ich konnte ihn nicht erreichen, weil sich der untere Teil meines Körpers nicht bewegte.
Ich machte einen Ausfall und packte ihn. Ich fühlte seinen Hintern an meinem Körper, und ich wurde sexuell erregt. Dann drehte ich ihn herum und sah, daß es mein Vater war. Ich schrie: ›Es ist mein Vater. Er will mich.‹ Ich schrie das dem anderen Mann zu. In den Augen meines Vaters war ein wütender Blick, weil ich ihn bloßgestellt hatte. Ich war

verblüfft. Ich hatte das Gefühl, er werde mich töten, und ich wachte auf mit dem Gefühl seiner Hand an meiner Kehle und einer anderen Hand über meinem Mund.«

Dieser Traum war bedeutsam für Martha, weil er ihr klarmachte, daß ihre sexuellen Probleme von dem Interesse ihres Vaters an ihr herrührten. Obwohl sie höchst erregt war, wagte sie es nicht, offen zu reagieren (ihr Becken zu bewegen), denn sie würde von ihrer Mutter die Schuld zugeschoben bekommen und von ihrem Vater bedroht werden. Er würde sie eben wegen der sexuellen Gefühle angreifen, die er auf sie projiziert hatte. Martha leidet immer noch an einer gewissen Lähmung der unteren Körperhälfte, wenn sie sexuell erregt ist. Die Herabsetzung der Beweglichkeit des Beckens ist eine Form der Kastration.

Dieser Traum förderte wichtiges Material aus Marthas Kindheit zutage. Sie erzählte: »Ich pflegte mit einem Jagdmesser unter dem Kopfkissen und einem Baseballschläger unter dem Bett schlafen zu gehen. Ich hörte Geräusche, als wenn jemand käme, um mich zu holen, aber ich konnte es meinen Eltern nicht sagen, weil ich nicht wagte, in ihr Zimmer zu gehen, und weil ich mich schämte, da sie sonst niemand hörte. Ich war so verängstigt, daß ich immer wieder aus dem Fenster krabbelte und zum Schulhaus ging, wo ich die ganze Nacht singend auf der Schaukel saß, bis die Sonne aufging. Dann ging ich wieder nach Hause und kroch ins Bett. Das passierte mehrmals in der Woche, bis ich elf war. Mir wird jetzt klar, wie verängstigt ich als Kind war ... und noch bin.

Ich hab' mit elf oder zwölf Jahren angefangen, mich mit Jungs zu verabreden. Als ich vierzehn war, hab' ich mit meinem Bruder viel Sexualspiele betrieben. Bei anderen Jungs war ich aber prüde. Ich hab' nicht masturbiert, bis ich sechzehn war, aber ich hab' mich geschaukelt. Ich hab' unglaubliche Schuldgefühle gehabt wegen meiner Sexualität. Ich hab' mich schrecklich geschämt, wenn meine Eltern ihren Freunden erzählten, daß sich meine Brüste entwickelten und daß meine Periode gekommen sei. Ich fühlte mich gräßlich bloßgestellt.

Mir ist auch klar, daß an meinen Eltern etwas Geiles war. In meiner Familie war die Sexualität überall, kurz vor dem Explodieren, aber sie wurde nie zugegeben, nie anerkannt, immer verdeckt. Es war alles voller Anzüglichkeiten. Dreckige Witze und Bemerkungen waren an der Tagesordnung, und mein Vater lief nackt herum, aber man sollte nichts sehen. Es war ›Schau hin, aber schau nicht hin‹. Selbst heute noch liegt er nackt auf dem Bett und hat die Tür offen, aber niemand soll hinschauen. Es hat mich verrückt gemacht.«
Martha wagte nicht, zu sein, weil das bedeutete, sexuell reaktionsbereit zu sein, was mit der Todesdrohung verbunden war. Andererseits war sie von sexuellen Gefühlen gequält, die sie nicht freisetzen konnte, und von Schuldgefühlen, die nicht zu besänftigen waren. Sie steckte in der Falle. Sie versuchte, aus dieser Falle herauszukommen, indem sie das Richtige tat, ... was ihre Eltern wollten. Aber das funktionierte nicht, und schließlich fühlte sie sich hoffnungslos. Das konnte sie nicht akzeptieren, also fuhr sie mit den Versuchen und mit dem Tun fort. Martha beschrieb ihre Situation folgendermaßen: »Ich fühle mich hoffnungslos, also glaube ich, ich muß etwas tun. Aber das hilft nichts, also wird die Hoffnungslosigkeit größer. Dann muß ich wieder versuchen, etwas zu tun. (Das Tun ist ein Handeln, das den Zweck hat, die Anerkennung und Bejahung eines anderen zu gewinnen.) Ich fühle mich in einem Teufelskreis und kann nicht heraus.«
Man kann niemals aus einer Falle herauskommen, indem man zappelt – was Martha tat. Man wird nur noch stärker gefesselt. Man muß mit dem Zappeln, Versuchen, Tun aufhören. Für Martha bedeutete das, ihr Gefühl der Hoffnungslosigkeit zu akzeptieren, sich nicht mehr dagegen zu wehren. Und die Lage war hoffnungslos. Sie konnte ihre Eltern niemals dazu bewegen, sie zu akzeptieren und anzuerkennen, da sie ihre Sexualität nicht akzeptierten. Hätte sie diese Tatsache angenommen, hätte sie zwei sehr starke Gefühle gehabt, ein Gefühl der Traurigkeit und eines der Wut. Die Traurigkeit grenzt an Verzweiflung mit Selbstmordgedanken. Die Wut ist dämo-

nisch. Angesichts der Verzweiflung und der Wut würde sie entweder sich selbst töten oder ihren Vater. Um eines von beiden zu tun, müßte sie verrückt sein – verrückt vor Wut. Sie konnte ihren Verstand nur durch Tun und Hoffen behalten, auch wenn dieser Kurs fehlschlagen mußte.

Die Angst vor dem Wahnsinn

Der Wahnsinn bedeutet für die menschliche Persönlichkeit eine ebenso große Gefahr wie der Tod. Er ist eine Art Tod, da das Selbst, wie es normalerweise erlebt wird, im Zustand der Psychose verlorengeht. In diesem Abschnitt werden wir sehen, daß die Angst vor dem Verrücktwerden viele Leute daran hindert, ihren Gefühlen nachzugeben und ihr Sein zu entdekken. Ich werde dieses Problem durch einen Fall veranschaulichen.

Alice war eine etwa fünfzigjährige Frau, die wegen Depressionen in die Therapie kam. An der Oberfläche sah sie keinen Grund, depressiv zu sein. Nach ihrer eigenen Ansicht und der ihrer Freunde schien sie ein erfolgreiches Leben zu führen. Vor etwa acht Monaten hatte sie ohne eigenes Verschulden einen Autounfall gehabt. Obwohl niemand schwer verletzt worden war, brachte sie der Unfall aus dem Gleichgewicht und führte zu einer ziemlich schweren Depression. Sie mochte nicht mehr ausgehen und gab ihre früheren Tätigkeiten auf. Durch den Unfall wurde ihr klar, daß sie voller Angst war – was sie vorher nicht bemerkt hatte.

Alice hatte einen gut entwickelten, jugendlich aussehenden Körper. Als junge Frau war sie Fotomodell gewesen, und das sah man immer noch an ihrem Körper. Sie hielt sich fest zusammen. Der Bauch war eingezogen, die Brust vorgestreckt, die Lippen lächelten auf eine sexuell verführerische Art, aber sie atmete nicht viel. Ihr Körper war ein Modell der Sexualität, aber nur ein Modell. Es fehlte ihm die innere Leidenschaft der

Sexualität. Und in ihrem Sexualleben gab es auch keine Leidenschaft, obwohl sie viele Affären gehabt hatte.
Die therapeutische Aufgabe bestand darin, ihren Körper zum Leben zu erwecken und herauszubekommen, warum er abstarb. Man kann den ersten Teil bewerkstelligen, indem man die Atmung vertieft, die Patientin Bewegungen ausführen läßt und etwas von der Verspannung der harten Muskeln lockert. Zugleich sind die Patientin und ich mit der analytischen Arbeit beschäftigt, die Vergangenheit bloßzulegen. Während der Körper lebendiger wird, kehren Erinnerungen zurück, zusammen mit den Gefühlen und Emotionen, die die Ereignisse begleiteten. Das Ausdrücken dieser Gefühle im therapeutischen Rahmen befreit den Körper von den Muskelverspannungen, mit denen diese Gefühle unterdrückt werden, und fördert so die Lebendigkeit. Die Körperarbeit und die analytische Arbeit gehen so Hand in Hand, um der Patientin zu helfen, ihr Selbst oder ihr Sein wiederzugewinnen.
Am Anfang der Therapie erzählte Alice von einem traumatischen Erlebnis aus ihrer frühen Kindheit. Als sie etwa sechs Jahre alt war, befahl ihr der Vater, den Spucknapf zu säubern. Dies war die Aufgabe ihrer Mutter gewesen, aber die Mutter weigerte sich, es weiterhin zu tun. Das Mädchen fühlte sich von der Vorstellung abgestoßen, diesen schmutzigen Gegenstand anzufassen, und weigerte sich. Der Vater wurde wütend und schlug sie mit den Fäusten, so daß sie durchs Zimmer flog. Sie war immerhin so schwer verletzt, daß die Mutter sie ins Krankenhaus brachte. Beim Anblick der Verletzungen sagten die Ärzte der Mutter, wenn der Vater sie noch einmal schlüge, würden sie ihn wegen Kindesmißhandlung bei der Polizei anzeigen.
Man würde meinen, daß der Bericht über diesen Vorfall ein Gefühl heftigen Zorns hervorrufen würde. Aber Alice empfand keine Wut ihrem Vater gegenüber und hatte auch keine Angst vor ihm. Sie war immer noch in einem Zustand des Schocks und der Betäubung. Ihr Vater war ein gewalttätiger Mann, der nicht selten ihre Mutter schlug. Nach dem oben

erwähnten Vorfall stellte Alice sich ihm nie wieder entgegen oder forderte ihn heraus. Sie wurde ein braves Mädchen und eine gute Schülerin; tatsächlich ein perfektes Musterkind. Später wurde sie Fotomodell, heiratete einen reichen Mann und war eine vorbildliche Ehefrau – aber alles ohne Gefühl.

Alice sprach auf die Therapie gut an. Sie genoß die Körperarbeit, weil sie ihr ein Gefühl der Lebendigkeit verschaffte und ihre Depression verminderte. Ganz allmählich ließ sie es zu, daß sich mehr Gefühl entwickelte, während sie sich gestattete, zu mir als Person in Beziehung zu treten. Die Männer in ihrem Leben waren hauptsächlich Figuren wie Vater, Ehemann, Geliebter, Sohn. Sie brachte ihnen allen wenig Gefühl entgegen, ihre Kinder ausgenommen. Allmählich ließ sie sich mehr Frau und weniger Vorbild sein.

Im Lauf der Therapie konzentrierte ich mich immer wieder auf das Problem ihrer Gefühle gegenüber ihrem Vater. Im allgemeinen sagte sie, sie empfinde ihm gegenüber weder Angst noch Wut. Er war nun ein alter Mann, und sie machte sich Sorgen um seine Gesundheit. Wenn er krank war, wohnte er bei ihr, und sie pflegte ihn. Dann sagte Alice eines Tages zu mir: »Ich kann ihm nicht einmal den Tod wünschen, denn das wäre gleichbedeutend damit, daß er stirbt. Der Gedanke ist für mich dasselbe wie die Tatsache.« Die Gleichsetzung von Gedanke und Handlung ist sowohl für das kindliche als auch für das schizophrene Denken typisch. Alice war nicht schizophren. Sie wußte, daß ihr Glaube an die Macht des Gedanken unrealistisch war, aber er hatte die Macht, ihr Verhalten zu bestimmen. Man konnte vermuten, daß Alices Persönlichkeit ein starkes schizoides Element enthielt. Ich fragte sie, ob sie Angst gehabt habe, verrückt zu werden, und sie antwortete mit »ja«. Sie erzählte mir, ihr Bruder sei als schizophren diagnostiziert worden.

Um Alice zu helfen, ihre Angst vor dem Wahnsinn zu überwinden, damit sie mit der Wut auf ihren Vater in Kontakt kommen konnte, forderte ich sie auf, so zu tun, als sei sie verrückt, die Augen zu rollen und sich verrückt zu gebärden.

Dann sagte ich ihr, sie solle den Tennisschläger nehmen und auf das Bett einschlagen. Sie befolgte meine Anweisungen, und als sie auf das Bett schlug, brach die Wut auf ihren Vater aus ihr heraus. Sie nannte ihn ein Aas und sagte, sie könne ihn zerschmettern. Sie war so wütend, daß sie am ganzen Körper zitterte. Aber sie hatte keine Angst, und sie fühlte sich auch nicht verrückt. Sie wußte jedoch, daß ihre Angst, verrückt zu werden, sowohl das Verrücktwerden in der Wut als auch den Wahnsinn bedeutete. Beides war in ihrer Vorstellung miteinander identisch.

Die Gleichsetzung der beiden Zustände Wut und Wahnsinn drückt sich im Amerikanischen in dem gebräuchlichen Wort »mad« aus. »To go mad« (verrückt werden, böse werden) bedeutet, den Kopf zu verlieren und so wütend zu werden, daß man den Kopf verliert. Die Desorientierung tritt ein, wenn der Verstand von einem Gefühl überwältigt wird[4], das er zu beherrschen versucht. Wenn das Gefühl die Schutzbarrieren durchbricht, wird der Geist von seinem Fundament in der Realität heruntergefegt. Der Mensch fühlt sich verwirrt, entfremdet und kann sich nicht orientieren. Diese Desorientierung kann vorübergehend sein, wenn der Betreffende, sobald das Gefühl abklingt, seinen Halt, d. h. seine Realitätsorientierung, wiederfindet. In anderen Fällen aber, wo der Betreffende verletzlich ist, weil er nur unzulänglich in der Realität gegründet ist – z. B. bei einer schizoiden Charakterstruktur –, kann die Wirkung auch länger anhalten. Der Betreffende erlebt dann das, was wir als Nervenzusammenbruch bezeichnen.

Theoretisch kann jedes Gefühl das Ich überwältigen, wenn es nur mit genügend großer Gewalt ausbricht, so daß es die Grenzen des Selbst zerstört. Wir sagen, der Organismus wird überschwemmt, ähnlich der Überschwemmung, die eintritt,

[4] Siehe A. Lowen: *Verrat am Körper,* München, 1980. Dort findet sich eine ausführlichere Besprechung des Prozesses, der dem Ausbruch der Psychose zugrundeliegt.

wenn ein Fluß über die Ufer tritt und die vertrauten Umrisse des Landes auslöscht. Die beiden Gefühle, die die Persönlichkeit am meisten bedrohen, sind praktisch Wut und Sexualität, denn diese beiden hängen eng mit Angst und Schuldgefühlen zusammen. Wenn eine aufsteigende Wut ein entsprechendes Maß an Angst weckt, versucht man gewöhnlich, die Wut zu beherrschen. Sollte die Wut trotz der Beherrschung ausbrechen, ist man in der Lage des Reiters, dem das Pferd durchgegangen ist. Der Betreffende kann ebenso leicht in Verwirrung geraten, wie der Reiter von seinem Pferd abgeworfen werden kann. Dasselbe gilt für einen mächtigen sexuellen Drang, wenn er mit einer gleichen Menge von Schuldgefühlen verbunden ist.

Alice war in Wirklichkeit von diesen beiden Gefühlen bedroht. Sie war wütend auf ihren Vater, aber sie hatte keine Möglichkeit, dieses Gefühl auszudrücken, ohne ihr Leben aufs Spiel zu setzen. Es ist unwahrscheinlich, daß er sie getötet hätte, aber sie hatte allen Grund zu glauben, daß er es vielleicht tun würde. Es blieb ihr nichts anderes übrig, als ihre Wut zu unterdrücken. Das gewährleistete ihr Überleben. Sie hätte »von Sinnen« sein müssen, um ihren Vater anzugreifen. In einem gewissen Sinn schützte die Verleugnung ihrer Wut ihren gesunden Verstand. Sie machte sie aber auch anfällig für den Ausbruch einer Psychose, denn die Wut war latent in ihr, und sie konnte nie ganz sicher sein, daß sie nicht ausbrechen und sie »verrückt« machen würde. Sie mußte ständig vor ihren eigenen Gefühlen auf der Hut sein. Da sie sie unterdrückte, blieb ihr nur die Fassade einer Persönlichkeit übrig.

Das sadistische Verhalten des Vaters gegenüber Alice und ihrer Mutter flößte Alice Furcht ein, Furcht vor ihm als Mann. Diese Furcht dehnte sich später auf alle Männer aus; sie wurde zwar auch unterdrückt und verleugnet, aber sie zwang Alice, in ihren sexuellen Beziehungen unterwürfig zu sein. Manchmal wurde sie jedoch herausfordernd und stachelte ihren Mann an, sie sexuell zu attackieren. Sie pflegte sich dann zu wehren, aber es lief immer darauf hinaus, daß sie geschlagen wurde. Er bezeichnete ihr Verhalten als verrückt, und sie glaubte ihm. Sie wurde nie wütend auf ihren Mann, und sie stellte auch sein Recht, sie zu schlagen, niemals in Frage. Es war das, was ihr zustand, ihr Schicksal. Sie hatte einen Mann geheiratet, der gewalttätig war wie ihr Vater.

Ihre Ausrede für ihren Mangel an Wut war, daß sie Schuldgefühle hatte. Es war ein tief verwurzeltes Schuldgefühl, von dem ihr ganzes Wesen durchdrungen war. Aber Alice hatte keine Ahnung, warum sie sich schuldig fühlte. Ich zweifelte nicht daran, daß die Schuldgefühle von der Unterdrückung sexueller Gefühle gegenüber ihrem Vater während der ödipalen Periode herrührten, in die ja auch ihr Trauma fiel. Es fiel ihr sehr schwer, diese Vorstellung zu akzeptieren. Als sie jedoch bei den sexuellen Übungen[5] versuchte, ihr Becken zu bewegen, wurde sie sehr verwirrt. Sie hielt sich für eine sexuell »aufgeklärte« Frau, und sie war unglücklich, als sie feststellte, daß sie ihr Becken nur mit Schwierigkeiten bewegen konnte. Dies machte ihr klar, wie sehr ihre Sexualität verdrängt war. Sie wurde sich auch klar darüber, wie glücklich es sie machte, ihren Vater zu versorgen, und dadurch wurde ihr bewußt, daß sie den Platz ihrer Mutter eingenommen hatte.

Ohne ausführlicher auf Alices Therapie einzugehen, möchte ich sagen, daß eine Besserung bei ihr in demselben Maß stattfand, in dem sie sich ihrem ödipalen Problem stellte. Je mehr ihre Schuldgefühle abnahmen, desto besser konnte sie sich mit ihrer Wut identifizieren, ohne das Gefühl zu haben, »verrückt« zu sein. Sie lernte, ihre Wut auszudrücken, ohne einen Streit zu provozieren, der damit endete, daß sie geschlagen wurde. Sie spürte, daß sie noch einen weiten Weg zu gehen hatte, um ihr Sein vollständig wiederzugewinnen, aber sie gab sich nicht mehr damit zufrieden, ein Vorbild-Fotomodell zu sein.

Kinder können von Eltern, die zugleich sexuell verführerisch und ablehnend sind, an den Rand des Wahnsinns getrieben

[5] Siehe Lowen: *The Way to Vibrant Health.* New York, 1977. Dt. *Bioenergetik für Jeden.* Gauting, 1979.

werden. Es ist eine typische Zwickmühlensituation (double bind). Das Kind bekommt zugleich zwei einander entgegengesetzte Botschaften übermittelt, und der Konflikt genügt, um einen verrückt zu machen.
Die Geschichte, die Bill erzählt, ist nicht untypisch. »Wenn ich auf dem Rücken liege, und meine Freundin zärtlich über mir kauert, fängt mein Körper zu schmelzen an, und ich sterbe fast vor Angst. Ich konnte es nicht ertragen, wenn meine Mutter mich anfaßte. Ich hab' das Gefühl, daß sie sexuell erregt wurde, wenn sie mich berührte. Aber wenn ich erregt wurde, wandte sie sich ab. Ich konnte es nicht aushalten. Ich hatte das Gefühl, ich würde den Verstand verlieren und explodieren, wenn ich die Ladung nicht blockierte. Als Kind pflegte ich meine Mutter zu schlagen, bis sie grün und blau war, aber sie hat nie gesagt, ich sollte aufhören.«
Ein Kind kann erwachsene Sexualität nicht ertragen und nicht mit ihr umgehen. Sein Körper ist für eine so intensive Erregung nicht reif genug; sie droht sein Ich zu überwältigen. Immer, wenn ein Kind durch Erwachsene übermäßig erregt wird, muß es eine Möglichkeit finden, die Erregung herabzusetzen. Bill aß übermäßig viel. Durch die Therapie wurde er fähig, den Zusammenhang zwischen Essen und Sexualität zu sehen. Er beschrieb sein Problem folgendermaßen:
»Füttern und Essen sind Ausdruck von Liebe. Essen war für meine Mutter das wichtigste. Wir dachten ans Essen, redeten darüber, waren besessen davon. Im selben Moment, in dem mein Wunsch nach und mein Interesse am Essen angeregt wurde, bekam ich zu hören, ich sei häßlich und abstoßend, weil ich dick sei und gern äße. Meine Mutter pflegte zu sagen: ›Daß du immer zuviel ißt, macht mich ganz unglücklich. Es zeigt, daß du nichts für mich empfindest, daß du ein grausames, gefühlloses Geschöpf bist.‹ Wenn ich nicht aß, was sie mir vorsetzte, pflegte sie mich im gleichen Tonfall und mit denselben Worten anzuklagen, weil ich nicht aß. Ich war in einer Zwickmühle; gleichgültig, was ich machte, ich konnte es nicht richtig machen. Die Zwickmühle auf sexuellem Gebiet spielte sich auf dieselbe

Weise ab, nur subtiler. Einerseits war da die Anregung. Meine Mutter sagte, ich solle ihr Bett machen oder ihr den Rücken kratzen, während sie nur ein Nachthemd trug. Oder sie lief in einem durchsichtigen Nachthemd herum, unter dem man ihre Brüste, ihr Schamhaar und ihren Hintern deutlich sehen konnte. Mein Vater pflegte zu sagen: ›Doch nicht vor dem Jungen!‹ Er war wütend, aber er tat nichts dagegen.
Ich schlief im gleichen Zimmer wie meine sexuell attraktive Schwester, die acht Jahre älter ist als ich, bis ich elf Jahre alt war. Ich hab' mit zwanghafter Regelmäßigkeit onaniert, seit ich fünf Jahre alt war, durch die sogenannte Latenzzeit hindurch und bis ins Erwachsenenalter. Meine Mutter und meine Schwester erwischten mich mit einiger Häufigkeit dabei, und ich glaube, das war absichtlich, wenn auch unbewußt, so arrangiert. Meine Mutter pflegte mit der ihr eigenen Bissigkeit zu mir zu sagen, die Onanie würde mich zu einem Gorilla, einem Ungeheuer, einem unaussprechlich ekelerregenden Geschöpf, einem grotesken und unausdenkbar abnormen Wesen machen. Sie pflegte zu sagen: ›Masturbation ist eine üble Verzerrung dessen, was natürlich und schön ist.‹
Da ich überreizt und mißbilligt wurde, weil ich zu reagieren versuchte, spielte ich wie wahnsinnig nach einem kreisförmigen Drehbuch der Aussichtslosigkeit und versuchte, den einander widersprechenden Botschaften meiner Mutter zu entsprechen. Reiz – Wunsch zu reagieren – Schuldgefühle deswegen – Wut, weil ich wegen meinen Reaktionen als schlecht verurteilt wurde – Gefühl der Überwältigung – Trotzreaktion, verbunden mit Angst – Gewissensbisse wegen meiner Reaktion – Selbstbestrafung, um Schuldgefühle zu lindern und die Gewissensbisse zu mildern.«
Die Selbstbestrafung nahm die Form des Zuvielessens an, so daß Bill ein schwerer Mann wurde, mit Hängebrüsten und einer massiven Ansammlung von Fett unter der Haut. Er sah wirklich grotesk aus, und deshalb verachtete er sich. Das übermäßige Essen schien auch die sexuelle Erregung im Körper herabzusetzen; die genitale Erregung blieb allerdings

unvermindert erhalten. Bill hielt sie durch seine exzessive Onanie in Grenzen. Durch diese beiden Mittel – Essen und Masturbation – konnte Bill bei Sinnen bleiben. Die Kenntnis dieser Beziehung zwischen übermäßigem Essen und Sexualität hilft uns verstehen, warum viele dicke Menschen es so schwierig finden, abzunehmen, und warum in manchen Fällen ein zu rascher Gewichtsverlust zum Ausbruch einer Psychose führen kann.

Hier ist noch ein Fall, der einer dreißigjährigen Frau namens Sally, die Lesbierin war. Sie war ein Einzelkind. »Mein Vater«, sagte sie, »war tief mit mir verstrickt. Er bekam seine Erregung durch mich. Er pflegte mich zu necken und zu reizen. Er klopfte mir auf den Hintern und sagte, wie hübsch der sei. Er pflegte mich zu kitzeln, bis ich weinte. Er sprach mit mir, als seien wir gleichgestellt. Ich fand ihn aufregend, und obwohl ich eigentlich mit meinen Freunden gehen wollte, blieb ich oft bei ihm. Ich hatte das Gefühl, er brauche mich.

Er pflegte mich mit meiner Mutter zu vergleichen, wobei sie schlecht wegkam. Wenn sie z. B. eine Mahlzeit zubereitete und ich den Salat machte, lobte er meinen Salat, ging aber über das von ihr Zubereitete hinweg als etwas, das gewisse Mängel hatte. Sie fühlte sich abgelehnt und zog sich zurück. Ich nehme an, daß er gerade das wollte, denn dann sagte er: ›Laß' uns ins Kino gehen.‹ Meine Mutter antwortete dann: ›Ich kann nicht. Nimm Sally mit.‹ Und er und ich gingen dann allein ins Kino. Er war paranoid. Er bestand darauf, alles müsse froh und aufregend sein. Meine Mutter hat schließlich Selbstmord begangen.«

In diesem Fall wurde die ödipale Geschichte bis zum bitteren Ende ausagiert. Mit dem Tod ihrer Mutter war Sally allein mit ihrem Vater. Er wollte, sie sollte bei ihm bleiben und mit ihm zusammenleben, aber sie fand die Situation unerträglich. Sie zog aus, aber ohne ihre Sexualität. Sie schnitt ihre sexuellen Gefühle ab, wie Ödipus sich selbst das Augenlicht genommen hatte.

Als die Therapie fortschritt, stellte Sally fest, daß ihr Verlangen nach sexuellem Kontakt zu Frauen schwand. Sie erkannte, daß ihre lesbische Betätigung sowohl eine Besänftigung ihrer Mutter als auch eine Möglichkeit darstellte, alle sexuellen Empfindungen für ihren Vater oder irgendeinen anderen Mann zu blockieren. Als Kind war sie durch eine massive Verleugnung der Realität der Lage, ihrer Rolle darin und ihrer sexuellen Gefühle für ihren Vater bei Verstand geblieben. Als ich sie kennenlernte, zeigte sie das fröhliche, aufgeregte Äußere, das ihr Vater sich gewünscht hatte, obwohl ihr Leben chaotisch war. An ihrem Leben war damals vieles verrückt, aber sie spürte es nicht. Sie mußte das Theater mitspielen und so tun, als sei es Realität. Die Realität war zuviel für sie gewesen. Immer noch war sie sehr erschreckend. Sally bemerkte: »Wenn ich meinen Kopf loslasse und meinen sexuellen Gefühlen nachgebe, werd' ich verrückt.«

Die in diesem Abschnitt beschriebenen Fälle mögen extrem erscheinen, aber ich bin zu der Überzeugung gelangt, daß sie nicht so selten sind, wie man denken würde. Unter dem scheinbar rationalen Äußeren unseres Lebens ist eine Angst vor dem Wahnsinn. Wir wagen die Wertvorstellungen, nach denen wir leben, nicht in Frage zu stellen, ebensowenig die Rollen, die wir spielen, aus Angst, unsere geistige Gesundheit bezweifeln zu müssen. Wir sind wie die Insassen einer Nervenheilanstalt, die deren Unmenschlichkeit und Gefühllosigkeit als Fürsorge und Kenntnisreichtum akzeptieren müssen, wenn sie hoffen, als geistig so gesund angesehen zu werden, daß sie die Anstalt verlassen können. Die Frage, wer bei gesundem Verstand und wer verrückt ist, war das Thema des Romans *Einer flog übers Kuckucksnest.* Die Frage: Was ist geistig-seelische Gesundheit? wurde in dem Stück *Equus* deutlich gestellt.

Der Gedanke, daß vieles von dem, was wir tun, verrückt ist, und daß wir, wenn wir »bei Sinnen« sein wollen, uns erlauben müssen, verrückt zu werden, ist von R. D. Laing nachdrücklich vorgebracht worden. Im Vorwort zur Pelican-Ausgabe seines Buches *The Divided Self (Das geteilte Selbst)* schreibt Laing:

»Im Kontext unseres gegenwärtigen durchdringenden Wahns, den wir Normalität, Gesundheit, Freiheit nennen, sind alle unsere Bezugsrahmen unklar und fragwürdig.« Und in demselben Vorwort: »Deshalb möchte ich betonen, daß unser ›normaler‹ angepaßter Zustand zu oft der Verzicht auf Ekstase ist, Verrat an unseren wahren Möglichkeiten, daß viele von uns nur zu erfolgreich darin sind, sich ein falsches Selbst anzuschaffen, um sich an falsche Realitäten anzupassen«[6].

Wilhelm Reich hatte eine ähnliche Ansicht vom Verhalten des heutigen Menschen. Reich sagt daher: »Der homo normalis unterdrückt vollständig die Wahrnehmung des grundlegenden orgonotischen Funktionierens mit Hilfe rigider Panzerung; im Schizophrenen dagegen bricht die Panzerung praktisch zusammen, und das Biosystem wird mit tiefen Erfahrungen aus dem biophysischen Kern überflutet, mit denen es nicht fertig wird«[7].

Die »tiefen Erfahrungen«, von denen Reich spricht, sind die Empfindungen des lustvollen Strömens, die mit starker Erregung überwiegend sexueller Art verbunden sind. Der Schizophrene kann mit diesen Empfindungen nicht fertigwerden, weil sein Körper zu stark kontrahiert ist, um die Ladung auszuhalten. Da der Schizophrene unfähig ist, die Erregung zu »blockieren« oder sie zu vermindern, wie es der Neurotiker kann, und da er die Ladung nicht »aushalten« kann, wird der Schizophrene buchstäblich »zum Wahnsinn getrieben«.

Aber auch der Neurotiker kommt nicht so leicht davon. Er vermeidet den Wahnsinn, indem er die Erregung blockiert, d. h. indem er sie so weit herabsetzt, daß keine Explosionsgefahr oder Gefahr des Platzens mehr besteht. Tatsächlich erfährt der Neurotiker eine psychische Kastration. Das Potential für einen explosiven Ausbruch ist jedoch immer noch in seinem Körper vorhanden, obwohl es so streng bewacht wird, als sei es eine Bombe. Der Neurotiker ist auf der Hut vor sich selber; er

[6] R. D. Laing: *The Divided Self,* Vorwort zur Pelican-Ausgabe, London, Penguin Books, 1965. Dt.: *Das geteilte Selbst,* Köln 1972, S. 12.

[7] Wilhelm Reich: *Charakteranalyse,* 2. Aufl. 1970, Köln/Berlin, S. 455.

hat Angst davor, seine Abwehr aufzugeben und seinen Gefühlen zu erlauben, sich frei auszudrücken. Da er, wie Reich ihn nennt, ein »Homo normalis« geworden ist, da er seine Freiheit und seine Ekstase gegen die Sicherheit vertauscht hat, »gut angepaßt« zu sein, sieht er die Alternative als »verrückt« an. Und in gewissem Sinn hat er recht. Ohne »den Verstand zu verlieren«, ohne »verrückt« zu werden, so »kopflos«, daß er töten könnte, kann er die Abwehrmechanismen nicht aufgeben, die ihn ebenso schützen, wie eine Nervenheilanstalt ihre Insassen vor der Selbstzerstörung und der Zerstörung anderer bewahrt.

5 Eine Therapie fürs Sein

Die Wachstumsspirale

Als junger Therapeut war ich begeistert von der Therapie und optimistisch im Hinblick auf das, was ich tun konnte. Ich glaubte, wir könnten einen Menschen von seinen Verdrängungen befreien und ihn in einen Zustand des Einklangs mit sich selbst und mit der Natur zurückversetzen. Ich war fest davon überzeugt, daß Reich mit Recht behauptete, die Unterdrükkung der Sexualität sei die Ursache all unserer Schwierigkeiten. Das Therapieziel war daher, die Fähigkeit zur vollen Hingabe an das sexuelle Empfinden, die Reich als orgastische Potenz bezeichnete, wiederherzustellen. Dies sollte durch eine Kombination von Charakteranalyse und Körperarbeit geschehen. Die letztere sollte die Muskelverspannungen, die die Unterwerfung gegenüber dem Körper und seinen Empfindungen blockierten, herabsetzen oder beheben. Als Patient Reichs hatte ich die Wirksamkeit dieses therapeutischen Ansatzes selbst erlebt[1].

Es sind nun fünfunddreißig Jahre vergangen, seit ich meine eigene Therapie bei Reich begann, die drei Jahre dauerte. Ich habe auch bei meinem früheren Mitarbeiter, Dr. John Pierrakos, etwa drei Jahre lang eine Therapie gemacht; außerdem habe ich ständig an mir gearbeitet, um mein Sein von den Hemmungen und Verdrängungen zu befreien, die von meiner Erziehung herrührten. Es wäre schön, wenn ich sagen könnte, es sei mir gelungen. Ich habe mich zwar auf bedeutsame Weise verändert, aber ich bin mir noch einiger Verspannungen und Schwierigkeiten bewußt, die mich stören und mein Sein

[1] In *Bioenergetik* habe ich einige meiner Erfahrungen als Patient Reichs beschrieben.

begrenzen. Das macht mich traurig. Es kann mich jedoch nichts davon abhalten, mit meinem Körper zu arbeiten, um mein Sein zu erweitern, und ich habe mich für den Rest meines Lebens dieser Unternehmung verschrieben. Der Gedanke, daß ich es noch nicht »geschafft habe«, deprimiert mich nicht. Es ist vielmehr aufregend, wenn ich mir vorstelle, ich könnte mich auf Gebieten, wo ich einen Mangel in meinem Sein spüre, noch bessern.

Wie steht es mit meiner sexuellen Potenz? Sie hat sich mit der Veränderung meines Seins gewandelt. In dem Maß, in dem ich als Person gewachsen und gereift bin, sind meine sexuellen Gefühle tiefer und voller geworden. Jedoch hat mit dem Älterwerden mein Sexualtrieb etwas von seiner Intensität eingebüßt. Sexualität ist ein Ausdruck des Seins eines Menschen; sie spiegelt daher den Zustand seines Seins wider. Ich habe es also auch auf der sexuellen Ebene nicht »geschafft«. Ich bin in dem Sinn, wie Reich diesen Ausdruck versteht, nicht total orgastisch potent. Ich habe einige großartige Erlebnisse gehabt, die ich der Therapie als Verdienst anrechnen kann. Und was am wichtigsten ist: Die Gefühle der Lust und Befriedigung, die mir meine Sexualität verschafft, haben stark zugenommen.

Ich glaube, daß mir die Therapie unendlich geholfen hat, aber sie hat mich nicht ins Paradies versetzt oder mich in einen Zustand der Transzendenz erhoben, obwohl ich den größten Teil meines Lebens »in Therapie« zugebracht habe. Ich glaube auch, daß ich den meisten meiner Patienten geholfen habe; aber keiner von ihnen ist vollständig von Verdrängungen oder Hemmungen befreit worden. Therapie ist kein Allheilmittel gegen die Übel des Menschen; sie ist nicht die Antwort auf das menschliche Dilemma. Es ist ein trauriges Spiegelbild unserer Kultur, daß die meisten Menschen heute, um einigermaßen unbeschwert und lustvoll leben zu können, Hilfe brauchen, aber es ist wahr. Je industrialisierter und raffinierter eine Kultur wird, desto mehr Probleme bringt sie für die Menschen mit sich, und desto mehr Hilfe brauchen sie, um einfach nur

»über die Runden zu kommen«. Therapie ist eine notwendige Beigabe zum heutigen Leben – wie anscheinend Beruhigungs- und Schlafmittel. Sie ist ein Zeichen des »Fortschritts«.
Die Grenzen der Therapie beruhen in gewissem Maß darauf, daß sie zu der Kultur gehört, die die Probleme schafft, deren Lösung sie versucht. Die Therapie muß dem Individuum helfen, in dieser Kultur zu leben und zu arbeiten. Einen Menschen von seiner Kultur zu isolieren oder ihn gegen sie einzunehmen, kann eher zerstörend wirken. Wir versuchen also, einem Menschen zu helfen, den Streß in seinem Leben innerhalb einer Kultursituation, die ihn täglich ähnlichen Belastungen aussetzt, zu vermindern. Es ist, als fordere man einen Menschen auf, ruhig und entspannt zu sein, während um ihn herum Kanonendonner rollt, oder vernünftig und geistig gesund zu bleiben, während er in einem Irrenhaus lebt.
In dieser Hinsicht ist der Therapeut von heute nicht mit dem Medizinmann oder dem Zauberer primitiver Gesellschaften zu vergleichen. Diese letzteren behandelten den, der vom Weg abgewichen war, der durch Zauberei oder durch die Verletzung eines Tabus verunreinigt oder von einem bösen Geist befallen worden war. Die Wiederherstellung seiner Reinheit gestattete ihm, zu seinem Stamm oder zu seiner Gemeinschaft zurückzukehren. Aber wie können wir Therapeuten die Reinheit oder Unschuld eines Menschen wiederherstellen, wenn ihn das Leben in seiner Kultur einer ständigen Beschmutzung aussetzt?
Um die Befleckung modern zu begreifen, sollten wir uns Reinheit als Unschuld vorstellen. Die Gegensatzpaare sind Reinheit–Befleckung und Unschuld–Schuld. Das Kind lebt wie der Primitive im Zustand der Unschuld oder Reinheit. Und wie der Primitive verliert es seine Reinheit, indem es gegen ein Tabu verstößt – das Tabu gegen inzestuöse Gefühle für Vater oder Mutter. Man flößt ihm Schuldgefühle ein, weil es diese Gefühle und solche der Feindseligkeit gegenüber dem gleichgeschlechtlichen Elternteil hat. Es bleibt ihm nichts anderes übrig, als diese Gefühle zu unterdrücken und zu

verleugnen. Aber Gefühle, die unterdrückt werden, bestehen im Unbewußten als abgetrennte und fremde Kräfte fort. In diesem Sinn kann man diese unterdrückten Impulse als böse Geister bezeichnen. Und wenn wir uns klarmachen, daß das Sexualempfinden des Kindes außerdem durch das Einfließen erwachsener Sexualität durch das verführerische Verhalten von Mutter oder Vater befleckt wird, dann ist es nicht schwer, den Zusammenhang zwischen Befleckung–Schuld und dem Verlust der Unschuld–Reinheit zu verstehen.

In gewissem Sinn zielt das Bemühen des Therapeuten darauf ab, Schuld aufzuheben und die Unschuld oder Reinheit wiederherzustellen. In dieser Hinsicht gleichen wir Therapeuten dem Medizinmann, und unsere Methoden haben mit den seinen viel gemeinsam. Der Zauberer erkannte, daß böse Geister böse Gefühle (Feindseligkeit und Übelwollen) sind, und daß diese einen Menschen krankmachen können. Die Tatsache, daß diese Gefühle ans Licht gebracht und durch die Manöver des Schamanen oder Zauberers entladen wurden, befreite das Individuum und die Gemeinschaft von einer negativen Kraft, die ihr Wohlbefinden gestört hatte. Als Therapeuten versuchen wir, dasselbe zu tun, aber da wir die Gemeinschaft nicht unmittelbar in den therapeutischen Prozeß einbeziehen können, gibt es keine endgültige Lösung des Konflikts.

Es besteht auch ein wichtiger Unterschied zwischen dem Problem, vor dem der Schamane oder Medizinmann steht, und jenem, dem sich der Therapeut von heute gegenübersieht. Der erstere hatte es mit einer akuten und gegenwärtigen Situation zu tun. Der Patient war krank, weil eine unmittelbare negative oder böse Kraft auf ihn einwirkte, die er nicht loswerden konnte. Er konnte sich jedoch der Situation stellen und dadurch indirekt vermittels des Schamanen eine Abfuhr seiner bösen Gefühle bewerkstelligen. Der Therapeut muß mit einem alten Konflikt fertigwerden, so alt, daß er zur Struktur der Persönlichkeit des Patienten geworden ist. Der Patient ist des Konflikts nicht einmal gewahr; er ist verdrängt. Sein Un-Wohlsein ist chronisch. Er ist sich nicht einmal mehr seiner Natur bewußt, und er spürt lediglich, daß er sich nicht wohlfühlt. Fast alle Konflikte, die die Probleme schaffen, welche Menschen in die Therapie führen, ereignen sich im Säuglingsalter und in der frühen Kindheit und sind im Unbewußten begraben. Um sie ans Licht zu bringen, müssen wir ins Unbewußte hinabtauchen. Im Gegensatz dazu waren die Konflikte, mit denen der Schamane umging, gegenwärtiger Art.

Alle unbewußten emotionalen Konflikte sind im Körper in Form chronischer Muskelverspannungen eingebaut. Diese Verspannungen haben sowohl eine quantitative als auch eine qualitative Wirkung. Qualitativ bestimmen sie, wie ein Mensch handelt oder sich verhält, mit welchen Gefühlen er auf Situationen reagiert. Quantitativ bestimmen sie, wieviel Gefühl oder Erregung ein Mensch in einer gegebenen Situation einbringen kann. Manchen Menschen fällt es z. B. schwer, Wut zu empfinden und auszudrücken, während das Weinen eine eher zur Verfügung stehende Reaktion ist. Sie müssen ihrer unterdrückten Wut gewahr werden und sie ausdrücken.

Aber wieviel Wut muß ein Mensch loswerden, ehe man sagen kann, daß er alle verdrängte Wut, die in seiner Persönlichkeit steckt, abgeführt hat? Gewiß ist für jemanden, der sich seine Wut vorher nicht hat empfinden lassen, das Erleben der Wut von therapeutischem Nutzen. Es stellt jedoch keine Heilung dieses Problems dar. Man kann immer noch Tiefen unterdrückter Wut entdecken, die erst noch aufgeschlossen und freigesetzt werden müssen. Dasselbe gilt für die anderen unterdrückten Gefühle. Der Patient, der sich seiner Traurigkeit nicht hat hingeben können und durch Therapie die Fähigkeit entdeckt, zu weinen, empfindet eine unermeßliche Erweiterung seines Seins. Es ist, als habe sich ihm ein Tor zum Leben geöffnet. Aber wie weit geht das Tor auf? Wieviel Traurigkeit hat er herausgelassen, und wieviel Traurigkeit muß er noch zum Ausdruck bringen? Angst ist eine weitere Emotion, die stark unterdrückt wird. Wir können es uns nicht leisten, Angst zu haben, deshalb erlauben wir uns nicht, die Angst in uns zu spüren und zu fühlen. Wir runzeln die Stirn, um sie zu leugnen, beißen die Zähne zusammen, um ihr zu trotzen, und lächeln, um uns selbst zu täuschen. Aber innerlich haben wir weiterhin tödliche Angst. Ein Therapeut kann dem Patienten helfen, einen Teil seiner Angst zu erleben und auszudrücken. Vor Entsetzen zu schreien kann z. B. so empfunden werden, als breche die eigene Welt zusammen, aber was in Wirklichkeit zerspringt, sind die Schalen, die uns umgeben und uns isolieren. Dennoch befreit ein Schrei einen Menschen ebensowenig ganz, wie eine Schwalbe den Sommer macht. Beide sind Vorboten kommender Ereignisse. Man kann fragen: Wie tief ist die Traurigkeit, wie allumfassend ist die Angst, wie verzehrend die Wut?

Die beste Antwort auf diese Frage folgt aus einer weiteren Reihe von Fragen. Warum sind wir traurig? Was ist die Ursache unserer Angst, worauf beruht unsere Wut? Diese Gefühle früheren Erfahrungen zuzuschreiben, ist eine historische Erklärung, keine dynamische. Gefühle rühren unmittelbar von gegenwärtigen Erlebnissen her; diese Erlebnisse sind jedoch so weitgehend durch die Vergangenheit bedingt, wie diese in die eigene Seinsweise eingebaut worden ist. Auf diese Weise ist die Vergangenheit Teil der Gegenwart. Es ist also nicht ganz richtig, wenn man ein Gefühl der Traurigkeit auf einen Liebesverlust in der Kindheit schiebt. Die Traurigkeit stammt direkt aus dem Erlebnis eines Mangels an Liebe in der Gegenwart. Wenn man in der Gegenwart erfüllt wäre, wäre der Liebesverlust in der Kindheit eine Erinnerung ohne emotionale Ladung. Aber ein Liebesverlust in der Kindheit kann uns veranlassen, zur Selbstverteidigung des eigene Herz zu verschließen, und so bleiben wir ungeliebt, da wir nicht lieben können. Sind wir nicht in Wirklichkeit traurig, weil unser Herz verschlossen ist? Ebenso ist unsere Wut, soweit sie nicht mit einer Gegenwartssituation zusammenhängt, unsere Reaktion auf die Frustration, die wir heute erleben, weil man uns gezwungen hat, unsere Herzen und unser Sein zu verschließen. Und wir fürchten uns auch vor unserer Wut, weil wir spüren, daß sie wie ein Vulkan ausbrechen könnte. Die Einschränkung unseres Seins ist es, die uns traurig und wütend macht und unsere Angst ausmacht.

Aber wenn ein Erlebnis in der Gegenwart einem in der Vergangenheit ähnlich ist, das wir niemals durchgearbeitet haben, dann sind wir in Schwierigkeiten. Wenn wir z. B. als kleine Kinder einen Liebesverlust erlitten haben, kann der Kummer noch in uns stecken. Kinder können einen solchen Verlust nicht angemessen betrauern, weil sie sich keinen Ersatz vorstellen können. Ein solcher Verlust könnte durch den Tod eines Elternteils, durch Verlust des Kontakts zu einem Elternteil wegen Scheidung oder durch die Ablehnung von seiten eines Elternteils bewirkt werden. Ein solcher Verlust ist verheerend für ein kleines Kind, wenn es keinen Ersatz gibt. Das Kind kann nur damit reagieren, daß es den Verlust verleugnet und in der Phantasievorstellung lebt, der betreffende Elternteil werde mit Liebe zurückkehren. Es gibt also keine Möglichkeit, den Kummer und den Schmerz herauszulassen: Er wird im Körper begraben. Das Erlebnis ist wie eine niemals verheilte Wunde. Vielleicht bezeichnet man es noch besser als einen Abszeß in der Persönlichkeit, den der Betroffene nicht spürt, der aber an seiner Energie zehrt. Eine Ablehnung oder eine Liebesenttäuschung in der Gegenwart rührt an die Wunde, was einen Schmerz zur Folge hat, der zugleich neu und alt ist. Es sieht aus wie das Wirken des Schicksals.

Ein solches frühes Trauma, das sich in der Persönlichkeit verkapselt wie ein chronischer Abszeß, manifestiert sich als Verzweiflung und wird als solche erlebt. Es beeinflußt den Körper. Man sieht es an glanzlosen Augen, verzerrten oder herabgezogenen Gesichtszügen, hängenden Schultern, eingefallenem Brustkorb, eingezogenem Bauch und einer allgemeinen Unlebendigkeit. Der Liebesverlust hat einen Menschen zur Folge, der sich nicht liebenswert fühlt und unansehnlich aussieht. Das ist schon ein Grund, traurig zu sein. Solange sich dieser Körperzustand nicht ändert, hat der Betreffende allen Grund, traurig zu sein und zu weinen. Aber wenn man wegen der Gegenwart weint, weint man auch über die Vergangenheit. Wenn infolge einer Analyse die gegenwärtige Traurigkeit mit dem frühen Verlust verknüpft wird, entleert der Ausdruck des Kummers durch Weinen und Schluchzen den Abszeß und reinigt die Wunde. Nun kann eine Heilung eintreten.

Wenn wir uns nicht liebenswert und unansehnlich fühlen, haben wir Angst davor, unsere Arme voller Liebe auszustrekken, Respekt zu erbitten oder zu fordern. Da wir eine feindselige Reaktion anderer befürchten, gestatten wir uns nicht, frei heraus zu reden und uns durchzusetzen. Wir halten unsere natürliche Aggression in Schach. Wir scheuen davor zurück, unser Sein zu bekräftigen, oder wir überspielen unsere Angst und werden übermäßig aggressiv, um unsere Ängste zu verbergen. Aber unser Körper zeigt unsere Angst, gleichgültig, ob wir uns zurückziehen oder überaggressiv werden. Bei der Zurückgezogenheit ist der Körper kontrahiert und nach innen geschrumpft; im kompensierten Zustand ist er hart und angespannt. Beide Stellungen sind Abwehrstellungen, die schon von Natur aus mit Angst verbunden sind. Solange wir abwehrbereit sind, haben wir auch Angst. Es trifft zwar zu, daß sich die Abwehrhaltung infolge von Erfahrungen in der frühen Kindheit entwickelt hat, aber unsere gegenwärtige Angst wird durch das fortwährende Weiterbestehen der Abwehrhaltung verursacht. Erst wenn der Körper von seiner Abwehrhaltung, die an den chronisch angespannten und kontrahierten Muskeln zu sehen ist, befreit ist, können wir von einer Befreiung von Angst sprechen.

Wir sind wütend, weil unser Sein herabgesetzt ist. Wir sind wütend, weil wir Angst haben und uns nicht liebenswert fühlen. Unsere Wut entspricht unserer Angst, unserem Schmerz und dem Verlust des Selbst. Genau wie wir allen Grund haben, über diesen Zustand traurig zu sein, so haben wir auch allen Grund, wütend zu sein. Wir können diese Wut in unserem Kiefer, in den Schultern, im Rücken und in den Beinen einsperren, d. h. in all den Muskeln, die unsere Wut durch Beißen, Schlagen und Strampeln ausdrücken können. Aber wenn wir das tun, machen wir uns nur noch unglücklicher; dadurch steigern wir unsere Wut, die wir dann mit großer Anstrengung in der Unterdrükkung halten müssen. Das ist der typische Teufelskreis, der sich immer enger um das Leben des Betreffenden zieht, bis er ihn tötet. Die Alternative besteht darin, sich zu öffnen und die unterdrückten Gefühle nach und nach auszudrücken, bis der Körper von seinen Verspannungen befreit ist und seinen natürlichen Zustand von Anmut und Schönheit wiedergewonnen hat.

Mit jeder chronischen Muskelverspannung im Körper sind Traurigkeit, Angst und Wut verknüpft. Da Verspannung eine Einschränkung unseres Seins ist, macht sie uns traurig. Es macht uns auch wütend, so eingeschränkt zu sein. Und wir haben Angst davor, unsere Traurigkeit zu zeigen oder unsere Wut zu äußern, also bleiben wir eingesperrt in einem herabgesetzten Seinszustand und an unser Schicksal gefesselt.

Eine Therapie, die darauf abzielt, den Seinszustand zu erweitern oder auszudehnen, muß den dynamischen oder energetischen Faktor zur Kenntnis nehmen. Mehr Gefühl bedeutet mehr Lebendigkeit, mehr Erregung und mehr Energie im Organismus. Angespannte, zusammengezogene Körper können die gesteigerte Ladung oder Erregung nicht ertragen. Sie bedroht die Integrität der Persönlichkeit. Wie zuviel Luft, die in einen kleinen Ballon geblasen wird, bringt die Ladung die Gefahr der Explosion oder des Platzens mit sich, die der Betroffene als Angst, zu sterben oder verrückt zu werden, erlebt. Im nächsten Abschnitt will ich darüber sprechen, wie wir mit dieser Angst umgehen können. An dieser Stelle möchte ich betonen, daß eine Therapie fürs Sein ein fortwährendes Bearbeiten der Muskelverspannungen und eine fortgesetzte Durcharbeitung der zugrundeliegenden emotionalen Konflikte mit Freisetzung der mit ihnen verbundenen Gefühle bedeutet.

Das Muster der Therapie ist das Gegenteil des Teufelskreises. Jeder Durchbruch des Gefühls steigert die Energie oder Erregung im Organismus, die das Individuum nun ertragen lernen muß. Dies geschieht, indem das Erlebnis in die

Persönlichkeit und ins Leben des Individuums integriert wird, so daß sein Sein infolgedessen erweitert wird. Das Gefühl ist also jedesmal, wenn der Betroffene weint oder wütend wird, tiefer und stärker geladen. Es findet eine entsprechende Erweiterung des Gewahrseins statt, obwohl das Problem, vor dem der Mensch steht, nicht neu ist. Tatsächlich werden wir immer wieder denselben Problemen begegnen, wobei wir jedesmal hoffen, die Menge von Energie und Gefühl, die mit dem Prozeß verbunden ist, zu steigern.

Im therapeutischen Prozeß gehen wir immer wieder im Kreis des Lebens des Patienten herum – von der Vergangenheit zur Gegenwart und wieder zurück zur Vergangenheit. Jede Runde schließt die Erinnerungen und Gefühle des Patienten in bezug auf die Menschen und Ereignisse seiner Vergangenheit auf und setzt sie zu seinem gegenwärtigen Verhalten und seiner jetzigen Situation in Beziehung. Wenn eine Runde vollendet ist, ist das Ergebnis größeres Gewahrsein, tiefere Gefühle und ein höheres Energieniveau. Dann wird die nächste Runde mit größerer Energie und mehr Gewahrsein begonnen. Die sich allmählich erweiternden Kreise stellen das Wachstum der Persönlichkeit durch eine Erweiterung des Seins dar. Aber der Prozeß ist nie zu Ende. Man kann nicht alle Probleme durcharbeiten und nicht alle Verspannungen beheben. Die durch die Verletzungen des Lebens geschlagenen Wunden mögen heilen, aber die Narben bleiben bestehen. Wir können nicht zu unserem ursprünglichen Stand der Unschuld zurückkehren. Unserem Sein werden immer Beschränkungen auferlegt sein. Der Mensch ist ein unvollkommenes Tier und ein niederer Gott. Trotzdem lassen sich die Toleranz des Körpers für Erregung, speziell sexuelle Erregung, und seine Fähigkeit, diese Erregung durch Lust abzuführen, spezifisch: durch den Orgasmus, wesentlich steigern.

Man kann den therapeutischen Prozeß auch anders betrachten – als sei er ein Versuch, ein Puzzle zusammenzusetzen. Wir Therapeuten versuchen, dem Patienten zu helfen, einen Sinn in sein Leben zu bringen, es als Ganzes zu sehen. Ich habe schon gesagt, daß die Therapie eine Reise der Selbstentdeckung ist. Anders als beim Puzzle haben wir nicht von Anfang an alle Stücke zur Verfügung, aber je weiter die Therapie fortschreitet, desto mehr Erinnerungen werden verfügbar. Immer, wenn ein Stückchen Information zu benachbarten Teilen paßt und sich in sie einfügt, so daß das Bild deutlicher wird, gewinnt der Patient neue Einsicht. Er fängt an, sich selbst zu kennen. Obwohl das Puzzle nie ganz fertiggestellt wird, nimmt die Deutlichkeit des Bildes im Verlauf der Therapie zu. Wenn ein Mensch seine Vergangenheit kennt, ist er in Fühlung mit sich selber, und mit dem Selbst in Fühlung sein, heißt, mit dem Körper in Fühlung sein. Indem wir uns die Vergangenheit wieder zu eigen machen, machen wir uns den Körper wieder zu eigen. Diese Beziehungen funktionieren auch umgekehrt. Das Aufnehmen des Kontakts zum Körper gibt dem Menschen ein Gefühl seiner selbst und weckt die Erinnerungen, die in der kontrahierten und immobilisierten Muskulatur geschlummert haben.

Durchbruch und Zusammenbruch

Die therapeutische Entwicklung verläuft nicht in einer geraden Linie aufwärts. Es gibt in der therapeutischen Erfahrung Gipfel und Täler. Der Gipfel ist ein Durchbruch zu einem höheren Erregungsniveau. Der Patient durchbricht eine Schutzschicht seiner Abwehr und schreitet fort zu einem neuen Gefühl von Freiheit und Erkenntnis. Man könnte auch sagen, der Patient gehe daraus mit einem größeren Selbstgewahrsein hervor. Die Neurose ist eine Schutzschicht, die das Individuum absichert, aber es auch isoliert. Schichten dieser Art lösen sich nicht auf. Man muß sie durchbrechen wie ein Küken die Eierschale. Ähnlich muß man die Schranken oder Grenzen durchbrechen, die das Selbst gefangen halten.

Ein Durchbruch kann im Lauf einer Therapiesitzung oder in Form eines Traumes eintreten. Er ist immer von einer Einsicht begleitet, d. h. irgendein bisher dunkler Bereich der Persönlichkeit tritt ans Licht. Dieses Licht scheint durch den Sprung in der Schale oder Schutzschicht. Nach meiner Ansicht tritt daher der Durchbruch vor der Einsicht ein, nicht als ihre Folge. Der Sprung wird dadurch verursacht, daß das Leben in dem Behälter anschwillt, der die Erregung oder Energie nicht länger halten kann und daher zerspringt. Konkreter ausgedrückt: Das gesteigerte Gefühl oder die vermehrte Ladung ruft den Sprung hervor, der zur Einsicht führt. Keiner kann den Zeitpunkt eines Durchbruchs vorhersagen. Er tritt spontan ein, wenn sich im Selbst genug Kraft aufgebaut hat, um einen Sprung in dem Behälter hervorzurufen. Dieser Aufbau findet gewöhnlich langsam statt – als Folge einer sorgfältigen therapeutischen Arbeit. Hier ein Beispiel:

Mark ist ein Patient, mit dem ich seit zwei Jahren arbeite. Mark ist etwas größer als mittelgroß und ziemlich mager. Die auffallenden Züge seines Ausdrucks sind tiefliegende Augen und eine gerunzelte, tief heruntergezogene Stirn. Er hat ein sensibles Gesicht. Manchmal wird es durch ein jungenhaftes Lächeln aufgehellt; ein andermal zieht er sein Gefühl zurück, und die Augen wirken etwas leer. Die Tendenz zum Rückzug ist eine von Marks Schwierigkeiten gewesen, und er hat erhebliche Fortschritte darin gemacht, ein stärkeres Selbstgefühl zu gewinnen. Er hat bisher keine wirklich befriedigende Beziehung zu einer Frau entwickeln können. Er war zweimal verheiratet und ist zweimal geschieden. Ich möchte über zwei Sitzungen aus seiner Therapie berichten, weil sich hier Durchbrüche ereigneten.

Mark stand vor mir. Er wußte, daß er dazu neigte, »im Kopf« und nicht genug in seinem Körper zu sein. Er wußte, daß er sich davor fürchtete, seinen Kopf »loszulassen«. Er lehnte sich mit leicht gebeugten Knien vorwärts auf die Fußballen, und als er sein Gewicht in die Füße sinken ließ, konnte er spüren, wie sein Kopf »losließ«. Einen Augenblick fühlte er sich mit seinem Körper und mit dem Boden verbunden. Seine Stirn entspannte sich jedoch nicht.

Nun bat ich Mark, sich auf das Bett zu legen. Ich beugte mich über ihn und übte mit den Daumen einen mäßigen Druck von unten her auf seine Augenbrauen aus, um sie anzuheben. Mit seinem Blick fixierte er meine Augen. Als seine Augenbrauen sich hoben, öffneten sich seine Augen weit, und eine starke Welle der Angst ging durch ihn hindurch. Ich hielt den Augenkontakt zu Mark aufrecht und fragte ihn, wovor er sich fürchte. Er sagte: »Ich fürchte zu zerbrechen.« Bei diesen Worten brach er in tiefes Schluchzen aus und sagte: »Ich fühle mich ganz mit mir verbunden. Ich hab' das Gefühl, ganz da zu sein.«

Als sein Weinen vorbei war, besprachen wir sein Erlebnis. Er sagte: »Es hängt mit meiner Mutter und meinem Vater zusammen. Ich bin ungefähr drei Jahre alt. Ich sehe meine Mutter in einem Morgenmantel, der rohweiß und glänzend ist wie Satin. Es ist, als seien wir am frühen Morgen in der Küche. Mein Vater ist zur Arbeit gegangen. Die Szene fühlt sich an wie Orangensaft und Sonnenschein. Ich sitze auf einem hohen Kinderstuhl. Ich fühle mich warm, positiv, glühend.«

Ich frage Mark: »Wovor haben Sie Angst?«

Er erwiderte: »Ich spüre, daß von meiner Mutter etwas Verführerisches kommt. Da ist eine Nähe, eine vorausgesetzte Intimität. Sie will sie – eine körperliche Intimität –, aber ich nicht. Wenn ich meine Arme ausstrecke, ist nichts da. Meine Mutter fühlt sich allein gelassen und wendet sich zu mir. Ich fühle, wie sie nach mir ausgreift, aber wenn ich nach ihr ausgreife, werde ich verbrannt, abgewiesen. Ich bin erregt. Ich würde sie gern berühren, sie liebkosen, sie im Arm halten. Dann ist da eine *Kluft.* Ich habe mein ganzes Leben lang mit dieser Kluft gelebt. Ich fühle mich verletzt, wütend, rasend, aber ich fühle auch die Wärme und das Bedürfnis.«

In diesem Augenblick begann Mark wieder tief zu schluchzen und murmelte: »Oh Gott, oh Gott, hilf mir.«

Mark fuhr fort: »Durch ihren Rückzug wird sie zu einer Hexe, das ist das Gefühl der Kluft. Mein Gott! Gerade bin ich mit meinen beiden Ehen in Kontakt gekommen. Ich konnte die

Vorstellung nicht ertragen, daß eine Frau sich mir liebend ganz anvertraut hätte. Ich konnte die Nähe und die Erregung ohne irgendeine Möglichkeit der Abfuhr oder Erfüllung nicht aushalten. Wenn ich die Erregung hätte aushalten können? Aber nein, ich kann sie nicht aushalten. Es ist zuviel«. Und mit einem Blick der Verzweiflung sagte Mark: »Ich mußte es aufgeben. Es hätte mich verrückt gemacht.«

In dieser Sitzung brach Mark zu einem Gewahrsein der Verführung durch, die von seiner Mutter ausging, und zu einem Gewahrsein seiner reaktiven sexuellen Erregung. Er wußte, daß er die Erregung nicht ertragen konnte, weil keine Abfuhrmöglichkeit bestand. Seine Ehen zerbrachen an seiner Angst vor Nähe und Intimität, weil diese ihn an die Situation erinnerten, die er mit seiner Mutter erlebt hatte.

Als Mark zwei Wochen später zu seiner nächsten Sitzung kam, berichtete er: »Am Tag nach unserer letzten Sitzung bin ich mit einem großartigen Gefühl der Befreiung aufgewacht. Ich fühlte mich frei.«

Als ich ihn ansah, bemerkte ich, daß seine Augenbrauen immer noch gesenkt waren. Es schien, als habe er einen Deckel auf dem Kopf und über den Augen, der dazu diente, seine Erregung niederzuhalten. »Halte deine Gefühle unter Verschluß.« Aber es schien auch so, als sei der Deckel eine Abwehr gegen das Sehen. Ich fragte Mark, ob er wisse, daß er nicht sehen wolle.

Als Antwort erzählte er folgenden Traum, den er zwei Nächte vorher geträumt hatte. »Ich bin in einem Boot, das durch seichtes Wasser fährt. Ich gehe in ein Haus am Strand, wo viele Leute sind. Ich sehe meine Mutter, die in der Küche beim Kochen ist. Sie zerschneidet gerade eine Zitrone.

Das Wichtigste an dem Traum ist ihre Haltung mir gegenüber. Sie ist sehr verführerisch. Ihre Augen glänzen, und es steht Erregung in ihnen, während sie mich ansieht. Sie schält die Zitrone und läßt ein riesiges Stück abgeschälter Zitrone (Fruchtfleisch) übrig. Es ist mir klar, daß das die richtige Art ist, die Mahlzeit zuzubereiten, aber ich habe Angst.«

Als wir über die Bedeutung des Traumes sprachen, erkannte Mark, daß die Zitrone seine Hoden darstellte, daß seine Mutter ihm »die Eier abschnitt«.
Ich fragte Mark, wie seine Mutter sich Männern gegenüber verhalte. Er sagte:
»Sie ist von ihnen abhängig. Sie geht ihnen um den Bart, verachtet sie aber eigentlich. Sie möchte ihnen trauen, tut es aber nicht. Sie ist wütend auf sie, fühlt sich von ihnen enttäuscht. In dem Traum fühle ich mich, als hätte ich einen Schnitt quer über den Bauch, als sei ich ausgenommen. Ich weiß gar nicht, was ich in dem Haus am Strand tue. Ich sehe nicht.«
Die Kluft bezog sich auf eine leere Stelle in dem Puzzle. Er sah das Gesamtbild nicht, weil ein Teilchen fehlte oder mehrere. Das Nichtsehen ist eine selbstauferlegte Blindheit, die der Blendung des Ödipus ähnlich ist. Ein Mensch sperrt eine optische Szene aus, weil sie zu erschreckend oder zu abscheulich ist. Die Therapie wirkt dadurch, daß sie den Patienten dazu bringt, das vollständige Bild seines Lebens zu sehen – wir nennen es »Einsicht gewinnen«. Was sah mein Patient nicht? Seltsamerweise ist die Antwort dieselbe wie im Fall des Ödipus: die inzestuöse Beziehung zur Mutter.
Ich bat Mark, seine Gefühle gegenüber seiner Mutter und im weiteren Sinne gegenüber allen Frauen zu beschreiben. Er sagte:
»Ich versuche immer, ihnen zu gefallen, aber es gelingt mir niemals. Ich halte mich ihnen verfügbar, hilfsbereit, offen und sensibel. Ich habe meiner Mutter sehr vertraut. Dann bekam ich Angst vor ihrer Wut. Ich habe ein Gefühl, verraten worden zu sein. Ich war wütend auf sie. Es war so stark, daß es mich unbeweglich machte. Meine erste Frau hat Wut ausgestrahlt wie meine Mutter.«
Nach diesem Gespräch ließ ich Mark auf dem Bioenergetik-Schemel liegen. Er fing an zu weinen. Er fühlte den Schmerz und die Rigidität im Kreuz. Dann sagte er, er habe das Gefühl, er könnte in der Kreuzgegend *zerbrechen.*

Ich fragte Mark, was er sich bei »Zerbrechen« denke. Er sagte zweierlei: Er wäre verloren, und, er wäre frei. Er fuhr fort, seine Mutter sei verführerisch gewesen, aber »wenn man mit sexuellem Gefühl nach ihr ausgriff, pflegte sie einen zu zerschneiden.« Das bedeutete Ausgenommenwerden. Man verlor sein Gedärm, seinen Mut. Dann fügte Mark hinzu: »Vor einigen Jahren hatte ich das Gefühl, ein Loch im Bauch zu haben.«

Kein Gedärm, keine Eier. Mark wurde nun klar, daß man ihn zerbrochen hatte. Die energetischen Verbindungen zwischen Kopf und Genitalien waren unterbrochen worden, und infolgedessen war sein Ich nicht in seiner Sexualität gegründet. Das fand statt, als Mark ein kleiner Junge war. Es bewirkte, daß er sich davor fürchtete, mit seiner Sexualität auf Frauen zuzugehen. Um nicht wieder verletzt zu werden, hielt er sich zurück. Er machte das Becken unbeweglich, indem er die Muskeln im Kreuz und im Bauch anspannte. Diese Verspannung in seinen Rückenmuskeln bewirkte die Rigidität und den Schmerz, die er beim Liegen auf dem Bioenergetik-Schemel verspürte. Die Rigidität in Marks Rücken war wie eine Schiene. Man hatte ihm den Rücken (ihn) gebrochen. Nun war sein Rücken zum Schutz gegen einen erneuten Bruch geschient, aber die Abwehr erhielt die Angst vor dem Zerbrechen aufrecht.

Und die Angst vor Frauen. Da Mark Frauen gegenüber eine passive Rolle annimmt, weil er nicht wagt, sexuell aggressiv zu sein, ist es sein Los, sich mit Frauen einzulassen, die in der Beziehung eine übermäßig aggressive Rolle spielen. Aber dies sind wütende Frauen, die das Gefühl haben, von ihren Vätern verraten worden zu sein, die ebenfalls in der Beziehung zu ihren Müttern passiv waren. Diese Wut wird dann auf Männer projiziert, die passiv sind. Unweigerlich bekam Mark mit Frauen zu tun, die Wut ausstrahlten, wie seine Mutter.

Ich habe diese beiden Sitzungen mit Mark ausführlicher beschrieben, um die enge Beziehung zwischen Durchbruch und Zusammenbruch zu zeigen. Als Mark sich seiner Angst vor dem Zerbrechen stellte, konnte er die Ereignisse in seinem

Leben erkennen, die die Angst erzeugt hatten. Ich habe sehr viele Patienten die Befürchtung äußern hören, sie würden zusammenbrechen, wenn sie losließen. Mit anderen Worten, durchbrechen bedeutet, die Gefahr eines Zusammenbruchs auf sich zu nehmen. Es ist wie eine Geburt. Wenn ein Baby geboren wird, hat es keine Gewähr, daß es ihm gelingt, seinen Weg hinaus in die Welt zu machen. Bei manchen ist die Nabelschnur um den Hals gewickelt, in der sie sich verfangen und sterben. Das Leben ist immer mit einem gewissen Risiko verbunden, aber gewöhnlich ist es minimal. Das Liegen über dem Bioenergetik-Schemel, wie Mark es erlebte, kann bei einem Menschen mit starrem Rücken die Furcht wecken, zu zerbrechen, aber ich habe noch nie einen Rücken brechen sehen.

Etwas zerbricht aber doch – der Widerstand des Betreffenden gegen das Ausdrücken von Gefühlen. Im allgemeinen findet ein Nachgeben gegenüber Schmerz und Traurigkeit statt, und der Patient bricht in Tränen aus und schluchzt. Manchmal brechen auch Wutgefühle, die lange unterdrückt waren, aus ihm hervor. In allen Fällen bricht die Beherrschung zusammen, die der Mensch in jenen Kindheitssituationen, als das Ausdrükken von Gefühlen gefährlich war, als Abwehr entwickelt hat. Auch die Fassade, die errichtet wurde, um das empfindliche Sein des Individuums zu schützen, stürzt ein. Aber da das Ich mit der Beherrschung, dem Willen, der Fassade gleichgesetzt wird, sieht der Betroffene den Zusammenbruch als Gefahr.

Die Angst vor dem Zusammenbruch ist am ausgeprägtesten, wenn die Charakterstruktur des Patienten in Frage gestellt wird. Das ist deshalb so, weil sich diese Struktur als Abwehr gegen den Zusammenbruch entwickelt hat. Der Widerstand, den der Patient gegen diese Herausforderung einsetzt, ist unüberwindlich, wenn man die Angst nicht versteht, die ihn motiviert.

W. D. Winnicott, der dieses Problem bei seinen Patienten studiert hat, definierte das, was für den Patienten so bedrohlich ist, als eine Angst vor dem »Zusammenbruch des Bestandes der Einheit des Selbst«[2]. Wir würden es, einfacher ausgedrückt, als eine Auflösung der Ich-Organisation bezeichnen. In der Laiensprache bedeutet der »Zusammenbruch« den Ausbruch einer Psychose. Wir sollten daher wissen, daß der Angst vor dem Loslassen auch die Angst vor dem Verrücktwerden zugrundeliegt.

Ich habe im vorigen Kapitel erklärt, daß die Angst vor dem Wahnsinn entsteht, wenn das Ich von Erregung oder Gefühl überschwemmt wird. Aber das muß geschehen, wenn eine Erweiterung des Seins oder eine Weiterentwicklung stattfinden soll. Die Schlange häutet sich im Verlauf ihres Wachstums, der Einsiedlerkrebs sucht sich ein größeres Schneckenhaus und läßt das alte zurück. Und wir Menschen müssen aus alten Strukturen ausbrechen, wenn wir wachsen sollen. Während des Übergangs ist der Organismus verletzlich. Es besteht ein Risiko. Aber alle Organismen nehmen die Verletzlichkeit und das Risiko hin, die im Wesen des Lebensprozesses liegen. Warum haben unsere Patienten so große Angst?

Winnicott gibt die Antwort auf diese Frage. Er sagt, die »klinische Angst vor dem Zusammenbruch ist *die Angst vor einem Zusammenbruch, den man schon einmal erlebt hat.*« Er fährt dann fort: »Es ist eine Tatsache, die man im Unbewußten verborgen mit sich herumträgt«[3]. Die Bedeutung dieser Beobachtung wird deutlich, wenn wir sie auf alle Lebenslagen anwenden. Im Sprichwort heißt es: »Gebranntes Kind scheut das Feuer«. Ein Kind hat keine Angst vor dem heißen Ofen, bevor es sich gebrannt hat. Wenn ein Geburtserlebnis in dem Sinn traumatisch war, daß das Leben des Kindes in Gefahr war, dann wird jede Situation, die eine Geburt oder ein »Durchbrechen« erfordert, mit schrecklicher Angst angesehen.

Die am Anfang dieses Buches gestellte Frage war: Warum lernen wir aus manchen traumatischen Erlebnissen, und aus anderen nicht? Kein Kind, das einen heißen Ofen angefaßt hat,

[2] W. D. Winnicott: »Fear of Breakdown«, *International Review of Psychoanalysis,* 1, 1974, S. 103.
[3] Ebd., S. 104.

wiederholt die Erfahrung. Neurotiker wiederholen, wie wir gesehen haben, dieselben Traumata immer wieder. Wenn die Erfahrung eines Zusammenbruchs im Unbewußten begraben liegt, wird sie auch in die Zukunft projiziert. Das System der Ich-Abwehr, das früher errichtet wurde, um das Trauma zu verleugnen und um als Gewähr gegen eine zukünftige Wiederholung des Ereignisses zu dienen, wird zum Magneten, der das Erlebnis anzieht, das es vermeiden helfen soll. Das ist es, was ich als das Wirken des Schicksals bezeichnet habe.

Es ist leicht, dies in bezug auf die Angst vor dem Zusammenbruch zu erklären. Die in das Abwehrsystem investierte Energie vermindert die Toleranz des Körpers für Erregung. Abwehr bedeutet Struktur und nicht Bewegung. Sie ist ein »eingefrorener« Zustand, kein beweglicher. Sie setzt die Menge der Erregung und des Gefühls herab, und man hofft, dadurch die Überschwemmung zu verhindern, die das Ich überwältigen und einen Zusammenbruch herbeiführen könnte. Sie vermindert das Sein, um es zu schützen. Diese Verminderung des Seins weckt jedoch die Angst vor dem Zusammenbruch, denn der Organismus ist bestrebt, sein Leben oder Sein so weit wie möglich zu erweitern. Der Leib ist lebensorientiert und sucht seinen Erregungszustand selbst auf die Gefahr hin zu steigern, das verängstigte Ich zu überwältigen. Das könnte leicht zu einem Teufelskreis führen, in dem jeder Erweiterungsbemühung eine Verstärkung der Abwehrstruktur entgegenwirken würde. Das ist das Gegenteil des oben beschriebenen Wachstumszyklus. Ohne gewisse Veränderungen im Charakter eines Menschen schrumpft sein Sein ständig bis zu dem Punkt, an dem ein Zusammenbruch unvermeidlich wird. Dieser kann sowohl die Form einer somatischen Erkrankung als auch die einer geistig-seelischen annehmen.

Ganz lebendig sein, heißt, sich von einer Flut von Gefühlen davontragen lassen. Dies verschafft einem ein bewegendes Erlebnis, ein Erlebnis eines Höhepunkts. Es ist eine Reaktion von der Art des Orgasmus. Aber solche intensiven emotionalen Reaktionen sollten nicht zu häufig sein. Wenn man fortwährend von einer überwältigenden Erregung überschwemmt wird, werden die eigenen Grenzen undeutlich und das Selbst wird nebulös. Man gerät in Verwirrung im Hinblick auf die eigene Identität, und die Psychose ist nicht mehr fern. Besonders ein schwaches Ich ist gefährdet. Ein stärkeres Ich kann ein höheres Erregungsniveau ertragen und in sich halten, ohne seine Grenzen zu verlieren. Aber selbst ein relativ starkes Ich kann überschwemmt oder überwältigt werden, wenn die Intensität des Gefühls stark zunimmt. Ein gesundes Ich kann es sich erlauben, sich vorübergehend von einer Flut des Gefühls überschwemmen zu lassen, ohne daß es Schaden leidet. Jeder Fluß tritt gelegentlich über die Ufer und verursacht eine Überschwemmung. Wenn er es dauernd tut, werden die Ufer zerstört und wir haben einen See, keinen Fluß. Aber ein See ist statisch, während ein Fluß fließt. Es ist einer der Widersprüche des Lebens, daß ein Strom in seinem Bett bleiben muß, damit die Bewegung erhalten bleibt.

Diese Überlegungen legen die Vermutung nahe, daß ein Patient, wenn er seine Abwehrstellung aufgibt, in gewissem Maß ein Erlebnis des Verrücktseins hat. Natürlich ist es kein echter Wahnsinn, wenn man auf Verlangen »verrückt wird«, aber es kommt ihm nah genug, so daß der Patient bemerkt, daß die Angst vor dem Zusammenbruch real ist, daß in der Persönlichkeit unterdrückte Gefühle stecken, die das Ich bedrohen, und daß man die Grenze von der Vernunft zur Irrationalität überschreiten und ohne Gefahr wieder zurückkommen kann. Das Erwecken starker Gefühle in einem Borderline-Patienten, der ein schwaches Ich hat, kann einen vorübergehenden psychotischen Schub auslösen. Er kann »ausflippen«, wenn die Erregung zu stark wird. Das bedeutet für den Patienten keine Gefahr, wenn sich der Therapeut der Möglichkeit bewußt ist, nicht in Panik gerät und bei dem Patienten bleiben kann, bis sich die Erregung wieder legt. Wenn dies geschieht, wird der Patient wieder völlig »vernünftig«. Durch das Erlebnis hat er sich einige starke Gefühle erschlossen, die dann in seine Persönlichkeit integriert werden können, sein Ich stärken und sein Sein erweitern. Auf diese Weise vermehrt der Patient seine Toleranz für Erregung und Gefühl und vermindert die Wahrscheinlichkeit eines zukünftigen Zusammenbruchs.

Durchbruch und Zusammenbruch sind in der Therapie niemals weit voneinander entfernt, da ein gewisser Zusammenbruch der Ich-Abwehr stattfinden muß, damit ein Durchbruch möglich wird. Das Niederreißen von Ich-Abwehrmechanismen ist jedoch kein legitimes Therapieziel. Eine solche Abwehr muß man respektieren, es sei denn, man kann dem Patienten helfen, eine wirksamere Weise zu entwickeln, mit den Belastungen des Lebens fertigzuwerden. Der Zusammenbruch ist nur dann brauchbar, wenn er zu einem Durchbruch führt. Dazu gehören die Entwicklung von Einsicht und das Integrieren der neuen Gefühle in die Persönlichkeit. Das bedeutet, daß die Gefühle akzeptiert und mit voller Kooperation des Ichs ausgedrückt werden.

Eine meiner Patientinnen kann in den Sitzungen nicht schreien. Sie schreit jedoch zu Hause ihren Mann und ihre Kinder an. Es ist eine hysterische Reaktion, die sich gegen ihren Willen ausdrückt, und ihr Ich ist nicht dabei. Sie will nicht schreien, fühlt sich aber dazu provoziert. Sie sagt: »Wenn ich schreie, fühle ich mich wie eine Irre. Es löscht mich aus.« Es macht, daß sie sich verrückt fühlt. Aber sie braucht das Schreien, um das in ihr steckende Entsetzen herauszulassen. Sie ist als Kind terrorisiert worden, hat also allen Grund zu schreien. Die Integration forderte von ihr die Annahme der Tatsache, daß sie eine schreiende Irre war. Sie war von ihrem Entsetzen überwältigt worden, und es hatte sie verrückt gemacht. *Der Zusammenbruch hatte stattgefunden.* Sobald sie diese Tatsache akzeptiert hatte, konnte sie nicht mehr »ausgelöscht« werden. Sie konnte ihre Identität als ein Mensch behalten, der terrorisiert worden und bis zu dem Punkt getrieben worden war, eine schreiende Irre zu sein. Was vorher ausgelöscht worden war, war ihre falsche Identität, nämlich die eines ruhigen und rationalen Wesens. Diese falsche Identität war eine Verleugnung ihres Seins, die ihre Verletzlichkeit gegenüber und ihre Angst vor einem Zusammenbruch steigerte.

Beim durchschnittlichen neurotischen Patienten verbirgt sich die Angst vor dem Zusammenbruch hinter einem scheinbar sicheren und stabilen Ich. Wenn man einen solchen Patienten fragt, ob er jemals gedacht hat, er könnte verrückt werden, lautet die Antwort im allgemeinen »nein«. Aber sein Problem straft seine Antwort Lügen. Jeder Neurotiker hat unterdrückte Gefühle, die sein Ich überschwemmen und überwältigen könnten, wenn sie mit voller Intensität aufsteigen würden. Um es einfach auszudrücken: Jeder Patient könnte »verrückt werden« und hat Angst »verrückt zu werden«, wenn er seinen Gefühlen voll nachgeben würde. Er bleibt »bei Verstand«, indem er das Erregungsniveau in erträglichen Grenzen hält, und er überwacht seine Gefühle sorgfältig, um sicherzustellen, daß diese Grenzen nicht überschritten werden. Da er sich auf diese Steuerung verläßt, mag er ganz überzeugt sein, daß er sich nicht vor dem Verrücktwerden fürchtet. Aber die Abwehr selbst verrät die tieferliegende Angst. Man baut nur dann eine Abwehr auf, wenn man Angst hat.

Ein zu vernünftiges Verhalten (relativ frei von Gefühlen) oder ein zu beherrschtes (dem es an Spontaneität fehlt) kann den Verdacht wecken, daß es eine tieferliegende Angst vor dem Verrücktwerden verdeckt. Der Betreffende kann seinen Gefühlen nicht vollen und freien Lauf lassen; daher ist sein Sein stark eingeschränkt. In einem solchen Fall wird man den Patienten vielleicht ermutigen müssen, *ein wenig* »verrückt zu spielen«. Das bedeutet, den Kopf loszulassen, »den Kopf zu verlieren« oder »den Verstand zu verlieren«.

Ich benütze einige einfache Übungen, um einem Patienten zu helfen, sich diesem Zustand zu nähern, so daß er seiner Angst gewahr werden kann. Die Übung muß zu dem Patienten und seiner aktuellen Situation passen. Bei einem jungen Mann z. B., dessen Muster des muskulären Festhaltens zu verstehen gab: »Laß' mich in Ruhe«, gehörte zu der Übung, daß er mit den Füßen auf das Bett schlug, ebenso mit den Fäusten, und schrie: »Laß' mich in Ruhe!« Im Verlauf dieser Übung forderte ich ihn auf, zu schreien: »Du machst mich ganz verrückt!« Nachdem er es getan hatte, drehte er sich zu mir um und sagte: »Bei Gott, das ist wahr. Sie hat soviel an mir herumgenörgelt, daß sie mich völlig an die Wand gedrückt hat.« Er fuhr dann fort und beschrieb eine Seite seiner Mutter, die seine Persönlichkeit erklärte. »Sie war so durcheinander, daß ich nicht wußte, was wahr war. Ich konnte nie mit Logik oder Vernunft an sie herankommen. Ich panzerte mich gegen ihre Verrücktheit und gegen meine mögliche Verrücktheit«. Als ich ihn fragte, was diese mögliche Verrücktheit wäre, sagte er: »Ich würde den Verstand verlieren und sie umbringen; ich würde tödlich wahnsinnig werden. Aber ich war immer sicher, daß mir das nicht passieren würde.« Dann fügte er traurig hinzu: »Ich weiß jetzt, warum ich meine Wut niemals explodieren lassen kann. Ich hab' wirklich Angst, ich würd' verrückt werden.«

Wenn wir dem Gedankengang Winnicotts folgen, weist die Angst vor einem geistig-seelischen Zusammenbruch darauf hin, daß ein solcher Zusammenbruch früher schon einmal stattgefunden hat. Man deckt den Brunnen erst zu, wenn das Kind hineingefallen ist, nicht vorher. Dieser scheinbare Widerspruch erklärt sich dadurch, daß es nicht nötig wäre, ja, daß man gar nicht ans Zudecken des Brunnens denken würde, wenn nicht ein Unglück passiert wäre. Man baut keine Abwehr gegen eine unvorstellbare Gefahr auf. Es ist wichtig für den Patienten, zu erkennen, daß ein Zusammenbruch stattgefunden hat, daß seine Abwehr ebensosehr eine Verleugnung dieses Umstands ist wie eine Vorsichtsmaßregel gegen einen möglichen zukünftigen Zusammenbruch. Denn die Abwehr selbst macht, wie wir gesehen haben, das Individuum für diese Möglichkeit bereit.

Der Zusammenbruch, der sich in der Vergangenheit ereignet hat, ist durch eine Willensanstrengung überwunden worden. Er ist als ein Gefühl der Verwirrung, des Überwältigtwerdens und als Verlust der Grenzen erlebt worden. Der Mensch hatte das Gefühl, auseinanderzufallen. Es war furchterregend. Er hat

sich mit Hilfe seines Willens »zusammengerissen«, und er hält sich weiterhin zusammen, in Abwehr gegen das Gefühl, auseinanderzufallen oder sich durchs Leben verwirrt oder überwältigt zu fühlen. Der Wille wirkt durch die willkürliche Muskulatur; die einschlägigen Muskeln werden kontrahiert, um die notwendige Beherrschung zu gewährleisten. Der oben genannte Patient bemerkte: »Ich erkenne jetzt, daß ich mich bemüht habe, den Kopf oben zu behalten. Das hilft mir verstehen, warum meine Halsmuskeln so überentwickelt sind.«
Eine weitere Übung besteht darin, daß der Patient mit dem Kopf gegen das Bett schlägt, wobei er sagt: »Ich kann es nicht aushalten. Du machst mich verrückt.« Oder: »Ich kann es nicht aushalten. Ich verlier' den Verstand.« Das sind ziemlich weit verbreitete Redewendungen, die man gewöhnliche Menschen sagen hört. Nach meiner Ansicht spiegeln sie das Verständnis wider, das sich in der Sprache ausdrückt. Jedes Gefühl, das so stark ist, daß der Organismus es nicht aushalten kann, bedroht die geistige Gesundheit des Menschen. Man kann vor Schmerz, Angst, Kummer oder sogar vor Verlangen den Verstand verlieren. Wenn das Ich überschwemmt wird und seine Grenzen niedergerissen werden, entsteht Verwirrung, und Selbstbeherrschung und Orientierung gehen verloren. Wenn der Betroffene versucht, das Gefühl nicht herauszulassen, wird die Spannung unerträglich. Sie muß gelockert werden, selbst wenn die geistige Gesundheit vorübergehend aufgegeben wird. In einem solchen Augenblick schlagen Kinder absichtlich mit dem Kopf an die Wand (oder eine andere Fläche). Es ist eine Möglichkeit, die Spannung im Nacken aufzuheben. Wenn Patienten diese Übung ausführen, spüren sie die Spannung im Nacken und werden eines Gefühls gewahr, daß sie sie aushalten müssen, obwohl die Situation quälend ist. Sie nicht auszuhalten, heißt, verrückt werden. Oft wird dem Patienten klar, worin die Qual bestanden hat.
Ein junger Mann beschrieb die Qual folgendermaßen: »Meine Mutter sah mich flehend an, als ob sie erwartete, ich sollte sie retten. Zugleich war etwas Verführerisches in ihrem Blick. Ich

fühlte, sie zu retten, bedeutete, Verkehr mit ihr zu haben. Ich war erregt und verängstigt. Es war eine Qual. Ich wagte nicht, auf sie zu reagieren, aber ich konnte nicht von ihr wegkommen.« Es brachte ihn fast um den Verstand. Um diesen Zusammenbruch zu verhindern, machte er sich »tot«. Dies ist einer der Fälle, die ich im vorigen Kapitel beschrieben habe.

Um diese Angst bei neurotischen Patienten ans Licht zu bringen, frage ich sie oft, ob sie jemals das Gefühl gehabt hätten, sie würden verrückt werden. Manche erinnern sich an eine Lage, in der ihnen diese Angst bewußt war. Eine Frau berichtete von zwei Erlebnissen dieser Art. Das zweite hatte sie mit dreißig Jahren. Sie erzählte: »Ich verliebte mich in einen Priester. Das Erregungsgefühl in meinem Körper war sehr intensiv. Es war ein sexuelles Gefühl und ich konnte es ihm gegenüber nicht ausdrücken. Ich lag im Bett und fühlte, wie die Energie unter meiner Haut wie mit Klauen kratzte und versuchte, herauszukommen. Ich konnte sie nicht freilassen. Dann fühlte ich mich allmählich immer verängstigter und verzweifelter. Ich dachte, ich würde ausflippen, einen Nervenzusammenbruch kriegen. Ich betete zu Gott um Hilfe.«

Diese Patientin war sehr streng religiös erzogen. Sie hatte, wie sie sagte, ihren Körper nie berührt, bevor sie zwei- oder dreiundzwanzig Jahre alt war. Sie meinte damit natürlich eine sinnliche Berührung. Sie wußte nicht, wie man masturbiert, und hatte daher keine Möglichkeit, sich Erleichterung zu verschaffen. Unter solchen Bedingungen könnte ein sehr starkes und beständiges Gefühl sexueller Liebe einen Menschen um den Verstand bringen.

Das erste derartige Erlebnis hatte sich ereignet, als sie in einer kirchlichen Internatsschule war – weit weg von zu Hause. Sie merkte, daß sowohl die Schulleiterin als auch ihre Vorgesetzte sie haßten. Sie litt an chronischer Blinddarmentzündung, wurde aber gezwungen, ihre Arbeiten für die Schule fortzusetzen. »Ich stand unter großer Belastung. Ich wog nur noch vierzig Kilo. Es war der Tiefpunkt meines Lebens. Dann bekam ich eine akute Entzündung und kam in das von den Schwestern geführte Krankenhaus. Nachdem ich operiert worden war, blieb ich dort einen Monat lang. Ich durfte niemanden sehen. Ich war verängstigt und hilflos. Ich konnte nichts für mich tun. Ich hatte das Gefühl, ich könnte zusammenbrechen «

Diese Patientin wurde nie psychotisch, und ich bezweifle, daß sie es jemals geworden wäre. Sie hatte ein so starkes Ich, daß es die größten Belastungen aushalten konnte. Aber sie war nicht unverwundbar. Wenn sie an die Wand gedrückt wurde, sagte sie, sie würde lieber sterben. Der Tod sei dem Wahnsinn vorzuziehen. Und es war tatsächlich eine Andeutung des Todes in den dunklen Ringen um ihre Augen. Sie brach im Krankenhaus nicht zusammen, weil sie sich mit dem Tod abfand. Glücklicherweise wurde sie nicht ganz so weit getrieben. Aber sie wurde immerhin so weit getrieben, daß sie das Antlitz des Todes sah.

Zwischen Tod und geistiger Umnachtung, dem leiblichen und dem seelischen Tod, besteht eine dynamische Beziehung. Wenn ein Organismus durch eine intensive Erregung überwältigt wird, werden die Grenzen des Selbst überflutet und lösen sich auf; ohne Grenzen existiert das Selbst nicht mehr. Man kann den Wahnsinn als eine Form des psychischen Todes bezeichnen, als den Tod des Selbst oder des Ichs. Dieser tritt auch auf dem Höhepunkt des vollständigen Orgasmus ein, wenn man diesen Höhepunkt erreicht. Das Ich oder Selbst verschwindet vorübergehend. Wenn wir Angst davor haben, überwältigt zu werden, unterdrücken wir unser Gefühl und unsere Erregung. Je größer die Angst, desto stärker die Unterdrückung. Aber die Unterdrückung von Gefühl und Erregung ist der Tod, ein Tod des Körpers durch Gefrieren. Vor diesem Gespenst haben wir ebenso Angst.

Freud hat erklärt, daß wir das Schicksal des Ödipus vermeiden, indem wir unser sexuelles Gefühl für unsere Mutter unterdrükken und unsere Feindseligkeit gegen unsere Väter aufgeben. Das tun wir wegen der Kastrationsdrohung. Da wir uns dieser kulturellen Forderung gebeugt haben, werden wir dann gut angepaßte Bürger: Wir gehen zur Schule, heiraten das richtige Mädchen und unterstützen die bestehende Ordnung. Und wir verdrängen die Erinnerung an diese Periode, was bedeutet, daß wir unsere Unterwerfung unter die Kastrationsdrohung leugnen. Wenn wir Kinder haben, wiederholen wir denselben Prozeß mit ihnen, um den Fortschritt der Kultur sicherzustellen.

Wenn dieses System gut funktionieren würde, gäbe es keine Klagen. Aber es gibt Klagen. Eine Frau z. B., die seit zehn Jahren verheiratet ist, ist unglücklich über ihre Beziehung zu ihrem Mann. Ihr Sexualleben hat sich im Lauf der Jahre verschlechtert. Sie sagt, als sie geheiratet hätten, sei sie begierig auf die versprochene sexuelle Intimität gewesen und erregt bei dem Gedanken an die sexuelle Lust, die sie nun genießen würde. Sie hatten am ersten Abend Geschlechtsverkehr. Als sie am nächsten Morgen aufwachte, wandte sie sich ihrem Mann mit Erregung und Vorfreude zu, aber er wies sie ab und sagte: »Setz' mich nicht unter Druck!« Sie sagte, ihre Flitterwochen seien ein Albtraum gewesen. Von da an herrschte zwischen ihnen in bezug auf Sex immer eine gewisse Spannung.

Welche Angst hielt ihren Mann davon ab, die sexuelle Lust, die sich ihm bot, voll zu genießen? War es eine Angst vor dem Erfolg? Oder bekam er, wie so viele Männer, Angst, als seine Frau in der Sexualität die Initiative ergriff? Indem sie dies tat, erinnerte sie ihn an seine Mutter, und plötzlich wurde sie zur verbotenen Frucht.

Als nächstes werde ich von einem Mann konsultiert, der depressiv ist, weil er Übergewicht hat, und weil seine Frau das sexuelle Interesse an ihm verliert. Ihre Ehe ist für beide die zweite. Sie hat vor einigen Jahren in einer Atmosphäre der Romantik und der Erregung begonnen. Die Ehe schien beider Leben zu verändern. Mein Patient sagte, er habe abgenommen, habe sich jünger und begeisterter gefühlt. Aber nach einigen Jahren hatte die Erregung etwas nachgelassen. Der Mann begann, zuviel zu essen, und konnte es nicht lassen. In der ersten Sitzung erzählte er mir, er sei vorher sieben Jahre in psychoanalytischer Behandlung gewesen, fünfmal in der Woche, und er habe das Gefühl, es habe ihm erheblich geholfen. Er war dadurch fähig geworden, eine ziemlich unbefriedigende Ehe zu beenden. Er glaubte, die Analyse habe ihn von seiner Neurose befreit, und er war etwas bestürzt, daß er depressiv war. Um ihm zu etwas Bewegung in seinem Körper zu verhelfen, schlug ich vor, er solle sich jeden Morgen erbrechen.

Die Vorstellung, sich zu erbrechen, mag Lesern, die nicht mit der bioenergetischen Therapie vertraut sind, seltsam erscheinen. Es ist eines unserer Standard-Verfahren. Es dient zwei wichtigen Zwecken. Erstens hilft es einem, »es rauszubringen«. Viele Menschen halten ihre Gefühle in sich fest. Sie würgen den Ausdruck der Gefühle ab. Das Erbrechen durchbricht dieses Muster des Festhaltens. Zweitens öffnet es die Kehle und erleichtert daher das Ausdrücken von Gefühlen. Diese Übung wird morgens vor dem Frühstück durchgeführt. Der Betreffende trinkt zwei volle Gläser Wasser, so daß der Magen etwas hat, um das er sich zusammenziehen kann. Dann berührt er den Mund-Hintergrund mit dem Daumen, um den Würgereflex auszulösen, während er sich über die Toilettenschüssel beugt. Wenn man vor dem Würgen tief ausatmet, kommt der Ausstoß der Flüssigkeit im allgemeinen leicht zustande. Es ist wichtig, bei dieser Übung tief auszuatmen, da dadurch das Zwerchfell entspannt wird. Auf keinen Fall sollte man das Erbrechen forcieren. Es sollte leicht gehen. Man sollte nicht versuchen, alles Wasser herauszubekommen. Einige gute Erbrechensstöße sind genug.

Als mein Patient nach zwei Wochen wiederkam, berichtete er: »Ich hab mit der Kotzerei angefangen, die Sie vorgeschlagen haben. Seitdem hab' ich viele Albträume gehabt.«
Das ist keine häufige Folge des Erbrechens. Ich habe diese Technik selbst seit mehr als dreißig Jahren immer wieder angewandt, und es hat bei mir nicht diese Wirkung gehabt. Ich mache es auch heute noch regelmäßig.
Er fuhr fort: »In einem Traum sah ich mir im Fernsehen einen Film an. Es war wie ein spezieller Kulturfilm. Ich sah eine Szene, in der ein Raubtier seine Beute schlägt. Das Beutetier ist vor Entsetzen gelähmt, bevor es gefressen wird. Während ich das Bild betrachte, wird es immer größer, als würde ich hineingezogen. Dann veränderte es sich. Das Raubtier wurde ein primitiver Steinzeitmensch, etwa zwei bis drei Meter groß, der einen kleinen zivilisierten Menschen gepackt hatte. Er nahm einen Vorschlaghammer und brach dem Mann mit ein paar raschen Schlägen die Knochen im rechten Arm. Der Arm hing wie gelähmt herunter. Dann nahm der Primitive seinem Opfer die Augen heraus und biß ihm in den Kopf, als wollte er ihn abbeißen. Ich hatte das Gefühl, er wollte sein Gehirn fressen. Ich war entsetzt. Ich konnte nicht schreien. Ich wachte schweißnaß und voller Angst auf.«
Mein Patient erkannte sofort, daß der Traum seine Kastrationsangst ausdrückte. Er identifizierte sich mit dem kleinen zivilisierten Mann und erkannte, daß der große primitive Mann sein Vater war. Ich sollte wohl noch hinzufügen, daß mein Patient selbst Psychoanalytiker und daher mit diesen Vorstellungen ganz vertraut war. Er bemerkte, daß im Verlauf seiner früheren Analyse über die Frage seiner Kastrationsangst gesprochen worden sei. Sie sei jedoch nie so lebendig aufgetaucht wie in diesem Traum.
Dieser Patient hatte in der Beckenregion sehr starke Verspannungen. Der Beckenbereich war platt und angespannt, und von oben hing ein Fettwulst herunter. Es sah so aus, als sei der Unterbauch auf der Höhe des Beckenkamms von einem einschnürenden Ring umgeben. Keine Atembewegung ging bis

in den Unterbauch, der vom übrigen Körper abgetrennt zu sein schien.
Ich ließ den Patienten auf dem Fußboden liegen, mit einer zusammengerollten Wolldecke unter dem Kreuz. Die Füße wurden aneinandergelegt, die Knie weit geöffnet; so war der Beckenbereich preisgegeben. Diese Lage bringt oft die Angst und Scham eines Patienten ans Licht. Mein Patient empfand weder die eine noch die andere, aber als ich meine Daumen in die Lendengegend setzte und mäßigen Druck auf die angespannten Muskeln ausübte, fuhr er fast aus der Haut. Er sagte, es sei nicht so sehr schmerzhaft, sondern vielmehr angsterregend. Immer, wenn er den Druck meiner Daumen in diesem Bereich spürte, besonders, wenn ich sie leicht bewegte, schrie er, als ob ... als ob ich mich anschickte, ihm dort etwas Schreckliches anzutun.
Als wir über sein Erleben sprachen, sagte er, er sei überrascht, daß er solche Angst habe. Er dachte, er hätte sie sich in der Analyse von der Seele geredet. Aber er gab zu, daß er die Angst bisher nie empfunden hatte. Die Kastrationsangst war vorher nur eine Vorstellung gewesen. Er war ein bißchen böse darüber, daß er mit der Analyse so viel Zeit verloren hatte, aber dann erkannte er, daß sie ihren Zweck erfüllt hatte. Er ging zutiefst erschüttert aus dieser Sitzung.
Ich sah ihn nach mehreren Wochen wieder. Wegen seiner Angst hatte er weiterhin zu viel gegessen. Er fühlte sich nicht deprimiert, dazu war er zu traurig und zu verängstigt. Er wußte, daß er auf der Körperebene ein Problem hatte, das körperlich bearbeitet werden mußte (Herabsetzung der Verspannung im Beckenbereich), wenn er seine Sexualität voll genießen wollte. Wir wiederholten die oben beschriebene Übung mehrmals. Am Anfang schrie er und sprang auf, sobald ich ihn berührte. Aber er entdeckte schnell, daß die Angst, wenn er tief atmete und sein Becken entspannte, abnahm und der Schmerz fast ganz verschwand. Er war ganz erstaunt, als ihm klar wurde, daß seine Panik nicht eine Folge dessen war, was ich tat, sondern dessen, was ich, wie er glaubte, tun könnte. Es wurde deutlich,

daß das Anspannen der Muskeln in Erwartung des Schmerzes sie druckempfindlich machte, während er den Druck, wenn die Muskeln entspannt waren, ohne Schmerz empfand. Wir alle müssen lernen, daß Verspannung Angst ist.

Da mein Patient nun erlebt hatte, wieviel Angst er davor hatte, kastriert zu werden, fragte er sich, woher das kommen könnte. Er hatte seinen Vater nicht als gewalttätigen Mann in Erinnerung. Er selber war ein braver Junge gewesen und hatte alles getan, was man von ihm erwartete. Er gab zu, daß er seiner Mutter sehr nah gewesen war, und erkannte, daß sein Vater hätte eifersüchtig sein können. Nicht nur mein Patient, sondern auch seine Eltern spielten mit bei der Verleugnung jeder sexuellen Verwicklung in ihren Beziehungen, was die Angst des Kindes nur vermehrte. Er konnte erkennen, daß eine solche Situation eine Angst vor sexuellem Empfinden erzeugen kann.

Als wir dieses Problem in der Sitzung durcharbeiteten, fing mein Patient zu lachen an und wurde ganz fröhlich. Infolge dieser und einer weiteren Übung wurde sein Becken allmählich geladen. Seine Beine vibrierten. Der untere Teil seines Körpers fühlte sich lebendig an. Er sagte, er fühle sich, als sei eine schwere Last von ihm genommen worden. Er empfand ein Gefühl der Befreiung. Er war zu einem tieferen Seinsgefühl durchgebrochen.

Nicht alle Probleme eines Patienten lassen sich durch die Bearbeitung der Kastrationsangst mit Hilfe dieser Technik lösen. Sie ist jedoch das Schlüsselproblem, genau wie der ödipale Konflikt im Bogen der Persönlichkeit der entscheidende Konflikt ist. Wenn man auf dieser Ebene keinen Durchbruch erreicht, heißt dies, daß die gesamte übrige Arbeit an der Persönlichkeit oberflächlich bleibt.

Ich habe vor einigen Jahren noch mit einem anderen Psychiater gearbeitet, der über Depressionen klagte. Auch er hatte eine langjährige Psychoanalyse hinter sich. Als sich seine Therapie bei mir ihrem Ende näherte und seine Depression völlig verflogen war, machte er einige Bemerkungen über seine Erfahrungen bei mir. »Sie haben keine Angst vor meiner

Verachtung gehabt. Die anderen Analytiker hatten davor Angst.« Er fühlte sich ihnen überlegen. Da er einer der Ihren war, konnte er ihre persönlichen Probleme erkennen, die sie hinter einer professionellen Maske zu verbergen trachteten. Es war eine Wiederholung seiner ödipalen Situation, in der er sich seinem Vater überlegen gefühlt hatte. Aber die Analytiker hatten seine Haltung niemals in Frage gestellt, und deswegen schlug die Analyse fehl. Denn auch er hatte sich hinter der Fassade der psychoanalytischen Sprache verstecken können. In der bioenergetischen Therapie bei mir wurde er ausgezogen. Ich sah einen großen, fetten Körper mit einem runden Gesicht, etwas wie ein übergroßes Baby. Sein Beckenbereich war verspannt und kontrahiert. In diesem Fall wie in vielen anderen wird die Verachtung anderer verwendet, um das eigene Gefühl der Unzulänglichkeit zu verdecken.

Er sagte auch, ich hätte ihm geholfen, seine Kastrationsangst zu überwinden. Als ich auf den Ansatz seiner Oberschenkelmuskeln am Becken drückte, tat es ihm weh, aber er merkte auch, daß er Angst hatte. Er spürte die Verspannung und versuchte, meinem Druck nachzugeben. In dieser Stellung bedeutet nachgeben, tief zu atmen und das Becken an den Boden zu drücken. Durch diese Maßnahme werden die Oberschenkelmuskeln entspannt, und der Schmerz nimmt ab oder verschwindet. Ein weiterer Teil seiner Bemerkungen war: »Durch das, was Sie getan haben, konnte ich fühlen, daß Sie mir nicht weh tun würden, und meine Angst verschwand.«

Die meisten Männer sind sich dessen nicht bewußt, daß sie Kastrationsangst haben. Tatsächlich bemerken sie die Verspannung im Beckenboden und darum herum gar nicht. Der Mangel an Gewahrsein beruht auf einem Mangel an Empfindung. Der Bereich ist relativ tot; nur der Penis ist lebendig. Und solange sie erektiv potent sind, nehmen sie an, sie hätten keine sexuellen Probleme. Die »Leistung« ist ihr Kriterium der sexuellen Gesundheit. Es kommt ihnen gar nicht seltsam vor, daß ihre ganze sexuelle Empfindung auf den Penis beschränkt ist, weil sie nichts anderes kennen. Die schöne prä-orgastische

Empfindung des Schmelzens und die Empfindungen des Strömens nach dem Orgasmus sind unbekannt. Ihr Körper ist an der sexuellen Reaktion nicht beteiligt. Aber gerade darin besteht die Kastration, denn die Empfindung im Penis ist von allen Empfindungen im Körper abgeschnitten oder nicht mit ihnen verbunden.

Wenn die sexuelle Erregung auf den Penis beschränkt ist, ist die Sexualität des Mannes sehr begrenzt. Seine Männlichkeit und sein Sein sind ebenso eingeschränkt. In seinen Beziehungen zu Frauen beklagt er sich oft, die Frau kastriere ihn. Er beschuldigt sie, sie schneide ihm seine Manneskraft ab. Aber in Wirklichkeit ist er psychisch schon relativ kastriert. Keine Frau will oder kann einen wirklichen Mann kastrieren. Seine Angst in dieser Situation spiegelt ein Ereignis wider, das früher geschehen ist. Nur dadurch, daß man jenes Ereignis emotional noch einmal durchlebt, kann man von der mit ihm verbundenen Angst freiwerden.

Wie steht es mit der Kastrationsangst bei Frauen? Wir haben gesehen, daß das kleine Mädchen denselben Konflikten ausgesetzt ist wie sein Bruder. Es ist Teil des Dreiecks, zu dem seine Eltern gehören, und in dem es ein Objekt des sexuellen Interesses des Vaters und der Eifersucht und Feindseligkeit der Mutter ist. Die daraus folgende Kastration ist sowohl seelischer als auch leiblicher Art. Auf der psychischen Ebene ist sie ein Gefühl der Scham und der Schuld in bezug auf sexuelle Empfindungen. Auf der physischen Ebene besteht sie in Muskelverspannungen im Beckenbereich, die das sexuelle Empfinden vermindern. Die Kastration besteht in der Trennung der Verbindung von Ich und Sexualität, zwischen dem Becken und der oberen Körperhälfte, und im Verlust der Lebendigkeit und der Motilität im Becken.

Hier ist ein Beispielfall. Claire ist ein siebenundzwanzigjähriges, ziemlich schweres Mädchen. Sie ist depressiv und fühlt sich unfähig, in die Welt hinauszugehen. Sie ist jedoch begabt und glaubt, sie könnte etwas leisten. Das hervorstechende Merkmal ihres Körpers ist die Massigkeit ihrer Hüften und Oberschenkel. Sie wirken groß, sogar massiv, aber leblos. Seltsamerweise ist der Unterschenkel unterhalb des Knies wohlgeformt. Ihr Gesicht ist rund und weich; in ihm drücken sich Schwäche und Hilflosigkeit aus. Claire ist jedoch nicht unattraktiv. Sie war vorher schon mehrere Jahre in Therapie gewesen, auch bei einem bioenergetisch orientierten Therapeuten, der an ihr Problem nicht herangekommen war.

Was war ihr Problem? Plump ausgedrückt, bestand es darin, ihren Hintern in Bewegung zu bringen. Das soll heißen: Sie mußte aufstehen und in Gang kommen; das war es, was ihr nottat. Aber es ist auch wörtlich zu verstehen. Ihr schwerer Hintern war wie ein Anker, der sie daran hinderte, sich zu bewegen. Sie saß mit ihrem Hintern fest. Bioenergetisch interpretiert, stellte die Schwere und Größe ihres Hinterteils die Ansammlung und Stagnation von Energie dar. Fett ist angesammelte Energie. In ihrem Fall war es mit sexuellem Empfinden verknüpfte Energie, die sich im Lauf der Jahre angesammelt hatte und im Becken festgehalten und eingesperrt wurde. Das Bewegen des Gesäßes oder des Beckens ist ein Ausdruck von Sexualität und wäre daher möglich, wenn die Schuld- und Angstgefühle, die mit diesem Ausdruck verbunden sind, beseitigt würden.

Als ich Claire nach ihren sexuellen Gefühlen fragte, sagte sie: »Wenn ich sexuell oder attraktiv aussehe oder irgendwelche sexuellen Gefühle zeige, bin ich der Vergewaltigung ausgesetzt. Ich habe Schuldgefühle wegen meiner Sexualität. Die Leute können sehen, daß ich masturbiere, sie können erkennen, daß ich dreckig bin, pervers. Ich hab' zu Männern nie nein sagen können, ich hab' nie vertreten können, was ich will.« Wenn sie mit einem Mann ausgeht, läßt sie sich sexuell mißbrauchen. Mittlerweile ist sie vernünftig genug, sich von Männern fernzuhalten.

Woher hat Claire ein solches Gefühl in bezug auf sich selbst? Was ist in ihrer Kindheit geschehen, das sie in diese Lage gebracht hat? Die Therapie hat natürlich die Aufgabe, Claire zu helfen, Einblick in dieses Problem zu gewinnen, zu sehen, was in ihrer frühen Kindheit geschehen ist. Da das Sehen eine Funktion der Augen ist, forderte ich Claire, als sie auf dem Bett lag, auf, die Augen weit zu öffnen und an die Zimmerdecke zu schauen. Als sie dies tat, legte ich meine linke Hand auf ihre Stirn und drückte mit zwei Fingern auf die Schläfe gegenüber den Sehzentren im Gehirn. Dieses Verfahren hat bei der Lösung visueller Blockierungen eine gewisse Wirkung[4]. Claire reagierte dramatisch.

Sie schrie und sagte, sie sehe ihren Vater. »Er beugt sich über mich und beobachtet mich wie ein Insekt, ein Ding. Ich fühle, daß ich ein Baby bin und in einem Kinderbettchen liege. Er sieht sich mein Geschlecht an, als sei er neugierig. Ich begreife nicht, warum er mich so ansieht. Ich fürchte, er wird seine Finger in mich hineinstecken, darum liege ich ganz still. Ich kann ihn nicht davon abhalten, weil er so groß ist. Ich fühle mich gelähmt, aber ich bin auch begierig.«

Dieses Vorstellungsbild ist wichtig, weil es auf die Wurzel ihrer Störung hinweist. Seit dem Babyalter hat sie ihren Vater als jemanden erlebt, der ein sexuelles Interesse an ihr hatte. Er sah sie als Sexualobjekt an. Das wurde später ganz offenkundig.

Claire war ein Einzelkind. Wie reagierte ihre Mutter auf sie? Um die Antwort zu erfahren, forderte ich Claire auf, mich mit weit offenen Augen anzusehen. Ihr Gesichtsausdruck wurde ängstlich, und sie sagte, meine Augen sähen aus wie die ihrer Mutter. Ich fragte: »Was für einen Ausdruck sehen Sie in ihnen?« »Als wollte sie mich umbringen. Sie hat mich immer so angesehen. Ich wußte nie, was ich getan hatte, um in ihr diesen Haß zu wecken.«

Bei Patientinnen ist die Angst, von der Mutter getötet oder vernichtet zu werden, ziemlich häufig. Es ist die spezifische Form der Kastrationsangst bei Frauen, während die Angst beim Mann mit einer Beschädigung der Genitalien durch den Vater verbunden ist. Kleine Mädchen fürchten eine Beschädi-

[4] Siehe Alexander Lowen: *Bioenergetik,* Bern und München, 1976, S. 249–263.

gung der Genitalien durch den Vater, wenn er versuchen würde, mit ihnen Verkehr zu haben.

Claire fuhr mit der Beschreibung der Situation in ihrem Elternhaus fort. »Ich machte Schwierigkeiten. Als ich älter war, hatte ich das Gefühl, ich nähme ihn ihr weg. Nachdem ich dreizehn geworden war, schliefen meine Eltern nie mehr miteinander. Er ließ meine Mutter fallen und wandte sich mir zu. Ich wurde seine Maitresse. Ich versorgte ihn.« Es gab jedoch keine sexuellen Beziehungen zwischen Vater und Tochter.

Sie sagte, ihr Vater sei unbewußt vom Sex besessen gewesen. »Er sah mich mit lüsternen Blicken an. Wenn ein Mann meine Brüste oder meine Vagina mit diesem Blick anschaut, hab' ich immer das Gefühl, ich müßte ihn umbringen.«

Ich gab Claire einen Tennisschläger, und sie fing an, heftig mit ihm auf das Bett einzudreschen. Bei jedem Schlag sagte sie »Ich werde dich zerschmettern, ich werde dich zuerst umbringen.« Ich fragte, wen sie töten würde, und sie erwiderte: »Beide.«

Claire war ebenso voll von unterdrückter Wut wie von unterdrückten sexuellen Gefühlen. Da sie vor diesen beiden starken Gefühlen Angst hatte, fühlte sie sich depressiv und dem Selbstmord nah. Es schien sie eine Lähmung zu überkommen, zu deren Bekämpfung sie all ihre Willenskraft zu brauchen schien.

Die beste Art, die Lähmung zu bekämpfen, bestand darin, in ihren Körper und in ihr Becken etwas Bewegung zu bringen. Sie legte sich über eine zusammengerollte Decke auf den Fußboden. Sie sagte, in dieser Stellung fühle sie sich verletzlich. »Ich hab' das Gefühl, als würde mich gleich eine ganze Bande vergewaltigen. Ich hab' nie einen Freund gehabt, als ich jung war.«

Dies war das zweite Mal in der Sitzung, daß Claire vom Vergewaltigt-Werden sprach. Ich kam auf den Gedanken, das sei vielleicht etwas, das sie sich wünsche. Sie sagte: »Ich wünschte, sie würden es hinter sich bringen. Ich will es, und zugleich hab' ich Angst davor.« Sie meinte nicht Vergewaltigung, sie sprach vom Sex. Sie wurde von ihren sexuellen Gefühlen gequält und stand kurz davor, zu explodieren, aber sie war auch von Angst gelähmt und konnte sich nicht bewegen. Sex mußte ihr angetan werden, damit sie eine Abfuhr erleben konnte. Unbewußt wollte sie vergewaltigt werden.

Dies war die Situation, in der Claire ihr Leben lang gewesen war – sexuell erregt durch das verführerische Verhalten ihres Vaters, aber starr vor Angst und unfähig, zu reagieren. Aus seinen eigenen Schuldgefühlen heraus lehnte ihr Vater sie auch ab. Wenn sie sich bei ihm über die Einstellung ihrer Mutter zu ihr beklagte, pflegte er zu sagen: »Sie ist deine Mutter, und sie würde dir nicht wehtun. Aber sie hat mich immer verletzt. Sie war verrückt.«

Als ich auf die verspannten Muskeln an der Verbindungsstelle zwischen Oberschenkel und Becken Druck ausübte, schrie Claire. Das Becken begann ein wenig zu vibrieren. Sie sagte: »Ich fürchte mich. Ich hab' das Gefühl, ich werde gleich schmelzen, und ich wäre nicht in der Lage, mich aufrechtzuhalten.« Ich erklärte ihr, ihre Angst vor der starken sexuellen Erregung sei, daß sie nachgeben und sexuelle Beziehungen mit ihrem Vater haben würde. Sie verstand diese Angst.

Wir wiederholten den Vorgang. Wieder schrie sie zunächst vor Angst, als ich sie berührte. Dann fing sie tief an zu weinen. Das Schluchzen ging durch ihren Körper und ins Becken, das sich mit jedem Schluchzer spontan aufwärts bewegte. Jeder Schluchzer war ein Puls des Lebens in ihrem Körper. Sie weinte leise und aus der Tiefe, wie eine Mutter, die ein verlorenes Kind wiedergefunden hat. Sie weinte, weil sie ihre Sexualität (für den Augenblick) wiedergefunden hatte, und damit auch ihr Sein.

Die Sitzung ging damit zu Ende, daß Claire sich lebendig und hoffnungsvoll fühlte. Aber es war noch viel Arbeit ähnlicher Art zu tun, um den Lebenspuls in ihrem Körper aufrechtzuerhalten, so daß sie mit ihrer Sexualität in Verbindung sein konnte. Durch den Verlust dieser Verbindung war sie kastriert worden. Glücklicherweise war sie sich des Geschehenen bewußt; deshalb war eine so dramatische Sitzung auch möglich gewesen.

Jeder Patient fühlt sich gut, wenn das Becken oder das Gesäß lebendig wird. Mit »lebendig« meine ich, daß beim Atmen Gefühl und spontane Bewegung im Becken ist. Je lebendiger das Becken wird, desto stärker ist das alles durchdringende Gefühl. Ich erinnere mich an eine junge Patientin, die sich ihrem ödipalen Problem gestellt hatte. Wir hatten gerade die oben beschriebene Übung beendet. Sie weinte leise, während ihr Becken von Gefühl durchströmt wurde. Es vibrierte sehr stark. Dann rief sie aus: »Ich bin so glücklich! Ich bin so glücklich!« Ich konnte ihre Freude verstehen (ihr Becken hüpfte buchstäblich vor Freude). Sie hatte ihre Sexualität wiedergewonnen und ihr Sein wiedergefunden.

6 Eine heroische Einstellung zum Leben

Regression und Progression

Der Umstand, daß ich mein Hauptaugenmerk auf die Schlüsselrolle des ödipalen Konflikts bei der Formung des Charakters lenke, sollte nicht so verstanden werden, als seien präödipale Probleme in der bioenergetischen Therapie unwichtig und würden übergangen. Die Ereignisse des Säuglings- und Kleinkindalters haben auf die Persönlichkeitsentwicklung und die Charakterbildung einen ungeheuren Einfluß. Zur Vereinfachung der Erörterung fasse ich diese frühen Ereignisse unter der Überschrift »orale Erlebnisse« zusammen. Der Ausdruck »oral« bezieht sich auf die Periode, in der der Mund das Hauptorgan der Beziehung zur Welt ist. Er bezieht sich auch auf die Funktionen, die mit der Aufnahme von Nahrung, Liebe, Unterstützung und Erregung zu tun haben. Allgemein ausgedrückt, umfaßt die orale Periode die ersten drei Lebensjahre. Im Alter von drei bis sechs Jahren liegt das Hauptgewicht der Persönlichkeitsentwicklung auf der Zunahme der Unabhängigkeit und der Herstellung des genitalen Primats. Obwohl ein sechsjähriges Kind in bezug auf Unterhalt und Schutz noch von seinen Eltern abhängig ist, ist sein Grundcharakter weitgehend ausgebildet. Das Kind ist zwar in vieler Hinsicht noch ein unreifer Organismus, aber es ist bereit, mit Unterstützung der Familie einige Schritte in die Außenwelt zu tun. Es geht in die Schule, oder es wird für seine Stellung in der Gesellschaft geschult. Wir können die Jahre von drei bis sechs als die genitale Periode bezeichnen, denn sie sind entscheidend für die Entwicklung der sexuellen Identität. In dieser Periode liegt auch der Zeitraum, in dem der ödipale Konflikt entsteht und in gewisser Weise gelöst wird.

Im Gegensatz zu den Ansichten der Psychoanalyse glaube ich nicht, daß es ein anales Stadium der Persönlichkeitsentwicklung gibt. Die meisten Menschen in unserer Kultur haben jedoch anale Probleme – wegen der Art der Reinlichkeitserziehung, die sie als Kinder durchgemacht haben. Stuhlverstopfung und Hämorrhoiden sind die weit verbreiteten körperlichen Störungen, die durch Verspannungen auf Grund traumatischer Erlebnisse entstehen können, die mit dieser Funktion zu tun haben. Auf der psychischen Ebene hat man Charakterzüge wie Sparsamkeit, Eigensinn und einen Zwang zu übertriebener Sauberkeit als Folgen einer zu frühen und zu strengen Reinlichkeitserziehung ausgewiesen. Angst in bezug auf die Analfunktion muß die Genitalfunktionen beeinflussen, da die beiden Bereiche so nah beieinander liegen. Wenn der Beckenboden aus Angst vor dem Einkoten hochgezogen wird, hindert dies den Betreffenden daran, beim Geschlechtsakt ganz »loszulassen«. Auch sind manche Menschen anal fixiert; der After und das Gesäß werden zum erotisierten Bereich, weil die Eltern in die Analfunktionen des Kindes zuviel Energie und Gefühl investiert haben. Nichts von alledem rechtfertigt jedoch die Annahme, ein anales Stadium in der Persönlichkeitsentwicklung sei eine natürliche oder biologische Tatsache. Die Reinlichkeitserziehung eines Kindes ist in jenen Gesellschaften und für jene Menschen ein kulturelles Problem, die die Ausscheidungsfunktionen als etwas Beschämendes ansehen. Zusammen mit der Sexualität sind diese Funktionen die deutlichste Manifestation der animalischen Grundnatur des Menschen.

Der Charakter und das Schicksal eines Menschen werden durch all seine Erlebnisse bestimmt. Jedoch sind die Erlebnisse der Kindheit, vom Augenblick der Empfängnis angefangen, bis hin zum Ende der ödipalen Periode im Alter von sechs bis sieben Jahren, am wichtigsten, weil die Persönlichkeit während dieser frühen Jahre am stärksten beeindruckbar ist. Die Art und Weise, wie der ödipale Konflikt gelöst wird, legt weitgehend die Charakterstruktur des Individuums fest. Jedoch sind die Ereignisse in der präödipalen Periode, von der Geburt bis zum Alter von drei Jahren, ebenso wichtig für die Charakterbildung, wenn sie auch nicht seine endgültige Form bestimmen. Tatsächlich sind die Erlebnisse eines Kindes in ihrer Qualität im oralen Stadium nicht sehr verschieden von denen im genitalen Stadium, da die Eltern dieselben sind. Liebende Eltern werden nicht haßerfüllt, wenn das Kind heranwächst, und feindselige Eltern werden nicht zärtlich. Bei der Wirkung auf den Charakter eines Kindes kommt es nicht so sehr darauf an, was die Eltern tun, sondern darauf, wer sie sind. Kinder identifizieren sich mit ihren Eltern und nehmen unbewußt ihre Wertvorstellungen und Einstellungen in sich auf. Die Kinder sexuell gesunder Eltern neigen dazu, selbst auch sexuell gesund zu sein.

Was im oralen Stadium oder in der präödipalen Periode geschieht, bedingt die Probleme, die sich später im genitalen Stadium entwickeln, und bildet sie vor. Die Mutter, die das Bedürfnis eines Säuglings, an der Brust zu trinken, nicht akzeptieren kann, wird nicht fähig sein, das Bedürfnis des Kindes zu akzeptieren, seine Sexualität auszudrücken. Und die Mutter, die durch das Saugen des Kindes an ihrer Brust sexuell erregt wird, wird sich vielleicht, wenn es älter wird, in einer inzestuösen Beziehung zu ihm wiederfinden.

Um die Beziehung zwischen den beiden Perioden zu begreifen, und um zu verstehen, wie die frühere die spätere beeinflußt, müssen wir die Dynamik der oralen Periode kennen. In primitiven Gesellschaften wird das Kind während dieser ganzen Periode gestillt, mindestens drei Jahre lang. Das Stillen befriedigt alle oralen Bedürfnisse des Kindes, versorgt es mit Nahrung, Liebe, Unterstützung und Erregung. Es befriedigt auch das physiologische Saugbedürfnis des Babys. Das Saugen an der Brust regt die Atmung des Babys an und fördert ein tiefes Atmen, das den Unterbauch mit Energie und Gefühl anfüllt. Das Stillen verschafft dem Kind auch den körperlichen Kontakt mit dem Körper der Mutter, der für die Fähigkeit des Kindes, seinen eigenen Körper zu fühlen, wesentlich ist.

Wieviele Kinder in unserer Kultur haben Gelegenheit gehabt, diese Art der Nähe ihrer Mutter zu genießen?
Ich glaube nicht, daß die Fütterung mit der Flasche alle oralen Bedürfnisse eines Kindes erfüllt. Selbst wenn man das Baby beim Füttern im Arm hält, wird ihm der erregende Kontakt zwischen Mund und Brust vorenthalten. Dieser Kontakt ist für das kleine Kind ebenso wichtig wie der sexuelle Kontakt für den Erwachsenen. Reich glaubte, daß Babies einen Mundorgasmus erleben, wenn das Gestilltwerden voll befriedigend ist. Ob dies zutrifft oder nicht, das Baby, das gestillt wird, bis es einschläft, zeigt auf seinem Gesicht und in seinem Körper einen Frieden und eine Zufriedenheit, die schön anzusehen sind. Viele Kinder werden beim Trinken nicht im Arm gehalten, was die Zeit des Körperkontakts zwischen Mutter und Baby vermindert. Infolge des weitgehenden Wegfalls des Stillens sind die meisten Kinder in unserer Kultur oral benachteiligt. Das bedeutet, daß in ihrem Körper und in ihrer Persönlichkeit eine Leere herrscht. Da ihre oralen Bedürfnisse nicht erfüllt worden sind, sind sie auch nicht ganz erfüllt.
Es mag schwer zu erkennen sein, daß unsere Babies im Inneren leer sind, wenn sie so wohlgenährt aussehen. Tatsächlich werden sie mit fester Nahrung überfüttert, so daß ihre Masse zunimmt, aber nicht ihre Energie. Brustkinder nehmen nicht so gut zu wie Flaschenkinder, die schon in den ersten Monaten ihres Lebens feste Nahrung zugefüttert bekommen. Aber unser Stolz auf die Gewichtszunahme unserer Säuglinge wandelt sich in Kummer, wenn die Zunahme sich bis ins Jugendalter fortsetzt. Wir sind auch stolz darauf, daß im College jede Anfangsklasse im Durchschnitt größer und schwerer ist als die vorhergehende. Als Volk werden wir Amerikaner größer und schwerer, aber ich glaube nicht, daß diese Zunahme an Größe und Gewicht ein Zeichen größerer Gesundheit ist. Tatsächlich macht unser Gewicht den Ärzten Sorge, denn wir sind eine Gesellschaft von Übergewichtigen geworden. Ich sehe eine direkte Beziehung zwischen hohem Gewicht und einem Mangel an Energie bei den Menschen. Dieser Mangel zeigt sich in

ihren Klagen über chronische Ermüdung und in ihrer Unfähigkeit, die Art von körperlicher Anstrengung bei der Arbeit auf die Dauer auszuhalten, die unsere Eltern und Großeltern aufbringen konnten.

Ein schwerwiegender Mangel an oraler Erfüllung führt zur Entwicklung einer oralen Charakterstruktur; wenn er weniger schlimm ist, zu oralen Tendenzen der Persönlichkeit. Der Körper eines Menschen mit oraler Charakterstruktur ist im typischen Fall lang und dünn, mit unterentwickelter Muskulatur (der ektomorphe Typus W. H. Sheldons[1]). Die Beine sind immer dünn und starr, während die Füße schmal und schwach sind. Meistens ist ein Fußgewölbe oder beide eingesunken. Da die Entwicklung des Kindes vom Kopf nach unten (kaudal) verläuft, manifestiert sich ein Mangel an Erfüllung durch eine Schwäche oder eine mangelhafte Entwicklung der unteren Körperhälfte. Psychologisch findet man bei dieser Persönlichkeit einen verminderten Aggressionstrieb, der in Wechselbeziehung zu der unterentwickelten Muskulatur steht, und Abhängigkeitsbedürfnisse, die mit der Schwäche in den Beinen zusammenhängen. Ein Mensch mit dieser Charakterstruktur strebt danach, versorgt zu werden; er sucht jemand, der ihm gibt, was seine Mutter ihm nicht gegeben hat. Er steht weder im übertragenen noch im Wortsinn auf eigenen Füßen. In vielen Fällen wird jedoch die Schwäche in den Beinen durch eine übertriebene Rigidität kompensiert; das ermöglicht es dem Betreffenden, eine Stellung der Selbständigkeit einzunehmen, die aber unter Belastung oder in einer Krise zusammenbricht. Ein beherrschender Aspekt der Persönlichkeit ist die Angst vor dem Alleinsein oder dem Verlassenwerden. Diese Züge sind dort weniger ausgeprägt, wo der Charakter innerhalb einer anderen Charakterstruktur orale Tendenzen enthält.

Ein Mensch mit oraler Charakterstruktur ist Stimmungsumschwüngen von Hochgefühl und Depression unterworfen. Die letztere ist das typische Symptom der oralen Deprivation bei

[1] W. H. Sheldon: *The Varieties of Human Physique,* New York, 1940.

jeder Persönlichkeit. Hochgefühl tritt auf, wenn der Betreffende jemand findet, von dem er glaubt, er werde seine oralen Bedürfnisse erfüllen – ihm eine Mutter sein. Die Hochstimmung kann auch daher kommen, daß der Betreffende glaubt, eine Situation werde ihm Erfüllung bringen. Dies ist eine Illusion, denn niemand und keine Situation kann die innere Leere eines Erwachsenen füllen. Soviel er auch an einer Brust saugen mag, es kann ihm nicht die Milch verschaffen, die er als Säugling gebraucht hätte. Wenn die Illusion zusammenbricht – was sie unweigerlich tut –, wird der Betreffende depressiv. Mit der Zeit taucht er aus seiner Depression wieder auf, mit einer neuen Hoffnung, die sich wieder zu einer Phase der Hochstimmung entwickelt, die ihrerseits in eine erneute depressive Reaktion mündet.

Die orale Deprivation wirkt sich so aus, daß sie das Individuum auf das orale Entwicklungsstadium fixiert. Das bedeutet: Es sucht immer Erfüllung bei anderen. Seine Sexualität ist in dieselbe Richtung orientiert. Am wichtigsten ist ihm das Gefühl der Nähe und des Kontakts, und nicht so sehr das Lieben, sondern vielmehr das Geliebtwerden. Es wird daher den Geschlechtsakt zu verlängern suchen, um den Kontakt nicht zu verlieren. Dieses Manöver setzt jedoch die Intensität einer Klimax herab, die sowieso schon schwach ist, weil der Betreffende ein niedriges Energieniveau hat. Bei diesem Charaktertypus ist die orgastische Potenz gering. Aber nur durch tiefe sexuelle Befriedigung kann der Mensch mit oralem Charakter als Erwachsener Erfüllung finden. Damit eine solche Befriedigung möglich wird, muß das Energieniveau des Patienten gehoben, und seine sexuellen Probleme müssen durchgearbeitet werden.

Leider führt die orale Deprivation bei einem Kind zu einem verstärkten ödipalen Konflikt. Wenn sich ein benachteiligtes Kind dem gegengeschlechtlichen Elternteil mit sexuellem Interesse zuwendet, strebt es auch nach der Erfüllung seiner oralen Bedürfnisse. Das Verlangen nach Nähe und Kontakt zu diesem Elternteil ist doppelt motiviert, oral und sexuell. Das erste von beiden ist stärker, denn es hängt mit dem Überleben zusammen. Also benützt das Kind (wie ein Erwachsener mit unerfüllten oralen Bedürfnissen) seine Sexualität, um den Elternteil zu körperlicher Nähe zu verlocken, um die Wärme und Unterstützung zu bekommen, die es braucht. Aber diese sexuelle Verlockung, die in aller Unschuld erfolgt, ist nur wirksam, wenn Vater oder Mutter reagiert.

Es ist eine Tatsache, daß Eltern mit ihren eigenen sexuellen Gefühlen und Wünschen reagieren. Für diese elterliche Reaktion gibt es mehrere Gründe. Der Flirt mit dem Kind ist für die Eltern erregend und doch scheinbar ohne ernste Folgen. Es wird kein Geschlechtsakt erwogen. Und durch das Interesse und die Bewunderung des Kindes wird das Ich des Elternteils aufgebläht. Solche Eltern haben als Kinder eine psychische Kastration erlitten und haben daher ein Bedürfnis nach dieser Art von Unterstützung. Ein Vater wendet sich also an seine Tochter, um von ihr eine Bestätigung seiner Männlichkeit zu bekommen, die ihm seine Frau nicht gibt. Die Ehefrau und Mutter wird in die Lage der verständnislosen und herabsetzenden Person gebracht, gegen die Vater und Tochter sich in einer unheiligen Allianz zusammentun. Das erfüllt natürlich die Frau mit Wut, vermehrt ihre Verachtung für den Ehemann und ihre Feindseligkeit gegen die Tochter.

Genau dasselbe agieren Mütter mit ihren Söhnen aus. Da sie das Gefühl haben, von ihren Ehemännern nicht gebührend geschätzt zu werden, da sie sich vor sexuellen Gefühlen fürchten und zu einem vollen Orgasmus nicht fähig sind, suchen sie bei ihren Söhnen eine Bestätigung ihrer Weiblichkeit und ihrer Sexualität. Wie kann der Junge widerstehen? Der Kontakt zu seiner Mutter ist ihm auf der oralen Stufe vorenthalten worden; nun wird er ihm auf der sexuellen angeboten. Natürlich ist es nur ein Angebot. Die Mutter hat nicht die Absicht, die Beziehung sexuell zu vollziehen. Trotzdem ist der Junge angesichts der Möglichkeit sowohl voller Angst als auch erregt. Bei ihrem kleinen Sohn benimmt sich die Mutter wieder wie ein kleines Mädchen: kokett, spielerisch, neckend usw. Der Vater ist wütend und voll Verachtung. Er weiß, daß seine Frau partiell frigide ist, und dennoch sieht er, wie sie sich seinem Sohn gegenüber wie ein höchst erotisches Weibchen verhält. Sein Zorn richtet sich jedoch gegen den Jungen. Warum richtet er ihn nicht gegen seine Frau? Er kann es nicht, denn er hat Schuldgefühle wegen seines eigenen Mangels an Männlichkeit; er spürt, daß dieser zum Teil für das Verhalten seiner Frau verantwortlich ist. Was für ein Dilemma! Wegen ihrer Schuldgefühle können die Eltern nicht miteinander über diese Dinge reden. Sie geben einer dem anderen mit Recht die Schuld, aber sie sind beide gleichermaßen für das Problem verantwortlich. Hier kann eine Familientherapie nützlich sein. Wenn sich die Eltern mit Hilfe einer solchen Therapie ihren sexuellen Ängsten stellen können und sie nicht mit ihren Kindern »ausagieren«, bleibt den Kindern vielleicht das Schicksal der Eltern erspart. Sonst löst das Kind sein ödipales Problem, indem es seine sexuellen Gefühle »abstellt«. Dann leidet es als Erwachsener an orgastischer Impotenz und geht eine Ehe ein, die sich nicht von der seiner Eltern unterscheidet.

Deprivation auf der oralen Stufe hat noch eine weitere Wirkung auf die Sexualität des Individuums. Es tritt das ein, was die Analytiker als Verschiebung nach unten bezeichnen. Orale Wünsche und Gefühle werden auf die Genitalfunktion übertragen. Das bedeutet, die Vagina wird insofern zum Mund, als sie verwendet wird, um Nahrung aufzunehmen. Für den Mann ist die Penetration wie die Rückkehr eines Kindes in die Arme und in den Leib seiner Mutter. Es ist ein Gefühl, als werde man warm und sicher gehalten. Diese Art der Sexualität hat nur den Nachteil, daß sie die orgastische Reaktion herabsetzt. Der Mann mag eine Ejakulation haben, aber keinen vollständigen Orgasmus. Die Frau kommt wahrscheinlich nicht zum Höhepunkt. Der Orgasmus ist die körperliche Reaktion der Entladung oder Beendigung. Er tritt ein, wenn der Organismus mit überschüssiger Energie oder Erregung angefüllt ist, die freigesetzt werden muß. Der Orgasmus ist keine Folge des Aufnehmens. Orales Verlangen sucht fortwährende Nähe und verabscheut die Trennung. Sexuelles Verlangen sucht die Nähe eines gemeinsamen Erlebnisses, das ein natürliches Ende findet. So wird also in dem Maß, in dem orale Gefühle an der sexuellen Betätigung beteiligt sind, die Sexualität im Sinn der orgastischen Reaktion herabgesetzt. Das Gefühl der Nähe ist zwar lustvoll, aber nicht erfüllend. Die innere Leere bleibt, und der Mensch ist gezwungen, die Erfahrung immer wieder zu machen.

Es findet auch eine Verschiebung von unten nach oben statt. Die Genitalität verbindet sich mit dem Mund. Diese Verschiebung nach oben stammt von einer Angst vor der Genitalität, d. h. von der Kastrationsangst her, und sie hilft dem Menschen, die Konfrontation mit seiner Kastriertheit zu vermeiden. Oraler Sex ist ungefährlich. Er scheint das Saugbedürfnis des Individuums zu befriedigen und sein orales Verlangen zu erfüllen. Ich glaube, daß er deshalb heute so weit verbreitet ist. Aber oraler Sex führt nicht zu einer orgastischen Reaktion. Er läßt jene Beckenbewegungen nicht zu, die den Menschen in die unwillkürliche Phase der Orgasmusreaktion hineinführen. Was für ein seltsamer Winkelzug des Schicksals! Indem wir unseren Kindern die Gelegenheit vorenthalten, ihre oralen Bedürfnisse durch das Trinken an der Brust zu stillen, programmieren wir sie darauf, als Erwachsene ihre unerfüllten oralen Wünsche auf sexueller Ebene auszuagieren.

Ein notwendiger Schritt im therapeutischen Verfahren besteht darin, unseren Patienten zu helfen, orale und sexuelle Elemente in ihrem Verhalten voneinander zu trennen. Das geschieht dadurch, daß man dem Patienten seine oralen und sexuellen Verspannungen bewußt macht. Die ersteren liegen im Oberkörper und erfassen die Lippen, den Mund, den Kiefer, die Kehle, den Brustkorb, Schultern und Arme. Chronische Muskelverkrampfungen in diesen Bereichen schränken die Fähigkeit des Menschen ein, sich zu öffnen und nach Liebe auszugreifen. Die Unfähigkeit, auszugreifen, ist eine wichtige Manifestation der Angst vor dem Leben. Sexuelle Verspannungen liegen im Becken und seiner Umgebung, ebenfalls in Form verkrampfter Muskeln, die die natürlichen unwillkürlichen Beckenbewegungen einschränken. Sie vermindern die Fähigkeit des Individuums, sexuelle Erregung zu ertragen und in sich zu behalten. Beide Arten von Verspannungen umgeben die Körperöffnungen, oben den Mund, unten die genitalen Öffnungen. Sie sind insofern Parallelen, als an beiden Enden des Körpers dieselbe Art und dasselbe Maß von Verspannung besteht. Der Zusammenziehung auf oralem Gebiet ist die auf genitalem Gebiet gleich. Zum Beispiel ist der Mundboden ebenso angespannt wie der Beckenboden. Eine gleich starke Verspannung findet sich in der Kehle und im Unterbauch. Dieses Phänomen beruht auf der funktionellen und energetischen Symmetrie des Körpers. Der Mensch kann nicht zulassen, daß durch die eine Öffnung mehr Gefühl durchkommt als durch eine andere. Das bedeutet, sexuelle Probleme können nicht gelöst werden, wenn nicht die entsprechenden oralen Probleme auch durchgearbeitet werden.

Ich gehe an diese Probleme heran, indem ich abwechselnd mit beiden Bereichen des Körpers arbeite. Die Arbeit mit dem Patienten, um die Verspannung in seinem Mund und um den Mund herum herabzusetzen, befähigt ihn, tiefer zu atmen und so das Erregungsniveau anzuheben. Dann ist es nötig, mit dem unteren Teil des Körpers zu arbeiten, damit diese gesteigerte Erregung abgeführt werden kann. Man kann dazu die an anderer Stelle beschriebenen Erdungsübungen[2] verwenden oder die sexuellen Spannungen vermindern, oder beides. Diese Körperarbeit findet im Zusammenhang mit einer analytischen Durcharbeitung der Geschichte und des Verhaltens des Patienten statt. Wenn man sich dieses Zugangs bedient, wird die Toleranz des Patienten für Erregung allmählich angehoben, und seine Erlebnisfähigkeit wird gesteigert.

Im vorigen Kapitel habe ich einige der therapeutischen Verfahren beschrieben, die ich gegen die Kastrationsangst

[2] Siehe mein Buch: *Depression*, München, 1978.

anwende. In diesem Kapitel möchte ich die Behandlung der oralen Deprivation besprechen. Vom oralen Charakter sagt man, er sei leer und unerfüllt. Da die Deprivation des Patienten erfolgt ist, als er ein Säugling war, erhebt sich die Frage: Was hält ihn als Erwachsenen in diesem Zustand? Wir haben gesehen, daß er unmöglich durch die Liebe und Unterstützung eines anderen »gefüllt« werden kann. Diese Situation erklärt sich daraus, daß durch die Verspannungen, welche sich infolge seiner frühen Deprivation entwickelt haben, seine Fähigkeit, diese Liebe und Unterstützung in sich aufzunehmen, herabgesetzt worden ist. Er kann nicht einmal genug Luft in sich aufnehmen, um seine energetischen Bedürfnisse zu befriedigen, weil diese Verspannungen seine Atmung einschränken. Die Unterdrückung von Saugimpulsen bedeutet, daß der Betreffende keine starke Einatmungsanstrengung machen kann, die durch ein Einsaugen von Luft erfolgt. Da er unfähig ist, die Luft tief einzuatmen, kann er sie auch bei der Ausatmung oder in Lauten (des Weinens oder Schreiens) nicht ganz herauslassen. Es entwickeln sich Verspannungen in Armen, Schultern und Brustkorb, um Impulse des Ausgreifens zu hemmen – wegen der Angst vor Ablehnung und dem Schmerz, den sie verursacht. Im 2. Kapitel habe ich diesen Schmerz als »herzzerreißend« bezeichnet.

Alle Verspannungen dienen dem Zweck, Impulse zu blockieren, deren Ausdruck zu schmerzlich wäre. Es ist ein Schmerz, wenn man an einer Brust saugen möchte, und keine steht zur Verfügung; wenn man die Arme ausstreckt, und niemand ist da; wenn man weint, und niemand kümmert sich darum. Kinder können, indem sie die Lippen zusammenpressen, die Zähne zusammenbeißen und ihre Kehle zusammenziehen, das Verlangen blockieren und den Schmerz eines unerfüllt bleibenden Bedürfnisses betäuben. Aber als Erwachsene sind sie dann in ihrer Fähigkeit, mit Gefühl nach einem anderen Menschen auszugreifen, ebenso blockiert. Es gibt keine andere Möglichkeit, diese Fähigkeit wiederzugewinnen, als die ursprüngliche Erfahrung noch einmal zu durchleben und alle mit ihr verknüpften Gefühle auszudrücken. Das ist eine Regression, ein notwendiger Teil der Therapie. Freud war dessen gewahr, daß seine Patienten dazu neigten, frühkindliche Erfahrungen wiederzuerleben. Er nannte diese Neigung den »Wiederholungszwang«. Er sagt: »Er ist ... genötigt, das Verdrängte als gegenwärtiges Erlebnis zu wiederholen, anstatt es, wie der Arzt es lieber sähe, als ein Stück der Vergangenheit zu *erinnern*«[3]. Aber wenn der Patient die Erfahrung noch einmal durchleben muß, warum sollte dies nicht in der therapeutischen Situation geschehen? Das würde den Patienten am »Ausagieren« der verdrängten Erfahrung im wirklichen Leben (zu seinem eigenen Schaden) hindern. Nach meiner Ansicht rührt das Versagen der Psychoanalyse in bezug auf die Veränderung von Charakter und Schicksal daher, daß Freud sich vor der Regression fürchtete, dem Körper nicht traute und die Vernunft überbewertete. Wenn man den Charakter verändern will, genügt es nicht, von Gefühlen zu *sprechen*. Sie müssen erlebt und ausgedrückt werden. Der Körper muß von seinen chronischen Verspannungen und Einschnürungen befreit werden, wenn das Individuum von dem Schicksal befreit werden soll, das sie repräsentieren.

Bei der Bearbeitung der Probleme der präödipalen Periode wird der Patient ermutigt, auf ein infantiles Niveau zu regredieren. Hier ein Beispiel: Der Patient liegt auf einem Bett oder auf dem Fußboden und streckt beide Arme nach seiner Mutter aus. Zugleich wird er angewiesen, »Mama, Mama« zu sagen und sich dem Gefühl hinzugeben, das diese Worte andeuten. Nur wenige Patienten können diese Übung von Anfang an mit Gefühl machen. Sie sagen: »Ich fühle nichts.« Aber jeder ist einmal ein Baby gewesen, das sich von ganzem Herzen nach seiner Mutter gesehnt hat. Dieses Gefühl ist nicht verschwunden; es ist unterdrückt worden und kann nun nicht mehr offen ausgedrückt werden.

Es kann nicht ausgedrückt werden, weil der Betroffene es unbewußt mit einem unerträglichen Schmerz in Verbindung

[3] Sigmund Freud: *Jenseits des Lustprinzips*, G. W. XIII, S. 16.

bringt. Er wagt es nicht, auf diese Zeit seines Lebens zurückzufallen, weil das Gefühl der Hilflosigkeit, das er damals hatte, zu beängstigend ist. Es war eine Zeit des Kummers, nicht der Freude, deshalb hat er die Erinnerung an sie verdrängt. Er hat überlebt, und er ist nicht bereit, dieses Überleben aufs Spiel zu setzen. Er ist nicht bereit, diese Erlebnisse bewußt wiederzuerleben, wenn er sie vielleicht auch unbewußt in seinem Leben »ausagiert«. Aber ein anderer Teil seiner Persönlichkeit möchte die Verwirrung in seinen Beziehungen klarstellen und die Unordnung in seinem Leben beheben. Das ist möglich mit Hilfe eines Therapeuten, der »da« ist, wenn er ihn braucht, im Gegensatz zu seiner Mutter, die nicht für ihn da war, als er ein hilfsbedürftiger Säugling war.

Um diesen unbewußten Widerstand zu durchbrechen, muß man oft mit der Hand auf die angespannten Muskeln des Kiefers und der Kehle Druck ausüben. Wegen der Verspannung wird dieser Druck als schmerzhaft erlebt; aber unter diesem Druck entspannen sich die Muskeln und ermöglichen es der Stimme, stärker und lebendiger zu werden. Es ist ebenfalls nötig, daß der Patient tief atmet, so daß die unterdrückten Gefühle aufgeladen werden. Im allgemeinen ermutige ich den Patienten, loszulassen und dem Gefühl nachzugeben. In fast allen Fällen machen es diese Maßnahmen möglich, daß die unterdrückte Sehnsucht nach der Mutter durchdringt. Sie ist von tiefem Schluchzen begleitet, dem Weinen eines Säuglings nach einer Mutter, die nicht da war, die nicht reagiert hat. Wenn dies geschieht, erlebt der Betreffende sich in einem Aspekt seines Seins als Säugling. Er verliert nicht das Bewußtsein dessen, wer er ist oder wo er ist. Er weiß, daß er ein Erwachsener ist, aber er fühlt sich wie ein Baby. Das ist Regression in der Therapie.

Es ist auch wichtig, den Patienten zu veranlassen, den Mund so zu spitzen, als wollte er an der Brust saugen. Es ist eine sehr einfache Bewegung, aber die meisten Menschen können sie nicht richtig ausführen. Die Muskeln des Mundes und der Lippen sind so verspannt und zusammengezogen, daß die

Lippen nicht weich vorgewölbt werden können. Der Patient schiebt vielleicht auch den Kiefer vor, in dem Versuch, die Unterlippe vorzustrecken. Das Vorschieben des Unterkiefers drückt Trotz aus und leugnet die Vorstellung des Sich-Ausstreckens. Bei den meisten Menschen verhindert auch die Steifheit der Oberlippe jedes ausdrucksvolle Spitzen des Mundes. Die Verspannung in den Muskeln des Mundes wird durch eine sogar noch stärkere Verspannung in den Kiefermuskeln ergänzt, so daß jedes wirkliche Sich-Öffnen für die Welt sehr begrenzt und zurückhaltend ist. Wenn die Verspannung um den Mund herabgesetzt wird, so daß der Betreffende spüren kann, wie sich seine Lippen vorwölben, fangen sie an zu vibrieren. Sie zittern vor Erregung, und der Patient empfindet vielleicht ein Kribbeln im Gesicht und im Mund. Gesicht und Mund fühlen sich lebendig an, und der Betreffende verspürt vielleicht den Wunsch, an einer Brust zu saugen. Manchmal ermutige ich den Patienten, an einem Fingerknöchel seiner oder meiner Hand zu lutschen, um ihm zu helfen, seine Lippen und seinen Mund zu fühlen. Ich bin immer wieder überrascht, daß so wenige Menschen zu saugen verstehen. Sie benützen nur die Lippen, aber nicht das Innere des Mundes.

Zum Wiedererleben des verdrängten Konfliktes gehört das Ausdrücken starker Gemütsbewegungen wie Weinen, Schreien, Strampeln, Schlagen, Beißen usw. All diesen Impulsen muß der volle Ausdruck in der therapeutischen Situation gestattet werden, wenn der Patient die Spannungen der oralen Konflikte lockern soll. Da sich die Verspannungen entwickelt haben, um diese Impulse zu blockieren, können sie sich nur lockern, wenn sich der Betroffene frei und fähig fühlt, sie auszudrücken. Wenn er sich seinen unterdrückten Gefühlen ganz hingibt, mag die Angst vor dem Wahnsinn oder vor dem Tod aufsteigen, die den Menschen in eine strukturierte Haltung »eingefroren« hat, die sein Charakter und sein Schicksal geworden ist. Aber der Patient wird dadurch, daß er sein Schicksal in der therapeutischen Situation auslebt, im Leben von ihm befreit.

Das Herauslassen unterdrückter Emotionen auf diese Weise ist kein »Ausagieren«. Der Patient wird dafür verantwortlich gemacht, zu wissen, daß diese Emotionen aus der Vergangenheit stammen und nur in der Gegenwart ausgedrückt werden, um den Körper zu befreien. Alle heftigen Aktionen richten sich gegen ein Bett, ein Handtuch oder einen anderen unbelebten Gegenstand. Die Rolle des Therapeuten besteht darin, das Herauslassen des Gefühls zu lenken und zu überwachen. Er ist auch dafür verantwortlich, jede Gegenübertragung zu vermeiden, die ihn in eine Verwicklung mit dem Patienten hineinziehen könnte. Unter diesen Bedingungen ist die therapeutische Situation der richtige Rahmen für die Freisetzung dieser Impulse, da die Wahrscheinlichkeit sehr gering ist, daß dem Patienten oder sonst jemand ein Leid geschieht. Meine Patienten schlagen z. B. mit den Fäusten oder einem Tennisschläger aufs Bett, verdrehen ein Handtuch oder beißen hinein oder schreien, so laut sie können. Die Praxis ist schallisoliert. Sie können »sich gehen lassen«, weil ich aufpasse. Wenn sie »verrückt spielen« wollen, werde ich zum Wächter ihrer Vernunft.

Das Durcharbeiten der oralen Probleme auf diese Weise hilft dem Menschen, sich dem Leben zu öffnen. Er kann voller und tiefer atmen, und das vermehrt seine Energie. Er kann ausgreifen und mehr Leben in sich aufnehmen; dadurch wird die Leere aufgefüllt, die seine frühe Deprivation hinterlassen hat. Tatsächlich wird die Deprivation, die beim Erwachsenen in der Unfähigkeit besteht, ganz »im Leben zu stehen«, gerade durch den Akt des Sich-Öffnens überwunden. Lassen Sie mich diesen Gedanken noch einmal äußern, weil ich glaube, daß er für das Verstehen der Wirkungsweise der Therapie wesentlich ist. Zwar wurde dem Kind Liebe und Unterstützung vorenthalten, aber der Erwachsene ist seiner Funktionsfähigkeit beraubt, d. h. er kann nicht lieben, geben und aufnehmen. Diese Störung läßt sich beim Erwachsenen nicht allein mit Liebe beheben. Der Betroffene muß seine Funktionsstörung verstehen lernen. Dazu mag Liebe beitragen, aber er muß erkennen, daß niemand für ihn leben, atmen und ausgreifen kann. Er muß wissen, daß »voll sein« bedeutet, sein Selbst ganz zu besitzen. Er muß fähig sein, tief zu atmen, frei auszugreifen und rückhaltlos zu reagieren.

Wenn jedoch die Regression ein notwendiger Teil des therapeutischen Prozesses ist, weil sie Gefühle freisetzt, muß man sich die Fähigkeit aneignen, mit diesen Gefühlen auf reife Weise umzugehen. Ein Säugling oder ein brüllender Irrer zu werden, ist nicht meine Vorstellung vom Therapieziel. Die Regression steht im Dienst des Fortschritts. Und einen Fortschritt in der Therapie stellt die Fähigkeit dar, wachsende Erregungsmengen zu ertragen, ohne verrückt zu werden oder das Gefühl »abzustellen«. Die Fähigkeit, Erregung oder Gefühl zu halten, ist »Herr seiner selbst sein«, ein »Haben« des eigenen Selbst. Sie ist das dritte Stadium im Therapieprogramm. Die ersten beiden sind Selbstgewahrsein und Selbstausdruck. Das »Herr-seiner-selbst-Sein« ist das Stadium, in dem das Ich als Fahnenträger eines Selbst fungiert, das weiß, wer es ist und was es zu tun hat. Das Selbst besitzt ein Ich. Es ist das Stadium, in dem das Selbst sein Sein als vollständig reifer Mann oder vollständig reife Frau erlebt.

Zum Fortschreiten der Therapie gehört das Analysieren des gegenwärtigen Verhaltens des Patienten gemäß seinen ödipalen oder präödipalen Konflikten. Die Übertragungssituation mit dem Therapeuten ist in dieser Hinsicht besonders wichtig, da sich in dieser Beziehung neurotisches Verhalten am deutlichsten manifestiert. Während der Regression gewonnene Einsichten werden auf aktuelle Haltungen und Handlungen angewandt. Zum Vorangehen gehört auch, daß der Patient vollständiger in seinen Beinen und Füßen geerdet wird, so daß er für seine Überzeugungen »gerade stehen« und Vertrauen dazu haben kann, daß er fest auf eigenen Füßen stehen kann. Dazu gehört eine Steigerung der bewußten Identifikation des Individuums mit seinem Körper durch bioenergetische Übungen, die das Gefühl des eigenen Selbst erhöhen. Der therapeutische Prozeß hat also zwei Seiten. Das Ziel ist ein Fortschreiten zu mehr sexueller Erregung und Befriedigung und einer größeren Erkenntnis des Selbst. Aber dieser Fortschritt findet nicht statt ohne eine gleichzeitige Rückwärtsbewegung in die Vergangenheit, in den Körper und ins Unbewußte. Ein Baum wächst im gleichen Maß in die Höhe, wie seine Wurzeln tiefer und in die Breite wachsen. Wenn wir hoch springen wollen, müssen wir uns zunächst nah zum Boden beugen, um für den Sprung Schwung zu holen. Wie ein düsengetriebenes Flugzeug bewegen wir uns vorwärts, indem wir einen »Rückstoß« machen. In der Therapie liefert jede Bewegung nach rückwärts die Energie für einen Sprung nach vorn. Regression und Progression gehen Hand in Hand.

Verzweiflung, Tod und Wiedergeburt

Patienten sind bereit, über die Vergangenheit zu sprechen, aber das Regredieren im Sinn eines Wiedererlebens der Vergangenheit wird nachdrücklich vermieden. Wie wir gesehen haben, sind die mit der Vergangenheit verbundenen Gefühle im allgemeinen schmerzlich. Aber die Vergangenheit ist insofern noch erschreckender, als sie für viele Menschen ein Kampf auf Leben und Tod war. Man hat überlebt, aber nicht ohne ein tiefes Gefühl der Verzweiflung – der Verzweiflung darüber, daß das Leben nie mehr sein würde als ein Kampf ums Überleben. Eine solche Verzweiflung ist ein schwieriges therapeutisches Problem.

Lassen Sie mich am Beginn dieser Erörterung sagen, daß fast in jedem Patienten ein gewisses Gefühl der Verzweiflung steckt. Es kann nah an der Oberfläche sein, und der Patient kann selbst darum wissen. Es kann aber auch tief vergraben sein und erst zutage treten, nachdem die Therapie eine Weile fortgeschritten ist. In vielen Fällen kann man die Verzweiflung als einen Ausdruck der Hoffnungslosigkeit in den Augen des Patienten sehen. Oft kann man es sichtbar machen, indem man mit den

Fingern neben dem Nasenrücken einen leichten Druck auf das Gesicht ausübt. Dieser Druck verhindert ein Lächeln und demaskiert auf diese Weise den Patienten. Verzweiflung ist einer der Hauptgründe, warum ein Mensch in die Therapie kommt, weil sie die innere Überzeugung darstellt, er könne sich nicht selber helfen. Er fühlt sich hilflos, und das bedeutet auch hoffnungslos. Bei manchen Menschen ist es eine Verzweiflung »zum Tode«, denn er hat das Gefühl, er könnte ebensogut sterben, da das Leben keinen Sinn hat. Wenn die Verzweiflung tief ist, sind gewöhnlich Gedanken an Selbstmord und Selbstmordgefühle mit ihr verbunden. Aus diesem Grund ist Verzweiflung ein erschreckendes Gefühl.

Der Umgang mit der Verzweiflung eines Menschen ist sehr schwierig, denn er sieht sie als etwas an, das mit der Gegenwart zu tun hat. Er ist verzweifelt über sein Leben und sogar über die Therapie. Er hat das Gefühl oder er äußert die Vorstellung, die Therapie habe keinen Zweck oder sie werde nicht helfen. Da man ihm im Hinblick auf die Therapie keine Garantien geben kann, kann man ihm nicht versichern, sie werde schon zu einem guten Ende kommen. Trotzdem biete ich dem Patienten etwas Ermutigung an, wenn er die Verzweiflung annimmt. Das mag wie ein Widerspruch wirken, aber es ist wahr, daß das Annehmen des *Gefühls,* die Therapie habe keinen Zweck, ihr eine Erfolgschance gibt. Daß man seine Gefühle leugnet, läßt sie nicht verschwinden. Man kann auch ein Gefühl nicht überwinden, das in Wirklichkeit ein Aspekt des Selbst ist. So schmerzlich und erschreckend es auch scheinen mag, der Patient hat keine realistische Wahl, als sein Gefühl der Verzweiflung zu akzeptieren.

Das Annehmen der Verzweiflung erfordert mehr als eine Aussage in diesem Sinn. Das Zugeben der eigenen Verzweiflung kann mit der unausgesprochenen Entschlossenheit gekoppelt sein, sich ihr nicht hinzugeben. Annehmen bedeutet, daß man sich nicht bemüht, die Verzweiflung zu bekämpfen. Wenn man sie akzeptiert und sich ihr ganz überläßt, *weint* man. Weinen ist ein Zeichen der Annahme. Man kann Verzweiflung als einen scheinbar bodenlosen Abgrund von Traurigkeit und Kummer definieren. Der Betreffende hat das Gefühl, wenn er sich in diesen Abgrund hinunterließe, würde er in seinem Kummer ertrinken. Um diese Katastrophe zu verhindern, hält er sich aufrecht und hat Angst, loszulassen. Aber dieses Sich-Aufrechthalten erfordert eine ungeheure Willensanstrengung, und wenn der Betreffende müde wird, fällt er in den Abgrund und wird depressiv.

Wenn der Patient die Verzweiflung akzeptiert hat, ist er in der Lage, den Ursprung des Gefühls zu verstehen. Er kann möglicherweise die Verzweiflung mit dem Erlebnis in seiner Kindheit in Verbindung bringen, daß niemand auf seine Sehnsucht mit Liebe reagiert hat, oder auf seinen Schmerz mit Mitleid. Er hat sich vielleicht schrecklich allein und zutiefst gekränkt gefühlt und ist daran verzweifelt, die Liebe und das Mitgefühl zu bekommen, das er sich so verzweifelt gewünscht hat. Vielleicht hat er zu sich selbst gesagt: »Gib's auf. Es hat keinen Zweck, zu versuchen, ihre Liebe zu bekommen. Es ist ihnen gleichgültig.« Aber kein Kind kann eine hoffnungslose Lage akzeptieren und dennoch überleben. Es muß seine Verzweiflung leugnen. Es muß glauben, die Liebe sei da; es hätte sie vielleicht bekommen, wenn es sich mehr Mühe gegeben hätte, brav zu sein, so zu sein, wie sie es wünschten. Es muß die Illusion schaffen, es werde in Wirklichkeit geliebt, aber die Liebe werde ihm vorenthalten, weil es etwas Böses oder Falsches tue. Es bleibt ihm nichts anderes übrig, als seine Kraft dafür einzusetzen, das zu tun, was man von ihm verlangt, in einem Versuch zu beweisen, daß es der Liebe würdig ist.

Dieser Versuch schlägt unweigerlich fehl. Wahre Liebe ist keine Belohnung für etwas, das man tut, sondern sie wird einem bedingungslos aus der Fülle des Herzens geschenkt. Tief im eigenen Inneren hat das Kind gewußt, daß der Versuch scheitern würde. Kinder sind sehr scharfsichtig, besonders in bezug auf ihre Eltern. Das Kind »weiß«, daß es nicht geliebt wird, aber die Verleugnung und die Illusion sind nötig, um ihm überleben zu helfen, bis es alt genug wird, um unabhängig zu werden. Alle psychischen Abwehrmechanismen sind Mittel zum Überleben; sie werden zu neurotischer Abwehr, weil sie ihren Zweck überlebt haben. So ist der Mensch wieder in seine Verzweiflung zurückgeworfen, jetzt doppelt tief, weil sein Versuch, seinen Wert zu beweisen, gescheitert ist. Der Patient hat das Gefühl, es habe keinen Zweck, es zu versuchen, nicht einmal in der Therapie.

An dieser Stelle stimme ich dem Patienten zu, daß es keinen Zweck habe, es zu versuchen. Die Bemühung wird wieder fehlschlagen. Wenn er versucht, meine Liebe oder Anerkennung zu gewinnen, indem er tut, was ich von ihm erwarte, wird es nicht funktionieren. Auch der Versuch, die Verzweiflung zu überwinden, wird nicht gelingen. Man kann nichts machen. Man muß seinen Gefühlen nachgeben, und wenn es traurige Gefühle sind, muß man weinen.

Wir haben im vorigen Abschnitt gesagt, daß vielen Leuten das Weinen nicht leicht fällt. Schwere Verspannungen im Kiefer, im Mundboden und in der Kehle machen es dem Menschen schwer, zu schluchzen. Vielleicht treten ihm Tränen in die Augen, aber die Stimme *bricht* nicht in das tiefe Schluchzen *aus,* das den Körper erschüttert. Ein solches Schluchzen ist ein Puls des Lebens, der durch den Körper geht. Aber viele Menschen »halten die Oberlippe steif« (beißen die Zähne zusammen), um einen Zusammenbruch im Schluchzen zu verhindern.

Wenn ein Mensch in tiefes Schluchzen ausbricht, wird das Gefühl der Verzweiflung immer gelindert. Manchmal, wenn das Weinen tief genug ist, bricht der Betreffende zu Gefühlen der Freude und Wonne durch. Wenn das Weinen jedoch seicht ist oder nur von der Oberfläche der Traurigkeit kommt, wird es in dem Weinenden vielleicht ein größeres Gefühl der Verzweiflung hinterlassen als vorher. Er hat sich in den Abgrund hinuntergelassen, aber da er nicht bis auf den Grund gekommen ist, hat er noch mehr Angst bekommen. Ein solches Weinen kann tatsächlich endlos sein, weil es nie dahin kommt,

die Traurigkeit oder den Kummer freizusetzen. Es kommt nicht darauf an, wieviel man weint, sondern wie tief es geht.
Im Körper ist das Gefühl der Traurigkeit im Bauch lokalisiert. Wir sprechen von einem Weinen oder einem Lachen »aus dem Bauch heraus«. Um die Rolle des Bauches beim Gefühl der Verzweiflung zu verstehen, müssen wir erkennen, daß eine Emotion zwei Komponenten hat, einen geistigen oder Wahrnehmungsaspekt und einen physikalischen, der die Bewegung (motion) im Körper ist. Die Wahrnehmung einer Bewegung im Körperinneren läßt ein Gefühl oder eine Emotion entstehen. Wenn wir erschrecken oder gekränkt sind, spannen sich unsere Eingeweide an, der Bauch zieht sich zusammen und der ganze Körper wird angespannt. Weinen ist der grundlegendste und primitivste Mechanismus für die Lockerung dieser Anspannung. Die Spannung in den Eingeweiden und in der Muskulatur wird durch eine Zuckungsreaktion, eine Konvulsion, entladen. Zugleich schüttelt der Laut den Körper aus seiner Angespanntheit und lockert ihn. Wenn wir nicht weinen, bleiben die Gefühle der Gekränktheit im Bauch und im angespannten Körper eingeschlossen. Lachen ist auch ein Mittel, um Spannung zu lockern. Der Bauch ist der Abgrund, aber er ist nur scheinbar bodenlos. Er hat einen Boden, den Beckenboden, und in diesem Boden sind Öffnungen. Die für unseren Zweck wichtige Öffnung ist der Genitalkanal. Er ist der Weg für die Abfuhr sexueller Erregung, die ebenfalls ihren primären Ort im Bauch oder Unterleib hat. Bei der Frau ist der Genitalkanal auch der Geburtsweg des Kindes, das im Bauch empfangen wird und auf die Welt kommt, indem es durch den Beckenboden austritt.
Ich sagte, jeder Schluchzer sei ein Puls, der den Körper durchfließt. Wenn das Weinen tief und voll ist, geht der Puls des Schluchzens ganz durch bis zum Beckenboden und ruft im Becken eine Bewegung hervor, die der beim Orgasmus auftretenden ähnlich ist. Das Becken bewegt sich mit jedem Schluchzen spontan nach vorn, wie bei einer sexuellen Entladung, aber ohne die dabei vorhandene Intensität oder sexuelle

Erregung. Bei solch tiefem Weinen wird die Traurigkeit abgeführt, und der Mensch fühlt, daß er aus dem Abgrund ins Sonnenlicht herausgekommen ist. Er hat kein Gefühl der Verzweiflung mehr. Er hat sich durch den Kummer des Mangels an Liebe oder des Liebesverlusts in seiner frühen Kindheit hindurchgearbeitet.

Die Bauchhöhle ist auch der Ort des Selbst, wie wir im 3. Kapitel gesehen haben. Menschen, die an einem Gefühl der Leere im Bauch leiden, klagen sowohl über einen Mangel an Selbstgefühl als auch über ein Gefühl der Verzweiflung. Wie das Strömen des Gefühls im Bauch bei einer starken sexuellen Entladung führt auch tiefes Schluchzen zu einem verstärkten Gefühl des Selbst, wenn der Puls durch den Beckenboden geht. Der enge Zusammenhang zwischen Weinen und sexueller Abfuhr zeigt sich bei Frauen, die nach einem Orgasmus in tiefes Weinen ausbrechen. Ich interpretiere dieses Weinen als eine Spannungsabfuhr, die dem Weinen einer Mutter ähnlich ist, welche ein verloren geglaubtes Kind wieder in die Arme schließt. Beim Geschlechtsverkehr ist das verlorene Kind das durch den Orgasmus wiederentdeckte Selbst.

Es ist nicht viel leichter, sich solch tiefem Weinen hinzugeben, als sich den Zuckungen des Orgasmus zu überlassen, denen es ähnlich ist. Bevor der Patient dazu fähig ist, bedarf es erheblicher therapeutischer Arbeit. Erstens einmal müssen die meisten sexuellen Verspannungen im Becken und um das Becken herum gelockert werden, sonst bleibt die Welle des Schluchzens im Bauch stecken und geht nicht durch. Außerdem muß man sich klarmachen, daß ein Durchbruch nicht bedeutet, daß der Patient nun für immer von seiner Verzweiflung befreit ist. Das Erlebnis muß unter Umständen immer noch einmal wiederholt werden, wenn der Patient mehr von den Traumata seiner Kindheit erneut durchlebt. Aber der Grund ist erreicht und die Tür ist geöffnet worden. Sie wird geöffnet bleiben, während er im Leben die Wonne des vollständigen sexuellen Orgasmus zu erleben beginnt. Wenn die Verzweiflung eine Überzeugung ist, daß man nie Freude empfinden wird, ist das Gefühl der Freude das beste und einzige Gegengewicht.

Verzweiflung ist oft mit der Angst vor dem Tod verbunden. Sich in die Verzweiflung fallen zu lassen, hat für viele Menschen den Beiklang, sich dem Tod hinzugeben. Wenn ein Mensch die Verspannungen »loslassen« soll, die ihn aufrechthalten, ist es nötig, die Verknüpfung, die in seiner Vorstellung zwischen Loslassen und Tod besteht, zu erforschen und zu analysieren. Diese Analyse nimmt man am besten vor, wenn der Patient sich gegen das Loslassen wehrt, entweder bei einer Übung oder in einer emotionalen Situation. In einem solchen Augenblick ist die Verknüpfung (Assoziation) kein abstrakter Gedanke, sondern ein anschauliches Erlebnis. Hier ist ein Beispiel. Ich habe kürzlich mit einer Frau gearbeitet, die einige Jahre vorher einen Anfall von Schmetterlingsflechte (Lupus erythematodes) gehabt hatte. Sie war davon geheilt, aber wenn sie genügend unter Streß stand, kehrten geringfügige Anflüge des Leidens wieder. In dieser Sitzung, als wir über unsere Beziehung sprachen, stieg ein Gefühl der Traurigkeit in ihr auf. Aber sie weinte nicht. Ich konnte sehen, wie ihr Körper versuchte, zu schmelzen, aber er blieb starr. Ich ließ sie sich vornüberbeugen und den Fußboden mit den Fingerspitzen berühren[4]. Als sie dies tat, fragte ich sie, was geschehen würde, wenn sie losließe. Sie erwiderte: »Ich würde sterben.« Ich fragte: »Und wenn Sie nicht loslassen?« Wir waren uns beide klar darüber, daß ihre Krankheit irgendwie mit der Verspannung in ihrem Körper zusammenhing. Sie antwortete: »Ich werde sterben.« Sie war sich ebenfalls dessen bewußt, daß die Verspannung, die sie dazu brauchte, sich aufrechtzuhalten, für ihren Körper und für ihr Sein zerstörerisch war.

Wir sprachen über ihre Vergangenheit und ihre Beziehung zu den Eltern. Sie wußte, daß ihre Mutter ihr feindselig gesonnen war. Sie glaubte jedoch, ihr Vater sei für sie »dagewesen«, und

[4] Dies ist die fundamentale Erdungsübung, die in der bioenergetischen Analyse verwendet wird. Sie wird beschrieben und erklärt in Lowen, *The Way to Vibrant Health*. New York, 1977. Dt. *Bioenergetik für Jeden*. Gauting 1979.

er habe sie gerngehabt. Jetzt erkenne sie, sagte sie, dieser Glaube sei trügerisch gewesen. Es sei sehr schmerzlich für sie, der Tatsache ins Auge zu schauen, daß er ihr nicht geholfen, sondern sie vielmehr benützt habe. Das gebe ihr das Gefühl, zu einsam und verletzlich zu sein. Sie habe das Gefühl, sie werde sterben. Dies alles wurde durch unser Gespräch über unsere Beziehung ausgelöst. Sie sagte, sie sei nicht sicher, daß ich als ihr Therapeut für sie »da sein« würde. Sie spürte ihre Verzweiflung.

Hier ist ein weiterer Fall. Dieser Mann machte eine Fall-Übung, die ich schon beschrieben habe. Bei dieser Übung fordere ich den Patienten auf, wenn er spürt, daß er fallen wird, sich vorzustellen, was geschehen würde, wenn er fiele. Dieser Patient sagte: »Als Sie mich aufforderten, zu sagen, ›ich werde gleich fallen‹, hatte ich das Gefühl, ich würde gleich sterben. Ich hab' das Gefühl, es ist ein Kampf um Leben und Tod. Wenn ich loslasse, werde ich getötet. Er schlug sich mit beiden Fäusten auf die Schenkel und fügte hinzu: »Ich bring' mich selber um, wenn ich nicht festhalte. Aber wenn ich doch festhalte, werde ich sterben. Ich hab' Angst, ich bekomme Lungenkrebs, wenn ich nicht zu rauchen aufhöre. Aber je mehr ich versuche, nicht zu rauchen, desto mehr rauche ich.«

Dann erzählte er mir, wie er als Kind fast gestorben wäre. »Mit fünf Jahren hatte ich eine Blutvergiftung. Ich hatte hohes Fieber, und etwa ein Jahr lang kam ich immer wieder ins Krankenhaus. Manchmal war ich bewußtlos. Man mußte mir Drainagen und Transfusionen machen. Ich bin fast gestorben. Aber ich hab' mich festgeklammert und meine ganze Willenskraft eingesetzt, um am Leben zu bleiben. Ich weiß, wie man leben muß, wenn's hart hergeht. Ich weiß aber nicht, wie man leben muß, wenn's schön ist.«

Ich habe ähnliche Geschichten von einer Reihe von Patienten gehört, die wegen einer Krankheit als Kinder dem Tod nahe gewesen waren. Sie erinnern sich, daß sie zu einem kritischen Zeitpunkt der Erkrankung bewußt ihren Lebenswillen mobilisiert haben. Und sie glauben, daß ihr Lebenswille sie gerettet hat. Da Hinfallen oder Lockerlassen als Verlust oder Aufgabe des Willens erlebt wird, kann es als Gefahr angesehen werden. Andererseits ist das Leben durch den Willen wirklich gefährlich. Es erfordert viel Energie, ständig seinen Willen einzusetzen. Wie lange kann ein Mensch sich »festklammern«? Wie lange kann man auf einer Notstandsgrundlage existieren? Früher oder später läßt der Wille nach, und wenn das die einzige Hilfsquelle ist, die man hat, ist man erledigt.

Man muß »lockerlassen«, um sich zu erneuern. Man muß sich hinlegen, um wieder zu Kräften zu kommen. Wenn man den Tag nicht losläßt, kann man den Nachtschlaf nicht genießen. Symbolisch sterben wir jeden Abend, aber am nächsten Tag werden wir wiedergeboren. Ohne den Tod kann es keine Wiedergeburt geben. Ohne Abstieg kein Aufstieg.

Ich glaube nicht, daß das Überleben irgendeines Menschen von seinem Lebenswillen abhängt. Der Wille ist, wie ich schon erklärt habe, ein psychischer Mechanismus, der das Individuum befähigt, zusätzliche Energie zu mobilisieren, um einer Krise zu begegnen. Die Wirksamkeit des Willens ist von der Verfügbarkeit dieser zusätzlichen Energie abhängig. Wenn ein Mensch all seine Reserven verbraucht hat, ist sein Wille impotent. In diesem Fall könnten wir sagen, er hat keinen Lebenswillen, aber es wäre logischer zu sagen, er hat seine Energien erschöpft. Es trifft jedoch zu, daß der Wille als psychischer Mechanismus nicht bei allen Menschen gleich stark entwickelt ist. Da er eine Funktion des Ichs ist, hängt seine Stärke von der Ich-Stärke ab. Von einem Menschen mit einem starken Ich können wir sagen, er habe einen starken Willen. Aber der stärkste Wille ist hilflos, wo keine Energie zu mobilisieren ist. Der beste General kann nicht ohne ein Heer einen Krieg gewinnen.

Unser Energieniveau steigt, wenn wir »unten« sind, und es sinkt, wenn wir »oben« sind. Im Zustand des Oben-Seins sind wir aktiv und verbrauchen unsere Energie, während wir uns im Zustand des Unten-Seins ausruhen und unsere Energie wiederherstellen. Das ist das normale Muster beim Gesunden.

Wenn also ein Mensch »niedergeschlagen« ist, ist er in der Lage, seine Energie wieder aufzufüllen und spontan aus der Depression herauszukommen. Das geschieht oft. Die Untätigkeit der Niedergeschlagenheit erlaubt es dem Menschen, seine Energiereserven wieder aufzubauen. Wenn er erneut Energie gewinnt, wird er wieder aktiv. Aber das heißt nicht, daß er nicht wieder depressiv wird. Wenn er beim Auftauchen aus seiner Depresson in Verfolgung irgendeiner Illusion in einen manischen, hyperkinetischen oder überaktiven Zustand gerät, verbraucht er seine ganze Energie und fällt in eine Depression zurück.

Manche Menschen kommen spontan wieder aus einer Depression heraus, andere nicht. Ein Unterschied liegt darin, wieviel Druck die Familie auf den Depressiven ausübt. »Reiß' dich zusammen! Komm', hör' doch auf damit! Denk' an was anderes! Versuch' doch, irgendwas zu tun!« Sie lassen ihn nicht in Ruhe, und so lassen sie nicht zu, daß der natürliche Heilungsprozeß des Körpers wirksam wird. Ähnlich wird auch ein Mensch, der sich mit Schuldgefühlen wegen seines depressiven Zustands quält, sich nicht erholen. Diese Schuldgefühle wirken ebenso wie der Druck von außen; sie berauben den Menschen des Friedens und der Ruhe, die er so dringend braucht, um wieder zu Kräften zu kommen. In unserer Kultur ist »unten« schlecht und »oben« gut. Aber da »oben« Anspannung und »unten« Entspannung ist, kann das nur bedeuten, daß wir alle im Zustand des Unten-Seins sehr schmerzliche Gefühle erlebt haben.

Hier ist ein Beispiel für diesen Zusammenhang. Eine meiner Patientinnen machte eine seltsame Beobachtung, während sie eine Atemübung ausführte. Sie sagte: »Ich hatte gerade die verrückte Idee, daß ich sterben werde, wenn ich atme.« Als ich Näheres über diesen Gedanken wissen wollte, erwähnte sie, als kleines Kind habe sie ein Erlebnis gehabt, bei dem sie fast gestorben wäre. Sie erzählte mir den Vorfall. »Man hat mir erzählt, meine Mutter und meine Großmutter hätten mich immer gewiegt, bis ich eingeschlafen sei. Einmal, als ich etwa zwei Monate alt war, beschloß meine Mutter, diesen Brauch abzuschaffen. Sie wollte mich schreien lassen, bis ich mich ausgeschrien hätte. Ich schrie stundenlang – meine Großmutter konnte es nicht aushalten, aber meine Mutter wollte sie nicht in mein Zimmer gehen lassen. Schließlich hörte ich auf zu weinen, und meine Mutter sagte zu meiner Großmutter: ›Siehst du?‹ Sie öffneten die Tür und schauten. Ich war blau. Ich hatte erbrochen und wäre an dem Erbrochenen beinah erstickt.«

Warum sollte das Atmen diese Angst auslösen? Das Atmen steigert die energetische Ladung im Körper und aktiviert unterdrückte Gefühle. Wenn meine Patientin tief atmete, pflegte sie zu weinen. Das Weinen ist in ihrem Gedächtnis mit qualvollen Stunden verknüpft, die mit Erbrechen und Erstikken endeten. Das Nicht-Atmen wird gleichgesetzt mit nicht fühlen, nicht weinen, nicht ersticken und nicht sterben. Das Anhalten des Atems ist eine Art, sich aufrechtzuhalten. Sich-Entspannen und Loslassen erlauben einem, voll und tief zu atmen.

Sich entspannen heißt, sich Gefühlen hingeben. Aber wir können uns nicht entspannen, wenn die Gefühle so schmerzlich sind, daß wir sie nicht akzeptieren können. Hier ist ein Fall dieser Art. Eine meiner Patientinnen sagte: »Wenn ich herumgehen und das Verlangen nach ihr spüren müßte, würde ich sterben. Der Schmerz ist unerträglich. Die Sehnsucht ist qualvoll. Ich stelle mir ihre Brust so lebhaft vor. Ich sehe jede Furche in ihrer Brustwarze. Das Gefühl ist so stark, daß ich es nicht aushalten kann.« Sie sprach von einer Frau, die sie kennengelernt hatte, und die beleibt, warm und lebendig war. Meine Patientin war dünn, kontrahiert, kalt und halbtot. Sie war wie ein benachteiligter Säugling, der eine dicke, warme, liebevolle Mutter, eine »Mammi« brauchte. Als kleines Kind hatte sie eine solche Deprivation erlitten.

Ich fragte sie, wie sie sterben würde. Sie antwortete: »Ich würde nicht schlafen. Ich würde nicht essen. Ich würde krank werden, erfrieren. Der Körper kann nur eine bestimmte Menge Schmerz ertragen. Ich glaube, ich würde physisch sterben. Ich hab' schon gesehen, wie Leute an Entkräftung sterben. Ich hab' ein Mädchen gesehen, das auf 50 Pfund abmagerte und starb. Ich hab' auch einmal sowas durchgemacht. Ich hab' einmal in zwei Wochen von etwa 94 Pfund auf etwa 77 abgenommen. Ich konnte nicht mehr verdauen, ich hatte keinen Stuhlgang mehr, ich konnte kein Wasser lassen. Mein Körper hörte auf zu funktionieren. Eine Schwester im Krankenhaus hat mich gerettet. Sie nahm mich in die Arme, und mein Körper entspannte sich allmählich und wurde wieder lebendig.« Mit der Unterstützung, nach der sie sich so verzweifelt sehnte, konnte sie sich entspannen und leben.

Menschen sterben tatsächlich, wenn das Leben zu schmerzhaft ist. Eine Zeitlang bemühen sie sich noch, weiterzumachen, aber wenn ihre Energie erschöpft ist, verschwindet ihr Lebenswille. Bei der als Magersucht (anorexia nervosa) bezeichneten Krankheit, die vor allem junge Frauen befällt, hört die Kranke auf zu essen. Der Körper hat nicht mehr die Energie, Nahrung zu verdauen. Wenn der Zustand andauert, tritt ein progressiver Verlust an Gewicht und Energie ein, und die Betreffende stirbt. Selbstmord ist ein weiterer Ausweg aus einer unerträglich quälenden Situation. Im allgemeinen wird eine quälende Situation unerträglich, wenn man sich niemandem darüber mitteilen kann. Wenn wir in den Schmerz hineingehen und weinen können, stellen wir fest, daß der Schmerz erträglich wird. Wenn wir den Schmerz annehmen können, beginnt der natürliche Heilungsprozeß. Aber wir können uns nicht ins Nichts fallen lassen. Wir können uns zu Boden fallen lassen, wenn wir ihn unter den Füßen spüren. Wir können uns einem Freund oder einem Therapeuten gegenüber »gehen lassen«, der für uns da ist. Aber da unsere Mütter nicht für uns da waren, als wir klein waren, haben wir nicht das Gefühl, es werde uns etwas stützen, wenn wir uns fallenlassen. Unter dieser Voraussetzung bedeutet sich fallen lassen dasselbe wie aufgeben und sterben.

Mark, dessen Geschichte wir schon gehört haben, hatte das Gefühl, seine Mutter sei nicht für ihn dagewesen. In einer

Sitzung bemerkte er: »Ich schrecke vor der Welt zurück, aber ich fürchte, ich werde in einem Zustand der Entbehrung zurückbleiben. Ich hab' das Gefühl, als sei mir der Brustkorb eingedrückt worden.« Marks Brust war so plattgedrückt, daß sie tatsächlich so aussah, als sei sie eingedrückt worden. Ich konnte sein Gefühl des Zerschmettertseins spüren. Dann fragte er mich: »Was kann ich tun? Ich will nicht draußen in der Kälte gelassen werden.«

Was kann man tun? Davon, daß man das Gefühl unterdrückt, geht es nicht weg. Wenn man es begräbt, schiebt man lediglich den Tag der Abrechnung hinaus. Ich erkannte, daß Marks Herz von seiner Mutter zerquetscht worden war. Meine Antwort lautete: »Geben Sie dem Schmerz und der Qual Ihres Verlangens und Ihrer Sehnsucht nach, nehmen Sie sie an.«

Mark schwieg eine volle Minute. Dann sagte er: »Ich bin da gerade mit etwas in Fühlung gekommen, was ich noch nie jemandem gesagt habe, nämlich: wenn ich wirklich zu mir selbst käme und mit meinem Leben eins würde, würde ich sterben. Das ist mein persönliches Geheimnis. Ich habe für mein Widerstreben, in meinem eigenen Leben zu sein, immer meiner Mutter die Schuld gegeben. Aber mir wird jetzt klar, wenn ich nach dem Leben greife und es bekomme, muß ich mich einer brutalen Tatsache stellen – daß ich sterblich bin. Das wäre die Zerstörung meiner Großartigkeit, meiner Phantasie von Unsterblichkeit, Unverwundbarkeit und Unabhängigkeit. Ich ›brauche‹ nicht. Ich kann das Brauchen und den Schmerz des Nichtbekommens nicht aushalten. Es ist zuviel. Ich würde lieber sterben und auf die Welt verzichten. Und ich hab' es getan. Ich habe mich in mich selber wie in ein lebendiges Grab zurückgezogen. Da war ich unverwundbar. Das war mein Geheimnis.«

Die Offenbarung dieses Geheimnisses hatte auf Mark eine tiefgreifende Wirkung. Er empfand ein Wonnegefühl der Befreiung, als sei er von einem bösen Geschick befreit worden und hätte das Leben neu entdeckt. Er hatte sich den Fluchtweg zum Tode abgeschnitten. Der Entschluß, nach dem Leben zu greifen, war keine bewußte Entscheidung. Er kam, wie ich glaube, dadurch zustande, daß sich sein Körper groß genug und stark genug fühlte, den Schmerz auszuhalten. Er hatte in der bioenergetischen Therapie Schmerz erlebt, und er hatte ihn nicht vernichtet. Er hatte ihn in Wirklichkeit stärker gemacht.

Es ist folgerichtig, daß man dem Tod in demselben Maß nahe ist, in dem man sich vor dem Leben fürchtet. Je näher man dem Tod ist, desto mehr Angst hat man vor ihm. In diesem Licht betrachtet, spiegelt die Angst vor dem Tod die Angst vor dem Leben wider. Menschen, die sich nicht fürchten, zu leben, fürchten sich auch nicht vor dem Sterben. Sie wollen nicht sterben, aber sie sind keine verängstigten Menschen; deshalb hat der Gedanke an den Tod keine emotionale oder energetische Ladung. Verängstigte Menschen haben Angst vor dem Sterben. Zugleich wünschen sie sich aber auch den Tod. Was sie erschreckt, ist das Sterben, nicht der Tod selbst. Sterben ist ein Schrumpfen oder eine Kontraktion der Lebensenergie im Körper; dadurch wird er kalt und lebblos. Der Schrecken ist dasselbe Schrumpfen der Lebensenergie, das nicht ganz bis zum Sterben geht. Im Schrecken spürt man den Tod, wie man beim Sterben voller Schrecken ist. Das Sterben wird jedoch nur dann als erschreckend erlebt, wenn es gegen den bewußten Willen des Organismus eintritt. Es ist ein friedlicher Vorgang, wenn alle Teile der Persönlichkeit oder des Körpers sich ihrem Schicksal unterwerfen.

Winnicott, von dem schon die Rede war, glaubt, daß die Angst vor dem Tod wie die Angst vor dem Verrücktwerden von einem »Tod, der geschehen ist, aber nicht erlebt wurde« herrührt[5]. Er bezeichnet einen solchen Tod als »phänomenalen Tod«; damit meint er, er sei der Psyche geschehen, aber nicht dem Körper. Wir können dies verstehen, indem wir es zu Redewendungen in Beziehung setzen, wie »seine Lebendigkeit war dahin« oder »sein Lebensmut war gebrochen, es war etwas in ihm gestorben«. In der Umgangssprache würden wir sagen, der Betref-

[5] W. D. Winnicott: »Fear of Breakdown«, *International Review of Psychoanalysis* 1, 1974, S. 103.

fende war erledigt. Winnicott sagt: »Wenn man den Tod so ansieht, als etwas, das dem Patienten zugestoßen ist, das er aber, weil er nicht reif genug dazu war, gar nicht erlebt hat, hat er die Bedeutung von Vernichtung. Es ist so, daß sich ein Muster entwickelt hat, bei dem die Kontinuität des Seins durch die infantilen Reaktionen auf Eingriffe unterbrochen worden ist«[6]. Winnicott sieht also den Wunsch, zu sterben (Keats' »Halb verliebt sein in den sanften Tod«), als eine Notwendigkeit, »sich daran zu erinnern, daß er schon einmal gestorben ist; aber um sich zu erinnern, muß er den Tod in der Gegenwart erleben.«
Was meint Winnicott mit dieser letzten Bemerkung? Er erklärt in dem Artikel nicht, wie das Erleben des Todes in der Gegenwart vor sich geht. Meiner Ansicht nach bedeutet es, daß der Patient das ursprüngliche Trauma (den »phänomenalen Tod«) so erleben muß, als ereigne es sich in der Gegenwart. Er ist damals nicht gestorben, und er wird natürlich auch jetzt nicht sterben. Aber er hat damals den Tod vor Augen gehabt; er hat das Gefühl erlebt, er könnte sterben (das Schrumpfen und die Kontraktion seiner Lebensenergie), und er ist erschrocken. Um seinen Schrecken zu überwinden – um zu leben – mobilisierte er seinen Willen, den Lebenswillen. Von dieser Zeit an hat er weitgehend durch seinen Willen gelebt und sich gezwungen, weiterzumachen, etwas zu *tun,* aus Angst, er würde sterben, wenn er losließe. Es ist, als lebte jemand unter dem Damoklesschwert, ständig vom Tod bedroht. Ein solches Leben ist nicht nur mühselig, sondern kaum der Mühe wert. Man wünscht sich, das Schwert möge fallen, der Tod möge kommen, um einen von Mühe und Qual zu befreien. Dies ist die Grundlage des Wunsches, zu sterben.
Die therapeutische Aufgabe ist es, dem Patienten zu helfen, jetzt loszulassen, bevor es zu spät ist, d. h. bevor er einen Herzanfall bekommt oder krebskrank wird. Er läuft nicht Gefahr zu sterben, sondern es steht ihm nur das vorübergehende Gefühl des Sterbens bevor. Ich will beschreiben, wie dies

[6] Ebd., S. 106.

einem meiner Patienten widerfuhr. Er war ein Mann in den Vierzigern und hatte einen kurzen, dicken Hals. Sein Widerstand gegen das Loslassen war weitgehend in seinen Halsmuskeln konzentriert. Er fürchtete, den Kopf zu verlieren (verrückt zu werden). Wir hatten schon zwei Jahre miteinander gearbeitet; er hatte auch schon erhebliche Fortschritte gemacht, aber er hatte immer noch Angst. Als er mir gegenübersaß, forderte ich ihn auf, seinen Kopf in meinen Schoß zu legen. Dann übte ich mit meinen Fäusten an der Schädelbasis einen stetigen Druck auf seinen Hals aus. Er sollte atmen und mir nachgeben. Nach etwa dreißig Sekunden sagte mein Patient: »Ich hab' das Gefühl, ich muß sterben. Es wird dunkel.« Mir war klar, daß er seine Nackenmuskeln gegen den von mir kommenden Druck angespannt und so die Blutzufuhr zu seinem Gehirn abgeklemmt hatte. Ich verminderte den Druck, und während sein Kopf in meinem Schoß lag, fragte ich ihn, was für Gedanken er gehabt habe, als er fühlte, er werde sterben. Er sagte: »Ich dachte, es könnte das Ende sein. Ich konnte mich nicht mehr gegen Sie wehren. In dem Moment haben Sie nachgelassen.«

Wir sprachen darüber, als er sich wieder aufgesetzt hatte. Ich fragte ihn, warum er sich gegen mich gewehrt habe, als er hätte loslassen sollen. Er antwortete: »Ich wehre mich immerzu. Wenn ich mich nicht wehre, werde ich getötet.« Aber er kämpfte nicht gegen mich, er machte keine aggressive Bewegung gegen mich. Er leistete mir Widerstand, und es war der Widerstand (die Anspannung der Halsmuskeln), der ihm das Gefühl des Sterbens einbrachte. Warum hatte er Angst, getötet zu werden? Warum konnte er nicht kämpfen? Er hatte sich nicht bemüht, von mir loszukommen, weil es schon einmal in seinem Leben geschehen war, als er noch ein Kind war und gegen die überlegene Kraft seines Vaters nichts ausrichten konnte. Das einzige, was er damals tun konnte, war, seinen Hals anzuspannen und zu hoffen, am Leben zu bleiben. Er fürchtete, den Kopf zu verlieren (Kastration). Er wehrte sich gegen diese Gefahr, indem er seine Halsmuskeln überentwikkelte. Aber gerade seine Abwehr gefährdete sein Leben, indem sie die Blutzufuhr zum Gehirn abschnürte. Diese Erfahrung befähigte den Patienten, die Schuldgefühle zu untersuchen, die er wegen seiner sexuellen Gefühle für seine Mutter hatte, und seine Kampffähigkeit wiederzugewinnen. Und er fand heraus, daß er mir gegenüber nachgeben konnte, ohne fürchten zu müssen, ich würde ihm »den Kopf abreißen«.

Es ist wichtig, sich klarzumachen, daß die Angst eines Patienten vor dem Sterben eine Grundlage in seiner Angst vor dem Leben hat. Wenn jemand sich fürchtet, zu leben, wird er sterben. Hier ist ein Beispiel für diese Beziehung. Eine Patientin, eine junge Frau, war vor einiger Zeit wegen eines Nervenzusammenbruchs im Krankenhaus gewesen. Seit ihrer Entlassung hatte sie Medikamente genommen. Sie benützte diese, um ihre Gefühle abzuschalten. Zugleich war sie fassungslos darüber, daß sie keine Fortschritte in der Gesundung machen konnte. Ich hatte ein Beratungsgespräch mit ihr und nahm es dann auf mich, ihr mit bioenergetischer Therapie zu helfen. Der folgende Vorfall ereignete sich in unserer vierten Sitzung. Ich ließ sie eine Ausdrucksübung machen, um ihr zu helfen, sich ihrer Angst vor Gefühlen zu stellen. Bei der Übung lag die Patientin auf dem Bett. Es gehörte dazu, daß sie mit den Beinen gegen das Bett stieß und dabei sagte: »Warum?« Sie hatte es nötig, einen Protest über ihre Lebenslage auszudrükken. Sie begann mit der Übung, schlug mit den Beinen und schrie »Warum?«, und dann hielt sie plötzlich inne. Sie wandte sich zu mir und sagte: »Ich fürchte mich. Ich hab' das Gefühl, ich werde ohnmächtig. Es wurde alles schwarz.« Dann fügte sie hinzu: »Ich hab' Angst vor dem Gefühl. Ich hab' das Gefühl, es reißt mich mit. Es gibt mir das Gefühl, ich müßte sterben.«

Um zu verstehen, was geschah, müssen wir die Ereignisse in die richtige Reihenfolge bringen. Als die Patientin begann, dem Gefühl des Protests und der Wut nachzugeben, spürte sie ganz richtig, daß es sie mitreißen könnte. Das Gefühl, sie könnte die Beherrschung verlieren, erschreckte sie. Um das Gefühl abzustellen, hielt sie den Atem dadurch an, daß sie die

Halsmuskeln zusammenzog. Dieses Manöver unterbrach die Blut- und Sauerstoffzufuhr zum Gehirn, was das Gefühl der Schwäche und das »Schwarz vor den Augen« hervorrief. Dann hatte sie das Gefühl, sie würde sterben.

Ich erklärte der Patientin diesen Mechanismus und wies sie darauf hin, daß sie eine unterdrückte Wut habe, von der sie sich »hinreißen lassen« könnte, wenn sie ihr nachgäbe. Es ist natürlich, daß ein starkes Gefühl einen »hinreißt«. Wenn wir vor dem Gefühl keine Angst haben, leisten wir ihm Folge. Wenn wir Angst haben, ziehen wir uns gegen das Gefühl zusammen; das läßt dann die Empfindung entstehen, man müsse sterben.

Da die Patientin meine Erklärungen verstand, schlug ich vor, sie solle die Übung wiederholen. Das tat sie, gab sich ihr hin, und sie gelang ihr gut. Als sie fertig war, sah sie mich an und sagte: »Diesmal hab' ich nicht aufgehört. Ich hatte nicht das Gefühl, ich würde ohnmächtig werden.« Diese Erfahrung hatte eine dramatische Wirkung auf sie. Sie sah merklich aufgehellt und lebendiger aus. Es war, als sei ein Verdammungsurteil von ihr genommen worden. Sie hatte einen Durchbruch ins Leben zuwege gebracht. Sie sagte: »Ich durfte nie irgendwelche Gefühle zeigen.«

Nach dieser Übung beschrieb sie ihre albtraumhafte Kindheit folgendermaßen. Sie sagte, sie habe ihren Vater sehr geliebt, aber sie habe das Gefühl gehabt, nicht gut genug für ihn zu sein. »Meine Mutter«, sagte sie, »hat mich für alles angeschrien und angebrüllt, was ich tat. Ich fühlte mich die ganze Zeit angegriffen und schrecklich allein. Da war niemand, zu dem ich meine Zuflucht hätte nehmen können. Ich dachte, sie würde mich umbringen. Ich dachte, wenn ich ins Bett ginge, würde sie ein Messer nehmen und mir nachkommen. Als ich klein war, hatte ich zwar Angst vor dem Sterben, aber irgendwie war mir auch nach Sterben zumut.«

Wir haben als Kinder nicht alle die Erfahrung einer Krankheit gemacht, bei der es um Leben oder Tod ging. Aber die meisten von uns sind so sehr verletzt worden, daß der Tod einen

Schatten auf unser Leben geworfen hat. Wir haben eine Ablehnung erfahren, die uns das Herz gebrochen hat. Wenn wir nicht gestorben sind, liegt es daran, daß das Herz mehr als ein Leben hat, vielleicht sogar drei. Ich habe im 2. Kapitel erklärt, wir hätten, wie Baseballspieler, drei Schläge zur Verfügung, bevor wir aus dem Spiel ausscheiden müssen. Wir erleben unsere erste Ablehnung auf der oralen Stufe, wenn die Mutter uns ihre Liebe und Unterstützung entzieht, weil sie vielleicht nicht mehr geben kann. Es kann sein, daß wir nach einer zu kurzen Stillzeit entwöhnt werden. Die Ursache kann auch die Geburt eines weiteren Kindes sein. Wir sind schrecklich gekränkt, wir weinen, aber wir machen weiter. Das war der erste Schlag. Der zweite kommt in der ödipalen Periode, auf der genitalen Stufe. Wir werden wegen unserer Sexualität abgelehnt, und wieder wird uns das Herz gebrochen. Nun haben wir nur noch eine Chance übrig, aber wir wagen nicht, sie zu ergreifen. Wir müssen unser Selbst und unser Herz schützen, indem wir sie in einen geschlossenen Kasten oder Käfig (den Brustkorb) einschließen. Wir wollen unser Herz der Welt nicht mehr öffnen, und wir glauben, das werde unser Überleben sicherstellen. Aber gerade durch unsere Abwehr fordern wir zu der Ablehnung heraus, die uns das Herz bricht, so daß wir zum dritten Schlag nicht mehr kommen.

Wenn wir den Umstand annehmen können, daß das, wovor wir Angst haben, in der Vergangenheit bereits geschehen ist, brauchen wir die Vergangenheit nicht zu wiederholen. Damals waren wir Kinder, in bezug auf Liebe, Intimität und menschlichen Kontakt ganz und gar auf unsere Eltern angewiesen, ja, unser Leben hing von ihnen ab. Heute sind wir Erwachsene, und in dem Sinn unabhängig, daß wir uns fortbewegen und uns diejenigen aussuchen können, mit denen wir Liebe, Intimität und Lust teilen wollen. Wenn wir unser Herz öffnen, können wir wieder verletzt werden, aber es wird uns nicht das Herz brechen. Ein gebrochenes Herz ist die Folge des Gefühls, verraten worden zu sein. Als Erwachsene kann man uns nicht verraten, es sei denn, wir wären naiv. Wenn wir naiv sind, haben

wir uns selbst verraten, indem wir unsere Vergangenheit verleugnet haben.
Die Verdrängung der Vergangenheit bedeutet, daß man einen Teil seines Lebens verloren hat. Man kann diesen Teil seines Lebens nur wiedergewinnen, indem man die Vergangenheit noch einmal durchlebt. In der Therapie regrediert man dabei emotional auf ein Kindheits- oder Säuglingsstadium. Jede Regressionsbewegung bringt den Patienten mit einem traumatischen Erlebnis aus der Vergangenheit in Kontakt, das seine geistige Gesundheit oder sein Leben gefährdet und ihn gezwungen hat, sich gegen die Welt und gegen seine eigenen Impulse zu panzern. Wie der Panzer eines mittelalterlichen Ritters ist diese physiologische Panzerung ein Schutzschild oder eine Schale, die das Individuum umgibt. Sie ist identisch mit der Gesamtheit der Muskelverspannungen. In ihrer Gesamtheit stellt sie die Charakterstruktur dar. Aus seinem Charakter herauszutreten, ist, als würde man geboren. Es ist für ein bewußtes Individuum ein sehr erschreckender und scheinbar gefährlicher Schritt. Das Aufbrechen der Schale ist gleichbedeutend mit einer Konfrontation mit dem Tod. Das Leben in der Schale scheint das Überleben zu garantieren, selbst wenn es eine starke Einschränkung des eigenen Seins bedeutet. In der Schale zu bleiben und zu leiden, erscheint gefahrloser als für Freiheit und Wonne eine Konfrontation mit dem Tod zu riskieren. Das ist keine bewußt ausgedachte Stellungnahme. Es ist eine Einstellung, die man einmal schmerzhaft gelernt hat, und die man nicht so leicht vergißt.
Der Schutzschild ist auch ein Gefängnis. Er ist eine Form von Schutzhaft, in der die Phantasie des Individuums den Mutterleib sieht. Hinter dem Schutzschild versteckt das Ich jenen Teil des Selbst, der den hilflosen Säugling repräsentiert, der vor der grausamen Welt geschützt werden muß. Dieser Teil ist das Herz; das wird aus unserer therapeutischen Arbeit klar. Wenn wir an das Herz eines Menschen herankommen, bringen wir den Säugling in ihm ans Licht. Andererseits erreichen und berühren wir sein Herz, wenn wir mit dem Säugling in ihm in

Fühlung kommen. Aber dieser bildliche Vergleich hat noch eine andere Seite. Der Schutzschild oder die Schale, die man als Mutterleib auffassen kann (Rückzug in die Schale = Rückkehr in den Mutterleib), wird schließlich zum Grab. Die Situation ist wahrhaft tragisch. Aus der Schale auszubrechen, bedeutet, den Tod zu riskieren, aber in der Schale zu bleiben, ist ein Tod bei lebendigem Leib, der unweigerlich zum echten Tod wird.

Der Tod ist ein Schicksal, dem keiner entrinnt. Die Frage ist also, wie man stirbt. Ein Mensch kann sterben wie ein Held oder wie ein Feigling. Der Unterschied ist, daß der Held dem Tod ohne Angst ins Auge schauen kann, während der Feigling es nicht kann. Aber man kann fragen: Was macht den einen zum Helden und den anderen zum Feigling? Um diese Frage zu beantworten, müssen wir erkennen, daß der Held mehr dadurch gekennzeichnet ist, wie er lebt, als dadurch, wie er stirbt. Ich würde einen Helden als einen Menschen bezeichnen, der keine Angst vor dem Leben hat, der sich ihm ohne Ausflüchte stellen kann. Und weil er keine Angst vor dem Leben hat, hat er auch keine Angst vor dem Tod. Wir haben im Verlauf dieses Buches gesehen, wie sich die Angst vor dem Leben im Menschen entwickelt. Es gibt eine Redensart, ein Held sterbe einmal, aber ein Feigling tausendfach. Wenn ein Mensch viele Male »vor Angst gestorben« ist, wird er schließlich zum Feigling. Sein Mut ist gebrochen. Allzuviele meiner Patienten sind als kleine Kinder fürchterlich erschreckt worden. Jedesmal, wenn eine Mutter ein Kind mit haßerfüllten Augen anschaut, ist es, als durchbohre ein Dolch das Herz des Kindes. Wenn Blicke töten könnten, wären viele von uns schon lange tot. Haßerfüllte Blicke töten uns zwar nicht körperlich, aber sie zerbrechen uns psychisch, wenn unsere Eltern sie auf uns richten. Sie zwingen uns, die Schutzschilde zu errichten, die unseren Geist gefangenhalten. Je dicker der Panzer ist, desto mehr fürchten wir uns. Wir werden zu Feiglingen, die Angst davor haben, auszubrechen, die sich fürchten, um der Freiheit willen den Tod zu riskieren. Und jedesmal, wenn wir ausbrechen möchten, aber scheitern, sterben wir wieder vor Angst.

Indem wir uns mit Hilfe der Therapie jedem psychischen Tod einzeln stellen, gewinnen wir wieder Mut. Im Angesicht des Todes verlieren wir unsere Angst vor dem Tod. Wenn wir die Schrecken unseres Unbewußten herausfordern, sind wir griechischen Helden gleich. Sollte man nicht sagen, daß es das Endziel der Therapie ist, dem Menschen zu helfen, eine heroische Einstellung zum Leben zu entwickeln?

7 Der ödipale Konflikt heute

Der Aufstieg des Ichs zur Vorherrschaft

Der ödipale Konflikt tritt in einem entscheidenden Stadium der Persönlichkeitsentwicklung ein, nämlich im Alter von drei bis sechs Jahren. Bis zum Alter von sechs Jahren kann der Mensch in dem Sinn als Kind betrachtet werden, daß er noch weitgehend vom Lustprinzip regiert wird, und daß sein Ich noch stark mit seinem Körper identifiziert ist. Physiologisch kommt er noch mit seinen Milchzähnen aus. Das ändert sich, wenn das Kind sechs Jahre alt geworden ist. Es wird dann ein junger Mensch, der für den Prozeß der Akkulturation bereit ist. In den meisten Gesellschaften beginnt zu dieser Zeit der Schulunterricht, entweder im Rahmen einer Institution oder im Elternhaus. Die amerikanischen Indianer bemühen sich z. B. überhaupt nicht, einem Kind beizubringen, wie man sich als Mitglied der Gesellschaft richtig benimmt, bevor es sechs Jahre alt ist. Auch in der japanischen Kultur bezeichnet dieses Alter das Ende einer Zeit der Nachsicht und den Beginn der ernsthaften Erziehung. In den USA beginnt die Schulerziehung üblicherweise mit sechs Jahren. Wir können annehmen, daß sich das Ich nun soweit entwickelt hat, daß es beginnen kann, seine Herrschaft über den Körper und seine Handlungen im Namen des Realitätsprinzips geltend zu machen.
Um zu verstehen, warum diese Entwicklung in unserer Kultur mit einem ödipalen Konflikt verbunden ist, müssen wir uns den historischen Prozeß ansehen, der zur Entstehung des Ich-Bewußtseins geführt hat. Genau wie auf der Körperebene die Ontogenese die Phylogenese rekapituliert, so rekapituliert die Persönlichkeitsentwicklung die Kulturgeschichte der Menschheit. Die Ödipuslegende liegt an einem kulturellen Kreuzweg.

Sie bezeichnet das Auftauchen des modernen Menschen, der ein entwickeltes Ich-Bewußtsein hat. Der Mensch von heute sieht sich als einen im Drama des Lebens bewußt Handelnden, während sein Vorgänger sich als Teil einer unveränderlichen Ordnung fühlte, in der er seinen festen Platz hatte. Diese Bewußtseinsveränderung ist in der Ödipuslegende symbolisch dargestellt.

Erich Fromm hat die historische Bedeutung der Ödipusgeschichte erforscht. Fromm beruft sich auf die berühmten Dramen des Sophokles über den Mythos, *König Ödipus, Antigone* und *Ödipus in Kolonos,* wenn er sagt: »Man kann den Mythos als ein Symbol verstehen, nicht ein Symbol für die inzestuöse Liebe zwischen Mutter und Sohn, sondern für die Rebellion des Sohnes gegen den autoritären Vater in der patriarchalischen Familie, so daß die Heirat von Ödipus und Jokaste nur ein sekundäres Element ist, nur eines der Symbole des Sieges des Sohnes, der den Platz seines Vaters einnimmt und damit auch all seine Vorrechte«[1].

Fromm gründet seine Beweisführung auf die Tatsache, daß in dem Mythos sexuelle Gefühle oder Wünsche des Ödipus gegenüber seiner Mutter nicht erwähnt werden. Seine Heirat mit Jokaste fand nicht statt, weil er sie besonders liebte; sie war eine der Belohnungen, die er bekam, weil er das Rätsel der Sphinx gelöst und die Stadt von ihren Verheerungen erlöst hatte. Der andere Teil seiner Beweisführung beruht darauf, daß in jedem der drei Dramen ein Konflikt zwischen einem Vater und einem Sohn besteht. In *König Ödipus* wird, wie wir gesehen haben, der neugeborene Sohn von seinem Vater als Bedrohung angesehen. Viele Jahre später kämpfen sie miteinander, ohne jeweils zu wissen, wer der andere ist, und der Vater wird getötet. In *Ödipus in Kolonos,* das von den letzten Jahren des Ödipus handelt, findet ein heftiger Streit zwischen Ödipus und seinem Sohn Polyneikes statt. Dieser erbittet Ödipus' Hilfe beim Sturz seines Bruders Eteokles, der zum Herrscher von

[1] Erich Fromm: *The Forgotten Language,* New York, 1951, S. 202.

Theben geworden ist. In dem Stück ist Ödipus äußerst zornig auf Polyneikes und verflucht seine beiden Söhne. Später töten diese einander gegenseitig.

In *Antigone* wendet sich Haimon, der Sohn des Kreon, gegen seinen Vater und wirft ihm seine Unbarmherzigkeit vor, die sich in der Verurteilung Antigones zum Tode ausdrückt. Fromm findet in diesem Stück einen Schlüssel zum Ödipus-Mythos. Er sagt: »Kreon vertritt das streng autoritäre Prinzip in Familie und Staat, und gegen diese Art von Autorität lehnt Haimon sich auf. Eine Analyse der ganzen Ödipus-Trilogie zeigt, daß ihr Hauptthema der Kampf gegen die väterliche Autorität ist, und daß die Wurzeln dieses Kampfes bis weit in den alten Kampf zwischen dem patriarchalischen und dem matriarchalischen Gesellschaftssystem zurückreichen«[2].

Ich stimme mit Fromm in der Betonung der tiefen kulturellen Bedeutsamkeit dieses Mythos überein. Wenn Fromm vom Kampf zwischen dem patriarchalischen und dem matriarchalischen Gesellschaftssystem spricht, will er damit nicht sagen, Männer und Frauen stünden in einem Konflikt um die soziale Vorherrschaft. Es ist ein Kampf zwischen einander entgegengesetzten Weltanschauungen, Prinzipien und religiösen Systemen. In der *Antigone* vertritt Kreon das patriarchalische Prinzip, Antigone das matriarchalische. Fromm definiert die beiden gegensätzlichen Prinzipien folgendermaßen: »Das matriarchalische Prinzip ist das der Blutsverwandtschaft als des fundamentalen und unzerstörbaren Bandes, das Prinzip der Gleichheit aller Menschen und der Achtung vor dem menschlichen Leben und vor der Liebe. Das patriarchalische Prinzip besagt, daß die Bande zwischen Mann und Frau, zwischen Herrscher und Beherrschten, den Vorrang vor den Blutsbanden haben. Es ist das Prinzip von Ordnung und Autorität, von Gehorsam und Hierarchie.«

Der sogenannte Kampf zwischen diesen beiden Systemen fand am Beginn der Zivilisation statt und war der Zusammenstoß zwischen barbarischer und zivilisierter Lebensart. Das matriar-

[2] Ebd., S. 134.

chalische Prinzip regierte die Gesellschaft in ihrem vorzivilisierten Zustand. Fromms Darstellung dieses Zustands ist jedoch zu idealistisch. Es gab die Achtung vor dem Leben, aber nicht vor einem individuellen Leben, das dem Allgemeinwohl geopfert werden konnte. In vielen Gesellschaften vor Beginn der Zivilisation wurde das Tieropfer und sogar das Menschenopfer praktiziert; die Erde wurde mit Blut besprengt, um die Erneuerung des Lebens anzuregen. Die Verwandtschaft wurde nach der Mutter bestimmt, das war die blutsmäßige Abkunft, da die Rolle des Vaters bei der Empfängnis im allgemeinen unbekannt war. Er war in der Familie ein Außenstehender und hatte keine Rechte. Das verantwortliche Familienoberhaupt war der Bruder der Mutter. Man glaubte, die Empfängnis finde statt, wenn der Geist in den Körper der Frau eintrete. Wie die Erde war sie Trägerin des Lebens, und Blut war die Lebensessenz. Trotzdem müssen wir anerkennen, daß es ein System war, in dem es keinen Konflikt zwischen Kultur und Natur oder zwischen dem Ich und dem Körper gab.
Eine andere Interpretation des Ödipusmythos gibt Erich Neumann, ein jungianischer Analytiker. Er sieht in der Legende die Geschichte von der Machtergreifung des Ichs und seiner Herausforderung an das Unbewußte Er sagt: »Diese Welt, erfahren von einem erwachenden Menschheits-Ich, ist die Welt des Bachofenschen Matriarchats«[3], dessen Repräsentantin die Sphinx ist. Er bezeichnet die Sphinx als »der uralte Feind und der Drache des Abgrunds, die Erdmutter in ihrem uroborischen Aspekt«[4]. Dieser Ausdruck bezieht sich auf die Natur, wie sie vom Primitiven in ihrem kombinierten Aspekt als Ernährerin und Versagerin, Beschützerin und Zerstörerin, Geberin des Lebens und diejenige, die es wieder nimmt, erlebt wurde. Die Natur war die große unbekannte Kraft, vor der das Ich des frühzeitlichen Menschen hilflos und in Ehrfurcht stand. Und auch gegen die menschliche Natur, das große Unbewußte,

[3] Erich Neumann: *Ursprungsgeschichte des Bewußtseins,* Kindler Taschenbücher »Geist und Psyche« 2042/43, S. 43.
[4] Ebd., S. 134.

hatten das Bewußtsein und das Ich zu kämpfen. Dieser Zustand kennzeichnete die Menschheit im Stadium der Jäger- und Sammlergesellschaft, bevor die Zivilisation sich infolge der Domestizierung von Tieren und Pflanzen entwickelte.

Während der ganzen Frühzeit der Zivilisation herrschte noch weitgehend das matriarchalische Prinzip. Diese Periode wird in der Mythologie durch eine dominante weibliche Gottheit und einen jugendlichen männlichen Gott repräsentiert, der sowohl ihr Sohn als auch ihr Geliebter ist. Attis, Adonis, Tammuz und Osiris sind Beispiele der jünglingshaften Götter, die von der Großen Mutter geboren werden, zu ihren Geliebten werden, sterben und durch sie wiedergeboren werden. Diese jugendlichen Götter sind Symbole der Vegetation, die in jedem Frühjahr aus der Erde dringt (Geburt), im Herbst zur Erde zurückkehrt (Tod) und im nächsten Jahr wiedergeboren wird. In diesem Stadium hat das Ich eine jugendliche Qualität. Es ist zwar weiter entwickelt als das infantile Ich des Primitiven, aber es ist noch weitgehend ein Körper-Ich, dem es an dem Willensgefühl fehlt, das es befähigen würde, seine Macht über den Körper und das Unbewußte auszuüben. Für Neumann hat Ödipus die Bedeutung: »Erst bei ihm endet die Linie der Beziehung von Großer Mutter und Sohn-Geliebtem«[5]. Er stellt den Sieg des Ichs über das Unbewußte dar.

Weil das Unbewußte durch seine Verknüpfung mit dem Körper, mit der Erde und der Natur gleichgesetzt wird, ist es weiblich gefärbt. Das Bewußtsein und das Ich nehmen daher, als entgegengesetzte Konzepte, eine männliche Färbung an. Das erlaubt Neumann, den Unterschied zwischen Patriarchat und Matriarchat psychologisch zu definieren. Er sagt: »Patriarchat heißt hier – ... Vorherrschen der Geist-Sonne-Bewußtseins-Ich-Welt, ... während im Matriarchat das Unbewußte und das Stadium einer vorlogischen, vorindividuellen Denk- oder besser Gefühlsart herrscht«[6].

[5] Ebd., S. 75.
[6] Ebd., S. 140.

In seinem neuen Buch *The Origin of Consciousness in the Bicameral Mind* befaßt sich Julian Jaynes mit demselben Thema. Er verlegt diese Veränderung in die zweite Hälfte des zweiten Jahrtausends vor Christus. Jaynes spricht jedoch nicht von Bewußtsein im allgemeinen, sondern von Selbst-Bewußtsein oder Ich-Bewußtsein. Er erklärt, in der Ilias sei kein Hinweis auf ein Ich oder Ego, das fähig wäre, nachzudenken oder wohlerwogene oder bewußte Entscheidungen zu treffen. Die Handlungen der Hauptpersonen in der Ilias werden von den Göttern gelenkt und sind nicht Ausdruck eines persönlichen Willens. Das veranlaßt Jaynes zu der Aussage, der Held der Ilias habe überhaupt kein Ich gehabt[7].

Jaynes legt einige interessante Gedanken über die neurologische Grundlage für die Entwicklung eines Ichs vor. Er postuliert, die Götter seien geistige Funktionen, die mit der rechten Gehirnhälfte verbunden sind, und sie sprächen zum Menschen (Funktionen der linken Gehirnhälfte) in Form von akustischen Halluzinationen. Der Ausdruck *bicameral* (»Zweikammer«-) wird verwendet, um auf das Vorhandensein von zwei Zentren im Gehirn, der rechten und der linken Hemisphäre, hinzuweisen, die zwar normalerweise verbunden und integriert sind, aber unabhängig voneinander funktionieren können. Jaynes glaubt, in der Frühzeit der Zivilisation sei der Mensch von diesen beiden Zentren regiert worden; die rechte Hemisphäre (die Götterseite) lieferte die Handlungsanweisungen, die die linke Hemisphäre (die Seite des Menschen) dann ausführte.

Die moderne neurologische Forschung hat gezeigt, daß die beiden Hemisphären verschiedenen Funktionen dienen. Man weiß seit einiger Zeit, daß bei Rechtshändern die linke Hemisphäre die Zentren für den stimmlichen Sprachausdruck enthält. Menschen, bei denen diese Sprachbereiche zerstört werden, verlieren die Fähigkeit, Wörter zu artikulieren und auszudrücken oder sinnvolle Aussagen zu machen. Das Sprach-

[7] Julian Jaynes: *The Origin of Consciousness in the Breakdown of the Bicameral Mind*, Boston, 1976, S. 73.

erkennungsvermögen ist jedoch beidseitig. Die neuen Entdeckungen betreffen die Funktion der rechten Hemisphäre. Eine Verletzung dieser Hemisphäre beeinträchtigt die Fähigkeit des Menschen, mit räumlichen Verhältnissen umzugehen, erheblich. Das Erkennen von Mustern ist gestört. Jaynes beschreibt die unterschiedliche Funktion der beiden Hemisphären folgendermaßen: »Die rechte Hemisphäre ist mehr mit synthetischen und räumlich-konstruktiven Aufgaben befaßt, während die linke Hemisphäre mehr analytisch und verbal ist. Die rechte Hemisphäre sieht – vielleicht wie die Götter – Teile nur im Zusammenhang als bedeutsam und sinnvoll an, sie betrachtet Gesamtheiten, während die linke oder dominante Hemisphäre wie die Menschenseite des Zweikammergeistes die Teile selbst betrachtet«[8].

Es besteht kein Grund zu glauben, daß die linke Hemisphäre immer die dominante gewesen ist. Es trifft für Zivilisierte zu, für die Analyse, Sprache, und die Manipulation von Gegenständen (Funktionen der linken Hemisphäre) die beherrschenden Aspekte des Verhaltens sind. Aber selbst bei diesen Menschen ist der Grad der Linkshirn-Dominanz verschieden. Manche Menschen sind intuitiver und kreativer (Funktionen der rechten Hemisphäre) als andere. Zum Beispiel haben Künstler, wie Maler und Komponisten, weniger mit Wörtern und mit Analysieren zu tun als mit dem Erspüren von Mustern und ihrem nonverbalen Ausdruck. Allgemein gesagt: Der Unterschied zwischen den beiden Hemisphären läßt sich vergleichen mit dem Unterschied zwischen dem verstandesmäßigen Vorgehen des Wissenschaftlers und dem intuitiven Vorgehen des Künstlers. Ich glaube, daß der Primitive dem künstlerischen Temperament näher war als dem wissenschaftlichen. Seine Arbeit war mehr kreativ als produktiv. Er machte Gegenstände nicht nur für den Gebrauch, sondern auch, um seine Persönlichkeit und seinen Glauben auszudrücken. Jedes Produkt war ein Kunstwerk.

[8] Ebd., S. 119.

Die Geisteswelt des Primitiven war ganz anders als die unsere. Sie war keine Welt selbständiger Objekte, sondern eine Welt, in der alles im Zusammenhang und als Teil eines Ganzen gesehen wurde. Der Mensch selbst war kein abgesondertes Individuum, da Individualität, wie Neumann erklärt hat, als Begriff im Geist des Primitiven nicht existierte. Die Existenz oder das Sein waren abhängig vom Dazugehören, was Lévy-Bruhl als »participation mystique« an den Lebens- und Naturvorgängen bezeichnet hat. In diesem System waren Jäger und Beutetier vereinigt, beide waren Teil der natürlichen Ordnung. Erfolg bei der Jagd wurde nicht einfach als Folge der Geschicklichkeit des Individuums betrachtet, da diese nicht immer erfolgreich war, sondern ebenso als Folge irgendeiner göttlichen oder übermenschlichen Lenkung. Darum ging der Jagd immer eine religiöse oder magische Zeremonie voraus, und sie folgte auch auf die Jagd, wenn diese erfolgreich war. Da die rechte Hemisphäre unser Mittel ist, das Ganze zu beurteilen, muß sie der Sitz der Götter sein, wie Jaynes behauptet, da sie das Ganze oder Aspekte des Ganzen repräsentieren. Als die Götter das menschliche Leben beherrschten, gab es beim Menschen einen gewissen Grad von Vorherrschaft der rechten Hälfte des Gehirns.

Das Konzept des Matriarchats ist der Weltanschauung ähnlich, die die rechte Hemisphäre repräsentiert. Das Matriarchat wurde gestürzt, und die rechte Hemisphäre wurde weniger wichtig, als die Funktionen der linken Hemisphäre wichtiger wurden. Diese sind: die zunehmende Fähigkeit, Gegenstände zu handhaben, was eine Funktion der rechten Hand ist, der wachsende Gebrauch von Wörtern, um Dinge zu bezeichnen und zu erfassen, und die Fähigkeit, Beziehungen zu analysieren. Jaynes glaubt, die gesellschaftlichen und physischen Umwälzungen, die in der zweiten Hälfte des zweiten Jahrtausends vor Christus eintraten, seien für den Zusammenbruch des »Zweikammer-Geistes« verantwortlich gewesen und hätten zur Entwicklung des Ich-Bewußtseins geführt. Diese Ereignisse waren zweifellos ein Auslöser, aber der tieferliegende Grund

der Veränderung war die Zunahme der Funktionen der linken Gehirnhälfte, die, wie wir gesehen haben, mit dem patriarchalischen Prinzip gleichgesetzt werden.
Man kann die Veränderung auch als die Umstellung von einer subjektiven zu einer objektiven Position bezeichnen. Der Mensch sondert sich vom Ganzen ab, was ihm eine objektive Betrachtung der Natur sowohl im eigenen Inneren als auch außerhalb seiner selbst ermöglicht. Das Ich beginnt als Beobachter des Selbst und am Ende steuert und beherrscht es das Selbst. Das Ich erringt seine Macht durch die Anwendung von Vernunft und Willen. Diese beiden Ich-Funktionen werden in die Ödipusgeschichte eingebracht. Laïos und Ödipus setzten beide ihren Willen ein, um der Prophezeiung des Orakels entgegenzuwirken, d. h. um ihrem Schicksal zu entgehen. Diese Handlungsweise kennzeichnet einen Menschen mit einem ziemlich gut entwickelten Ich. Der »Zweikammer-Mensch« nach Jaynes oder ein Primitiver würde der Stimme Gottes oder dem Willen Gottes gehorchen. Außerdem ist da Ödipus' Antwort auf das Rätsel der Sphinx, eine Antwort, die man nur als verbal, analytisch und logisch bezeichnen kann.
Aus dem Vorangegangenen können wir folgern, daß die Ödipuslegende eine Geschichte über die Machtergreifung des Ichs und der patriarchalischen Gesellschaftsordnung ist. Dieser Sieg des Ichs und des Patriarchats war jedoch nicht absolut. Er bedeutete nicht, daß die mit der matriarchalischen Ordnung verbundenen Erdgottheiten verschwanden. Sie wurden degradiert, und es wurde ihnen in der Machthierarchie eine niedrigere Stellung zugeteilt. Die Folge war die Entstehung eines Gegensatzes zwischen Kultur und Natur, Ich und Körper, rationalem Denken und intuitivem Spüren. Dieser Gegensatz erzeugte eine dynamische Spannung, die das Wachsen der Kultur fördert, aber auch ein destruktives Potential in Form von Konflikten enthält. Das patriarchalische System ist durch Konflikte zwischen Individuum und Gemeinschaft, zwischen Mann und Frau und zwischen Eltern und Kindern gekennzeichnet. In der Ödipusgeschichte, wie Sophokles sie erzählt,

geht es um den Konflikt zwischen Eltern und Kindern, aber auf einer tieferen Ebene handelt sie auch vom Konflikt in der Persönlichkeit des Ödipus selbst.
Wir haben im 1. Kapitel gesehen, daß die Regierungszeit des Ödipus als König von Theben zwanzig Jahre lang sehr glücklich verlief. Aber die Erinnyen, wie die Schicksalsgöttinnen in dem Stück heißen, warteten nur. Sie brachten eine Seuche über die Stadt, die schließlich dazu führte, daß man in Ödipus den Mörder seines Vaters und den Ehemann seiner Mutter entdeckte. Entsetzt über diese Entdeckung blendete Ödipus sich selber und verließ Theben, um auf die Wanderschaft zu gehen. Diese Seite der Geschichte hat mir lange Rätsel aufgegeben. Warum bestraften die Erinnyen Ödipus für Vatermord und Inzest, die beide Verbrechen gegen die patriarchalische Ordnung sind, deren Interessen die Erinnyen nicht teilen? Mir wurde klar, daß die eigentliche Missetat, die sie rächen und für die Ödipus leiden muß, die Zerstörung der Sphinx ist.
Die Sphinx war eine der ursprünglichen Muttergottheiten, aus Ägypten eingeführt, wo sie als wohltätige Göttin verehrt worden war. Für die sich entwickelnden Griechen war sie ein Ungeheuer, weil sie das Opfer menschlichen Lebens forderte. Aber als Erdgöttin fraß die Sphinx all ihre Kinder, da sie alle im Tod zur Erde zurückkehrten. Die Göttinnen der matriarchalischen Ordnung waren Herrscherinnen über Leben und Tod (die Parzen als Spinnerinnen des Lebensfadens). Solange diese Vorgänge ein Mysterium blieben, hatte der Mensch Ehrfurcht vor Frauen und Müttern. Indem Ödipus das Rätsel der Sphinx löste, hob er das Geheimnis auf, auf dem ihre Macht beruhte. Von allen griechischen Helden handelte nur er allein ohne die Hilfe eines olympischen Gottes. Seine Tat stellte den Sieg des rationales Geistes dar. Er setzte dem Geheimnis das Wissen und der Angst den Mut entgegen. Dadurch wurde er der erste Mensch der Neuzeit.
In den Augen der matriarchalischen Welt war es das wahre Verbrechen des Ödipus, daß er sich Wissen und Macht anmaßte. So läßt Sophokles den Chor von ihm sagen:

... sehet, das ist Ödipus,
der entwirrt die hohen Rätsel und der erste war an Macht,
dessen Glück die Bürger alle priesen und beneideten;
Seht, in welches Mißgeschickes grause Wogen er versank![9]

Es ist anmaßend, zu glauben, man könne das Schicksal überlisten. Es ist anmaßend, zu glauben, man wisse die Antworten auf alle Geheimnisse. Ödipus glaubte, er sehe die Wahrheit über den Menschen, er verstehe seine Natur. Aber er war blind dafür, daß der Mann der Sohn der Frau ist und zu seiner Mutter, der Erde, sowohl auf seinem Ehebett als auch auf dem Totenbett zurückkehren muß. Er, der glaubte, klar zu sehen, sah nicht, daß jeder Mann seine Mutter heiratet. In Reue über seine Unwissenheit und als Selbstbestrafung für seine Anmaßung blendete Ödipus sich selbst. Indem er sich gegen sein Ich wandte und das Licht des Bewußtseins verdunkelte, fand er den Frieden des Unbewußten und des Leibes. Er kehrte ins Reich der Erdmutter-Göttin zurück. Dies bezeichnet ein Aufgeben der Anmaßung von Wissen und Macht und ein Annehmen der Demut.

Die Machtergreifung des Ichs in der Persönlichkeit des früh-griechischen Menschen erzeugte die erste ödipale Situation. Seit damals ist das Ich-Bewußtsein oder Selbst-Bewußtsein gewachsen und hat sich ausgebreitet. Die meisten Menschen in den heutigen Industriekulturen sind egoistisch, das heißt, Ich-Werte lenken weitgehend ihr Denken und Handeln. Diese Werte sind Macht, Besitz und Fortschritt. Dies sind ebenfalls patriarchalische Werte, und die Familie, die ihr Leben nach ihnen ausrichtet, ist eine patriarchalische Familie. Jedes Kind, das in einer solchen Familie aufwächst, ist unweigerlich einem ödipalen Konflikt mit den Folgen ausgesetzt, die wir in den vorangehenden Kapiteln gesehen haben. Ich werde in den nächsten Abschnitten zu erklären versuchen, warum das so ist.

[9] Nach Freud, *Traumdeutung*, G. W. II/III, S. 269.

Machthierarchie und Machtkämpfe

Das wichtige Element in der ödipalen Situation ist der Konflikt. Da die ödipale Situation eine Dreieckssituation ist, gibt es zwischen allen Beteiligten Konflikte. Im vorigen Abschnitt haben wir gesehen, daß der Konflikt zwischen Vater und Sohn in den drei auf der Ödipusgeschichte beruhenden Tragödien des Sophokles ein Hauptthema war. Eine tiefergehende Interpretation hat jedoch gezeigt, daß der Grundkonflikt in den Dramen zwischen dem patriarchalischen und dem matriarchalischen Gesellschaftssystem stattfand, ein Konflikt, der kulturell zugunsten des Patriarchats entschieden wurde. Diese Lösung bedeutete, daß das männliche Prinzip, vertreten durch das Ich, die Individualität und die Kultur, über das weibliche Prinzip, vertreten durch den Körper, die Gemeinschaft und die Natur, die Herrschaft errang.

Der Grundkonflikt in der ödipalen Situation des Kindes besteht daher zwischen den Eltern. Ihre Beziehung bildet die Grundlinie des Dreiecks, und Konflikte in dieser Beziehung sind die Ursache all der Probleme, die sich in den Kindern entwickeln. Ich habe im ersten Kapitel gesagt, daß dort, wo Mann und Frau durch ihre Beziehung sexuelle Erfüllung finden, die Kinder nicht in einer ödipalen Situation gefangen werden. Wir müssen aber anerkennen, daß in unserer Kultur, die auf dem patriarchalischen Prinzip beruht, die Beziehung zwischen Mann und Frau selten frei von ernsthaften Mißklängen ist. Sexuelle Erfüllung ist ebenso selten. Es gibt zwar einige Ehen, in denen die Liebe blüht, aber die meisten Menschen errichten eine Fassade, um die Unzufriedenheiten und Enttäuschungen zu verbergen, die in ihrer Ehe bestehen. Die Fassade dient dazu, das Scheitern der Ehe sowohl vor der Öffentlichkeit als auch vor sich selber zu verbergen.

Meine Mutter pflegte zu sagen, man sollte sich nicht über die Streitigkeiten unter den Nationen wundern, wenn zu Hause soviel gestritten werde. Meine Mutter und mein Vater waren ständig im Konflikt miteinander, solange ich mich erinnern kann. Als Kind war ich entsetzt über diesen Zustand. Ich war in der Mitte eingeklemmt. Beide Eltern vertrauten sich mir an, und ich erkannte, daß jeder berechtige Beschwerden gegen den anderen vorbrachte. Später sah ich, daß ihre Persönlichkeiten einander entgegengesetzt waren. Meine Mutter glaubte an »Erst die Arbeit, dann das Vergnügen«, bei meinem Vater war es umgekehrt. Infolgedessen war meine Mutter freudlos und mein Vater ohne einen Pfennig Geld – aber natürlich nur in gewissem Maß. Da ich zwischen ihnen hin und her gerissen war, mußte ich für meinen inneren Konflikt eine Lösung finden, was ich dadurch bewerkstelligte, daß ich sagte, die Hauptaufgabe im Leben sei die Lust (the business of life is pleasure). Aber zu dieser Lösung gelangte ich erst, nachdem ich die Ängste und Befürchtungen meiner eigenen ödipalen Situation durchgearbeitet hatte.

Es ist mir inzwischen klar geworden, daß die Situation in meiner Familie nicht so einmalig war, wie ich einmal glaubte. Konflikte sind in den Ehen weiter verbreitet als Harmonie. Warum ist das so?

Die patriarchalische Ordnung ist eine vertikale Hierarchie von Macht und Besitz. Das Individuum an der Spitze, ein König oder Parteiführer z. B. hat am meisten Macht, die weiter unten in der Hierarchie Stehenden haben weniger, und die am untersten Ende haben am wenigsten Macht oder gar keine. Diese Hierarchie bestand früher auch in der Familie, mit dem Vater an der Spitze, der Mutter unter ihm und den Kindern ganz unten. Auf dem Höhepunkt der römischen Zivilisation hatte der Vater die absolute gesetzliche Macht über Leben und Tod seiner Frau und seiner Kinder. Gesetzlich waren Frauen noch bis vor kurzem Bürger zweiter Klasse. Der Besitz einer verheirateten Frau gehörte ihrem Mann. Es hat sich zwar viel verändert, aber es besteht immer noch Ungleichheit zwischen den Geschlechtern.

Ungleichheit beeinträchtigt die Harmonie der Beziehung zwischen Mann und Frau, die eine Beziehung der gleichen Beteiligung an einer gemeinsamen Anstrengung sein sollte.

Derjenige, der sich unterlegen fühlt, hat Ressentiments gegen jenen, der die Stellung des Überlegenen innehat. Das gilt besonders, wenn das Ich-Bewußtsein wie in unserer Kultur hochentwickelt ist. Die meisten Menschen finden es demütigend, wenn sie sich einer Macht fügen müssen, die sie nicht verliehen haben. In dieser Lage empfindet man nicht Liebe, sondern Haß.
In der patriarchalischen Familie erstreckte sich die Ungleichheit auch auf die Sexualität. Frauen unterlagen den Maßstäben einer doppelten Moral, die ihnen das Recht auf ein volles Geschlechtsleben versagte, während sie den Männern freistellte, ihren Begierden zu frönen. Das »zweierlei Maß« wurde besonders in der bürgerlichen Gesellschaft, wo das Streben nach Ich-Erhöhung, Macht und Besitz am größten war, streng durchgesetzt. Beim Adel wurde es weniger beachtet, weil dort das Ich und die Macht auf dem scheinbar soliden Fundament der adligen Geburt ruhten. Am wenigsten wurde es bei den unteren Schichten zur Geltung gebracht, wo das Machtstreben schwach ausgeprägt war. In der bürgerlichen Gesellschaft hatte die Keuschheit einer Frau auf dem Heiratsmarkt einen Wert. Unweigerlich entwickelte sich in jedem Bürgerhaus ein Machtkampf. Der Mann besaß durch seine Herrschaft über den Besitz Macht, aber die Frau leistete oft Gegenwehr, indem sie ihm ihre Sexualität mit der Begründung vorenthielt, sie sei krank oder unpäßlich. Bewußt oder unbewußt angewandt, konnte diese Taktik sehr wirksam sein. Die Frau konnte einem Mann auch mit Untreue drohen, was seinem Ich einen heftigen Schlag versetzte. Aber an diesem Spiel waren beide Parteien beteiligt. Der Mann suchte sich seine sexuelle Lust oft außerhalb der Ehe.
Streit zwischen Eheleuten ist nichts Neues. Früher beklagten sich die Frauen meistens, es sei nicht genug Geld da, die Männer dagegen, es gebe nicht genug Geschlechtsverkehr. Diese Lage hat sich mit der Abschaffung der doppelten Moral in der sexuellen Revolution der fünfziger und sechziger Jahre offenbar geändert. Aber diese Veränderung scheint die Streitereien zwischen den Eheleuten nicht vermindert zu haben.

Solange die Machtfrage in persönliche Beziehungen hineinspielt, wird es Konflikte geben. Das Bedauerliche ist, daß die Eltern ihre Kinder in ihren Machtkampf untereinander hineinziehen.
Obwohl der Mann im patriarchalischen System begünstigt ist, trägt er im Machtkampf zwischen Mann und Frau nicht immer den Sieg davon. Er mag zwar der der finanzielle Halt der Familie sein, aber er ist zu Hause nicht immer der Chef. Er hat zwar nominell die Macht, aber die wahre Macht hat oft die Frau. Die meisten Patienten antworten auf die Frage, wer bei ihnen zu Hause die dominante Figur sei, es sei die Mutter gewesen. Das mag dadurch begründet sein, daß das Heim ihr Reich ist, eine Stellung, die von der Gesellschaft stark unterstützt wird, weil die Frau die Verantwortung für die Kinder hat. In Wirklichkeit werden Kämpfe in der Familie oft zugunsten der Person entschieden, die das stärkere Ich und das am besten entwickelte Selbstgefühl hat. Aber gleichgültig, wer in der Familie dominiert, Konflikte zwischen Eltern sind die Basis, auf der das ödipale Dreieck ruht.
Nicht nur die Eltern setzen ihre Kinder in ihren Streiereien miteinander ein, sondern auch die Kinder machen sich den Machtkampf ihrer Eltern zunutze, um Macht für sich zu gewinnen. Sie gehen für ihre eigenen Zwecke Bündnisse mit dem einen oder anderen Elternteil ein. Diese Aussage scheint vielleicht meiner früheren Behauptung zu widersprechen, Kinder seien unschuldig. Sie sind es, aber nur so lange, bis sie durch die Anwendung von Macht ihnen gegenüber verletzt werden. Da sie in der Hierarchie die untersten Plätze innehaben, sind sie am verwundbarsten. Eltern laden oft die Feindseligkeit und Wut, die sie ihren eigenen Eltern gegenüber empfanden, aber nicht auszudrücken wagten, auf ihre Kinder ab. Viele lassen ihre Kinder ihre eigenen Frustrationen entgelten. Eltern fühlen sich ihren Kindern im allgemeinen überlegen. Die einfachste Demonstration dieser Überlegenheit ist das Aussprechen eines Befehls, den das Kind ohne Frage befolgen soll.

Der tieferliegende Konflikt zwischen Eltern und Kindern stammt aus dem Bedürfnis der Eltern, gegen das Kind eine Ich-Position aufrechtzuerhalten. Das führt dazu, daß der Wille der Eltern und der Wille des Kindes aufeinanderprallen. Ein Kind möchte z. B. etwas (Süßigkeiten oder Spielzeug) haben, was der Vater oder die Mutter ihm nicht bewilligen will. Die Eltern sagen nein. Aber das Kind weigert sich, diese Ablehnung zu akzeptieren, und fragt: »Warum nicht?« Auf diese Frage reagieren viele Eltern, indem sie sagen: »Weil ich nein gesagt habe.« Das elterliche Ich tritt rasch auf den Plan; dadurch verwandelt sich die Situation in eine Machtprobe. Wenn dies geschieht, muß sich das Kind fügen, denn der Vater (die Mutter) kann es nicht zulassen, daß seine (ihre) Autorität in Frage gestellt wird. In aller Fairneß muß ich sagen, daß Kinder mehr Forderungen stellen können als Eltern zu erfüllen vermögen. Das gilt besonders in unserer Kultur, wo ein Kind durch so viele Dinge in Versuchung geführt wird. Eltern sind oft zum Neinsagen gezwungen. Diese Antwort mag zwar ein Kind betrüben, aber sie wird niemals ein ernsthaftes Problem schaffen, es sei denn, das Kind spürt, daß es in Wirklichkeit um Macht und Autorität geht.

Ein weiterer Faktor, der zwischen Eltern und Kindern einen Spannungszustand erzeugt, ist der Druck des heutigen Lebens, unter dem die Eltern stehen. Sie haben so viel zu tun, daß sie nicht die Kraft oder die Geduld aufbringen, mit der Lebhaftigkeit eines Kindes fertigzuwerden. Immer heißt es: »Sei still. Halt' dich ruhig. Renn' nicht immer rum.« Kein Kind kann diesen Ermahnungen gehorchen, also kommt es zu einem Zusammenstoß. Folgende Szene habe ich an verschiedenen Orten wiederholt gesehen. Diese fand auf einem Flughafen statt. Eine Mutter mit einem Baby und einem zweijährigen Kind wartete darauf, an Bord eines Flugzeugs gehen zu können. Das Kind wanderte fort, und die Mutter holte es zurück. Das wiederholte sich, und die Mutter war wütend, als sie das Kind noch einmal holte, das dritte Mal war sie sehr wütend. Sie packte den Jungen am Arm und zerrte ihn so gewaltsam zu ihrem Platz, daß er anfing zu weinen. Mit harter Stimme sagte sie: »Ich hab' dir doch gesagt, du sollst hier bleiben!« Wir können zwar in dieser Situation Mitgefühl mit der Mutter haben, aber wir müssen erkennen, daß sich das Kind mißhandelt und machtlos fühlte. Es konnte nicht verstehen, warum seine Mutter so ängstlich und reizbar war.

In unserer Kultur benützten die Eltern ihre überlegene Stärke und Macht, um ihre Kinder zu zwingen, ihre Befehle zu befolgen. Das Kind fühlt sich hilflos und machtlos. Kinder, die natürlich von ihren Eltern abhängig sind, sind machtlos gegen sie; aber nur dann, wenn die Eltern dem Kind ihren Willen aufzwingen, bemerkt das Kind seine Verletzlichkeit. Normalerweise sieht ein Kind in Vater oder Mutter den Helfer und Beschützer, nicht den Gegner. Aber wenn es in ihnen den Feind sieht, bedeutet das Nachgeben Unterwerfung, die das Kind durch einen geheimen Entschluß kompensiert, jene Macht zu erlangen, die es ihm möglich macht, die Eltern zu besiegen. So hat jede Unterwerfung eine zweifache Wirkung auf die Persönlichkeit des Kindes. Sie setzt das Selbstgefühl herab und untergräbt dadurch das sich entwickelnde Ich des Kindes, und sie steigert zugleich sein Engagement für das Ich als den Vertreter der Macht. Das Kind wird ichbewußt und egozentrisch, d.h. machtorientiert. Es tritt mit gemischten Gefühlen in die ödipale Situation ein: mit sexuellem Verlangen nach dem gegengeschlechtlichen Elternteil, Angst und Feindseligkeit gegenüber beiden Eltern und einem Gewahrsein, daß man Sexualität im Machtkampf einsetzen kann. Es ist eine höchst geladene Situation, die für das Kind nur ein Ergebnis haben kann: den Verlust des sexuellen Gefühls oder die psychische Kastration. Dieses Ergebnis ist eine direkte Folge der durch das Dreieck erzeugten Ängste und Feindseligkeiten. Die Verstärkung des Ich-Bewußtseins ist keine positive Entwicklung. Sie hat ein gesteigertes Selbst-Bewußtsein zur Folge, das sich hemmend auf den Ausdruck von Gefühlen und auf die Hingabe an die orgastische Abfuhr auswirkt. Ein übertriebenes Bewußtsein vom eigenen Selbst liegt dem schizophrenen

Zustand zugrunde und leitet oft einen psychotischen Zusammenbruch ein. Es ist ein äußerst schmerzhafter Zustand. In weniger schwerer Form führt er zu krankhaftem Narzißmus. Konflikt wird sowohl zum äußeren als auch zum inneren Zustand. Genauso, wie sich der Mensch gegen die Natur wendet, wenn er sie unterjochen will, wendet sich auch das Ich gegen den Körper. Vermittels seiner Fähigkeit, die Willenstätigkeit zu kontrollieren und zu lenken, kann das Ich dem Körper befehlen. Der Wille entsteht durch diesen Mechanismus. Menschen sind die einzigen Lebewesen, die willkürlicher Handlungen fähig sind. Durch seinen Willen übersteigt der Mensch seine animalische Natur und erschafft Kultur, aber dabei trennt er sich von der Natur und wird krankheitsanfällig. Diese Gefahr läßt sich verdeutlichen, wenn wir die Persönlichkeit mit einem Reiter zu Pferde vergleichen. Dabei ist das Pferd der Körper, während das Ich der Reiter ist. Wenn Reiter und Pferd im Einklang miteinander sind wie ein Cowboy und sein Roß, können sie viel erreichen und Lust erleben. Ein Reiter jedoch, der kein Gefühl für sein Pferd hat, kann es zuschanden reiten. So kann ein Ich, das keine Fühlung zum Körper hat und unter dem Druck eines Erfolgszwangs steht, den Körper bis zum Zusammenbruch treiben. Wenn ein Reiter nicht mit seinem Pferd einig ist, wird er abgeworfen. Ein Ich, das nicht mit dem Körper eins ist, fällt auseinander.

Kehren wir zu der weiteren Frage der Machtkämpfe zurück, die sich in der Familie von heute abspielen. Die meisten Eltern pflegen, bewußt oder unbewußt, ihre Kinder genauso zu erziehen, wie sie selbst erzogen worden sind. Eltern, die eine strenge Erziehung genossen haben, haben meist die Tendenz, mit ihren eigenen Kindern ziemlich streng zu sein. Männer, die als Kinder von ihren Vätern geschlagen worden sind, schlagen oft ihre eigenen Söhne. Es geht selten einfach um das Problem, dem Kind Gehorsam beizubringen oder die Regel anzuwenden: »Wer sein Kind nicht schlägt, verwöhnt es.« Ein solches elterliches Verhalten ist oft persönlich motiviert. Dem Vater (der Mutter) mißfällt die Vorstellung, daß sein Kind es besser haben soll, als er es gehabt hat. »Warum sollst du es besser haben als ich?« ist ein uneingestandenes Gefühl, das viele Eltern ihren Kindern gegenüber hegen. Ein egozentrischer Elternteil konkurriert mit seinem eigenen Kind. Er mag eifersüchtig auf die relative Freiheit des Kindes sein, und er wird versuchen, den »Willen« des Kindes zu brechen, wie er ihm selbst gebrochen worden ist. Das wird im folgenden Fall deutlich.

Eine Frau kam zur Therapie und klagte über Depressionen, Angst und Gefühle der Minderwertigkeit und Unzulänglichkeit. Ihre Ehe war vor kurzem in die Brüche gegangen, und sie war mit zwei Kindern im Teenageralter zurückgeblieben. Sie war von ihrem Mann sehr abhängig gewesen und konnte nur schlecht auf eigenen Beinen stehen. Aber es ging um mehr als nur ein psychisches Problem. Sie hatte wenig Gefühl in den Beinen; sie wußte zwar, daß sie da waren, aber es fehlte ihr an dem Gefühl der Sicherheit, das man hat, wenn man fühlt, daß man mit beiden Füßen fest auf dem Boden steht. Der Grund für den Mangel an Gefühl in den Beinen war eine starke Einschnürung in der Höhe ihrer Taille, die ihren Körper in zwei Hälften zu teilen schien. Diese scheinbare Teilung war auch funktionell. Ihre Atembewegungen gingen nicht durch die Einschnürung hindurch bis in den Bauch. Da dort, wo keine spontane Bewegung ist, auch kein Gefühl ist, war sie tatsächlich von der unteren Hälfte ihres Körpers abgeschnitten. Sie hatte nicht nur kein Gefühl in den Beinen, sondern auch ihr sexuelles Empfinden war stark herabgesetzt. Sie war sowohl psychisch kastriert als auch hilflos.

Eines Tages erzählte sie mir von den Schwierigkeiten, die sie mit einem ihrer Söhne hatte. Der Junge war rebellisch und gehorchte ihr nicht. Ich konnte mich in ihr Problem einfühlen, denn junge Leute, die in dieser chaotischen Kultur ohne Disziplin aufwachsen, können in ernsthafte Schwierigkeiten geraten. Ich war aber doch sehr schockiert, sie sagen zu hören: »Ich werde seinen Willen schon noch brechen. Ich brech' ihn halb durch.« Das ist genau das, was ihr selbst zugefügt worden

war, und nun nahm sie sich vor, es ihrem Kind anzutun. Als ich sie darauf hinwies, war ich noch mehr schockiert, als sie erwiderte: »Na ja, so muß es ja auch sein.«
Ich war so wütend, daß ich die Sitzung mit dieser Patientin nicht fortsetzen konnte. Ich hatte mir große Mühe gegeben, ihr zu helfen, die Verkrüppelung, die sie als Kind erlitten hatte, zu überwinden, und nun bestand sie darauf, ihr Kind ebenso zu behandeln. Wir waren in früheren Sitzungen auf ihre Kindheitserlebnisse eingegangen, und sie hatte mir erzählt, wie ihre Mutter sie geschlagen hatte, als sie wagte, ihr nicht zu gehorchen. Ich erkannte, daß sie vollständiger »gebrochen« worden war, als ich angenommen hatte. Trotz unserer Arbeit hatte sie die Tatsache ihrer eigenen Verkrüppelung nicht akzeptiert. Weil sie ihre Kränkung und ihren Schmerz leugnete, konnte sie sie einem anderen zufügen.
Natürlich lassen nicht alle Eltern ihren Kindern die Behandlung angedeihen, die sie selbst erhalten haben. Diejenigen, die sich der Verletzungen bewußt sind, welche gefühllose Eltern ihnen beigebracht haben, geben sich alle Mühe, ihren Kindern ähnliche Erfahrungen zu ersparen. Das gilt im allgemeinen für Eltern, die eine Therapie durchgemacht haben. Aber selbst in diesen Fällen merkt der Vater oder die Mutter oft, daß sein (ihr) Kind auf ihn (sie) genauso reagiert, wie er (sie) auf den eigenen Vater (die eigene Mutter) reagiert hat. So bemerkte z. B. ein Mann, der einer meiner Patienten war: »Ich stelle fest, daß mein Sohn ebenso Angst vor mir hat, wie ich vor meinem Vater Angst gehabt habe. Ich wollte ihm das ersparen.« Er wußte nicht, wie es zustandegekommen war, weil er den Jungen niemals schlug. Ich erklärte ihm, manchmal, wenn er aus dem Gleichgewicht sei, runzele sich seine Stirn, und in seine Augen komme ein finsterer Blick. Es sei ein aus Ressentiment, Haß und Furcht gemischter Blick. Ich könne mir leicht vorstellen, daß ein kleines Kind, das diesen Blick in den Augen seines Vaters sehe, erschrecken müsse.
Der Blick in den Augen meines Patienten war seine Reaktion auf seinen Vater, vor dem er sich gefürchtet hatte. Er zeigte

Gefühle, die er niemals hatte ausdrücken können. Dadurch, daß er sie unterdrückt hatte, hatte er sie seinem Körper und seinem Charakter als Struktur einverleibt. Es wurde sein Schicksal, grollend, haßerfüllt und ängstlich zu werden, obwohl er nicht verstand, woher diese Gefühle kamen. Und wenn sich seine Charakterstruktur nicht ändert, wird es auch das Schicksal seines Sohnes werden.

Häufig agieren jedoch Eltern ihre Feindseligkeit gegen die eigenen Eltern auf weniger indirekte Weise an ihren Kindern aus. Ich habe vor einigen Jahren eine Frau behandelt, die wegen einer unkontrollierbaren Wut auf ihre Tochter meinen Rat erbeten hatte. Sie erkannte, daß sie das Mädchen »kaputtmachte«, aber sie konnte sich nicht davon abhalten, das Kind auszuschimpfen und anzuschreien. Sie spürte, daß sie sich neurotisch benahm, denn das Mädchen war weder aufreizend noch ungezogen. Ich erklärte ihr, ihre Wut sei zwar in anderen Bereichen ihres Lebens angebracht, aber es sei nicht gerechtfertigt, sie ihrer Tochter gegenüber zum Ausdruck zu bringen. Aus dem, was sie mir erzählte, konnte ich entnehmen, daß es im Leben dieser Patientin vieles gab, was sie wütend machen konnte, aber sie weigerte sich, sich dem zu stellen. In ihrer Beziehung mit ihrem Mann war sie sexuell frustriert, aber sie konnte nicht mit ihm darüber reden. Es wurde uns beiden klar, daß sie das Kind als Sündenbock benützte. Da wir aber nicht an den Ursprung ihrer Wut herankommen konnten, war es vernünftig, sie durch eine Abfuhr in der Therapie zu entladen. Ich ließ sie einfach als Übung mit den Beinen und Füßen auf das Bett schlagen, während sie ihre Frustration herausschrie. Sie schlug auch mit dem Tennisschläger auf das Bett ein, um ihre Wut loszuwerden. Die Patientin war angenehm überrascht, als sie feststellte, daß die Beziehung zu ihrer Tochter sich sofort besserte. Sie berichtete, es gehe dem Kind auch in der Schule besser.

Das Herauslassen der Wut in der Therapiesitzung ermöglicht es der Patientin, zu Hause realistischer zu funktionieren. Es ist, als entschärfe man eine explosive Ladung, die man mit sich herumträgt. Aber durch diese Technik wird das Problem nicht gelöst. Die Patientin muß herausfinden, warum sie so wütend ist. Was ist in der Vergangenheit geschehen, das eine derartige Wut erzeugt hat? Was geschieht in der Gegenwart, um sie aufrechtzuerhalten? Sie muß auch ihre Charakterstruktur umbauen, so daß ihr Leben erfüllender wird.

Als ich die Patientin June am Anfang nach ihrer Kindheit fragte, hatte sie gesagt, es sei eine glückliche Zeit gewesen. Erst nachdem die Therapie schon eine Zeitlang im Gang war, wurde klar, daß June und ihre Mutter nie gut miteinander ausgekommen waren. Ihr fiel wieder ein, wie ihre Mutter an ihr herumgenörgelt hatte, was für eine kritische Einstellung sie zu ihr gehabt hatte, und wie sehr es zwischen ihnen an zärtlichem Kontakt gefehlt hatte. Andererseits standen sich June und ihr Vater nahe, und sie hatte sehr herzliche Gefühle für ihn. Sexualität war in ihrer Kindheit ein tabuiertes Thema. Niemand sprach jemals mit ihr darüber, aber sie sagte, sie habe als kleines Mädchen mehr als einmal Schläge bekommen, weil sie masturbiert hatte, obwohl sie damals nicht gewußt habe, daß sie etwas Unrechtes tat.

June hatte einen wiederkehrenden Traum, in dem sie die Augen nicht aufmachen konnte. In dem Traum waren die Augen geschlossen, aber nicht verklebt; sie versuchte, sie mit den Händen zu öffnen und indem sie den Kopf schüttelte, aber es half alles nichts. Sie konnte die Augen nicht aufmachen, und sie war verängstigt und frustriert. Sie sagte, es sei, als wenn man mit verbundenen Augen Auto fahren müßte.

Die Deutung eines solchen Traums ist leicht. June kann die Augen nicht öffnen, weil sie Angst hat, etwas zu sehen – irgendein Bild, das bedrohlich und erschreckend ist. Ihre Augen waren gewöhnlich zusammengekniffen und halb geschlossen. Sie mußte sie öffnen, um zu sehen, was ihr Angst machte. Um dies zu bewerkstelligen, ergriff ich folgende Maßnahme. Ich forderte sie auf, sich auf das Bett zu legen, die Augen weit aufzumachen und an die Decke zu schauen. Während sie dies tat, drückte ich mit den Fingern auf ihre

Hinterhauptsregion.[10] June sagte, sie sehe das Gesicht ihrer Mutter. Ich bat sie, sich auf den Ausdruck in den Augen und im Gesicht ihrer Mutter zu konzentrieren. Zu ihrer Überraschung sah June, daß ihre Mutter sie mit starker Feindseligkeit anschaute. Vorher hatte sie sich bei ihrer Mutter nur an ihren besorgten und ängstlichen Ausdruck erinnert. Schockiert über das, was sie sah, sagte June: »Warum sieht sie mich so haßerfüllt an? Was hab' ich ihr getan?«

Es war erhebliche analytische Arbeit nötig, bevor June erkannte, daß ihre Mutter in ihr eine Rivalin und eine Bedrohung gesehen hatte. Ihre Mutter hatte mit elf Jahren ihren Vater verloren und hatte einen elf Jahre älteren Mann geheiratet, der sie sowohl liebte als auch wie ein Vater ihr gegenüber handelte. Die Mutter hatte auf June reagiert, als sei sie ein Eindringling, der sich in die idyllische Beziehung zwischen den Eltern eingedrängt hätte. June erzählte, »sie hielten Händchen, umarmten sich, kuschelten sich aneinander und erzählten uns wunderbare Geschichten über die Zeit ihres Kennenlernens.« June hatte die Augen zugemacht, um die Feindseligkeit ihrer Mutter gegen sie nicht zu sehen. Und sie schloß die Augen vor ihrem eigenen Inneren, um ihre Wut auf ihre Mutter nicht zu sehen. Aber die Wut kam gegen ihre eigene Tochter zum Vorschein.

Gefühle lassen sich nicht auf die Dauer unterdrücken. Gefühle zu unterdrücken, bedeutet den Tod. Sie kommen oft gegenüber den am wenigsten Schuldigen heraus, weil diese am verwundbarsten sind. Warum schreien Eltern ihre Kinder so an? Sie lassen an Kindern die Frustration ihres eigenen Lebens aus, weil Kinder zu hilflos sind, um sich zu wehren. Das Herrschen über ein Kind gibt Eltern ein Gefühl der Macht, das sie für das Gefühl der Machtlosigkeit entschädigt, welches sie als Kinder erlebt haben. Das ist der Kern des Machtkampfes. Wenn Eltern jemanden brauchen, den sie beherrschen können, ist ein Kind

[10] Die wissenschaftlich begründete bioenergetische Erklärung für dieses Verfahren wird in meinem Buch *Bioenergetik* gegeben.

eine geeignete Person. Außerdem projizieren Eltern ihre eigenen sexuellen Schuldgefühle auf ihre Kinder und bestrafen sie für dieselben unschuldigen Handlungen (Masturbation), für die sie als Kinder bestraft worden sind. In einer patriarchalischen Kultur wird das Elend von einer Generation an die nächste weitergegeben.

Ein solches Verhalten gegenüber Kindern ist in den meisten primitiven Kulturen unvorstellbar, und in östlichen Kulturen kommt es selten vor. Es liegt nicht daran, daß das Leben dieser Menschen frei von Schwierigkeiten wäre. Sie haben ihren Anteil an Schmerz und Frustration, den sie als ihr Schicksal akzeptieren. Es fehlt ihnen die Ichhaftigkeit, die alles persönlich nimmt. In unserer Kultur sehen die Eltern, wenn ein Kind in der Schule nicht gut vorwärtskommt, oft das Versagen des Kindes als ein Zeichen ihres eigenen Versagens an. Ebenso bläht der Erfolg des Kindes das Ich der Eltern auf. Das Ich des Menschen von heute ist mehr an seinen Beziehungen beteiligt als sein Herz. Wenn ein Kind ungehorsam ist, geht es also nicht um Recht oder Unrecht, richtig oder falsch, sondern um eine Herausforderung an das Ich von Vater oder Mutter. Wenn man zu dem Kind einmal nein gesagt hat, wird es zur Sache ichhaften Stolzes, das Nein gegenüber den Bitten oder Einwänden des Kindes aufrechtzuerhalten. In vielen Familien entsteht sofort ein Machtkampf, ein Willenskonflikt, wenn das Kind Ansprüche stellt. In diesem Machtkampf sind beide Parteien Verlierer, weil das, was eine liebevolle Beziehung sein sollte, zu einer Feindschaft entartet.

Man kann anführen, daß alle Gesellschaften, sowohl die matriarchalischen als auch die patriarchalischen, Verhaltensregeln haben, die durch irgendeine Autorität, den Häuptling oder den Stammesrat, geltend gemacht werden. Der Unterschied zwischen den beiden Systemen liegt darin, ob die Regel die anerkannte Praxis der Gemeinschaft ist oder die willkürliche Verordnung einer Autorität. Das letztere muß Konflikte schaffen, denn hier wird das Ich eines Menschen dem Ich eines anderen gegenübergestellt. In dem Drama *Antigone* z. B. sagt

Kreon, der in Theben regiert, nachdem Ödipus fortgezogen ist, zu seinem Sohn Haimon:

Ja, Kind, dies präge tief in deinen Sinn:
Des Vaters Wille, allem geht er vor[11].

Menschen sind nicht dazu geboren, sich dem Willen eines anderen zu unterwerfen. Sie sind noch nicht ganz domestiziert, wie unsere Lasttiere es sind. Aber die Zivilisation erfordert, daß sie in ein wirtschaftliches und politisches System eingespannt werden, das ihre Freiheit einschränkt und sie einer Machthierarchie unterwirft. Wie wird dieses Einspannen bewerkstelligt?

Freud sagt, daß: »der Preis für den Kulturfortschritt in der Glückseinbuße durch die Erhöhung des Schuldgefühls bezahlt wird«[12]. Er glaubt, Kultur wäre unmöglich ohne Triebverzicht, d. h. »die Nichtbefriedigung (Unterdrückung, Verdrängung oder sonst etwas?) von mächtigen Trieben«[13].

Diese Nichtbefriedigung erzeugt im Individuum eine destruktive Aggressivität, die dann im Zaum gehalten werden muß. Am Anfang wird diese Aggression beim Kind durch Bestrafung oder die Drohung mit Liebesentzug gezügelt. Wie wir schon gesehen haben, unterwirft sich das Kind und entwickelt ein Über-Ich, das die introjizierte elterliche Autorität ist. Das Über-Ich wird durch die Energien der unterdrückten aggressiven Impulse erhalten, die gegen das eigene Selbst gekehrt werden und das Schuldgefühl erzeugen. Das Schuldgefühl ist also dem Grad der Unterdrückung direkt proportional. Je mehr Feindseligkeit man unterdrückt, desto schuldiger fühlt man sich. Man fühlt sich schuldig wegen des Wunsches, die Zivilisation zu zerschmettern, die einem Erfüllung versagt, und den Vater zu töten, der ihr Vertreter ist.

Freud behauptet, »daß das Schuldgefühl der Menschheit aus dem Ödipuskomplex stammt und bei der Tötung des Vaters

[11] Sophokles: *Antigone,* München, 1954, S. 42.
[12] Sigmund Freud: *Das Unbehagen in der Kultur,* G. W. XIV, S. 404.
[13] Ebd., S. 457.

durch die Brüdervereinigung erworben wurde«[14]. Ob dies historisch zutrifft, wie Freud glaubte, ist für unsere Erörterung unwichtig. Wir haben gesehen, daß der Konflikt mit dem Vater dem patriarchalischen System eigen ist, das, da es auf Macht beruht, zum Kampf um die Macht herausfordert. So sind alle zivilisierten Männer, die egozentrisch orientiert sind und nach Macht streben, des Wunsches schuldig, den Vater zu beseitigen oder zu töten. Dieses Schuldgefühl entwickelt sich im Individuum als Folge des ödipalen Konflikts. Ebenfalls zu diesem Zeitpunkt übernimmt das Über-Ich in der Persönlichkeit eine beherrschende Stellung, und die Charakterstruktur des Individuums wird endgültig festgelegt.

Wir müssen uns daran erinnern, daß im Ödipusdrama der erste Schritt vom Vater getan wurde. In der Legende setzte die Aussetzung des Kindes die Kette von Ereignissen in Gang, welche die Prophezeiung in Erfüllung gehen ließ. Sie war eine feindselige Handlung gegen das Kind zum Schutz der Stellung und Macht des Vaters. Ähnlich wird in der Familie von heute der ödipale Konflikt durch die feindseligen Handlungen eines Vaters geschaffen, der in dem Kind eine Bedrohung seiner Macht und einen Rivalen um die Gunst seiner Gattin sieht. Nach meiner Ansicht ist das Kind, wenn es in die ödipale Periode eintritt, unschuldig wie ein Tier. Es verliert seine Unschuld, wenn es der Intrigen und Manipulationen seiner Eltern gewahr wird, die dazu dienen sollen, es zu lenken, es zur Anpassung an die Kultur zu bewegen und es für ihre eigenen ichhaften Zwecke zu benützen. Zu seiner Selbstverteidigung lernt es, ihre Taktiken gegen sie zu verwenden, aber dabei wird es ein Egoist wie seine Eltern, vielleicht übertrifft es sie sogar darin. Es gibt eine Redensart. »Wenn man den Teufel mit seinen eigenen Waffen bekämpft, wird man selbst zum Teufel.«

Aber warum ist dieser Prozeß der kulturellen Anpassung ausnahmslos mit Unterdrückung der Sexualität verbunden? Ich bin nicht wie Freud der Meinung, daß schöpferische

[14] Ebd., S. 490.

Leistungen von der Sublimierung des Sexualtriebes abhängig sind. Im Gegenteil, Menschen mit größerer sexueller Lebendigkeit sind oft kreativer. Aber Produktivität ist etwas anderes. Wenn wir das Menschentier vor die Wirtschaftsmaschine spannen wollen, müssen wir es »abrichten« wie andere Tiere, die wir für uns arbeiten lassen. Das ist nur möglich, wenn wir die freie und wilde animalische *Sexualität* des Menschen zähmen. Der Mensch hat schon vor langer Zeit gelernt, daß er das wilde Tier zu einem Lasttier machen konnte, indem er es kastrierte. So bekam er Ochsen für seinen Pflug. Ohne es bewußt zu planen, wendet er bei seinen eigenen Nachkommen dieselbe Technik an, abgesehen davon, daß das wirksame Mittel die Kastrationsdrohung ist. Diese Drohung vermindert die Intensität des Sexualtriebes und wirkt als psychische Kastration; dadurch wird das Kind der Schulung für seine soziale Rolle als produktiver Arbeiter zugänglich. Die Kastrationsdrohung hat den zusätzlichen Vorteil, die Fortpflanzungsfunktion des Individuums nicht zu beeinträchtigen. Erich Fromm ist zu demselben Schluß gekommen. In einer Studie der neueren Zeit sagt er: »Alle Anstrengungen zur Unterdrückung der Sexualität müßten schwer verständlich bleiben, wenn es nur um Sexualität an sich ginge. Aber nicht darum geht es, sondern das Brechen des menschlichen Willens ist der Grund, warum die Sexualität so verteufelt wird«[15].

Bei meiner Beschreibung der sozialen Bedingungen, die den neurotischen Charakter erzeugen, vermittle ich vielleicht den Eindruck, in der Familie von heute gebe es nichts als Feindseligkeit gegen Kinder und den Wunsch, ihren Willen zu brechen. Das trifft natürlich nicht zu. Es gibt Liebe wie Haß, Achtung vor der Integrität des Kindes ebenso wie das Bedürfnis, es zur Anpassung zu bringen. Wo der Akkulturationsprozeß mit Liebe und Achtung vor dem Kind gehandhabt wird, erleidet es kein schweres Trauma. Ich glaube aber nicht, daß es selbst mit den besten Absichten möglich ist, in der

[15] Erich Fromm: *Haben oder Sein,* Stuttgart, 1976, S. 82.

modernen Welt ein Kind aufzuziehen, ohne daß es einen gewissen Grad von Neurose entwickelt. Eltern, die in dieser Kultur leben, können sich nicht ganz und gar von ihren Wertvorstellungen freimachen. Der Versuch, dies zu tun, schafft weitere Probleme.

Wir müssen auch bedenken, daß die infantile Sexualität in unserer Kultur von den meisten Eltern nicht als normal und natürlich akzeptiert wird. Solange wir eine Werthierarchie haben, wird alles, was mit der unteren Hälfte des Körpers zu tun hat, als gemein, ordinär und schmutzig betrachtet. Im Gegensatz dazu sehen wir die Funktionen der oberen Körperhälfte als überlegen, besonders und sauber an. Wissen und Macht werden geehrt, während Sexualität und Lust abgewertet werden. Die letzteren gehören zur matriarchalischen Ordnung. Die meisten Menschen sind verlegen, wenn ein Kind in der Öffentlichkeit seine Genitalien berührt. Kinder erfassen die Einstellung ihrer Eltern zur Sexualität rasch, nämlich, daß sie schlecht ist. Diese Einstellung ist in unserer Gesellschaft so allgegenwärtig, daß mir noch kein einziger Patient begegnet ist, der nicht an sexuellen Schuldgefühlen und Kastrationsangst gelitten hätte. Das gilt für Männer und Frauen.

Der Grad der Angst und der Schuldgefühle ist jedoch bei verschiedenen Leuten unterschiedlich. Da sie eine Funktion des Kampfes um die Macht sind, findet man in der Arbeiterschicht weniger Schuldgefühle und Angst als in den oberen Schichten. Reich hat z. B. berichtet, daß er in den zwanziger Jahren bei der deutschen Arbeiterklasse eine sexuelle und emotionale Gesundheit gefunden hat, die bei den Reicheren fehlte. Wenn man sexuelle Gesundheit nach dem Fehlen von Verspannungen im Körper, besonders im Beckenbereich, beurteilt, findet man bei den Armen Lateinamerikas mehr Gesundheit als bei ihren reicheren Nachbarn im Norden. Andererseits ist die Mittelschicht überall im allgemeinen ziemlich neurotisch. Ihr Streben nach höherer gesellschaftlicher Stellung und mehr Prestige hat starken Druck auf die Kinder zur Folge, damit sie sich an das soziale Muster anpassen.

In den modernen Industriegesellschaften haben die Klassenunterschiede die Tendenz, zusammenzubrechen. In diesen höchst mobilen Gesellschaften, wo Geld und Macht die gesellschaftliche Stellung bestimmen, gehören die meisten Menschen der Mittelschicht an. Dies ist die Schicht, in der Fortschritt und Macht am höchsten geschätzt werden.

Fortschritt erzeugt Konflikte

Die Zivilisation oder das patriarchalische System ist durch seine Betonung bewußter Veränderung und der Aufwärtsbewegung gekennzeichnet. Beide hängen zusammen. Bewußte Veränderung wird Fortschritt genannt, von dem man die Vorstellung hat, er sei nach oben gerichtet. Wir sprechen vom Aufstieg des Menschen, vom Anwachsen der Kultur, vom Emporklimmen zu Erfolg und Macht. Der Fortschritt hat auch eine zeitliche Dimension. Damit gibt man zu verstehen, das Neue sei dem Alten immer überlegen, was zeitlich später liegt, sei besser als das Frühere. Das mag zwar auf einigen technologischen Gebieten wahr sein, aber es ist eine gefährliche Anschauung, wenn man sie zu allgemein anwendet. Man kann sie dahingehend erweitern, daß sie besagt, der Sohn sei dem Vater überlegen, oder die Tradition sei lediglich der tote Ballast der Vergangenheit. In einer Kultur, in der Fortschritt ein bedeutsamer Wert ist, entwickelt sich unweigerlich ein Konflikt zwischen den Generationen.
Es hat Kulturen gegeben – und es gibt sie noch –, in denen die Achtung vor Vergangenheit und Tradition wichtiger ist als der Wunsch nach Veränderung. In diesen Kulturen ist ein Konflikt zwischen den Generationen selten, und die Neurose ist minimal. Tausende von Jahren, auch noch während des größeren Teils der Zivilisation, war das Lebensmuster so, daß der Sohn in die Fußstapfen des Vaters trat, wie die Tochter ihrer Mutter auf dem Fuß folgte. Das Kind wollte nichts weiter, als

ebenso groß sein wie der Vater (die Mutter) und seine Sache ebenso gut machen. Das soll nicht heißen, daß die Beziehung zu den Eltern immer freundlich war – das ist nicht die Natur des Menschen. Es bedeutet auch nicht, daß jeder Sohn den Beruf oder die Beschäftigung des Vaters übernahm. Bis vor kurzem war die Möglichkeit, sich die Art auszusuchen, wie man seinen Lebensunterhalt verdienen wollte, für den Durchschnittsmenschen noch sehr beschränkt. Ein Junge fand seinen Platz in der Welt, indem er sich mit seinem Vater identifizierte und von ihm lernte, ein Mädchen, indem es sich mit der Mutter identifizierte und von ihr lernte. Wenn die Familie groß war, wurde der Sohn vielleicht bei einem anderen Mann in die Lehre gegeben, der für denselben Zweck ein Vaterersatz wurde.

Jacob Bronowski beschreibt in seinem Buch *The Ascent of Man* ein Nomadenvolk, die Bachtiaren in Persien, die zahllose Generationen lang dasselbe Muster befolgt haben. Jedes Jahr ziehen sie mit ihrer Ziegen- und Schafherde über Berge und Flüsse auf der Suche nach Weideland, in der zweiten Hälfte des Jahres wird der Zug in umgekehrter Richtung wiederholt. Sie überqueren jedesmal sechs Gebirgsketten und marschieren durch Schnee und Frühlingsüberschwemmungen; dieses Muster hat sich viele tausend Jahre im wesentlichen nicht verändert, abgesehen davon, daß die Bachtiaren jetzt Packtiere haben.

Bronowski hat dieses Volk besucht und es für seine Fernsehserie gefilmt. Was er sah und uns gezeigt hat, waren Jungen mit weit geöffneten, unschuldigen Augen, die ihre Väter mit Bewunderung und Respekt ansahen. Bronowskis Kommentar drückt seine Verachtung aus: »Der einzige Ehrgeiz des Sohnes ist, so zu sein wie der Vater.«[16]

Zugegeben, es ist eine statische Kultur. Er beschreibt das Leben dieser Menschen wie folgt: »Es ist ein Leben ohne besondere Merkmale. Jeder Abend ist das Ende eines Tages wie der letzte, und jeder Tag wird wieder der Anfang einer

[16] Jacob Bronowski: *The Ascent of Man*, Boston, 1973, S. 62. Dt.: *Der Aufstieg des Menschen*. Berlin 1976.

Reise sein, wie der Tag vorher. Wenn der Tag anbricht, ist in allen Köpfen nur ein Gedanke: ›Kann man die Herde über den nächsten Paß hinüberbringen?‹ An einem Tag der Reise muß der höchste Paß von allen überquert werden. Es ist der Sardeh-Kuh-Paß, 4547 m hoch im Sagros-Gebirge, durch den sich die Herde irgendwie durchkämpfen oder den sie an seinen oberen Hängen streifen muß. Denn die Herde muß weiterziehen, der Hirte muß jeden Tag neue Weiden finden, weil in diesen Höhen das Futter in einem einzigen Tag erschöpft ist«.[17]
Wie Bronowski ein solches Leben als ein Leben ohne Höhepunkte bezeichnen kann, ist mir unverständlich. Es ist ein einfaches Leben, aber auch ein Abenteuerleben. Wenn das Überleben der einzige Lohn ist, so ist es doch immer noch der höchste Preis. Das Überqueren von Gebirgspässen zu Fuß und zu Pferd ist eine Herausforderung für Mut und Kraft jedes Menschen. Neben den normalen Angelegenheiten des Gemeinschaftslebens wie Geburt, Wachstum, Heirat und Tod, leben die Bachtiaren außerdem in der Herrlichkeit einer Natur, die weit, unvorhersehbar und in ständigem Wandel begriffen ist. Ihr Wunder ist das der Naturwelt, unseres ist der Zauber (Theater, Radio, Fernsehen) einer vom Menschen gemachten Welt. Die beiden Welten sind verschieden, aber es ist typisch für die Arroganz des Zivilisationsmenschen, die zivilisierte Welt als überlegen zu betrachten.

Das Nomadenleben ist ein Leben der körperlichen Unbequemlichkeit, wobei das Überleben immer ein Problem ist. Mit ihrer Macht, unser Überleben zu sichern, ermöglicht uns die Zivilisation ein körperlich vergleichsweise müheloses Leben. Die Welt des Nomaden ist begrenzt und isoliert; die zivilisierte Welt ist scheinbar offen und grenzenlos. Aber solche Bezeichnungen sind keine nähere Bestimmung der individuellen Existenz. Zuviele Menschen in unserer Kultur leben ein eingeschränktes, isoliertes Leben und sind nicht in Kontakt mit den bereichernden Strömungen der Zivilisation. Aber ich

[17] Ebd.

spreche nicht für oder gegen die Zivilisation. Wenn das Nomadenleben auch nicht romantisch ist, so ist unseres doch gewiß nicht ideal. Aber wir können nicht zurück, selbst wenn wir es wollten. Die Zivilisation ist unser Schicksal.

Was ist das Schicksal des Nomaden? Bronowski sagt, die Wahrscheinlichkeit für den Hirten, daß seine Herde sich vergrößert oder verkleinert, sei jahraus, jahrein dieselbe. »Und darüberhinaus ist am Ende der Reise nichts, außer einer unermeßlichen, traditionellen Resignation«[18].

Aber Resignation ist nicht der richtige Ausdruck für die Haltung eines Volkes, das den Mut hat, ein so mühevolles Leben zu führen. Resignation unterstellt, daß man einmal auf etwas Besseres gehofft hat. Sie erhoffen oder wünschen keine Veränderung, denn sie sind mit ihrem Leben zufrieden. Sie akzeptieren es mit einem inneren Frieden und einer inneren Ruhe, die uns fehlen. Wir sind diejenigen, die mit dem Leben kämpfen, um es zu verbessern, die es nicht akzeptieren können, weil es mit dem Tod endet, und schließlich ist es der Zivilisierte, der resigniert und unter Schmerzen stirbt. Für den Bachtiaren, der ans Ende seiner Reise gelangt ist, gibt es keinen Kampf. Er nimmt den Tod an, wie er das Leben angenommen hat, nicht wankend und kompromißlos.

Den Bachtiaren fehlt die kulturelle Verfeinerung, die wir uns unter zivilisierter Lebensart vorstellen. Aber gerade wegen dieses Mangels haben sie etwas, das wir verloren haben, und das ist ein Gefühl der Harmonie, der Integrität und des Seelenfriedens. Wir zivilisierten Menschen sind alle in einem Zustand des Konflikts und kämpfen ständig darum, die einander entgegengesetzten Forderungen von Kultur und Natur, von Ich und Körper, von Pflicht und Vergnügen miteinander in Einklang zu bringen. Für uns alle ist dieser Kampf mühsam, und für manche von uns ist er die Hölle. Die Bachtiaren haben keine solchen inneren Kämpfe. Ihre Augen sind klar; sie können das Wunder spüren und über die

[18] Ebd., S. 64.

Großartigkeit und Herrlichkeit des Universums ehrfürchtig staunen. Nach meiner Ansicht ist in unserer Welt der Untergrundbahnen und Wolkenkratzer keine Großartigkeit, kein Staunen und keine Ehrfurcht. Im Vergleich zu den Bachtiaren leben wir wie Maulwürfe. Alles, was wir sehen, sind Dollarzeichen. Vielleicht bin ich voreingenommen. Aber ich sehe in der Stadt New York, wo ich geboren bin, daß die Qualität des Lebens immer mehr abnimmt, je höher die Gebäude wachsen. Als ich den Bericht über diese Menschen las, ist mir besonders Bronowskis Bemerkung über die Beziehung vom Sohn zum Vater aufgefallen, denn sie straft Freuds Überzeugung Lügen, daß der Ödipuskomplex der menschlichen Natur innewohne. Ich glaube, daß dieser Komplex nur entsteht, wenn Eltern Macht haben. Eltern haben immer Autorität gehabt, aber Macht ist etwas anderes. Autorität lenkt, aber Macht beherrscht. Macht stellt die Fähigkeit dar, anderen den eigenen Willen aufzuzwingen. Der Mensch mit Autorität wird respektiert; der Mensch mit Macht wird gefürchtet, und man gehorcht ihm. Macht schafft jene Art von Ungleichheit unter Menschen, die die Wurzel aller Konflikte ist, weil kein Mensch der Macht eines anderen unterworfen sein will. Sie beraubt das Individuum seiner Freiheit, seiner Würde und seiner Menschlichkeit. Besonders Kinder sind gegen Machtmanipulationen sehr empfindlich, bis sie ihrerseits das Manipulieren lernen.

In der langen Geschichte der menschlichen Zivilisation war die Macht ein seltenes Gut. Nur wenige besaßen Macht: Regenten, ihre Anhänger, und die Reichen. Und in Familien von Eltern, die Macht haben, entsteht das ödipale Problem. Auf diesen Umstand hat Reich in seiner Analyse des Ursprungs der Sexualverdrängung deutlich hingewiesen. Reich beruft sich auf die Studie über die Sexualität der Bewohner der Trobriand-Inseln von dem Anthropologen Malinowski, wenn er erklärt: »Die Kinder der Trobriander kennen keine Sexualverdrängung und kein Sexualgeheimnis. Das Geschlechtsleben der Trobrianderkinder entwickelt sich natürlich, frei und ungehindert *durch alle Lebensstufen mit voller Befriedigung.* Die Kinder betätigen sich sexuell jeweils entsprechend ihrem Alter«[19]. Ihre Gesellschaft kannte »keine sexuellen Perversionen, keine funktionellen Geisteskrankheiten, keine Psychoneurosen, keinen Lustmord«. Reich unterstreicht dann: »Es gibt nur *eine* Gruppe von Kindern, die aus diesem natürlichen Ablauf ausgeschlossen ist. Es sind diejenigen Kinder, die zu einer bestimmten ökonomisch vorteilhaften Eheschließung ... bestimmt sind. Diese Heirat bringt dem Häuptling wirtschaftliche Vorteile und bildet den Kern, aus dem die patriarchalische Ordnung sich entwickelt. Die Kreuz-Vetter-Basen-Heirat fand sich überall, wo die ethnologische Forschung bisher das Mutterrecht aktuell oder historisch nachweisen konnte. (Vgl. Morgan, Bachofen, Engels, usw.) Diese Kinder sind, ganz wie die unseren, zu asketischem Leben verhalten und zeigen Neurosen und Charakterzüge, wie sie uns vom Charakterneurotiker her bekannt sind«[20].

Wenn Reichs Analyse der Trobrianderkultur richtig ist, besteht ein direkter Zusammenhang zwischen Machtbesitz, Sexualverdrängung und dem ödipalen Konflikt. Wir können dieselbe Beziehung in der westlichen Zivilisation sehen. Die uneheliche Geburt war z. B. in früheren Jahrhunderten für bäuerliche Familien kein Problem. Kinder wurden im allgemeinen auf einem Bauernhof als Helfer willkommen geheißen, gleichgültig, woher sie kamen. Aus demselben Grund wurden Mütter unehelicher Kinder nicht verachtet. Bauernkinder litten nicht in demselben Maß an Sexualverdrängung wie die Bürgerkinder, die in der Stadt lebten. Das »zweierlei Maß« der Sexualmoral wurde am meisten in den Familien der Bourgeoisie durchgesetzt, deren Töchter für vorteilhafte Eheschließungen eingeplant wurden, die das Familienvermögen vermehren sollten. Dieser Moralkodex ließ sich nur durchsetzen, wenn man die Kinder von frühestem Alter an einer sexualverdrängenden Erziehung aussetzte. Es waren die Kinder dieser Familien, die Freud um die Jahrhundertwende in seinem

[19] Wilhelm Reich: *Die Funktion des Orgasmus*, Köln, Berlin, 1970, S. 199.
[20] Ebd., S. 200.

Sprechzimmer sah. Solange ein Großteil der Bevölkerung eines Landes in engem Kontakt mit der Erde auf Bauernhöfen lebte, hatte diese Nation ein Reservoir von Menschen, deren emotionale Gesundheit nicht untergraben worden war.

Das Ackerbauleben unterschied sich zwar wesentlich vom Dasein der Nomaden, hatte aber mit diesem viele Elemente gemeinsam. Es war noch eine natürliche Welt, in der das Überleben nicht gewährleistet war. Vor der Einführung leistungsstarker Maschinen in die Landwirtschaft war der Bauer den Naturkräften fast ebenso unterworfen wie der nomadisierende Hirte. Auch er akzeptierte ganz und gar den ewigen Zyklus von Leben, Tod und Wiedergeburt, ohne die Vorstellung, er könnte oder sollte ihn ändern. Er war zufrieden, wenn seine Kinder in seine Fußstapfen traten, denn das Überleben war immer noch das Hauptproblem des Lebens.

Die Bedeutung des Ackerbaus für die Entwicklung der Zivilisation liegt darin, daß er es dem Menschen nicht nur erlaubte, sich niederzulassen und Besitz anzusammeln, sondern daß er einen Überschuß an Nahrungsmitteln erzeugte. Das Vorhandensein überschüssiger Nahrungsmittel ermöglichte ein größeres Maß an Arbeitsteilung, da nicht mehr jeder ganztägig mit der Erzeugung von Nahrungsmitteln beschäftigt sein mußte. Außerdem stellte überschüssige Nahrung Macht in den Händen all jener dar, die über sie verfügen konnten, denn mit ihr konnte man Arbeitskräfte oder Soldaten mieten.

Sobald die Menschen sich über die Stufe des Überlebens erheben, d. h. wenn sie auf der sozialen Leiter die erste Stufe erklimmen, werden sie sich ihrer sozialen Stellung bewußt. Sie fühlen sich denen, die noch auf der Überlebensstufe stehen, überlegen, aber denen, die über ihr stehen, unterlegen. Sie werden selbst-bewußt oder ich-bewußt. Menschen, die auf der Überlebensstufe leben, sind nicht selbst-bewußt, weil all ihre Energien mit der Aufgabe des Überlebens befaßt sind. Diejenigen von uns, die oberhalb dieser Stufe leben, würden ihre Lage als einen Kampf ums Überleben bezeichnen. Aber das Wort »Kampf« ist unrichtig. Es herrscht kein Kampf, wenn man sein Schicksal und seine Stellung akzeptiert. Es ist das ichbewußte Individuum, das darum kämpft, in der gesellschaftlichen Hierarchie höher aufzusteigen. Je höher es steigt, desto ich-bewußter wird es, was den Ich-Trieb nach Vorherrschaft und den damit verbundenen Kampf verstärkt. Dieser Mensch nennt jeden Schritt nach oben Fortschritt.

Ein weiterer Aspekt dieser Situation ist, daß dieser Ich-Trieb keine Grenzen kennt. Wir rationalisieren den Machttrieb, indem wir von der Sicherheit, den Annehmlichkeiten und den Vorteilen sprechen, die er uns verschafft, aber wenn all diese Bedürfnisse erfüllt sind, geht der Drang nach mehr Geld und mehr Macht weiter. Selbst jene an der Spitze streben immer weiter nach mehr Macht. Es scheint, als ob dieser Trieb, wenn er erst einmal in der Persönlichkeit Fuß gefaßt hat, nicht mehr zu halten ist. Ich weiß, daß es viele Ausnahmen von dieser »Regel« gibt, aber ich glaube, sie hat allgemeine Gültigkeit. Tatsächlich ist der Drang nach Macht nicht auf Individuen oder Familien beschränkt. Nationen streben ständig nach mehr Macht, um über andere Nationen zu herrschen. Auf der tiefsten Ebene stellt dieser Ich-Trieb nach Macht den Wunsch des zivilisierten Menschen dar, das Leben (die Natur und das Schicksal) zu beherrschen, weil er vor dem Leben Angst hat.

Sehen wir uns nun an, wie dieses Streben die Beziehungen in der Familie beeinflußt. Seine Existenz allein setzt schon eine Unzufriedenheit des Betreffenden mit seinem Seinszustand voraus. Das selbst-bewußte Individuum ist kein glücklicher Mensch. Es leidet an einem tiefsitzenden Minderwertigkeitsgefühl, das der Machttrieb kompensieren soll. Dieses Minderwertigkeitsgefühl stammt weitgehend von der psychischen Kastration her, die der Betreffende in der ödipalen Phase seiner Entwicklung erlitten hat. Die Folge ist, wie wir gesehen haben, ein Machtkampf mit dem Partner, der auf beiden Seiten Ressentiments und Feindseligkeit erzeugt und die Liebe untergräbt, die zwischen beiden einmal existiert hat. Ihre sexuelle Lust nimmt ab; dadurch verstärken sich Ressentiment und Feindseligkeit. Die Kinder werden in diesen Kampf hineingezogen. Normalerweise schlagen sie sich auf die Seite des gegengeschlechtlichen Elternteils, von dem sie sich durch ihre sexuellen Gefühle angezogen fühlen. Das Kind bemerkt jedoch, daß die Klagen beider Eltern eine gewisse Berechtigung haben.

Wenn dies geschieht, wird Eifersucht geweckt, und all die latente Feindseligkeit richtet sich nun gegen das Kind, das in der Mitte eingeklemmt ist. Der verführerische Elternteil ist keine Hilfe für das Kind, denn er wird, um sich selbst zu verteidigen, seine Beeinflussung leugnen und sogar das Kind beschuldigen, es sei der sexuelle Herausforderer. Das ist leicht, da die sexuellen Gefühle des Kindes offen zutage liegen, während die des Elternteils verborgen sind. Das Kind ist in einer unmöglichen Lage und muß zum Rückzug blasen. Die Lösung des Kindes für sein Dilemma ist das Aufgeben des sexuellen Gefühls. Mit dieser Unterwerfung akzeptiert das Kind die Schuld für seine sexuelle Reaktionsbereitschaft und wird psychisch kastriert.

Die Fortschrittsidee gießt Öl ins ödipale Feuer. Der Fortschritt verlangt, daß jede Generation die vorhergehende übertreffen müsse. Der Sohn muß Besseres leisten und mehr Macht und Ansehen haben als der Vater. Die Tochter muß ein schöneres Haus, ein besseres Leben, eine höhere gesellschaftliche Stellung haben als ihre Mutter. Diese Forderung erheben die Eltern im Namen des Fortschritts, aber in Wirklichkeit erlegen sie sie ihren Kindern auf, um ihr eigenes Bedürfnis nach gesellschaftlichem Aufstieg zu erfüllen. Für die Mutter ist der Erfolg des Sohnes eine Vergeltung dafür, daß sie ihre sexuelle Erfüllung und ihr Glück geopfert hat. Für den Vater ist der Erfolg des Jungen ein Ersatz für das, was er selber nicht erreicht hat. Das Interesse der Eltern am Erfolg der Tochter ist ähnlich motiviert.

Wenn an ein Kind solche Erwartungen gestellt werden, verstärken sie, ob sie nun offen ausgedrückt werden oder nicht, den ödipalen Konflikt. Der Junge wird gezwungen, mit seinem Vater zu konkurrieren, und so mißt er sich an ihm. Da der Junge die unterschiedliche Größe der Sexualorgane bei sich und beim Vater sieht, wird er sich seiner Unterlegenheit sehr bewußt, und dieses Bewußtsein kann ihm sein Leben lang erhalten bleiben. Dieses Minderwertigkeitsgefühl ist für die Neigung der Männer verantwortlich, ihre Geschlechtsorgane mit denen anderer Männer zu vergleichen. Es verstärkt auch den Drang nach Macht, um dieses Gefühl zu kompensieren. Der Umstand, daß der Junge mit seinem Vater konkurrieren soll, erzeugt in ihm eine Furcht vor dem Vater, die als Kastrationsangst erlebt wird. Diese Situation hat aber auch noch eine andere Seite, nämlich die, daß der Junge auch glaubt, seinem Vater überlegen zu sein. Es wird von ihm erwartet, daß er seinen Vater übertrifft. Und seine Mutter sieht in ihm vielleicht jemanden, der irgendwie besser ist als sein Vater. Dann, wenn er älter wird, übernimmt er aus seiner Kultur die Vorstellung, daß ältere Leute, einschließlich der Generation seiner Eltern, überholt sind, hinter der Zeit zurückgeblieben. Sehr viele junge Leute glauben, daß sie schlauer und weltklüger sind als die, die älter sind als sie. In manchen Fällen kann dies, da Kinder so früh dem Sex und der Gewalt im Fernsehen ausgesetzt sind, sogar zutreffen. Da sie glauben, überlegen zu sein, leisten diese jungen Leute einigen Widerstand dagegen, daß sie von Älteren oder Autoritätspersonen lernen sollen. Alszu oft verachten sie alte, etablierte Verhaltensweisen. Diese Verachtung verdeckt sowohl ihre Angst als auch ein tieferliegendes Minderwertigkeitsgefühl.

Der Junge hat auch das Gefühl, den Vater zu übertreffen, bedeute, ihn aus seiner Stellung als Ehemann und Familienoberhaupt zu verdrängen. Die Eltern denken nicht sexuell, aber das Kind durchaus. Der Erfolg bedeutet, über den Vater zu siegen, und daher die Mutter zu bekommen. Das ist es, was Ödipus tat. Scheinbar ist es auch das, wozu der Vater den Jungen ermutigt, aber ebenso unausgesprochen ist die Kastrationsdrohung, die über dem Kind schwebt, weil es zu konkurrieren wagt. Wenn der Junge aber keinen Erfolg hat, wird er ebenfalls getadelt. In manchen Fällen ist die Gefahr des Erfolgs so groß, daß der Betreffende lieber in allen Unternehmungen scheitert, als die Herausforderung zu riskieren. In anderen Fällen wird der Erfolg in der Welt erst errungen, nachdem das Kind seine Kastration akzeptiert hat. Es darf Erfolg haben, weil es ihn für den Vater erringt. Das galt für Robert, dessen Fall ich im ersten Kapitel beschrieben habe. Die Dynamik beim weiblichen Kind ist weitgehend dieselbe.

Kinder, die in dieser Kultur von heute aufwachsen, können die ödipale Situation und die Konflikte, die mit ihr einhergehen, nicht vermeiden. Es scheint keine andere Lösung zu geben als jene, die Freud sah, nämlich die Unterdrückung des sexuellen Gefühls unter der unausgesprochenen Kastrationsdrohung und die Unterwerfung unter die Forderung nach Fortschritt. Nachdem das Kind die Niederlage akzeptiert hat, macht es sich langsam daran, sie in ihr Gegenteil zu verkehren. Es verpflichtet sich den Zielen »Macht und Fortschritt«. Wenn es Macht hat, braucht es keine so große Angst zu haben; es könnte dann vielleicht sogar seine Kastrationsangst überwinden. Mit weiterem Fortschritt könnte es die Existenz des ödipalen Problems leugnen und sich selbst davon überzeugen, daß es der befreiten Generation angehört. Aber die Parzen lassen sich nicht täuschen, sie warten. Trotz unserer Macht – oder gerade wegen ihr, wie im Fall des Ödipus – werden wir von einer Seuche der geistig-seelischen Krankheit heimgesucht. Mehr Fortschritt ist nicht die Antwort. Unser Weg aus der Falle hinaus ist der, den Ödipus eingeschlagen hat, das Erlangen von Weisheit und Demut durch den Verzicht auf die Anmaßung, die mit dem Ich-Bewußtsein verbunden ist. In der griechischen Mythologie gibt es ein Grundthema, das zu dieser Frage Bezug hat. Wenn der Held »aus dem Übermut des Ichwahns (handelt), den die Griechen Hybris nennen, und ehrfürchtet nicht das Numinose, gegen das er kämpft«, dann muß der Kampf in Unglück, Tod oder Wahnsinn enden[21]. Ödipus jedoch hat den Seelenfrieden gefunden, nach dem wir alle suchen.

[21] Erich Neumann: *Ursprungsgeschichte des Bewußtseins, S. 155.*

8 Die Weisheit des Scheiterns

Das Rätsel der Sphinx

Als die Seuchen über Theben hereinbrachen, befragte Ödipus den Teiresias, einen blinden Seher, ebenso wie heute jemand, der an der modernen Seuche der emotionalen Krankheit leidet, einen Therapeuten konsultieren würde. Ein Seher kann die Zukunft vorhersagen, weil er *Einblick* in die Natur der Dinge hat. Aber Teiresias war blind: die Vision des Sehers ist keine Funktion des Ich-Bewußtseins wie das gewöhnliche Sehen, sondern eine Funktion des Unbewußten oder der Gottähnlichkeit der rechten Gehirnhälfte, wie Jaynes glaubt. Das bewußt sehende Auge kann sich durch die äußere Erscheinung der Dinge täuschen lassen, die oft im Widerspruch zu ihrem wahren Wesen steht. Beim Menschen ist es eine allgemeine Regel, daß die innere Leere um so größer ist, je kunstvoller sich die Fassade darbietet. Ein Seher muß die menschliche Natur verstehen, wenn er das Schicksal des Menschen vorhersagen soll.

Ein idealer Therapeut sollte ein Seher sein wie Teiresias, der den Charakter »lesen« und das Schicksal vorhersehen kann. Wir suchen bei ihm Rat, weil wir von ihm erwarten, daß er weise ist und die menschliche Natur kennt. Ohne diese Kenntnis ist er nicht fähig, seinen Patienten zu helfen, die Spaltung ihrer Persönlichkeit zu heilen, die ihre innere Einheit und Harmonie zerstört. In diesem Kapitel wollen wir uns die Natur des Menschen ansehen und versuchen, ein Verständnis der Weisheit zu erlangen. Wir werden sehen, daß das Rätsel der Sphinx einige wichtige Hinweise auf das Verständnis der menschlichen Natur gibt, wenn unsere Analyse tiefer geht als die anerkannte Antwort.

Ödipus sagte, der *Mensch* sei das Tier, das am Morgen auf allen Vieren geht (als Kleinkind), mittags (als reifer Mensch) auf zwei Beinen, und am Abend (im Alter) auf drei Beinen. Das ist zwar die richtige Antwort auf das Rätsel, aber es läßt die wichtigere Frage: Was ist die Natur dieses Geschöpfes, das drei verschiedene Arten des Stehens oder In-der-Welt-Seins hat? unbeantwortet. Ich habe schon gesagt, Ödipus habe sich der Anmaßung des Wissens schuldig gemacht; er dachte, er wüßte. Niemand ist so blind wie diejenigen, die zu wissen glauben.

Untersuchen wir die drei Stadien im Leben eines Menschen, um zu sehen, was sie bedeuten. Als Kleinkind, das auf allen Vieren krabbelt, ist der Mensch wie alle anderen Tiere. Das Tier ist gekennzeichnet durch die Art, wie es ganz und gar das Leben des Körpers lebt; es folgt frei seinen Impulsen und kennt nur das Bedürfnis, seine Wünsche und Bedürfnisse zu befriedigen. Das kleine Menschenkind ist genauso. Es wird als Säugetier geboren, hilfloser und abhängiger als andere Säugetiere, aber mit demselben Überlebensinstinkt. Eine fundamentale Instinkthandlung, die allen Säugetieren gemeinsam ist, ist das Saugen an der Brust zum Zweck der Ernährung. Niemand muß dem Neugeborenen beibringen, wie man diese Handlung ausführt; sie ist Teil seiner Natur. In primitiven und nicht-industriellen Kulturen werden Kinder bis zum Alter von fünf Jahren gestillt, lange über den Zeitpunkt hinaus, in dem das Kind auf eigenen Beinen stehen, sprechen und feste Nahrung zu sich nehmen kann. Diese lange Stillzeit erfüllt nicht nur die oralen Bedürfnisse des Kindes, sie stärkt auch seine animalische Natur, die die Grundlage seines Seins ist. Die Neurose ist sowohl durch einen gewissen Grad gestörter Sexualität (orgastische Impotenz) als auch durch eine Störung des Saugimpulses gekennzeichnet. Die letztere manifestiert sich in einer Unfähigkeit, beim Atmen voll und tief Luft einzuziehen.

Das zweite Stadium beginnt, bevor das erste zu Ende ist. Es stellt die Phase der Existenz des Menschen dar, in der er am menschlichsten ist, das heißt, in der er sprechen kann. Der Gebrauch der Sprache ist das menschlichste Attribut. Es hängt zeitlich eng zusammen mit der Fähigkeit, auf zwei Beinen zu stehen. Ein Kind sagt seine ersten Wörter etwa zur selben Zeit, in der es seine ersten Schritte macht, ungefähr im Alter von einem Jahr. Das Sprechen und das Stehen auf zwei Beinen trennt den Menschen von den anderen Tieren. Er hat nun eine andere Beziehung zu der Welt um ihn her. Mit seinem fixierenden Sehen schaut er in die Welt hinaus, und es liegt in seiner Natur, zu versuchen, sie zu beherrschen und zu steuern. Er ist nicht länger ein passiver Teilnehmer an den Ereignissen der Natur. Durch seine Manipulation der Umwelt erlegt er der Natur seinen Willen auf. Er wird zum Schöpfer. Als Schöpfer identifiziert sich der Mensch mit Gott, den er als den Schöpfer des Universums ansieht. In diesem Stadium seines Lebens trachtet der Mensch danach, gottähnlich zu sein, d. h. er strebt nach Allwissenheit, Allmacht und Unsterblichkeit, den Attributen der Gottheit. Er blickt zum Himmel und sucht dort seine Inspiration und sein Wissen.

Die Vorstellung, der Mensch habe eine Doppelnatur, ist weit verbreitet. Erich Fromm spricht von der paradoxen Natur des Menschen, die halb animalisch, halb symbolisch ist[1]. Unsere mißliche Lage ist auch als eine bezeichnet worden, in der wir gleichzeitig Gewürm und Götter sind. Diese Dualität läßt sich auch als die von Ich und Körper, Selbst-Bewußtsein und Unbewußtheit, von linker und rechter Gehirnhälfte ausdrükken. Diese Dualität wohnt zwar der Natur des Menschen inne, aber sie hat sich durch einen historischen Prozeß entwickelt, in dem das Ich-Bewußtsein entstand und die matriarchalische Ordnung durch eine patriarchalische ersetzt wurde. Wir haben auch gesehen, daß die Spannung zwischen den Doppelaspekten und Gegensätzen der Natur des Menschen ihn für geistig-seelische Erkrankungen anfällig macht.

Das Rätsel der Sphinx fügt dem Leben des Menschen ein drittes Stadium hinzu. Ohne diese dritte Lebensspanne würde es so scheinen, als seien wir dazu verurteilt, eine geteilte

[1] Erich Fromm: *Das Menschliche in uns*, Zürich/Konstanz, 1968, S. 117.

Existenz zu führen. Was bedeutet das dritte Stadium, in dem der Mensch auf drei Beinen geht? Dies ist wirklich ein seltsames Geschöpf, weder Mensch noch Tier; oder vielleicht ist es zu dieser Zeit ganz Mensch und Tier, wie die Sphinx. Zum Verständnis von Dualitäten oder Widersprüchen ist immer ein Drittes nötig. Im dialektischen Denken nennt man dieses Dritte die Synthese, die die Versöhnung des Gegensatzes zwischen These und Antithese auf höherer Ebene darstellt. Man kann z. B. Geburt und Tod als eine aus dem Leben entstehende dialektische Beziehung betrachten. Die Geburt ist der Anfang und der Tod ist das Ende des Lebens, sie sind daher einander entgegengesetzte Begriffe. Die Synthese ist Wiedergeburt oder ein neues Leben, das aus ihrer Interaktion entsteht. Ohne Geburt und Tod gäbe es keine Wiedergeburt und kein neues Leben.

Ein alter Mann kann sich nicht mehr auf zwei Beinen aufrecht halten, daher der Stock. Er trachtet nicht mehr nach Gottähnlichkeit. Er ist müde, da er sich dem Ende seiner Lebensreise nähert. Er akzeptiert seine Sterblichkeit, und so verliert der Tod seinen Schrecken. Alte Menschen sehen den Tod oft als eine verdiente Ruhe, als ein willkommenes Aufhören der Plagen des Lebens, eine Rückkehr zu den Ahnen. In vielen primitiven Kulturen gehen die alten Leute freiwillig weg, um zu sterben, um der jüngeren Generation keine Last zu sein. Sie tun es ohne Furcht.

Wiedergeburt ist nicht unbedingt Reinkarnation. Sie ist zunächst eine Rückkehr zu den Quellen des Lebens. Der Leib kehrt zur Erde zurück, aus der er gekommen ist, und der Geist wird Teil des kosmischen Energieozeans. Beide werden in der Schöpfung eines anderen lebendigen Leibes wieder zusammenkommen. Das Individuum kehrt zum Universellen zurück und behält keinen individuellen Charakter mehr. Wie Wassertropfen, die ins Meer fallen, verlieren wir unsere Getrenntheit. Der Vergleich mit dem Meer ist passend, denn das Leben, wie wir es kennen, hat im Meer angefangen. Jedes Leben kristallisiert sich aus dem universellen Nährboden heraus. Darum fühlt sich ein Kleinkind so sehr als Teil des Ganzen, darum empfindet ein Kind eine so enge Beziehung zu allen lebenden Geschöpfen. Seine Grenzen sind noch nicht ganz verfestigt, und es steht noch allen Arten von Einflüssen offen.

Das zweite Stadium ist geprägt von einem erhöhten Gefühl der Individualität. Das ist sicherlich auf die Entwicklung und das Wachstum des Ichs zurückzuführen, das dem Menschen ein bewußtes Gefühl seiner selbst verleiht. Aber Individualität bedeutet Getrenntsein. Wir sehen uns nicht mehr als Teil des allgemeinen Lebensvorgangs auf der Erde, sondern als einzigartige Wesen, deren Getrenntheit wichtiger ist als unsere Gemeinsamkeiten. Wir sind nicht nur einfach selbst-bewußt, wir sind ich-bewußt, ja, egoistisch. Und da unser Ich den Tod des Körpers nicht überleben wird, leben wir in der Furcht vor dem Tod. Menschen, die nicht mit ihrem Ich verflochten sind, Menschen, die noch stark mit ihrer animalischen Natur identifiziert sind, haben keine Angst vor dem Tod.

Wenn man älter wird, vermindert sich allmählich das Gefühl des Getrenntseins. Alte Menschen leben nicht auf der Ich-Ebene. Sie sorgen sich nicht um ihre Individualität, sondern um den Strom des Lebens, die Familie, die Gemeinde, die Nation, Menschen, Tiere, Natur, und um das Leben. Sie können leicht sterben, wenn sie sicher sind, daß das Leben tatsächlich weitergeht, denn sie fühlen sich wieder als Teil des Stroms, und bald werden sie Teil des Ozeans sein. Wenn sie sehr alt sind, gehören sie nicht länger zu unserer Zeit und unserem Raum, sondern zu aller Zeit und allem Raum. Laurens van der Post kommt zu demselben Schluß, als er zwei alte Buschmänner beobachtet, die dem Tod ins Auge sehen, weil sie nicht mehr mit der Gemeinschaft mithalten können. »Wir wollen den Mut haben, dem Tod entgegenzutreten und unser Sterben sinnvoll gestalten, vorausgesetzt, daß wir wie diese demütigen, runzeligen alten Buschmänner nicht einen Teil unserer selbst über die Ganzheit des Lebens gestellt haben«[2].

[2] Laurens van der Post: *Die verlorene Welt der Kalahari,* Berlin, 1959, S. 338.

Nun wollen wir jedes dieser Stadien eingehender untersuchen. Man beachte, daß die drei Stadien des Menschen auch mit drei verschiedenen Zeit-Perspektiven verbunden sind. Das Kleinkind lebt, wie alle Tiere, ganz in der Gegenwart. Ein Erwachsener andererseits lebt zum Teil in der Zukunft. Er stellt sich zukünftige Bedürfnisse vor und plant voraus. Menschen können einen Teil ihres Bewußtseins oder das ganze Bewußtsein in die Zukunft projizieren, eine Fähigkeit, die eine vorübergehende Unterbrechung ihrer Realitätswahrnehmung bewirken kann. Ein Mensch kann in einen so lebhaften Tagtraum hineingleiten, daß er nicht mehr merkt, was ihm geschieht. Die schöpferische Fähigkeit des Menschen ist unmittelbar abhängig von seiner Fähigkeit, sein Bewußtsein in die Zukunft zu projizieren.

Die verschiedenen Zeitperspektiven eines Kindes und eines Erwachsenen hängen mit den Grundprinzipien zusammen, auf denen das menschliche Verhalten beruht, dem Lustprinzip und dem Realitätsprinzip. Das erste besagt, daß Organismen nach Lust streben und Schmerz oder Belastung vermeiden möchten. Alle lebenden Geschöpfe, einschließlich des Menschen, gehorchen diesem Prinzip. Es bestimmt das Verhalten eines Kindes ganz und gar. Aber beim Erwachsenen gibt es noch ein zweites Prinzip, das die Wirkungsweise des ersten abwandelt. Das Realitätsprinzip besagt, daß man Lust aufschieben oder eine Unlust um einer größeren Lust willen, oder um eine größere Unlust in der Zukunft zu vermeiden, ertragen kann. Das Wirken des Realitätsprinzips hängt von der Fähigkeit ab, sich eine zukünftige Situation im voraus vorzustellen. Alle Tiere haben diese Fähigkeit in gewissem Maß, da sie die Grundlage des Lernens ist. Beim erwachsenen Menschen ist diese Fähigkeit soviel höher entwickelt und soviel bewußter, daß der Gradunterschied zu einem Wesensunterschied wird.

Schwierigkeiten entstehen, wenn wir kein Gleichgewicht zwischen diesen beiden Perspektiven aufrechterhalten können. Mit zunehmender Industrialisierung herrscht in jeder Kultur die Tendenz, sich immer mehr auf die Zukunft zu konzentrieren. Fast jedermann, vom Schulanfänger bis zur größten Nation, ist mit Plänen, Projekten und Vorhaben beschäftigt. Es ist nicht einfach nur eine Frage der Erreichung eines bestimmten Ziels. Sobald ein Ziel erreicht ist, setzt man sich ein neues. Das nennt man Fortschritt. Dadurch werden die Menschen in endlose Tätigkeit, fortwährendes Tun, den Gegensatz zum Sein, hineingezogen. Wir sind so darauf abgerichtet, vorauszuschauen, daß wir, kaum daß wir unsere Karriere begonnen haben, schon ans Pensionsalter denken und Pläne dafür machen. Sobald ein Kind in die Schule kommt, oder sogar schon vorher, macht das Kind und macht die Familie Pläne fürs College. Die Menschen arbeiten, um sich einen Besitz für die Zeit aufzubauen, wenn sie zu arbeiten aufhören oder sterben; allzuoft geschieht das letztere zuerst.

Dieses übertriebene Augenmerk für die Zukunft beraubt die Gegenwart ihres Sinns und ihrer Lust. Und da die Zukunft aus der Gegenwart erwächst, verwandelt der Verlust der Gegenwart die Zukunft in einen Traum oder eine Illusion. Es ist, als wollte man ein Haus ohne Fundament bauen. Alles, was man damit bauen kann, ist ein Luftschloß. Es ist nicht verwunderlich, daß so viele Menschen in der Depression enden oder so wenig Seinsgefühl haben. Wenn die Zukunft die Gegenwart ersetzt, wenn das Tun das Sein aufhebt, sind wir in Schwierigkeiten. Ein richtiges Gleichgewicht kann hergestellt werden, wenn ein Mensch oder eine Gesellschaft im Körper, in der Gegenwart und im Sein geerdet ist. Dann ruhen das Ich, die Zukunft und das Tun auf einer festen Grundlage. Auf einer tieferen Ebene ruht das Fundament selbst darauf, daß man Teil der Erde und der Natur ist.

Welche Zeitperspektive hat das dritte Lebensstadium? Wenn das Kleinkind in der Gegenwart lebt, der Erwachsene in Gegenwart und Zukunft – wie ist es mit einem älteren Menschen? Wenn man älter wird und die Augen sich mit dem Alter trüben, verblaßt die Zukunft, die Gegenwart ist umwölkt, aber die Vergangenheit wird lebendig und real. Es ist typisch für alte Leute, in der Zeit zurückzublicken. Dies ist wirklich ein erstaunliches Phänomen. Es bedeutet, daß alte Leute unsere Bindeglieder zur Vergangenheit sind und so in der Gesellschaft eine sehr wichtige Funktion erfüllen. Man kann über die Vergangenheit in Büchern nachlesen, aber wenn sie von einem älteren Menschen erzählt wird, der sie erlebt hat, hat sie eine andere Realität.

Das Konzept von drei Stadien im Leben des Menschen oder drei Abschnitten in irgendeiner Analyse der Lebensfunktionen ist dialektisch. Es ist ursprünglich eine Einheit vorhanden, die sich durch das Wirken des Bewußtseins in entgegengesetzte oder antithetische Aspekte spaltet, um auf höherer Ebene wieder eine Synthese zu suchen. Das dialektische Prinzip läßt sich auf die Art der Informationsverarbeitung anwenden. Die beiden einander entgegengesetzten Arten, Informationen zu verarbeiten, sind Verstehen und Wissen. Eintagsküken aus der Brutanstalt »wissen«, was für Futter sie fressen müssen. Aber »Wissen« ist hier nicht das richtige Wort. Sie empfangen Informationen von ihren Seh-, Geruchs- und Geschmacksorganen, die unbewußt verarbeitet werden und ihre Handlungen steuern. Ich nenne dies Verstehen. Wissen bezeichnet den Umstand, daß die Information bewußt verarbeitet wird. Untersuchen wir jede der beiden Arten eingehender, damit wir zu einer Synthese gelangen können.

In der zweiten Auflage von *Webster's New International Dictionary* wird Coleridge zitiert, der sagt, Verstehen sei »das Vermögen, mit den Sinneseindrücken umzugehen und sie zu Ganzen zusammenzusetezn«. Das ist es, was Küken tun, wenn sie manche Dinge aufpicken und fressen, während sie andere liegenlassen. Sie verstehen, was gut für sie ist, und was nicht. Säuglinge haben dieselbe Fähigkeit. Natürlich ist dieses Verstehen auf jene Sinneseindrücke beschränkt, deren Bedeutung ihr Gehirn durch die Evolutionsgeschichte der Art gelernt hat. Ein Kind – oder sogar ein Küken – hat Millionen Jahre der Evolutionsgeschichte »hinter sich«, die die Leibseele informiert haben, was es bedeutet, ein Kind oder ein Küken zu sein. Das Verständnis ist in den Körpergeweben verteilt, die spüren und »verständig« auf die natürliche Umgebung reagieren. Seifritz, der viele Jahre damit zugebracht hat, die Schleimformation zu untersuchen, sagt über das Protoplasma: »Ich kann nicht sagen, das Protoplasma sei intelligent, aber es tut das, was intelligent ist.«

Interessanterweise leitet Jaynes das Verständnis auch von dem ab, was zugrundeliegt. In der Machthierarchie der »Zweikammer«-Königreiche steht der Mensch unter seinem Gott. Jaynes deutet eine Inschrift auf einer Stele etwa aus dem Jahr 1750 v. Chr. und sagt: »Hammurabi hört aufmerksam zu, während er gerade unterhalb von ihm steht (»untersteht« = understands)«[3]. Da die Götter nach Jaynes eine Funktion der rechten Gehirnhälfte sind, die sich mit Ganzheiten befaßt, können wir das Verstehen mit dieser Hemisphäre in Verbindung bringen, im Gegensatz zum Wissen, das eine Funktion des analytischen Vermögens der linken Gehirnhälfte wäre.

Das Wissen gehört zum zweiten Lebensstadium, dem einzigartig menschlichen Stadium. Das Wörterbuch definiert es als die Bekanntschaft mit Fakten, Wahrheiten und Prinzipien, die man aus Studium und Untersuchung gewinnt. Es betrifft den bewußten Erwerb von Information. Am Wissen ist der Gebrauch der Sprache und anderer Symbole beteiligt. Wenn das Verstehen mit den Fühlvorgängen des Körpers verbunden ist, ist das Wissen mit den Denkvorgängen des Geistes verbunden. Allgemein ausgedrückt: Verstehen ist ein Spüren von unten, vom Körper her, während Wissen ein Sehen von oben, vom Verstand oder Kopf her ist. Der Unterschied zwischen Verstehen und Wissen wird klar, wenn wir die Sexualität betrachten. Ich glaube, daß ein Kleinkind versteht, was Sexualität ist. Das sollte uns nicht überraschen. Es ist zeitlich noch nicht weit entfernt von seiner Empfängnis während eines Geschlechtsakts, und noch näher steht es seiner Geburt, dem Endprodukt dieses Akts. Sexualität ist Teil seiner Natur, aber in diesem Stadium hat es kein Wissen von diesen Dingen.

[3] Julian Jaynes: *The Origin of Consciousness in the Breakdown of the Bicameral Mind*, Boston, 1976, S. 199.

Wissen ist eine Ich-Funktion, die, während sie sich entwickelt, schließlich in bezug auf den Körper eine objektive und überlegene Stellung einnimmt. Es wäre sehr schön, wenn unser Wissen mit sich vertiefendem Verständnis wüchse, aber leider ist dies selten der Fall. Sehr oft steht das, was wir denken, im Widerspruch zu unserem Verständnis, und in dem Konflikt zwischen beiden neigen wir dazu, uns stark auf unser Wissen zu verlassen und unser Verständnis zu verleugnen. Lassen Sie mich ein Beispiel anführen. Wir wissen, daß Macht auf dieser Welt eine wichtige Kraft ist, und daß wir ohne sie verwundbar sind. Wir sind deshalb bereit, ihr enorme Opfer zu bringen. Wir opfern unsere Lust, unsere Integrität und unseren Seelenfrieden der Macht in Form von Geld und Erfolg. Wir *verstehen,* daß Lust, Integrität und Seelenfrieden für unser Wohlbefinden wesentlich sind, aber wir *wissen* nicht, daß dies so ist. Es ist keine beweisbare Tatsache wie die Wirkung der Macht. Wir neigen also dazu, uns über dieses Verständnis hinwegzusetzen. Hier ist noch ein Beispiel. Kinderärzte haben die Ernährungsbedürfnisse von Säuglingen seit langer Zeit studiert, und sie haben ein gewisses Wissen über diesen Gegenstand erworben. Primitive hatten dieses Wissen nicht, aber sie hatten ein Verständnis, wie sie ihre Kinder nähren mußten, und es funktionierte. Als jedoch unser Wissen zunahm, wurde das Stillen immer mehr abgeschafft. Die Menschen scheinen mehr Vertrauen zum Wissen als zum Verstehen zu haben. Noch ein Beispiel: Uns allen ist selbstverständlich, daß der Mensch ein Teil der Natur ist, und daß seine Existenz vom ökologischen Gleichgewicht in der Natur abhängig ist. Aber je mehr Wissen wir über die Naturgesetze erworben haben, und je mehr wir gelernt haben, die Natur so zu lenken, daß sie unsere Bedürfnisse erfüllt, desto stärker neigen wir dazu, das unserer animalischen Natur innewohnende Verständnis unbeachtet zu lassen.

Warum? Nun, Wissen ist Macht, die Macht, die Ergebnisse zu steuern, indem man die Ursachen manipuliert. Dies gibt dem Menschen den Eindruck, er sei gottähnlich, wodurch seine

Ängste gelindert werden und seine Unsicherheit gemildert wird. Verstehen bietet keine solchen trügerischen Belohnungen. Aber es sind trügerische Belohnungen, weil wir mit zunehmender Macht an größerer Angst und Unsicherheit zu leiden scheinen als vorher. Und immer mehr Menschen brauchen eine Therapie, um mit diesen Störungen ihres Wohlbefindens fertigzuwerden.

Die Schwäche in unserem Vertrauen auf Wissen und Macht besteht darin, daß das Wissen unvollkommen und unvollständig und die Macht zu begrenzt ist. Nur Gott ist allwissend und allmächtig, und es ist eine Illusion zu glauben, daß wir Götter werden können. Unser Wissen muß immer Stückwerk bleiben, weil wir nur ein Teil der gesamten Ordnung der Natur sind. Wir können nur einen Aspekt auf einmal sehen. In der Physik ist dies bekannt als die »Unschärferelation«. Sie besagt, daß wir in bezug auf sehr kleine Teilchen wie z. B. Elektronen, wenn wir ihre Position kennen, nicht ihre Bewegungsrichtung oder ihre Geschwindigkeit bestimmen können. Wenn wir die beiden letzteren herausbekommen, können wir die Position nicht wissen. Leider wird der Durchschnittsmensch in unserer Kultur so geschult, daß er Wissen für Gewißheit hält.

Wenn man Fakten durch eigenes Studium und eigene Forschung erfahren hat, ist das eigene Wissen ziemlich gewiß. Allzuviel von dem Wissen, das wir als selbstverständlich ansehen, stellt jedoch die Aussprüche von »Autoritäten« dar, die zu häufig so reden, als hätten sie die Allwissenheit Gottes. Und wenn Wissen in Buchform vorgelegt wird, achten die Menschen es, als sei es heilig. Das ist gefährlich, denn es erschüttert die Rolle des Verstehens. Statt unser Wissen auf Verständnis zu gründen, versuchen wir, unser Verständnis aus dem Wissen zu beziehen. Das ist, als wollte man ein Haus auf den Kopf stellen und es aufs Dach setzen. Kein Vater und keine Mutter kann ein Kind dadurch verstehen, daß er (sie) Bücher über Kinderpsychologie liest, und kein Therapeut kann einen Patienten verstehen, indem er Bücher über klinische Psychologie studiert. Verstehen ist ein Einfühlungsvorgang, der von der harmonischen Reaktion eines Körpers auf einen anderen abhängt.

Damit soll nicht der Wert des Wissens verneint werden. Es ist lediglich eine Frage der Prioritäten. Wenn ich mit einem Patienten arbeite, stütze ich mich stark auf meine einfühlende Reaktion auf den betreffenden Menschen. Durch meinen Körper kann ich spüren, wie er sich hält und wie er in der Welt steht. Bevor ich ein Gefühl des Betreffenden habe, kann ich nichts unternehmen, denn ich hätte nichts, wonach ich mich richten könnte, außer Wissen, und mein Wissen mag gar keine Relevanz dafür haben, wo dieser Patient gerade ist. Die Einfühlungsreaktion steigt spontan aus meinem Unbewußten auf, und sobald das geschehen ist, kann ich mein Wissen benützen, um dem Patienten meine Reaktion zu interpretieren. Um auf diese Weise vorgehen zu können, muß ich meinem Gespür vertrauen. Wenn ich es nicht tue, ist es unverständig.

Wenden wir uns nun dem dritten Stadium des Menschen zu, in dem wir vielleicht eine Synthese des Konflikts zwischen Wissen und Verständnis finden werden. Diese Synthese heißt Weisheit, ein Begriff, den wir mit dem Alter verknüpfen. Weisheit ist die Erkenntnis, daß ein nicht auf Verständnis gegründetes Wissen sinnlos ist, weil es keinen Bezug zum Ganzen hat. Andererseits ist Verständnis ohne Wissen ohnmächtig, weil ihm die faktischen Informationen fehlen, die nötig sind, um eine Lage zu beherrschen oder eine Veränderung herbeizuführen. Ein älterer Mensch hat als Kind in der Gegenwart gelebt, als Erwachsener auf die Zukunft geblickt; jetzt, da er nach rückwärts schaut, kann er sehen, worum alles geht. Weisheit ist die Erkenntnis, daß das Leben eine Reise ist, deren Bedeutung im Unterwegssein liegt und nicht im Ziel. Ein Weiser ist insofern wie die Sphinx, als er in sich die gegensätzlichen Kräfte der menschlichen Natur, den animalischen Leib und den gottähnlichen Geist, miteinander versöhnt hat.

Im Grunde geht es bei der Therapie um den Erwerb von Weisheit. Man blickt zurück auf die Vergangenheit in einer Bemühung, zu einem Verständnis einer selbst zu gelangen, das, wenn man es der Lebenskenntnis hinzufügt, Weisheit entstehen läßt. Da die Vergangenheit im Selbst, im Unbewußten, begraben ist, bedeutet die Rückschau auch ein Nach-innen-Blicken. Das bei dieser Suche gewonnene Verständnis nennt man Einsicht. In der Bioenergetik geht diese Suche auf zwei parallelen Wegen vor sich: durch die Analyse von Erinnerungen, Träumen, Assoziationen und der Übertragungssituation und durch den Körper, den Speicher jeglicher Erfahrung. Ich habe das Vorgehen der Bioenergetik an anderer Stelle beschrieben, und ich möchte meine Leser auf jene Studie verweisen[4].

Man braucht nicht alt zu sein, um eine gewisse Weisheit zu erwerben. Sie würde sich ganz natürlich entwickeln, wenn das Wissen, das wir lernen, mit dem Verständnis, das wir haben, integriert würde, wenn unser Herz mit unserem Körper wahrhaft eins wäre. Aber das liegt nicht im Wesen unserer Kultur, die diese Aspekte des Menschen spaltet. Um heute Weisheit zu erlangen, muß man lange genug gelebt haben, um mit einiger Objektivität in die Vergangenheit zurückblicken zu können. Das erklärt, warum Jung glaubte, die Analyse wirke am besten bei Menschen über Vierzig. Es erklärt auch, warum es schwierig ist, mit Kindern und Jugendlichen eine konventionelle analytische Therapie durchzuführen. Kinder leben zu sehr in der Gegenwart, während die Augen der Jugendlichen auf die Zukunft gerichtet sind. Das ist auch, wie es sein sollte, denn junge Leute brauchen ihre Träume, und Kinder brauchen ihre Unschuld. Aber oft brauchen sie auch Hilfe. Es gibt viele Möglichkeiten, ihnen zu helfen. Die Arbeit mit dem Körper ist meiner Ansicht nach eine der besseren Möglichkeiten. Familientherapie ist ein weiterer wirksamer Ansatz, der, indem er sein Augenmerk auf die Interaktion zwischen Eltern und Kindern richtet, die Türen für eine Kommunikation zwischen ihnen öffnet.

Das Erlangen von Weisheit ist ein Prozeß, bei dem man die

[4] Alexander Lowen: *Bioenergetik,* Bern/München, 1976.

Widersprüche in der menschlichen Natur, auch in der unserer Eltern, erkennt und akzeptiert. Zunächst sind wir aufgebracht, ja, sogar wütend über diesen Mangel an Liebe, ihre Manipulation und ihre Dickfelligkeit. Wir empfinden Traurigkeit über ihre fehlende Reaktionsbereitschaft, und wir erleben die Angst, die ihre Mißbilligung und Feindseligkeit in uns geweckt haben. Wir weinen, schreien und wüten wegen des Schmerzes, der von diesen frühen Verletzungen in unserem Körper zurückgeblieben ist. Diese Gefühle sind gültig, denn sie sind wir, und wir sind sie. Jedes Gefühl ist eine Selbstwahrnehmung (zu fühlen heißt, das Selbst in Bewegung – Emotion wahrzunehmen). Das Verleugnen oder Unterdrücken eines Gefühls reduziert das Selbst und tötet es ab. Aber mit der Zeit, wenn unser Schmerz ein Ventil gefunden hat, fangen wir auch an, unsere Eltern gemäß ihrer eigenen Lebenssituation zu verstehen. Dann, wenn wir von unserer Verhaftung an die Vergangenheit frei werden, erkennen und spüren wir, daß unsere Eltern uns geliebt haben, so gut sie konnten. Denn es gibt kein Leben ohne Liebe.

Weisheit bedeutet, in das Herz der Dinge sehen, unter die Oberfläche unserer Widersprüche, dorthin, wo weder gut noch böse ist, weder richtig noch falsch. Es bedeutet, den Menschen als Tier zu sehen, das er ist, das darum kämpft, Sicherheit zu gewinnen und dennoch frei zu sein, produktiv, aber auch voll Freude zu sein, Lust zu suchen, aber auch Schmerz zu kennen, auf Transzendenz zu hoffen und dennoch zufrieden zu sein, daß es in einem fest umrissenen Körper enthalten ist. Es bedeutet, zu wissen, daß Liebe ohne die Möglichkeit des Hasses nicht existiert. Es heißt zu wissen, daß es eine Zeit zum Leben gibt und eine Zeit zum Sterben. Es heißt, die Herrlichkeit des blühenden Lebens zu erkennen, die allzu rasch zu welken scheint, aber eine Saat hinterläßt, die zu ihrer Zeit blühen wird. Es heißt, zu wissen, daß das Individuum dazu da ist, das Leben zu feiern.

Die Versöhnung der Widersprüche

Die menschliche Natur ist voller Widersprüche. Einer davon dreht sich um die viel debattierte Frage des freien Willens. Ist unser Verhalten unserer Wahl anheimgestellt, oder ist es bedingt und bestimmt durch frühere Erlebnisse?

Wir alle glauben, daß wir innerhalb bestimmter Grenzen bewußt entscheiden, wie wir auf Situationen reagieren. Suchen wir nicht bewußt die Kleider aus, die wir morgens anziehen, die Nahrung, die wir essen, die Berufe, die wir ergreifen und die Menschen, die wir heiraten? Können wir uns nicht aussuchen, ob wir ehrlich oder falsch, gütig oder grausam, großzügig oder selbstsüchtig sein wollen? Zu leugnen, daß ein Mensch in seinem Leben Entscheidungen fällt, widerspricht unserer Selbsterfahrung. Bei unzähligen Gelegenheiten im Lauf des Tages suchen wir es uns bewußt und absichtlich aus, das eine zu tun und das andere zu lassen. Solange wir bei Bewußtsein sind und im Vollbesitz unserer Kräfte, scheint es uns, als hätten wir eine Wahl.

Doch alle analytischen Beweise deuten darauf hin, daß unser Verhalten durch früher Erlebtes bestimmt wird. Diejenigen unter uns, die irgendeine Form analytischer Therapie praktizieren, studieren die Vergangenheit eines Menschen, um zu begreifen, warum er so empfindet und sich so verhält, wie er es in der Gegenwart tut. Wenn wir tief und sorgfältig in das Unbewußte des Betreffenden eindringen, können wir im allgemeinen mit einigen Antworten aufwarten, die sein Verhalten erklären. Hier folgt ein Beispiel.

Ein Mensch sucht bei uns Hilfe, weil er keine wesentlichen Beziehungen zu anderen Menschen herstellen kann. Er fürchtet, abgelehnt zu werden, er fühlt sich abgelehnt, und er handelt so, daß er Ablehnung herausfordert. Er kann sich nicht öffnen und nicht auf andere zugehen. Obwohl er sich dringlich Kontakt zu anderen wünscht, zieht er sich zurück und verschließt sich, wenn ihm der Kontakt angeboten wird. Warum? In einem solchen Fall deckt die Analyse ausnahmslos auf, daß der Betreffende in der frühen Kindheit eine schwere Ablehnung erlebt hat, die so schmerzhaft war, daß er sich in Selbstverteidigung zusammengezogen und verschlossen hat. Als Erwachsener hat er das Gefühl, er könne es nicht wagen, noch eine Ablehnung zu riskieren, weil er sie vielleicht nicht überleben würde. Er meidet diese Gefahr, indem er sich abseits hält, zurückgezogen und in einem Zustand des Abgelehntseins. Es tut nicht weh, wenn man abgelehnt wird, weil man sich nicht öffnet. Es tut nur dann weh, wenn man sich öffnet, auf jemanden zugeht, und nun abgewiesen wird. Solange man zusammengezogen bleibt, besteht weder Hoffnung noch Schmerz, nur Alleinsein.

Kann man in einem derartigen Fall von freier Wahl sprechen? Hat ein Mensch die Wahl, ob er seine Hand ins Feuer legen soll oder nicht? Wenn man sich beim Berühren eines heißen Ofens gebrannt hat, wird man sich davor in acht nehmen, noch einmal einen Ofen anzufassen. Aber nur ein Narr wird es darauf ankommen lassen, wenn er sich schon zweimal die Finger verbrannt hat. Gemachte Erfahrungen strukturieren unser Verhalten so, daß das Überleben gesichert wird. Wir verschließen uns, panzern uns oder ziehen uns zurück – nicht aus freier Entscheidung, sondern weil es notwendig ist. Niemand sucht sich absichtlich einen neurotischen Lebensstil aus, denn er ist eine Einschränkung des Seins. Der Vorgang der Panzerung ist ein Überlebensmechanismus, eine Möglichkeit, unerträglichen Schmerz zu vermeiden. Dann, wenn das Sich-Verschließen oder Sich-Panzern zur Körperstruktur geworden ist, d. h. wenn es unbewußt geworden ist, haben wir in der Gegenwart nicht mehr die Wahl, ob wir uns öffnen und auf jemanden zugehen wollen oder nicht. Eine verschlossene Tür kann man ohne den Schlüssel nicht öffnen.

Psychologie nützt in dieser Situation nur wenig. Man kann jemandem zum Bewußtsein bringen, daß er sich in seiner Verschlossenheit immer abgelehnt fühlen wird; daß ihn andere, wenn er sich nicht öffnet, notwendigerweise ablehnen werden. Aber er kann seine Verhaltensweise nicht ändern, indem er einen Entschluß faßt. Das liegt daran, daß sich die bewußte Verhaltensänderung auf willkürliche Handlungen beschränkt. Das Bewußtsein wirkt durch das Ich und befehligt die willkürlichen Bewegungen des Körpers. Aber bei jenen Bewegungen, die mit unterdrückten Gefühlen zusammenhängen, hat es diese Befehlsgewalt abgegeben. Die Unterdrückung von Gefühlen bringt einen Zustand chronischer Kontraktion mit sich, und zwar in den Muskeln, die das betreffende Gefühl ausdrücken würden. Chronische Muskelverspannung ist unbewußt, d. h. der Betreffende fühlt weder die Spannung noch den Muskel und hat daher keine Gewalt über die Bewegungen des Muskels. Außerdem ist das Fühlen allgemein nicht dem Willen unterworfen. Ein Mensch kann seinen Willen einsetzen, um die Handlung des Ausgreifens zu vollziehen, aber ohne Gefühl ist die Bewegung mechanisch und unwirksam. Es gibt keine Möglichkeit, die unbewußten körperlichen Vorgänge, die die Persönlichkeit geformt und ihre Reaktionen determiniert haben, *direkt* zu beeinflussen.

Man nehme den Fall eines Menschen, der gegen ein übermäßiges Bedürfnis nach Macht und Herrschaft kämpft. Die Analyse zeigt ausnahmslos, daß er als Kind unter einem Gefühl so großer Hilflosigkeit und Ohnmacht gelitten hat, daß er das Gefühl hatte, sein Überleben sei bedroht. Sein Machtstreben kann daher als ein Mittel angesehen werden, sein Überleben zu sichern. Auch hier war es nicht eine Frage des freien Willens, sondern der Notwendigkeit. Wir können auch den Fall eines Menschen betrachten, dessen Verhalten unterwürfig und passiv ist. Ist dies die Folge einer freien Entscheidung? Wieder einmal würde die Analyse offenbaren, daß dies nicht so war, daß der Betreffende dieses Verhaltensmuster angenommen hat, um zu überleben. Das Kind hat seine Familiensituation so erlebt, daß es nur zwei Möglichkeiten gab: sich zu unterwerfen und zu überleben oder sich aufzulehnen und vernichtet zu werden. Das kann man nicht als eine freie Entscheidung betrachten.

Diese analytischen Feststellungen (von denen einige schon fünfundsiebzig Jahre alt sind) sind unbestreitbar. Es gibt

überwältigende Beweise dafür, daß sogar unsere sogenannte freie Wahl des Berufes, des Partners, des Wohnorts usw. weitgehend durch unsere frühkindlichen Erfahrungen bestimmt ist. Wenn wir uns durch eine Analyse selbst kennenlernen, wird uns klar, wie sehr unsere Reaktionen als Erwachsene durch Ereignisse in der Kindheit bedingt waren. Ich kann heute noch keinen Haferbrei essen, weil mir als Kind die Klümpchen im Hals steckengeblieben sind, so daß ich meinte, ich müßte ersticken. Meine Mutter hat trotzdem darauf bestanden, daß ich ihn aß. Zahllose Fälle dieser Art von Konditionierung lassen sich aus der Lebensgeschichte jedes beliebigen Menschen entnehmen. Man fragt sich daraufhin, wieviel freie Entscheidung man im Leben wirklich hat.
Die Annahme des Determinismuskonzepts stellt jedoch ein großes Dilemma dar. Wenn das Verhalten weitgehend vorherbestimmt ist und nur wenig dem freien Willen überlassen ist, wie verantwortlich ist dann ein Mensch für seine Handlungen? Wie sollen wir uns zu kriminellem Verhalten einstellen, das in jedem Fall, wo die Analyse der Herkunft und Geschichte des Betreffenden tief und gründlich ist, auf die Konditionierung durch frühkindliche Erlebnisse zurückgeführt werden kann? Sollen wir sagen, solches Verhalten müsse straflos bleiben, weil ein Mensch in Situationen, in denen er keine freie Wahl gehabt hat, nicht verantwortlich gemacht werden kann?
Natürlich kann die Gesellschaft nur auf Grund der Annahme funktionieren, daß ein Erwachsener für seine Handlungen verantwortlich ist. Auf jeder anderen Grundlage wäre ein soziales Leben unmöglich. Aber diese Annahme setzt die Existenz von Willensfreiheit voraus, ebenso die Gelegenheit, zwischen richtig und falsch zu wählen. Nach der Genesis wurde der Mensch, als er die Frucht vom Baum der Erkenntnis aß, wie Gott, und konnte Gut und Böse unterscheiden. Er gab die Unschuld auf, die das Tier charakterisiert, und damit verlor er die paradiesische Seligkeit der Unwissenheit. Mit dieser Erkenntnis wurde der Mensch zum Homo sapiens. Da er richtig und falsch unterscheiden kann, kann man ihn für seine

Handlungen verantwortlich machen. Nach diesem Grundsatz entschuldigen wir die Vergehen kleiner Kinder, die noch als Tiere betrachtet werden, und die Geisteskranken, die nicht urteilsfähig sind.

Der Widerspruch zwischen Determinismus und Willensfreiheit läßt sich nicht aufheben. Wenn man *zurück*blickt, sieht es so aus, als sei unser Verhalten vorherbestimmt. Wenn man *voraus*schaut, sieht es so aus, als könnten wir, da wir Recht und Unrecht unterscheiden können und einen Willen haben, dieses Wissen konstruktiv oder destruktiv benützen. Wenn wir sagen, beide Ansichten vom Zustand des Menschen seien gültig, es komme nur auf den Blickwinkel an, erlangen wir eine gewisse Weisheit. Wir haben den Widerspruch versöhnt. Weisheit ist die Fähigkeit, vorwärts und rückwärts zu schauen, beide Seiten des Lebens ohne Illusionen zu sehen.

Aber ist es nicht eine Illusion, zu glauben, der Mensch *kenne* den Unterschied zwischen richtig und falsch? Seine Eltern bringen ihm gewisse Verhaltensregeln bei, die sie von ihren Eltern übernommen haben. Diese Regeln sind in den verschiedenen Kulturen unterschiedlich; dennoch glaubt jede Kultur, ihre Regeln beruhten auf einer Kenntnis von gut und böse. Wenn diese Überzeugung richtig wäre, wäre der Mensch wie Gott. Aber wenn diese Überzeugung eine Illusion ist, können wir doch erkennen, daß die Illusion vielleicht nötig ist, um die Regeln mit überlegener Autorität auszustatten. Eine Gesellschaft pflegt bestimmte Verhaltensregeln anzunehmen, um das soziale Leben zu erleichtern, und wenn die Gemeinschaft gedeiht, werden die Regeln für die betreffende Gemeinschaft zur feststehenden Wahrheit. Man mag dann vergessen, daß sie durch den Brauch und nicht durch göttliches Gesetz festgelegt worden sind. Die wichtige Frage bei jeder Verhaltensregel ist, ob sie das Wohl der Gemeinschaft fördert. Ein Weiser kann diesen Widerspruch akzeptieren und mit ihm leben. Ihn beunruhigen Aussagen wie »es scheint« nicht. Er hat keine Illusionen im Hinblick auf die Gewißheit des menschlichen Wissens.

Das Problem »Willensfreiheit kontra Determinismus« ist nicht nur eine philosophische Frage. Sie liegt im Kern der therapeutischen Unternehmung. Wieviel freie Entscheidung hat ein Patient in bezug auf sein neurotisches Verhalten? Wenn ich mit einem Patienten arbeite, gehe ich immer davon aus, daß er nicht in der Lage ist, seinen Zustand zu ändern, also in dieser Hinsicht hilflos ist. Wenn ich dies nicht glauben würde, müßte ich ihn beschuldigen, er simuliere, er habe es sich wegen der sekundären Gewinne, die das Kranksein zu bieten hat, ausgesucht, krank zu sein. »Krank spielen« ist eine Möglichkeit, die Aufmerksamkeit auf sich zu lenken. Selbstzerstörerisches Verhalten ist eine Methode, sich an jemandem zu rächen. Ein Kind z. B. ißt sein Abendbrot nicht, um seiner Mutter einen Tort anzutun. Aber in diesem Fall können wir annehmen, daß das negative Verhalten deswegen erscheint, weil ein positives Verhalten unlustvoller wäre. Ein Kind wird möglicherweise auf sein Abendessen verzichten, wenn das Essen erfordern würde, daß es auch seine Demütigung oder Kränkung mit hinunterschluckt. Wir können auch verstehen, daß das Kind, das »krank spielen« muß, um Zuwendung zu bekommen, in Wirklichkeit vielleicht wegen des Mangels an Zuwendung tief betrübt ist.

Aber wenn ein Patient es nicht in der Hand hat, seine Neurose zu überwinden, welche Verantwortung hat er dann? Er ist natürlich für sein Leben verantwortlich wie jeder andere Erwachsene. Niemand kann für ihn atmen, für ihn fühlen oder für ihn leben. Wenn er sein Leben nicht lebt, geht es verloren. Er ist sich selbst verantwortlich dafür. Ein Teil dieser Verantwortung betrifft das Verstehen seiner selbst, wozu das Spüren der Befürchtungen, Ängste und Schuldgefühle gehört, die ihn daran hindern, ganz lebendig zu sein. Niemand kann seine eigenen Ängste überwinden, denn das wäre gleichbedeutend mit dem Einsatz des Selbst, um das Selbst zu überwinden, was eine Unmöglichkeit ist. Ein Patient erreicht keine Besserung, indem er sich über seine Schwierigkeiten hinwegsetzt, sondern dadurch, daß er sie annimmt und versteht. Er erfährt, daß seine

Befürchtungen und Ängste von Situationen aus seiner frühen Kindheit herrühren, die nur noch in seiner Vorstellung existieren. Wenn er Abwehrmechanismen aufgeben kann, die mit diesen Situationen zusammenhängen, kann er eine Befreiung von den Befürchtungen, Ängsten und Schuldgefühlen erleben, die sein Sein einschränken.

Das Aufgeben der Abwehrhaltung und -einstellung erfordert keine Willensanstrengung. Es ist das, was wir Therapeuten als »Loslassen« bezeichnen. Es ist eigentlich ein Loslassen des Willens, ein Sich-Hingeben an die natürlichen und spontanen Körper- und Lebensprozesse. Das Abwehrsystem hat sich zwar ursprünglich als ein Mittel zum Überleben entwickelt, aber in der Gegenwart ist es eine Abwehr gegen das Leben und stellt eine Angst vor dem Leben dar. Es ist durch den Einsatz des Willens errichtet worden, und sein Fortbestand ist an den fortgesetzten Einsatz des Willens gebunden, wenn auch dieser Einsatz unbewußt ist. Der Patient muß dessen gewahr werden, daß er seinen Willen einsetzt, eine Anstrengung unternimmt oder etwas tut, womit er sich unbewußt gegen das Leben wehrt.

Ich möchte diese Vorstellung näher erläutern. Der Grundmechanismus für die Unterdrückung von Gefühlen ist die Hemmung der Atmung. Indem wir die Sauerstoffaufnahme einschränken, dämpfen wir das Feuer des Stoffwechsels und setzen unser Energieniveau herab. Dies wiederum vermindert die Intensität unserer Gefühle und macht es leichter, sie zu unterdrücken oder zu beherrschen. Wenn man unterdrückte Gefühle mobilisieren will, muß man also den Patienten dazu bewegen, tiefer zu atmen. Dies ist die Technik, die Reich bei mir angewendet hat, als ich sein Patient war. Es ist eine wirksame Technik, und zuweilen brachen in mir starke Gefühle auf[5]. Zu vielen anderen Zeiten lag ich jedoch atmend auf dem Bett, und nichts geschah. Ich atmete zu flach. Reich, der mir gegenüber saß, pflegte dann zu sagen, ich sollte tiefer atmen. Ich ging darauf ein und bemühte mich, seiner Anweisung zu

[5] Ich habe einige Aspekte meiner Therapie bei Wilhelm Reich im ersten Kapitel meines Buches *Bioenergetik* beschrieben.

folgen, aber das funktionierte auch nicht. Die Bemühung erforderte einen Einsatz meines Willens, der eine hemmende Wirkung auf Gefühl und Emotion hatte, weil damit eine bewußte Steuerung verbunden war. Aus demselben Grund wecken Atemübungen keine Gefühle. Es geht darum, das Atmen geschehen zu lassen, und nicht darum, es zu *machen.*

Ich sollte loslassen, mich dem spontanen Atmen meines Körpers hingeben, denn nur so konnte ich das volle Potential meiner orgastischen Potenz erlangen. Der vollständige Orgasmus ist die intensivste spontane Aktivität des Körpers. Man »macht« einen Orgasmus nicht, und man muß das Atmen nicht »machen«. Das Atmen ist wie der Orgasmus eine natürliche, unwillkürliche Tätigkeit des Körpers. Mein flaches Atmen beruhte darauf, daß ich unbewußt meine Atmung einschränkte und teilweise den Atem anhielt, weil ich Angst hatte, nachzugeben und die unwillkürlichen Körpervorgänge das Kommando übernehmen zu lassen. Diese Erkenntnis ermöglichte mir das Loslassen, und ich fing an zu weinen. Mir wurde bewußt, wie stark ich mich davor zurückhielt, meine Gefühle auszudrücken. Das »Festhalten« durch Muskelanspannung ist ein Tun, eine Willenshandlung. Loslassen ist ein Unterlassen des Tuns, das dem Leben erlaubt, zu strömen. Das Leben ist spontane Bewegung, die keinen Willenseinsatz erfordert.

Der Wille ist eine Ich-Funktion und stellt die Herrschaft des Ichs über die willkürliche Bewegung dar. Durch diese Herrschaft kann das Ich Handlungen in Gang setzen, die dem unmittelbaren Körpergefühl zuwiderlaufen. Ein Mensch mag Lust haben, einen Wettlauf aufzugeben, aber sein Wille kann ihn bis zum Sieg vorwärtstreiben. Er mag angesichts einer Gefahr zu Tode erschrocken sein, aber mit genügend Willenskraft kann er seine Furcht bezwingen und die Gefahr überwinden. Der Wille ist keine negative Kraft, obwohl er gegen die Interessen des Menschen selbst eingesetzt werden kann. Er ist eine zusätzliche Kraft, die den Körper antreibt, wenn das Gefühl für diese Aufgabe nicht ausreicht. Normalerweise wird er nur in Notfällen eingesetzt[6]. Wenn der Wille das Kommando übernimmt, wird der Körper vom Ich eingespannt, wie ein Pferd vom Kutscher eingespannt wird. Der Wille dient auch der Art und Weise, wie das Individuum in das patriarchalische System und für seine Wertvorstellungen eingespannt wird: für Macht, Produktivität und Fortschritt.

Der Widerspruch im modernen Denken liegt in der Annahme, Macht und Produktivität machten frei. Die Logik hinter dieser Überzeugung besagt, mit genügend Macht könne der Mensch tun, was er will. Es steht außer Zweifel, daß die Fähigkeit des Menschen, etwas zu *machen*, sehr stark zugenommen hat, je mehr Wissen und Macht er erlangt hat. Und unter einem bestimmten Gesichtspunkt kann man sagen, die größere Mobilität und der erweiterte Wirkungskreis des Menschen bedeuteten mehr Freiheit, als seine Ahnen kannten. Jaynes bezeichnet den frühen Zivilisationsmenschen als einen Sklaven der Götter. Wir halten das Tier für einen Sklaven seiner Instinkte. Aber wir sind, wie Freud erklärt hat, durch ein Schuldgefühl ebenso an unser System gebunden. Wir sind buchstäblich durch chronische Muskelverspannungen gefesselt, die unsere Atmung einschränken, unsere Energie herabsetzen und den freien Gefühlsausdruck hemmen. Wir werden tatsächlich von einem Ich beherrscht, das ebenso tyrannisch sein kann wie jeder Despot.

Das menschliche Dilemma entsteht, weil die Bemühung, die Natur oder das Schicksal zu überwinden, zu einem noch entsetzlicheren Schicksal führen kann als dem, das der Betreffende zu vermeiden versucht. Es sieht also so aus, als sei die innere Unsicherheit des Menschen um so größer, je mehr äußere Sicherheit er sich aufbaut. Ähnlich scheint es, daß er um so weniger innere Freiheit hat, je mehr äußere Freiheit er gewinnt.

Einer der Widersprüche der menschlichen Natur ist der, daß das Gewahrsein der Freiheit durch ihren Verlust bedingt ist.

[6] Siehe Alexander Lowen: *The Betrayal of the Body*, New York, 1969. Dt. *Der Verrat am Körper*. Bern/München, 1980.

Wir halten ein Tier, das im natürlichen Zustand lebt, für wild und frei, weil es tun kann, was es will. Es kann frei nach seinen Wünschen handeln. Das Tier selbst ist sich jedoch nicht dessen bewußt, daß es frei ist. Dieses Bewußtsein kann nur entstehen, wenn der Zustand der Freiheit mit seinem Gegenteil verglichen werden kann. Nur wenn man die Freiheit verloren hat, kann man sich dessen bewußt werden, was Freiheit ist. Bewußtsein entwickelt sich durch die Erkenntnis von Gegensätzen[7]. Nach demselben Prinzip kann der Begriff der Liebe nur aus der Erfahrung ihres Verlusts entstehen. Ein Kleinkind, das diesen Verlust noch nicht erlebt hat, ist nur der Lust und Erfüllung seines Daseins gewahr. Wie ein Tier lebt auch das Kleinkind in der Seligkeit der Unwissenheit: unschuldig und in Unkenntnis des Schicksals. Ein Erwachsener, der ein Ich-Bewußtsein entwickelt hat, schaut auf die Zukunft und hat einen Begriff vom Schicksal. Aber gerade durch diese Fähigkeit läuft er Gefahr, seine Freiheit im Kampf gegen das Schicksal zu verlieren.

Der Begriff der Freiheit hängt mit der Vorstellung von der Willensfreiheit in dem Sinn zusammen, daß es ohne das Recht der freien Wahl keine Freiheit gibt. Gewiß wird die Freiheit eines Menschen eingeschränkt, wenn man ihm dieses Recht versagt, falls Wahlmöglichkeiten vorhanden sind. Andererseits stellt das Fehlen von Wahlmöglichkeiten keinen Verlust der Freiheit dar. Bei Familien, wo alle essen, was für den Tag zubereitet wird, fühlt sich niemand durch das Fehlen einer Wahlmöglichkeit unfrei. Tatsächlich wird das Vorhandensein einer Auswahl oft als Einschränkung erlebt, weil man dann eine Entscheidung treffen muß. Der Versuch, aus einer Speisekarte eine Vorspeise zu wählen, wo alle Vorspeisen gleich verlockend sind, kann sogar leicht unangenehm sein. Man fühlt sich nicht frei, bis die Entscheidung gefallen ist. Wenn also Freiheit Wahlmöglichkeit bedeutet, die eine Entscheidung erfordert, steht man schließlich mit einer Last da, die

[7] Erich Neumann: *Ursprungsgeschichte des Bewußtseins,* Kindler/Taschenbücher »Geist und Psyche 2042/43.

ein Verlust der Freiheit ist. Wieviel leichter und lustvoller kann das Leben sein, wenn man keine Entscheidung treffen muß, weil das eigene Verlangen so klar und stark ist, daß es einem beim Verhalten keine Wahl läßt.

Um von mir zu sprechen: Ich hasse es, Entscheidungen fällen zu müssen. Ich fühle mich von dem Vorgang gefangen. Ich habe nur selten in meinem Leben die richtige Entscheidung gefällt. Alle guten Schritte, die ich getan habe, all jene, die auf mein Leben eine konstruktive Wirkung gehabt haben, waren nicht die Folge einer wohlerwogenen Entscheidung. Ich habe gehandelt, weil mein Verlangen so stark war, daß es keine Wahl zuließ. Ich habe meine Frau nicht »ausgewählt«; ich habe mich in sie verliebt. Ich habe es mir nicht ausgesucht, mich zu verlieben; es hat mich aus heiterem Himmel getroffen. Es gab also auch kein Bedauern und kein »Was wäre, wenn«, die meine Eheverpflichtung hätte beeinträchtigen können. Auch meinen Beruf habe ich nicht gewählt. Ich hatte niemals ernsthaft erwogen, Arzt zu werden, bevor ich Wilhelm Reich kennenlernte und mit seiner Art von Therapie zu tun bekam. Sobald ich mich darauf eingelassen hatte, fühlte ich, daß ich Arzt werden mußte. Im Rückblick erscheint es mir wie eine Frage des Schicksals. Wenn man keine Alternativen abzuwägen hat, gibt es keine Ambivalenz, und die Hingabe erfolgt von ganzem Herzen.

In Situationen, in denen das Handeln direkt aus dem Gefühl entspringt, hat man das großartigste *Gefühl,* frei zu sein. Wenn man diesen Fluß unterbricht, setzt das Gefühl der Freiheit aus. Wir sollten an die Freiheit als an das Äquivalent des Seins denken. Wir können die Freiheit als einen Bach darstellen, der einen Berghang hinunterhüpft, als einen Strom, der dem Meer zufließt. Der Strom folgt einfach der Schwerkraft, einem Naturgesetz, aber während er seine Bestimmung erfüllt, den Ozean zu erreichen, ist er frei. Er verliert den Ausdruck von Freiheit, wenn er gestaut wird. Das Anhalten des Fließens bedeutet einen Freiheitsverlust. Der Fluß, der dem Meer zuströmt, ist einfach ein Fluß. Er hört auf, ein Fluß zu sein, wenn man ihn aufstaut, und wird zum See. Im Menschen gibt es auch einen Lebensstrom, der durch die Zeit fließt, wie der Fluß durch den Raum strömt. Seine Bestimmung ist es, am Ende des Lebens des Individuums im großen Ozean aufzugehen. Wir können mit dem Strom gehen, oder wir können versuchen, ihn zu verlangsamen oder anzuhalten. Im letzteren Fall verlieren wir unsere Freiheit und überwinden doch nicht unser Schicksal.

Es ist ein scheinbarer Widerspruch, zu sagen, wir seien am freiesten, wenn wir keine Wahl haben, wenn wir nur einfach unser Dasein erfüllen, weil das Bewußtsein von Freiheit mit der Vorstellung von Wahlfreiheit verknüpft ist. Dieser Widerspruch erwächst wie der vorige aus der Doppelnatur des Menschen. Als Kind oder Tier ist er frei, aber er weiß es nicht. Als Erwachsener, der danach trachtet, Gott zu sein, setzt er Freiheit mit der Fähigkeit gleich, seinen Willen durchzusetzen. Beide Standpunkte sind gleich gültig. Die Freiheit in der Natur ist anders als die Freiheit in der Kultur. In der letzteren Situation bedeutet die Unfähigkeit, den eigenen Willen durchzusetzen, die Unterordnung unter den Willen eines anderen. Es ist ein Verlust der Freiheit, da es eine Verweigerung des Rechtes ist, seine Gefühle auszudrücken. Ein Individuum mag nicht das Recht haben, zu tun was es will, aber wir bestehen darauf, daß es das Recht haben sollte, zu *sagen,* was es will. In Natur oder Kultur läßt sich Freiheit nicht von dem Recht auf Selbstausdruck trennen.

Meistens ist es dieses Recht, das dem Individuum verweigert wird. Es wird dazu geschult, die Wertvorstellungen einer Kultur zu akzeptieren, die Macht über Lust, Produktivität über Kreativität und materiellen Fortschritt über geistige Harmonie stellt. Es wird mit der Vorstellung erfüllt, Denken sei eine größere Tugend als Fühlen, und Leistung sei das Ziel des Lebens. Es spürt nicht den Verlust der Freiheit, wenn es in das industrielle System eingespannt wird. Ich befürworte nun nicht, daß wir unser Streben aufgeben, unseren Geist verleugnen und zum Dasein bloßer Tiere zurückkehren. Das ist keine Verkündung von Weisheit. Weisheit ist Gleichgewicht, und ein Stehen auf drei Beinen (der alte Mann) bietet wie ein Schemel mit drei Beinen das beste Gleichgewicht. Wenn man älter geworden ist, weiß man, daß das Tun nur dann gültig ist, wenn es das Sein erhöht, und daß Denken nur dann sinnvoll ist, wenn es aus dem Fühlen stammt. Man weiß, daß Computer nicht die Lösungen menschlicher Probleme liefern können. Diese müssen von fühlenden und denkenden Menschen behandelt werden. Heute brauchen wir mehr Gefühl.

Wenn die Gefühle stark sind, weiß man, was man will. Dann muß man nur darüber nachdenken, wie man es bekommt. Aber selbst hier kann man sich von seinen Gefühlen leiten lassen. Die Folge ist eine Verhaltensweise, die offen, direkt, und in den meisten Fällen wirkungsvoll ist. Schwierigkeiten entstehen, wenn Gefühle ambivalent sind oder wenn sie unterdrückt werden und der Betreffende nicht weiß, was er will. Dann muß man nachdenken und Entscheidungen fällen, die niemals zum besten Ergebnis führen, da die der Ambivalenz oder der Unterdrückung von Gefühlen zugrundeliegenden Konflikte nicht gelöst worden sind.

Wenn die Therapie einem Patienten helfen soll, frei zu werden (kein anderes Ziel ist sinnvoll), muß sie ihm helfen, seine Identität mit seiner animalischen Natur wiederherzustellen. Infolge der modernen Wissenschaft und Technik sind wir der Natur entfremdet worden, mit dem Ergebnis, daß wir in einer vom Menschen gemachten Welt mit einem entsprechenden Verlust an Freiheit gefangen sind.

Es ist der Verlust der Freiheit, das Gefühl, in der Falle zu sitzen, das für die Gewalttätigkeit in der Welt verantwortlich ist. Man beschränke die Freiheit jedes beliebigen Tieres, und man wird es mit einem ungestümen Geschöpf zu tun haben. Der Mensch ist da keine Ausnahme. Wir können die Gewalttätigkeit nicht auf wirtschaftliche Faktoren schieben. Die Menschen haben unter Bedingungen viel größerer wirtschaftlicher Not friedlich in ihren Gemeinschaften zusammengelebt. Ungerechtigkeit kann zu Aufruhr und Rebellion führen, aber die Gewalttätigkeit ist dann zielgerichtet und gelenkt. Ein großer Teil der

Gewalt in der heutigen Welt ist sinnlos und destruktiv. Und doch ist sie nicht unnatürlich. Gefangene Tiere pflegen untereinander zu kämpfen, wenn sie ihre Aggression nicht gegen die Ursache ihres Freiheitsverlustes richten können.

Es gibt noch einen Widerspruch in der menschlichen Natur, der mit alledem zusammenhängt und sich im Konflikt zwischen Individuum und Gemeinschaft manifestiert. Der Mensch ist ein soziales Tier; er lebt in Gruppen. Die Gruppe und später die Gemeinschaft war notwendig für das Überleben des Menschen. Im Zusammenhang des Gemeinschaftslebens haben sich die Sprache und die Funktion des abstrakten Denkens entwickelt. Die seßhafte Gemeinschaft hat den Mutterboden für das Wachsen der Kultur geliefert, die es dann dem Menschen ermöglichte, sein Ich zu erweitern und ein Gefühl für seinen Willen zu gewinnen. Tatsächlich haben Gemeinschaft und Kultur darauf hingewirkt, den Sinn des Menschen für seine eigene Individualität zu fördern. Man ist ein Individuum, ob man nun Teil einer Gemeinschaft ist oder nicht, aber nur im Rahmen einer Gemeinschaft ist ein Mensch sich dieser Individualität oder seiner selbst bewußt.

Die Konzentration auf das Selbst oder das Ich wirkt jedoch darauf hin, die Menschen voneinander zu trennen und die Kräfte zu vermindern, die eine Gemeinschaft zusammenhalten. Der Konflikt zwischen Individualität und Gemeinschaft ist besonders deutlich in unserer Kultur, wo der Drang zu einer egozentrischen Stellung einen Zusammenbruch der Gemeinschaftsfunktionen verursacht. Keine Gemeinschaft kann bestehen, wenn jedes Mitglied nur an seinem persönlichen Wohl interessiert ist, und niemand irgendeinen Aspekt seiner einzigartigen Individualität für die Gemeinschaft opfern will. Das heutige politische Denken sieht die Gesellschaft oder die Gemeinschaft als etwas an, das zum Wohl des Individuums da ist. Das trifft zwar zu, aber bei diesem Denken wird die wechselseitige Beziehung und Abhängigkeit dieser Kräfte nicht berücksichtigt.

Wenn Gemeinschaften sich auflösen, verfällt auch die Individualität. Die Menschen verlieren das Gefühl ihrer individuellen Bedeutung oder ihres individuellen Wertes und werden Teile einer Masse. Sie fühlen sich entfremdet, nicht einzigartig. Oder sie werden egozentrisch und versuchen, sich ein Image zu schaffen, das sie von der Masse unterscheidet. Sie werden vielleicht reich oder berühmt und heben sich dadurch hervor, aber sie sind nicht einzigartig, denn sie stellen lediglich eine andere Schicht in der Massenstruktur dar[8]. Keine Gruppe hat untereinander größere Ähnlichkeit als unsere Fernsehpersönlichkeiten, die alle nach derselben Vorstellung leben müssen: der Vorstellung vom Erfolg.

Um bestehen zu können, muß jede soziale Organisation der Freiheit ihrer Mitglieder gewisse Einschränkungen auferlegen. Zur Förderung des gemeinsamen Zieles muß sie die Rechte des Individuums begrenzen. Wenn die Einschränkungen zu streng oder die Grenzen zu eng sind, wird die Freiheit des einzelnen möglicherweise so weit beschnitten, daß das Gefühl der Individualität herabgesetzt wird. Aber das Fehlen von Grenzen kann eine ebenso schädliche Wirkung auf das Selbst-Gefühl haben. Ein Wasser, das den Berg hinunterfließt, ist kein Fluß oder Bach, wenn es nicht von Ufern eingefaßt ist, es ist eine Überschwemmung. Das Fehlen einer Struktur führt zum Chaos, nicht zur Freiheit. Ohne Grenzen kann man das Selbst nicht definieren.

Diese Gedanken sind besonders in der Kindererziehung von Belang. Wir haben gesehen, wie eine autoritäre Familienstruktur den Geist und Mut eines Kindes erdrücken kann. Es würde also psychologisch wünschenswert erscheinen, dem Kind vollständige Freiheit zu geben, seinen Selbstausdruck zu fördern und seine Unabhängigkeit zu unterstützen. Leider scheint die Atmosphäre des Gewährenlassens auch nicht zu funktionieren. Eine Familie ist eine kleine Gemeinschaft; sie ist abhängig von der Mitarbeit jedes Familienmitgliedes. Aber diese Mitarbeit kann nicht der freien Wahl überlassen bleiben. Jedes Mitglied

[8] Eine ausführliche Erörterung des Wesens der Individualität findet sich in meinem Buch *Lust,* München, 1979.

hat der Familie gegenüber eine Verpflichtung, die die Funktion des Individuums in der Gemeinschaft definiert. Ohne die Verantwortung (d.h. die Fähigkeit, auf die Bedürfnisse der Gemeinschaft zu antworten) ist der Mensch wie ein vom Baum gefallenes Blatt. Wir beginnen zu sehen, daß die kindzentrierte Familie keine Individuen mit einem starken und sicheren Selbstgefühl hervorbringt. Es ist ein Paradoxon des Lebens, daß Freiheit von Grenzen und Strukturen abhängt.

Die Weisheit der Sphinx

Die Sphinx war ursprünglich eine ägyptische Gottheit, die am besten in der berühmten Statue dargestellt ist, die man nahe der Cheopspyramide in Gizeh entdeckt hat. Sie ist etwa auf 2000 Jahre vor Christus zu datieren. Diese Statue, die als die »Große Sphinx« bezeichnet wird, hat einen Menschenkopf und einen Löwenkörper. Diese Kombination stellt die Vereinigung von wichtigen Tugenden dar. Der Löwe bedeutet Mut, man denke an »Löwenherz«. Der Menschenkopf bedeutet Intelligenz. Die Kombination von Mensch und Tier stellt eine Versöhnung der gegensätzlichen Aspekte der menschlichen Natur dar. Eine andere Deutung bietet John Ivinny an. Sie beruht auf einer Inschrift, in der es heißt, die Sphinx stelle drei Götter in einem dar. Ivinny sagt: »Das Ganze ist also ein Symbol der Wiederauferstehung oder des sonnengleichen Zyklus von Geburt, Tod und Wiedergeburt des Menschen«[9].

Noch ein weiterer Zug der Sphinx ist der Analyse wert. Ihre Augen und Ohren sind offen, aber der Mund ist geschlossen. Das könnte bedeuten, daß sie alles sieht und hört, aber nichts sagt. Wir sagen von jemandem, er verhalte sich wie eine Sphinx, wenn er »den Mund hält«, um ein Geheimnis zu bewahren. Die Sphinx kann man als Bewahrerin eines ewigen

[9] John Ivinny: *The Sphinx and the Megaliths,* New York, 1975, S. 15.

Geheimnisses ansehen, wie man in der großen Sphinx die Wächterin der Cheopspyramide sieht.
Wenn das der Fall ist, können wir ihr Geheimnis erraten? Welche Weisheit hat die Sphinx uns anzubieten? Zunächst möchte ich annehmen, daß die Sphinx die Idee von Unwandelbarkeit im Wandel symbolisiert. Die Pyramide kann ein Symbol der statischen Dauer sein, während die Sphinx die dynamische Dauer darstellen würde: das Aufgehen und Sinken der Sonne, Ebbe und Flut der Gezeiten, Geburt, Tod und Wiedergeburt des Lebens. Kein Tag ist genau wie der andere; kein Leben ist seinem Vorgänger gleich; alles ändert sich, aber der Prozeß ist immer, unwandelbar, der gleiche. Die Franzosen haben eine Redensart, die diese Vorstellung ausgezeichnet zum Ausdruck bringt: »Plus ça change, plus c'est la même chose« (Je mehr es sich ändert, desto mehr ist es dasselbe). Das ist eine weise Anmerkung, denn nur, wenn man zurückblickt, kann man sehen, daß unter der Oberfläche das Leben für jede Generation in derselben Weise weitergeht. Jeder schlägt sich mit denselben Problemen herum – das Brot zu verdienen, Kinder großzuziehen, Krankheit, Alter und Tod. Als ich jung war, warnte ich meine Mutter und sagte: »Du glaubst, es wird anders sein, wenn du erst eine Familie hast. Du wirst schon sehen.« Es war anders, aber nicht so sehr anders. Sie hat wahrscheinlich dieselbe Erfahrung gemacht, als sie ihr Leben mit dem ihrer Mutter verglich.
Meine zweite Interpretation ist, daß die Sphinx die Idee vom Wandel innerhalb einer ewigen Ordnung symbolisiert. Der Umstand, daß die Statue lebende Geschöpfe darstellt, weist für mich auf Wandel hin. Alles im Leben ändert sich mit der Zeit; nur die Ordnung ist unwandelbar. Die Pyramide läßt keine solche Deutung zu. Sie und der in ihr begrabene Pharao repräsentieren die ewige Ordnung, nämlich Gott. Menschliche Geschöpfe und Schöpfungen sind nicht von Dauer. Etwas anderes zu glauben, ist eine Illusion.
Beide Versionen kann man als Prinzipien ansehen, nach denen menschliches Verhalten sich richten kann. Ihr Ziel wäre, den

Menschen in der Realität seines Seins geerdet zu halten und die Ichsucht zu verhindern, die seine Menschlichkeit zerstören würde. Angesichts der Macht, über die das Ich in der heutigen Welt verfügen kann, kann ein Mensch leicht seine Demut verlieren und sich als gottähnlich sehen. Das bedeutet, daß er die Verantwortung für sein Schicksal übernimmt. Uns wird von unserer Kultur die Vorstellung eingeflößt, unser Erfolg oder Mißerfolg liege in unseren Händen. Diese Einstellung hat die Wirkung, dem Menschen aufzuerlegen, was heute den Schuldgefühlen gleichkommt – die Angst vor dem Versagen.

Jeder Patient leidet an der Angst vor dem Versagen oder an dem Gefühl, ein Versager zu sein. Er kommt in die Therapie und klagt über Depressionen, Angst oder ein allgemeines Gefühl des Unbehagens und der Unzufriedenheit. Aber unterhalb dieser Beschwerden leidet der Betreffende an dem Gefühl, als Liebhaber, Ehepartner, Vater oder Mutter oder in seinem Geschäfts- oder Berufsleben zu versagen. Manchmal führt das Zerbrechen einer Ehe einen Menschen in die Therapie, weil er das Gefühl hat, versagt zu haben, aber das wird selten zugegeben. In allen Fällen sucht der Patient jedoch Hilfe, um sein Versagen zu überwinden und erfolgreich zu werden. Erfolg wird mit dem Gefühl assoziiert, obenauf zu sein und sich gut zu fühlen, Mißerfolg oder Versagen damit, daß man sich schlecht und niedergeschlagen fühlt. Wir alle wollen von den Flügeln des Erfolgs getragen werden. Nach meiner Meinung ist dies ein sicheres Rezept für eine Neurose.

Was ist Erfolg oder Mißerfolg? Lassen Sie uns folgenden Fall betrachten. Der Mann, von dem die Rede sein soll, war seit kurzer Zeit bei mir in Behandlung. Er hatte Schwierigkeiten in seiner Beziehung zu seiner Frau, und er war verwirrt in bezug auf seine Rolle als Mann. Zu einer Sitzung kam er mit Klagen über seine Sexualfunktionen. Am Abend vorher war er mit seiner Frau bei einer Sex-Party gewesen, wo man Partner getauscht hatte. Das ist einige Jahre her, als man solche Abende für ein Zeichen der Befreiung hielt. Seine Frau zog mit einem Mann ab, während er und eine andere Frau in ein

Schlafzimmer gingen, um miteinander zu schlafen. Aber so sehr er sich auch bemühte, eine Erektion zu bekommen und aufrechtzuerhalten, es ging nicht. Er fühlte sich gedemütigt und hielt sich für einen Versager. Er wollte wissen, was mit ihm nicht in Ordnung sei.
Ich wies meinen Patienten darauf hin, daß er von seiner Partnerin vielleicht nicht genug erregt gewesen sei, um sexuelle Beziehungen zu ihr zu haben. Er habe nichts gesagt, was gezeigt hätte, daß sie attraktiv oder begehrenswert gewesen wäre. In Beantwortung meiner Frage versicherte er mir, er habe Sex mit ihr haben wollen. Vielleicht war es so, aber sein Geschlechtsorgan hatte offensichtlich kein derartiges Begehren gezeigt. Er wurde wütend auf mich, weil ich dies sagte. Ich wies ihn darauf hin, daß das Begehren in seiner Vorstellung gewesen sein könne, aber nicht in seinem Körper, und daß sein Interesse am Sex mit dieser Frau egoistisch gewesen sei und nicht auf Leidenschaft beruht habe. Er habe ihr etwas beweisen wollen, und wahrscheinlich auch sich selbst, und in diesem Sinn habe er einen Mißerfolg erlebt.
Ich habe selten einen Mann über einen Mangel an Befriedigung beim Geschlechtsverkehr klagen hören. Was immer seine Schwierigkeit sein mag, das Verlorengehen der erektiven Potenz oder verfrühte Ejakulation, es wird als Mangel an Mannhaftigkeit gesehen, als eine Leistungsunfähigkeit, ein Mißerfolg, einem Vorstellungsbild zu entsprechen. Zugegebenermaßen weisen derartige sexuelle Probleme auf eine Persönlichkeitsstörung hin, die man als eine Schwäche der Männlichkeit beurteilen kann. Aber die Tatsache, daß jemand eine Persönlichkeitsstörung als Zeichen des Versagens ansieht, ist an sich schon ein deutlicher Hinweis auf eine Neurose.
Sehen wir uns diese Frage des Versagens im Zusammenhang mit einer anderen Körperfunktion an. Eine der häufigsten Beschwerden von Patienten ist Müdigkeit. Oft wird das Gefühl der Müdigkeit drückender, je mehr die Therapie fortschreitet. Sie kann sich zu einem Gefühl der Erschöpfung steigern. Dieses Gefühl der Ermüdung akzeptiert der Patient fast

niemals als einen normalen Zustand des Körpers. Es wird ausnahmslos als Zeichen der Schwäche angesehen, als ein Beweis für das Scheitern der Therapie und ein Versagen der Willenskraft des Patienten. Er beklagt sich, daß ihm die Antriebskraft fehlt, die er früher hatte, daß er nicht mehr soviel tun kann wie früher. Man versteht die Müdigkeit als etwas, das »falsch« ist, ein Zeichen des Versagens. Man ist der Ansicht, man müsse aktiv, produktiv und tüchtig sein. Dieses Vorstellungsbild stellt ein Ich-Ideal dar, das sich der Mensch aus den Lehren, die er zu Hause und in der Schule bekommen hat, einverleibt hat. Da der Mensch bewußt mit seinem Ich identifiziert ist, benützt er seinen Willen, um sich zur Verwirklichung des Ideals anzutreiben. Schon von der Definition her werden Ideale niemals verwirklicht. Das bedeutet, daß der Mensch fortwährend von einer Kraft angetrieben wird, zu tun, zu produzieren, zu leisten (was auch immer nötig ist, um dem Vorstellungsbild zu entsprechen). Der Antrieb ist ein Zwang und stellt ein neurotisches Verhalten dar. Kein Wunder, daß der betreffende Mensch müde ist. Das Müdigkeitsgefühl kann man als eine Aussage des Körpers deuten, er »sei es müde«, vom Ich dafür eingespannt zu werden, eine Vorstellung zu erfüllen, die keine Beziehung zu den Bedürfnissen des Körpers hat. Es hat keinen Zweck, etwas zu leisten, wenn die Leistung nicht dazu beiträgt, die Lust des Seins zu erhalten oder zu erhöhen.

Die meisten Patienten glauben, müde zu sein, sei ein neurotisches Symptom. Sie sehen emotionale Gesundheit als die Fähigkeit an, zu gehen, zu tun und zu produzieren. Wohin sie gehen oder was sie tun, ist weitgehend belanglos. Heute lebt die »Generation der Tat«, die darauf aus ist, Höchstleistungen zu bringen. Ihr Ideal ist Supermann, fast ein Gott. Unbewußt vergleichen sie sich mit den Maschinen, die das Leben in der Industriewelt beherrschen. Das einzige mögliche Ergebnis dieser Situation ist der Zusammenbruch der Menschen. Sie ermüden durch die Anstrengung, ein unerreichbares Ziel, das Ideal, zu erreichen, und werden durch ihren Mißerfolg depressiv. Sowohl die Ermüdung als auch die Depression können für den Menschen einen positiven Wert haben, wenn er erkennt, in welcher Beziehung sie zu seinem Lebensstil stehen. Die Müdigkeit kann einem Menschen die Bedürfnisse seines Körpers bewußt machen. Sie kann ihn erkennen lassen, daß der Körper weder eine Maschine noch ein Instrument seines Ichs ist. Die Depression kann dem Betroffenen bewußt machen, daß er eine Illusion, das Ich-Ideal, verfolgt hat. Eine meiner Patientinnen, die an Depressionen litt, erzählte mir z. B., daß von ihr erwartet wurde, sie solle ihre Mutter und ihre Schwester versorgen. Da sie die Ältere war, hatte sie in der Familie die Verantwortung. Diese Rolle wird in der Familie gewöhnlich dem ältesten Kind übertragen. Nachdem sie mir dies erzählt hatte, bemerkte sie mit gemischten Gefühlen: »Ich habe gegenüber beiden versagt. Ich sollte der allmächtige Gott sein!« Sie hatte sowohl Schuldgefühle als auch Ressentiments. Sie erkannte nicht, daß sie bei dem Versuch, diese unmögliche Rolle auszufüllen, einen großen Teil ihres Lebens verloren hatte und depressiv geworden war.

Es ist bezeichnend, daß das Gefühl der Müdigkeit stärker wird, wenn die Therapie erhebliche Fortschritte gemacht hat. Solange die Neurose in voller Blüte steht, ist der Betreffende wie ein Fassadenkletterer, der nicht loszulassen wagt, weil er nicht weiß, wo der Boden ist. Auch der Neurotiker hält sich, wie wir gesehen haben, um des lieben Lebens willen oder um nicht den Verstand zu verlieren, so fest, wie er nur kann. Er kann es auch nicht zulassen, daß er sich müde fühlt, denn dann wäre sein Weiterleben bedroht. Erst wenn man sicher auf dem Boden steht, kann man es sich leisten, dem Gefühl der Erschöpfung nachzugeben. Sowohl der Fassadenkletterer als auch der Neurotiker haben allen Grund, erschöpft zu sein. Der Neurotiker hält sich auch körperlich fest, was die Form chronischer Muskelverspannungen annimmt, die dazu bestimmt sind, Gefühle zu unterdrücken. Erschöpfung macht dem zwanghaften Drang, ständig im Gang zu sein und fortwährend etwas zu tun, wirksam ein Ende. Sich der Müdigkeit hinzugeben, was zugleich ein Nachgeben gegenüber dem Körper ist, hätte die gleiche Wirkung – es würde dem Menschen ermöglichen, wieder zu Kräften zu kommen und seine Begeisterung fürs Leben zu erneuern.

Depression und Müdigkeit sind in unserer Kultur endemisch, und das ist ein sicheres Zeichen dafür, wie sehr das Erfolgsstreben alles durchdringt. Die meisten Menschen kleben an der Vorstellung vom Erfolg, weil sie Erfolg mit Glücklichsein assoziieren, selbst wenn sie wissen, daß erfolgreiche Menschen nicht glücklicher sind als andere und oft mehr Probleme haben. Dennoch hat die Vorstellung, daß Erfolg Erfüllung bedeute, einen mächtigen Einfluß auf uns, was nur zu begreifen ist, wenn man Mißerfolg mit dem Tod gleichsetzt. Ich benütze den Ausdruck »Tod« im Sinn einer schrecklichen Sache, die uns zustoßen wird. Bis vor kurzem war ich nicht sicher, was für ein Unheil in den tiefsten Winkeln des Unbewußten der Menschen lauert. Viele Leute fürchten, sie müßten sterben, wenn sie losließen. Wir haben gesehen, daß sich die Angst vor dem Leben in eine Angst vor dem Tod übersetzt. Aber ich glaubte nicht, daß die Angst vor dem Tod so universell sei wie die Angst vor dem Versagen.

Die Antwort wurde klar durch eine Fallübung, die ich einen Patienten machen ließ[10]. Bei dieser Übung steht der Übende mit dem Gewicht auf einem gebeugten Bein, während er mit dem Fuß des anderen Beins hinter sich leicht den Boden berührt, um das Gleichgewicht halten zu können. Er wird angewiesen, so lange wie möglich in dieser Stellung zu bleiben. Sie wird sehr unangenehm, und früher oder später fällt der Betreffende hin. Um jede Verletzung zu vermeiden, wird vor ihm eine Matratze auf den Boden gelegt. Der Wert der Übung liegt im Erlebnis der Fallangst und im Verstehen dessen, was sie für den Patienten bedeutet. Wenn die Anstrengung, nicht hinzufallen, ganz intensiv wird, wird der Patient aufgefordert,

[10] Siehe oben S. 97, die Beschreibung der Übung. In meinem Buch *Bioenergetik* s. 178f., findet sich eine ausführliche Besprechung der Bedeutung und der Anwendung dieser Übung in Fallangst.

all seine Gedanken darüber auszudrücken, was das Fallen bedeutet.

Als dieser Patient die Übung zum ersten Mal ausprobierte, fiel er zu rasch hin, was zeigte, daß er sich fürchtete, seiner Angst ins Auge zu schauen. Er wiederholte die Übung noch zweimal. Beim dritten Mal blieb er länger aufrecht, was den Schmerz sehr verstärkte. Er nahm seine Willenskraft zusammen und rief aus: »Ich will nicht fallen. Ich will nicht fallen.« Als ich ihn fragte, was Fallen bedeute, sagte er: »Fallen ist Scheitern. Ich hab' Angst, zu scheitern.« Ich fragte: »Warum? Was für eine Gefahr bringt das Scheitern mit sich?« Er erwiderte: »Wenn ich versage, werde ich zerbrechen.« Das Fallen bringt auch die Gefahr des Zerbrechens mit sich. Als er fiel, brach er in tiefes Schluchzen aus. Als er auf der Matratze lag, bemerkte er, wie entspannt er sich fühlte. Seine Angst vor dem Zerbrechen erwies sich als irrational, aber er brach in Tränen aus. Da wurde mir klar, daß Fallen oder Versagen die Angst auslöst, zu »zerbrechen« oder »gebrochen zu werden«.

Wenn wir fragen, woher diese Angst kommt, lautet die Antwort: aus der ödipalen Situation. Aber in diesem Zusammenhang umfaßt dieser Ausdruck alle Ereignisse während der Erziehung des Kindes, die im Erleben der ödipalen Situation gipfelt. Bis zum Alter von sechs Jahren sind fast alle Kinder in unserer Kultur an ihre Verhaltensweisen und Wertvorstellungen gewöhnt und dabei »gebrochen« worden. Der letzte Schritt in diesem Prozeß ist die unausgesprochene Kastrationsdrohung, die das Kind in der ödipalen Situation erlebt. Manche werden in Reaktion auf das »Gebrochenwerden« später rebellisch und gewalttätig. Die meisten ordnen sich jedoch unter und akzeptieren die Forderungen der Kultur, werden Produzierende, Leistungsmenschen, diejenigen, die nach Erfolg und Macht streben. Sie leugnen, daß man sie gebrochen hat oder daß irgendeine Art von Kastration stattgefunden hat. Dies sind jedoch die Leute, in denen die Angst vor dem Versagen am größten ist. Für sie bestätigt der Erfolg ihr Leugnen.

Es gibt noch eine weitere starke Motivation für den Drang nach

Erfolg, und das ist das Bedürfnis nach Anerkennung. Der Mensch, der nach Erfolg strebt, versucht seinen Eltern zu beweisen, daß er ihrer Liebe wert ist. Er nimmt mit Recht an, ihre Liebe sei bedingt und hänge davon ab, daß er ihre Wertvorstellungen übernimmt und sich ihrer Autorität unterwirft. Aber wenn er Erfolg errungen hat, erfüllt er dieses Bedürfnis nicht. Er bekommt die Anerkennung, aber nicht die Liebe. Oder der Betreffende wird wegen seines Erfolgs geliebt, aber nicht um seiner selbst willen. Da die Leistung ihren Zweck nicht erfüllt, muß man sich noch mehr bemühen, noch mehr leisten. Wenn man danach trachtet, die goldene Schüssel am Ende des Regenbogens zu bekommen, ist das Streben endlos.

Was auch immer das Erfolgsstreben motiviert, es endet, was den Menschen selbst betrifft, im Mißerfolg. Er mag in den Augen der Welt einen Scheinerfolg errungen haben, aber in seinen eigenen Augen ist er ein Versager, ob er es zugibt oder nicht. Es ist ihm nicht gelungen zu beweisen, daß er nicht kastriert worden ist oder daß er der Liebe wert war. Er spürt, daß sein Verhalten neurotisch ist, aber er hofft, durch seinen Erfolg zu beweisen, daß er »in Ordnung« ist. Wie kann ein Mensch beweisen, daß er nicht neurotisch ist? Das Bedürfnis, es zu beweisen, verrät ein neurotisches Gefühl der Minderwertigkeit und Unsicherheit. Ein Gesunder geht nicht herum und versucht, sich zu beweisen. Er akzeptiert sein Wesen so, wie es ist, und er akzeptiert sein Schicksal, was immer es auch sein mag. Die anderen Tiere werden von solchen Problemen nicht beunruhigt. Ein Hund ist es zufrieden, nur ein Hund zu sein. Warum ist das Menschentier nicht damit zufrieden, einfach nur zu sein? Der Mensch ist das einzige Tier, das von Gott aus dem Paradies hinausgeworfen wurde, weil es die Frucht vom Baum der Erkenntnis gegessen hat. Ich stelle mir vor, daß er zu beweisen versucht, er könnte ein besseres als das verlorene Paradies bauen.

Es könnte nach dem oben Gesagten so scheinen, als befürworte ich das Aufgeben aller Bemühung und Leistung. Das ist nicht meine These, und es wäre auch kein weiser Standpunkt.

Loslassen bedeutet keine Regression auf eine infantile Seinsweise. Tun und Leisten sind nur dann neurotisch, wenn sie als Ersatz für Sein gebraucht werden. Das Tun kann lustvoll sein, auch wenn es Anstrengung erfordert, vorausgesetzt, es ist keine zwanghafte Tätigkeit. Der Erfolg schmeckt süß, wenn er von selber kommt, aber er schmeckt bitter, wenn sich der Mensch selbst für ihn geopfert hat. Außerdem erlebt der Mensch den Erfolg, wenn er von selber kommt, nicht als solchen. Er wird vielleicht sagen: »Mir ist was Nettes passiert.« Und da kein Streben vorhanden ist, kann es auch kein Scheitern geben. Wo das Leben nicht nach der Leistung gemessen wird, gibt es weder Erfolg noch Mißerfolg, nur Lust und Unlust des Seins und Tuns. Der Ruhm des Menschen liegt in seinem Streben nach Gottähnlichkeit, nicht in seiner Leistung. Das Streben spiegelt sich in seiner Haltung: Er steht auf beiden Beinen und hält den Kopf hoch erhoben; er handelt mit Würde und bewegt sich mit Anmut; er schaut die Erde mit ihren unzähligen Geschöpfen an und sieht, wie schön sie ist. Er allein unter allen Tieren kann die Großartigkeit und Pracht der Schöpfung Gottes würdigen. In dieser Würdigung ist er wahrhaft gottähnlich. Aber wenn er so anmaßend ist, zu glauben, er könne es besser machen, wird er ein Teufel. Luzifer war einer der Engel, denen Gott vertraute. Sein Name bedeutet »Licht«(-träger), das Licht des Bewußtseins und des Verstandes. Er war ein leuchtendes Licht im Reich des Himmels, bis er sich erdreistete, Gott als den Überlegenen in Frage zu stellen. Ähnlich wird das aufgeblähte Ich des Menschen von heute zum Teufel, wenn es nicht dem Primat des Körpers unterstellt wird.

Der Versuch, über unsere animalische Natur hinauszugelangen, muß scheitern. Wir sind im Grunde Tiere; wir unterscheiden uns von ihnen nur nach dem Grad, nicht nach der Art. Wir werden geboren und sterben wie sie. Wir alle haben teil am großen Abenteuer des Lebens. Was wir tun, ist nicht wichtig; was zählt, ist, wie wir unser Leben leben. Nicht auf das Ende kommt es an (wir enden alle gleich), sondern auf den Weg dorthin. Leistung kann dem Leben eine Würze verleihen, aber

sie ist nicht das Leben selbst. Leben findet auf der körperlichen oder animalischen Ebene statt. Und das Wichtige auf dieser Ebene ist das Fühlen. Nur lebende Organismen können fühlen. Die Frage ist nicht, ob wir etwas leisten, sondern, ob wir unser Leben voll leben. Um voll zu leben, muß man alle Sinne und Gefühle für das Erlebnis des Lebens zur Verfügung haben.
Erfolg und Mißerfolg sind Ich-Begriffe. Auf der Körperebene wird Erfolg als Aufstieg und Scheitern als Niederfallen erlebt. Wenn kein Fallen vorkommt, kann es kein Aufsteigen geben. Wenn es keinen Tod gibt, kann keine Wiedergeburt erfolgen. Aufstieg und Fall, Ausdehnung und Kontraktion sind das, worum es im Leben geht. Wenn wir uns vor dem Leben fürchten, fürchten wir uns auch vor dem Fallen. Wir fürchten uns vor dem Einschlafen (to *fall* asleep) und vor dem Verlieben (to *fall* in love). Menschen, die mit Gesundheit gesegnet sind und den Tag voll gelebt haben, heißen die süße Ruhe des Schlafes willkommen. Weil sie sich seinem Vergessen anheimgeben, wachen sie am Morgen mit erneuerten Kräften und erfrischt wieder auf. Das beste Beispiel für diesen Lebenszyklus ist die Funktion des Phallus. Er hebt sich mit dem Verlangen und fällt wieder, wenn das Verlangen sich in der Befriedigung verausgabt hat. Wer möchte denn schon eine andauernde Erektion haben? Wer möchte schon von einer Begierde angetrieben sein, die nie befriedigt werden kann? Wie schön ist es, auf den Flügeln des Verlangens aufzusteigen, wenn wir wissen, daß Erfüllung möglich ist, und daß wir sicher wieder zur Erde zurückkehren werden.
Das Herunterkommen ist der wichtige Teil, denn hier werden wahre Lust und Befriedigung erlebt. Die Aufwärtsbewegung ist erregend und spannend, aber die Abwärtsbewegung ist befriedigend und befreiend. Kinder kennen dies von ihren Schaukeln; was sie erstreben, ist die Lust und Spannung des Abschwungs, dieses herrliche Gefühl in der Magengrube, während man das Hinunterfallen durchlebt. Je höher die Schaukel fliegt, desto größer ist das Vergnügen. Das Fahren in der Berg- und Talbahn verschafft einem ein ähnliches Erlebnis.

In der Aufwärtsbewegung ist Erregung, Spannung und Vorfreude. Dann, wenn die Wagen den höchsten Punkt erreichen und überschreiten und hinuntersausen, erlebt man den Kitzel des »Absturzes«. Wenn die Fahrt dann vorbei ist, hat man ein Gefühl der Befriedigung, als hätte man etwas Sinnvolles vollbracht.
Man stelle sich nun vor, die Schaukel oder die Berg- und Talbahn würde in der höchsten Stellung angehalten – was würde man empfinden? Der wahre Kitzel des Abschwungs würde fehlen. Man könnte natürlich die Befriedigung des »Obenseins« haben, des Höherstehens als jene unterhalb, und auf sie hinunterschauen. Aber diese Befriedigung beschränkt sich auf das Ich. Soweit es den Körper betrifft, »hängt man fest« und ist unfähig, die durch den Aufschwung erzeugte Erregung abzuführen. Bald verblaßt sogar die Ich-Befriedigung, und man wird depressiv.
Das Streben nach Gottähnlichkeit drückt sich in einer kreativen Handlung aus. Es kommt nicht darauf an, was man erschafft. Es ist der Schöpfungsakt, der gottähnlich ist, nicht das Produkt. So ist die einfache Handlung der Weinherstellung oder des Brotbackens, wobei man seine Vorstellungskraft benützt, um eine Umwandlung der Natur zu bewirken, die Art von Kreativität, die man mit der Gottheit assoziiert. Garten- und Bauernarbeit sind ähnliche Tätigkeiten. Bei all diesen Tätigkeiten gibt es einen Anstieg und ein Absinken der Erregung, ein Aufbauen und Abführen von Spannung. Beim Brotbacken z. B. steigt die Erregung, bis das Brot aus dem Backofen kommt. In diesem Augenblick wenden wir uns der Befriedigung des Verzehrs zu, die dem Vergnügen des Abschwungs entspricht. Man stelle sich vor, wie enttäuscht wir wären, wenn wir das Brot, das die Mutter gebacken hat, nicht essen dürften.
Wo Produktion und Verbrauch eng verbunden sind, wie in einfachen Gemeinschaften oder auf einem Bauernhof, bleiben die Menschen nicht an dem hängen, was sie vollbracht oder geleistet haben. Die Belohnung in Form von Lust und

Befriedigung für ihre schöpferische Anstrengung ist unmittelbar. In unseren heutigen, von der Technik bestimmten Kulturen ist man auf eine unbestimmte Zukunft ausgerichtet, in der alle Probleme gelöst, alle Schwierigkeiten überwunden sein werden. Wir leben für ein Utopia, einen neuen Garten Eden, diesmal einen mit Hilfe der Naturwissenschaft vom Menschen gemachten. Inzwischen sind unsere Lusterlebnisse ein flüchtiger Aufschub, unsere Ruhepausen ein vorübergehendes Verschnaufen, bevor wir unseren Weg nach oben wieder aufnehmen. Wir hängen an der Illusion des Erfolgs, und deshalb setzen wir uns immer höhere Ziele: mehr Produktion, mehr Wissen, mehr Macht, mehr, mehr, mehr.

Wir scheinen uns vor dem Abstieg schrecklich zu fürchten. Er stellt Fallen, Scheitern und Schicksal (Tod) dar. Der ursprüngliche Garten Eden war die Heimat des Menschen, bevor er seine Unschuld verlor und in Ungnade fiel, d. h. als er noch ein Tier war und seinen Aufstieg noch nicht begonnen hatte (Jacob Bronowski: *Der Aufstieg des Menschen*). Die Unschuld kann man niemals zurückgewinnen. Aber müssen wir uns der Täuschung hingeben, wir würden während unserer Lebenszeit jemals die Wohnung der Götter erreichen? Können wir nicht die Vorstellung annehmen, daß die Bemühung, uns über den animalischen Zustand zu erheben, nur dann sinnvoll ist, wenn man sich dazu herablassen kann, diesen Zustand zu genießen? Es ist erheiternd, seine Einbildungskraft schweifen zu lassen, aber es ist notwendig, mit den Füßen auf der Erde zu bleiben. Es ist erregend, zu denken, aber Erfüllung und Befriedigung sind körperliche Ereignisse. Das Sein wird im Leben des Körpers verwirklicht.

Weisheit ist die Erkenntnis, daß das, was hinaufgeht, wieder herunterkommen muß. Ich war ein moderner, ich-bewußter junger Mann, der bestrebt war, in der Welt aufzusteigen. Ich wollte Erfolg und Ruhm. Trotz meines Juristenexamens summa cum laude und meines Doktors der Rechte, den ich magna cum laude erwarb, wurden mir in der Praxis Erfolg und Ruhm nicht zuteil. Es war die Zeit der großen Wirtschaftskrise, und ich konnte nicht einmal meinen Lebensunterhalt verdienen. Dieser Mißerfolg war jedoch ein Glücksfall. Er zwang mich, woanders zu suchen. In Verfolgung meines Interesses an der Beziehung zwischen Leib und Seele lernte ich Wilhelm Reich kennen und unterzog mich bei ihm einer Ausbildungstherapie. Nun war es mein Ziel, Arzt zu werden, Reichsche Therapie zu praktizieren und zu voller orgastischer Potenz zu gelangen, aber ich war immer noch dem Drang nach Erfolg und Berühmtheit verhaftet.

Heute, da ich ein Institut gegründet und viele Bücher geschrieben habe, sehen mich die Leute als berühmt und erfolgreich an. Gemessen an den Bestrebungen meiner Jugend bin ich jedoch ein Versager. Ich habe meine Wünsche nicht verwirklicht; die Träume meiner Jugend sind nicht in Erfüllung gegangen. Ich bin immer noch ein unvollkommenes Geschöpf. Ich sitze nicht auf olympischen Höhen. Ich habe die Ekstase des vollständigen Orgasmus nur bei einigen wenigen Gelegenheiten erlebt. Ich bin nicht frei von Verspannungen, Problemen oder Alltagssorgen. Meine Bücher sind keine Bestseller; mein Institut ist klein und hat zu kämpfen. Aber mein Leben und meine Arbeit machen mir beständig Freude. Es fehlt jedoch auch nicht an Schmerzen. Die große Veränderung in meinem Leben trat vor einigen Jahren ein, als ich mein Scheitern akzeptierte. Seitdem habe ich Seelenfrieden, innere Zufriedenheit und ein wenig Weisheit erlangt. Ein Teil dieser Weisheit ist die Erkenntnis, daß Erfolg und Mißerfolg fürs Leben keine gültigen Kriterien sind.

Das Scheitern hat immer eine positive Wirkung auf mich gehabt. Es ist mein bester Lehrer gewesen. Es hat mich innehalten lassen, und ich habe mir mein selbstzerstörerisches Verhalten angesehen. Es hat mich befähigt, von neuem anzufangen, mit aller Erregung und Begeisterung eines Neubeginns. Und dadurch, daß ich das Scheitern akzeptierte, wurde ich der Mühe ledig, ein inneres Gefühl des Versagens zu überwinden. Ich habe dieses Buch mit einer Besprechung der Unfähigkeit der Menschen begonnen, aus Erfahrung zu lernen.

Ich glaube, daß ein Hauptfaktor dabei ihre mangelnde Bereitschaft ist, den Mißerfolg, das Scheitern, das Versagen zu akzeptieren. Sie sind entschlossen, Erfolg zu haben, und machen daher dieselben Fehler noch einmal. Das Annehmen des Mißerfolgs ist keine Resignation, sondern ein Annehmen des eigenen Selbst. In der Therapie kommt keine wirkliche Charakteränderung zustande, bevor der Patient sich als Versager angenommen hat. Dieses Annehmen setzt die Energien, die im Kampf um den Erfolg und in der Bemühung, sich zu beweisen, gebunden sind, frei und macht sie für die Weiterentwicklung verfügbar. Ebenso verändert das Annehmen des Schicksals eben dieses Schicksal. Dadurch, daß wir die Bemühung aufgeben, das Schicksal zu überwinden, lassen wir unsere neurotische Charakterstruktur fahren, und es kann sich ein gesunder Charakter entwickeln, der uns ein anderes Schicksal bestimmt.